FUNDSTÜCKE

aus 60 Jahren Saarländischer Rundfunk

Thomas Kleist und Axel Buchholz (Hg.)

FUNDSTÜCKE

aus 60 Jahren Saarländischer Rundfunk

Geschichte(n), Leute, Erlebnisse

Gesamtredaktion Reiner Buhl/SR

Bildredaktion Roland Schmitt/SR

Textredaktion Axel Buchholz

Geistkirch

ISBN 978-3-946036-67-8

www.geistkirch.de

Herausgegeben für den Saarländischen Rundfunk (SR)
von Thomas Kleist und Axel Buchholz
Gesamtredaktion: Reiner Buhl/SR
Bildredaktion: Roland Schmitt/SR
Textredaktion: Axel Buchholz

1. Auflage 2017

Verlag: Geistkirch Verlag, Saarbrücken
Titelgestaltung: Florian Brunner und HDW, Saarbrücken
Satz und Layout: Harald Hoos, Landau
Printed in EU

Inhaltsverzeichnis

RADIO

KULTUR

UNTERHALTUNG

SPORT

FUNKBRÜCKE

Vorwort

Ein Land - ein Sender. 60 Jahre gibt es das Saarland als Teil der Bundesrepublik Deutschland. Und 60 Jahre lang sendet der Saarländische Rundfunk als öffentlich-rechtliche Rundfunkanstalt.

Dies ist ein Geburtstagsbuch und ein Dankeschön für die vielen, die dem SR als Hörer/innen und Zuschauer/innen die Treue halten und für die er als saarländische Institution unverzichtbar ist. Vom SR hat es noch kein Buch dieser Art gegeben. Und wohl auch von anderen ARD-Sendern nicht. Warum?

Es sind sechzig Geschichten zur Historie des SR - geschrieben von fast vierzig zu allermeist ehemaligen SR-Mitarbeiterinnen und -Mitarbeitern. Es ist ein SR-Geschichtenbuch - keine Sendergeschichte. Schon gar keine „offizielle" oder vollständige. Es sind Erfahrungen, Erlebnisse, Entwicklungen und Anekdoten aus 60 Jahren Saarländischer Rundfunk, die ehemalige SRler für überliefernswert halten: SR-Geschichte(n) aus Mitarbeitersicht.

Unter den Autorinnen und Autoren gibt es einige mit bekannten Namen und Gesichtern. Andere haben mehr im Hintergrund zum Erfolg des SR beigetragen. Ob beim „Wort zum Sonntag" oder bei Gymnastik im Fernsehen, ob bei der Verkehrsberichterstattung oder der Pop-Musik im Radio, ob bei der journalistischen Nachwuchsausbildung oder dem Einsatz von Kamerareportern - erstaunlich oft war der kleine SR dabei der Vorreiter. Und ein Vierteljahrhundert war er eine gern genutzte „Funkbrücke" zu vielen Hörerinnen und Hörern in der damaligen DDR. So sind denn manche der Beiträge zugleich deutsche Radio- und Fernseh-Programmgeschichte. Andere geben aus Mitarbeitersicht einen Einblick in das „Innenleben" des Senders, das nicht immer konfliktfrei war.

Einige Autoren haben schon als Kinder Halberg-Luft geschnuppert, als auf dem heutigen Sender-Sitz in Saarbrücken unmittelbar nach dem Zweiten Weltkrieg noch der französische Militärgouverneur und spätere französische Botschafter Gilbert Grandval residierte. Andere halfen später dort mit, einen ehemaligen „Pferdestall" zum ersten SR-Fernseh-Studio umzubauen.

Manche haben über sich und ihre Arbeit beim SR geschrieben, manche haben die Programmgeschichte wichtiger Sendungen dargestellt, wieder andere haben anderes recherchiert, was ihres Erachtens zu Unrecht in Vergessenheit geraten war.

Keiner hat dafür ein Honorar bekommen. Alle haben es aus Interesse für „ihren" Saarländischen Rundfunk getan. Die meisten wohl auch aus Dankbarkeit für einen interessanten und erfüllenden Arbeitsplatz – ganz gleich, ob sie dort als Kameraleute, Tontechniker, Bildmischerin, Fernseh-Cutterin oder als Journalisten am Hörfunk-Mikrofon oder vor der Fernsehkamera gearbeitet haben.

Die Beiträge dieses Buches sind seit 2011 für den ehrenamtlich tätigen „Arbeitskreis SR-Geschichte" geschrieben und nach und nach im Internet als „Fundstücke zur SR-Geschichte" veröffentlicht worden (www.sr.de/fundstuecke). Sie sind für das Buch noch einmal von den Autorinnen und Autoren redaktionell durchgesehen worden. Aus inzwischen mehr als hundert Texten wurden nur solche ausgewählt, die sich mit der Geschichte des Saarländischen Rundfunks als öffentlich-rechtlicher Sender befassen.

Nicht berücksichtigt wurden die beiden Vorgängersender des SR, also der staatliche „Reichssender Saarbrücken" in der Zeit des Nationalsozialismus (1935 – 1945) und der Nachkriegssender „Radio Saarbrücken" (1946 – 1956).

„Radio Saarbrücken" (erst Sender der französischen Militärverwaltung, dann in saarländischem und französischem Staatsbesitz) hieß zwar in der letzten Phase seines Bestehens offiziell auch schon „Saarländischer Rundfunk", wurde aber lange im Programm und ohnehin im allgemeinen saarländischen Sprachgebrauch weiterhin „Radio Saarbrücken" genannt. So auch in diesem Buch. Um der besseren Unterscheidbarkeit der drei Phasen der Sendergeschichte willen wird der Name „Saarländischer Rundfunk" erst für den öffentlich-rechtlichen SR ab Jahresbeginn 1957 verwendet. Die Herausgeber danken den Autorinnen und Autoren sowie allen anderen Mithelfern des „Arbeitskreises SR-Geschichte".

Den Leserinnen und Lesern wünschen wir eine spannende und manchmal auch vergnügliche Lektüre von sechzig informativen Beiträgen aus sechzig erfolgreichen Jahren SR-Geschichte.

Prof. Thomas Kleist
Intendant des Saarländischen Rundfunks

Prof. Axel Buchholz
Ehemaliger stv. SR-Hörfunk-Direktor

Der Saarbrücker Halberg bevor der SR kam

Erinnerungen von Hendrik Stegner und Erwin Hartenberger/
Text: Axel Buchholz

Zwei Schwimmbäder, Pferdestall und Reitplatz, Reithalle und Rehpark, Gartenteich und Gärtnerei – all das auf dem Saarbrücker Halberg, dem Sitz des Saarländischen Rundfunks (SR)? Ja, tatsächlich. All das und noch mehr Vergnügliches gab's wirklich einmal, allerdings ehe der SR dorthin kam. Aus eigenem Erleben als Kind kann Kameramann Hendrik Stegner über diese Zeit erzählen. Da war der Halberg noch Botschafter-Berg.

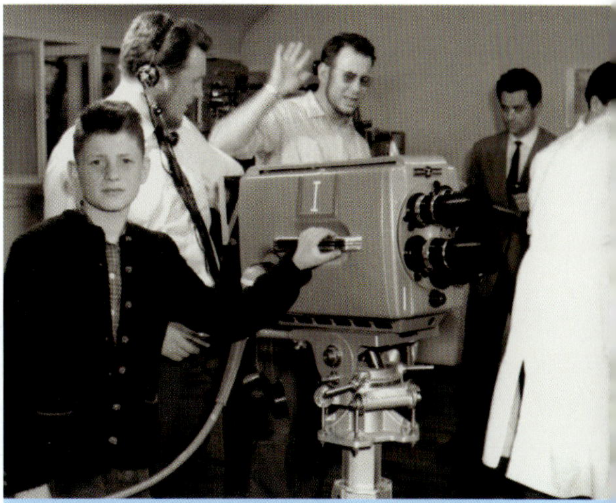

Lange bevor er selbst Kameramann wurde: Hendrik Stegner als Kind im „Pferdestall-Studio" (daneben Chefkameramann Fred Ohnesorg, Regisseur Jörg Franz und Erwin Plock vom Werbefunk).
Abb.: SR

Schon ehe 1958 die ersten SR-Mitarbeiter dort einzogen, war Hendrik Stegner, 1947 geboren, ein „Kind des Halbergs". Wie es auf dem Halberg in den fünfziger Jahren aussah, weiß er noch genau. Sein Vater Ernst (später der erste SR-Gärtner) hatte 1952 auf dem waldigen Berg am Rand von Saarbrücken Arbeit und auch eine Wohnung gefunden – eingestellt als Gärtnermeister und Reitlehrer vom damaligen „Schlossherrn". Das war Gilbert Grandval, von 1952 bis 1955 der französische Botschafter im Saarland, damals ein teilautonomer Staat.

Im Schloss und den dazugehörigen Nebengebäuden „residierte" Grandval als Botschafter überaus standesgemäß mit seiner Familie, den engsten Mitarbeitern –

Der Reitplatz von Botschafter Grandval – heute steht dort der SR-Hörfunk-Bau. V. l.: Joachim, Hendrik und Birgit Stegner mit Tante Erna Schüler.

Abb.: H. Stegner/SR

Mutter Annemarie Stegner mit Sohn Hendrik am ehemaligen Halberg-Teich. *Abb.: H. Stegner/SR*

und mit seinen vier Reitpferden. Mit ihnen sind auch Hendrik Stegners erste Halberg-Erinnerungen eng verbunden: „Der Pferdestall war einer unserer Spielplätze." Er lag im Mitteltrakt des Wirtschaftsgebäudes, das ab 1959 für das neu entstehende Fernsehen des Saarländischen Rundfunks umgebaut wurde. Es hieß dann korrekt „U-Komplex".

Sieben Jahre später (1966) musste es zusammen mit dem Wasserturm abgerissen werden, um Platz für das jetzige Konferenzgebäude zu schaffen. Auch wenn das „Pferdestall-Studio" als Teil der SR-Geschichte fortlebt, so ganz korrekt ist der Name nicht. Das eigentliche Fernseh-Studio wurde im rechten Trakt des U-förmigen Wirtschaftsgebäudes gebaut. „Da waren vorher Garagen", erzählt Stegner. Immerhin: Auch im Pferdestall selbst entstanden provisorische Räume für das SR Fernsehen.

„Hier habe ich reiten gelernt, und zwar ohne Sattel", erzählt Hendrik Stegner. Und deutet auf das Hörfunk-Gebäude – denn zuvor lag dort der große Reitplatz, eingezäunt mit weißen Holzstangen und bestückt mit Baumstämmen als Hindernisse. „Von denen sind wir als Kinder auf die Pferde geklettert."

Die nächste Attraktion für Kinder war nicht weit entfernt. Am rechten Ende des Reitplatzes schlossen sich ein Spielplatz mit Schaukel sowie ein Rondell mit Pavillon und einem kleinem Teich an. „Abseits aller politischen Spannungen und Auseinandersetzungen im Lande hatten wir Halberg-Kinder damals hier das Paradies auf Erden", schwärmt Hendrik Stegner und zeigt dann auf die fensterlose untere Ecke des Verwaltungsgebäudes hin zum Hörfunk-Bau. „Hier in der damaligen Schwimmhalle konnten wir immer schwimmen und auch Tischtennis spielen. Bei gutem Wetter gingen wir ins Schwimmbecken am Rand der Schlossterrasse."

Das Schwimmbad zierte ein Gemälde des Malers Karl Kunz. Abb.: Wolfgang Kunz

Das einstige Hallenbad mit Freizeitraum wurde nicht abgerissen, sondern teilweise in den SR-Verwaltungsbau einbezogen. Anfänglich als provisorischer Feuerwehrteich geplant, wurde es später zum Aktenarchiv umgebaut. Der gekachelte Beckenboden hat das überstanden, ein attraktives Wandgemälde leider nicht. Es stammte vom Augsburger Maler Karl Kunz, der 1947/49 und 1959/60 an der Staatlichen Schule für Kunst und Handwerk in Saarbrücken unterrichtete.

Oben rechts das Gärtnereigelände, im Haus davor links das Schwimmbad, rechts der Gärtnerei-Trakt. Ganz vorn das ehemalige Wirtschaftsgebäude, im linken Seitenflügel das spätere „Pferdestall-Studio". Abb.: SR

An das Hallenbad schlossen sich früher die Gärtnerei und das Gewächshaus an. Heute steht dort das SR-Verwaltungsgebäude. Direkt davor lag ein riesiger Garten mit Nutz- und Zierpflanzen, größer als heute die Rasenfläche zwischen den Rundfunkbauten mit dem Sendemast in der Mitte. Frisches Obst und Gemüse für den Botschafter-Haushalt gab es reichlich - und vermutlich auch für seine französischen und deutschen Bediensteten. Die Kinder jedenfalls hatten jederzeit freien Eintritt in ihren Garten Eden.

Nicht weit von der hinteren rechten Ecke der Gärtnerei (vom „Pferdestall-Studio" gesehen), hin zum heutigen Fernsehbau, lag das Waschhaus der Botschafter-Residenz. Es musste ebenso den SR-Neubauten weichen wie das ganz in der Nähe gelegene zweite Häuschen für die Bediensteten. Es stammte noch aus den Schlossbau-Zeiten (1877 - 1880) des „Industrie-Barons" Carl Ferdinand von Stumm-Halberg. Ebenfalls abgerissen wurde die Reithalle des Botschafters, die in der Nähe der heutigen SR-Garage stand. „Der daran angebaute Heuschober war ein idealer Platz zum Versteckspielen", ist Hendrik Stegner immer noch begeistert.

Ein anderer „Spielplatz" für die Halberg-Kinder konnte etwas gefährlicher werden: der hohe (inzwischen abgerissene) Torbogen an der Seite von Schloss Halberg hin zum heutigen Restauranteingang und Parkplatz.

An der Schranke unten an der Auffahrt zum Halberg: Josephine Hartenberger, Tochter Monika und Sohn Erwin. *Abb.: E. Hartenberger/SR*

Der Parkplatz war damals ein großer Ziergarten mit wohl zwei angrenzenden Tennisplätzen. Beim Tennisspielen zuzusehen, das war aber längst nicht so spannend wie über den Torbogen zu klettern. Bei dieser Mutprobe gab es nämlich gleich zwei Herausforderungen: erstens wohlbehalten die andere Seite zu erreichen. Und zweitens dabei nicht von Angehörigen des „Wachbataillons" erwischt zu werden. Diese Einheit des Saarbataillons der saarländischen Polizei hatte direkt dahinter oben im Schloss ihre Schlafstuben und unten in der linken Schlossecke ihre Aufenthaltsräume (später die erste SR-Kantine). Wurde Klein-Hendrik beim verbotenen Klettern erwischt, war die Strafe unausweichlich: Polizeistiefel putzen.

Auch auf den Pferden von Müllers Hof unterhalb des Halbergs durften Erwin Hartenberger und die Halberg-Kinder oft reiten. *Abb.: E. Hartenberger/SR*

Das freilich beeinträchtigte keineswegs die ansonsten hervorragenden Beziehungen zwischen den Polizisten des Wachbataillons und den Kindern, die alljährlich im Herbst ihre Blütezeit erlebten. Da lockten die vielen Esskastanien-Bäume die Saarbrücker immer wieder in den Halberg-Wald - obwohl es streng verboten war, das eingezäunte und bewachte Gelände ohne Erlaubnis zu betreten. Zum Kastaniensammeln gab's die aber nicht. Also behalfen sich manche Saarbrücker mit „zufällig" entstandenen Löchern im Zaun. Das Wachbataillon ging in der Kastanienzeit deshalb besonders häufig und gern Streife, denn erwischte „Kastaniendiebe" mussten zur Strafe nicht nur Stiefel putzen, sondern zudem ihre Beute abgeben. Damit belohnten sich dann abends die Wachbataillons-Polizisten selbst. Zum Essen der Röstkastanien luden sie öfter mal die Kinder ein. Wohl auch, weil die gelegentlich „Ermittlungshilfe" leisteten. Schließlich kannten sie sich im Halberg-Wald bestens aus.

Zu den Halberg-Kindern gehörte auch Erwin Hartenberger. Er wurde 1951 sogar (fast) auf dem Halberg geboren: im Hausmeister-Haus, das (bis heute erhalten) links unten an der Auffahrt zum Halberg liegt. Dort wohnten sein Vater Erwin, der Haus- und Maschinenmeister der Botschafterresidenz (und dann des SR) und seine Mutter Josephine, die spätere erste Telefonistin des SR. Sohn Erwin hat seine Halberg-Kinderzeit auch in bester Erinnerung: „Es war wie ein Traum." So rund zwölf seien sie gewesen, vier Gärtnerskinder, er, seine Schwester Monika, einige Kinder französischer Botschaftsmitarbeiter und die beiden des Botschafters selbst. Die hätten wie selbstverständlich dazugehört - es sei denn, sie wurden von ihrer Gouvernante zurück ins Schloss beordert.

Erwin Hartenberger hat noch zahlreiche Details im Gedächtnis: die vielen Tiere zum Beispiel wie das verletzte und verlassene Rehkitz, das sie in der Familie aufgezogen haben oder an den eingezäunten Rehpark unterhalb der Schlossterrasse.

Auf „Müllers Hof", dem Bauernhof nicht weit unterhalb seines Elternhauses, reizten ihn besonders die stämmigen Ackerpferde, auf die er sich schon mal setzen durfte. Die Felder des Bauernhofs reichten auf der einen Seite bis ins Kolbenholz vor Schafbrücke und Richtung Saarbrücken bis zur Brebacher Landstraße. Auch der dem Halberg gegenüberliegende Eschberg war damals noch unbebaut - alles ein Riesenspielplatz für die Kinder und für den Botschafter Grandval reichlich Platz zum Ausreiten auch außerhalb des umzäunten Halbergs.

Monsieur Babin (wie er wohl hieß), der Chefkoch des Botschafters, hat sich in Klein-Erwins Gedächtnis eingeprägt, weil er von ihm so sehr mit allerlei Leckerem vollgestopft wurde, dass Vater Erwin Protest einlegen musste.

„Sichere Kindheit": Erwin Hartenberger mit dem Polizisten Sepp Welsch vor einem Wachhäuschen des Saar-Bataillons.
Abb.: E. Hartenberger/SR

Die Polizisten vom Wachbataillon, die am Pförtner- und Hausmeisterhaus das Tor und die Schranke zur Straße auf den Halberg rund um die Uhr bewachten, rangierten gleich hinter dem Chefkoch - schließlich passten sie zwischendurch auch mal auf Klein-Erwin auf, wenn die Eltern und seine Schwester ausgegangen waren. Besonders ist Erwin Hartenberger natürlich seine Zeit mit Radio-Vater Viktor Lenz in Erinnerung. Da war er das „Fritzche vom Babbe". Aber da war schon der SR-Hörfunk auf dem Halberg eingezogen.

Wie aus einem „Pferdestall" das SR Fernsehen wurde

Erinnerungen von Peter Blattner / Text: Axel Buchholz

Das Fernsehen war zuerst da. Auf dem Saarbrücker Halberg, dem Sitz des ab Jahresbeginn 1957 öffentlich-rechtlichen Saarländischen Rundfunks. Es war eine Pionierzeit. Sie begann 1958/59. Der SR hatte bis dahin kein Fernseh-Programm. Also gab es dafür auch nichts: keine Studios, keine Kameras und Schnittplätze, keine Mitarbeiter mit Fernseherfahrung - und kaum Geld für all das.
Aber es gab viel Freude am neuen Medium Fernsehen, am Improvisieren und Ausprobieren. Bei alldem hat Toningenieur Peter Blattner tatkräftig mitgeholfen.
Das SR-Radio-Programm kam derweil weiterhin aus dem Funkhaus in der Saarbrücker „Wartburg" - vorerst.

Toningenieur Peter Blattner: erst beim Hörfunk, dann beim SR Fernsehen. *Abb.: SR*

„Geh Du mal da hoch, Du bist jung, mach das", hieß es zu Beginn des Jahres 1959 für Peter Blattner. Und er ging gern aus der „Wartburg", dem alten Funkhaus in der Martin-Luther-Straße unten in der Stadt, nach oben auf den Halberg. Dort entstanden nach und nach die Gebäude für den neuen SR. Gerade mal 19 Jahre war Blattner alt. Vom Fernsehen verstand er nichts. Dafür schon viel vom Radio. Am 1. Juli 1954 hatte er mit 14 seine dreijährige Lehre als „ Rundfunkmechaniker" bei Radio Saarbrücken begonnen und danach vor allem als Tontechniker im Sendedienst gearbeitet.

Aus dem ehemaligen Wirtschaftsgebäude und Pferdestall von Schloss Halberg wird das erste SR-Fernseh-Gebäude. SR-Techniker und Handwerker von saarländischen Firmen halfen mit - wie hier beim Bau des Synchronstudios. *Abb.: SR*

Blattners neuer Arbeitsplatz auf dem Halberg war allerdings alles andere als neu. Genauer gesagt, gab es ihn noch gar nicht. Was es gab, war das alte Wirtschaftsgebäude von Schloss Halberg, in dem früher auch ein Pferdestall untergebracht war. Deshalb entstand auch der saloppe Name „Pferdestall-Studio". Es lag ungefähr dort, wo heute das Konferenzgebäude steht und war ein zweigeschossiger U-förmiger Gebäudekomplex (darum auch „U-Komplex" genannt) mit der offenen Seite in Richtung auf das heutige Verwaltungsgebäude. Dort sollte Peter Blattner erst einmal mithelfen, Räume für das SR Fernsehen auszubauen. Und damit sich selbst seinen ersten Fernseh-Arbeitsplatz. Das schreckte ihn nicht, im Gegenteil. Aufbauen, umbauen und improvisieren, das war auch in der alten Wartburg nötig gewesen. Die war ja ursprünglich auch kein Funkhaus - sondern ein evangelisches Gemeindezentrum. So begann Blattner Schlitze zu kloppen, Kabel zu ziehen und Anschlüsse zu legen. Mit einem Elektriker und zwei Schreinern von einer Fremdfirma arbeitete er eng zusammen, aber sie waren nur drei von vielen Handwerkern dort.

Zuerst entstand das „Abspielzentrum", von dem jetzigen Verwaltungsbau aus gesehen rechts im U (Nordflügel) in der ersten Etage. Die Werbung wurde von einem

35-mm-Filmgeber abgespielt. Er hieß „Flying Spot". Ehe er aber so richtig ins „Fliegen" kam, musste man kräftig an einer Handkurbel drehen, um ihn auf Touren zu bringen. Die Filme im Werberahmenprogramm wurden von zwei 16-mm-Projektoren abgespielt. Gemischt wurde getrennt für Bild und Ton über ein 4-Kanal-Pult für das Bild und ein 8-Kanal-Tonpult.

Bernd Stenger: über den Werbefunk zum SR. *Abb.: SR*

In Richtung Gebäudeecke hin zum Wasserturm schloss sich ans Abspielzentrum erst der Kontrollraum für die Studiokameras und dann ein kleines Kopierwerk an – eingebaut in ein früheres Badezimmer mit Badewanne. Dort wurden die Schwarzweiß-Umkehrfilme (16 mm) entwickelt.

Insgesamt war das erste SR-Fernseh-Programm 30 Minuten lang, erinnert sich Peter Blattner. Wahrscheinlich, meint er, lief es von 19.30 Uhr bis 20 Uhr, aber sicher ist er sich nicht. Es wurde vom Werbefunk geliefert und bestand aus ca. fünf Minuten Werbung, einem etwa 20 Minuten langen Film und wieder fünf Minuten Werbung. Regionale Beiträge wurden anfangs gar nicht gesendet, es gab ausschließlich Unterhaltungsfilme. Die aber waren meist länger als 20 Minuten, mussten also tagsüber entsprechend gekürzt werden. Dafür war ein Schnittplatz vorhanden. Zuständig fürs Kürzen war Bernd Stenger mit einer Cutterin, beide vom Werbefunk.

Der „Flying Spot"-Abtaster, mit dem die 35-mm-Filme abgespielt wurden. *Abb.: SR*

„Abendregisseur" Bernd Stenger leitete dann auch den Ablauf des Programms, also die Mischung von Werbespots und Film(en). Ansagen gab es noch nicht. Gefahren wurde nach Stengers „Sack-Uhr", seiner alten Taschenuhr. Und das war mitunter ein schwieriges Geschäft. Schluss sein musste pünktlich. Aber die Anfangszeit konnte nicht immer eingehalten werden, wenn vorher überzogen worden war. Also musste ausgeblendet werden. Das machte der Techniker beim Sender in Göttelborn.

Dazu nahm Stenger über ein altes Feldtelefon Kontakt zu ihm auf. War genug gekurbelt worden, meldete der sich schließlich und wartete am Hörer auf das Stenger-Kommando „ausblenden". Dann spurtete er los, erst zum Bildregler, dann zum Tonregler. Beide müssen ziemlich weit entfernt voneinander gewesen sein, vermutet Peter Blattner. Es dauerte jedenfalls oft quälende Sekunden bis nach dem ausgeblendeten Bild auch der Ton verstummte. „Brutale Übergänge" (nach heutigem

Mit dem Sender Göttelborn wurde der Fernsehempfang im Saarland ab 1959 viel besser.

Abb.: SR

Standard) habe es auch bei der Abfolge von Werbung und Film gegeben. Den Zuschauern scheint's damals nicht störend aufgefallen zu sein. Beschwerden sind jedenfalls nicht überliefert.

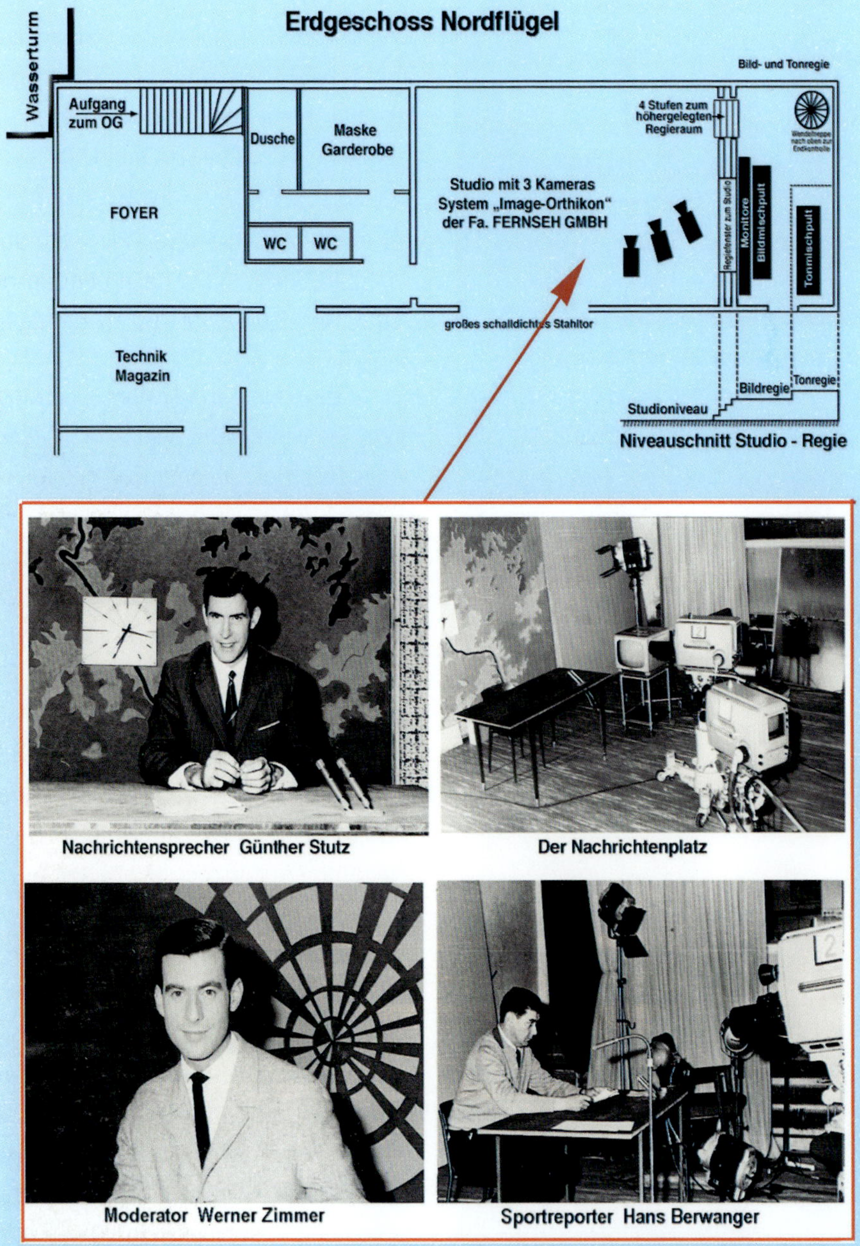

Das erste Fernseh-Studio des SR entstand im Nordflügel des „U-Komplexes". Vorher waren dort im Erdgeschoss Garagen. Darüber in der ersten Etage wurde unter dem schrägen Dach das „Abspielzentrum" untergebracht. *Grafik: K. P. Weber / Fotos: SR*

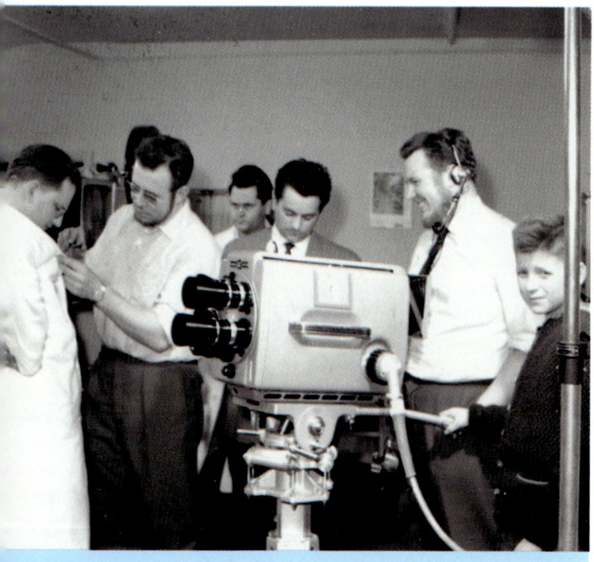

Ein Beitrag über den Filmgeberraum im „Pferdestall" wird gedreht, v. l.: Videoingenieur Horst Loch im weißen Techniker-Kittel, Regisseur Jörg Franz,Techniker Walter Fleischmann, vom Werbefunk Erwin Plock, Kameramann Fred Ohnesorg u. Gärtnersohn Hendrik Stegner. Abb.: SR

Im „Pferdestall-Studio" des SR: Cutterin Christl Ohnesorg und Chefkameramann Fred Ohnesorg. Abb.: SR

Als Zweites wurde unten rechts im „Pferdestall" (wie das gesamte Gebäude im SR-Jargon hieß) das große Fernseh-Studio gebaut. Blattner hat auch da mitgeholfen. Und ist noch heute stolz: „Das Ergebnis war schon richtig komfortabel." Bild- und Tonregie hatten eigene Räume und im Studio gab es drei Kameras: „Jetzt wurde es eigentlich erst richtig interessant." Nun waren Live-Beiträge und eigene MAZ-Vorproduktionen möglich. Die Zeit der Fernseh-Ansagerinnen begann beim SR. Wann das genau war, daran kann Peter Blattner sich nicht mehr erinnern. Aber es muss jedenfalls vor dem 1. Februar 1961 gewesen sein, dem Beginn eines eigenen regelmäßigen FS-Regionalprogramms. Auch wie diese Sendung dann hieß, ist Blattner nicht mehr genau in Erinnerung. „Abendschau" vermutet er zu Recht. Und als Sendezeit 18.30 Uhr bis 18.50 Uhr.

Im gegenüberliegenden (südlichen) Teil des „Pferdestalls" waren ein Synchronstudio und auch ein Schnittplatz für die Werbung entstanden.

Parallel zum Aufbau von Arbeitsräumen und Technik wurde auch das Personal engagiert. Er sei der erste Techniker gewesen, der direkt vom Radio aus dem SR-Funkhaus in der Wartburg gekommen ist, meint Peter Blattner. Alle anderen hatten zuvor beim privaten regionalen Fernseh-Sender TELESAAR gearbeitet, der 1958 abgeschaltet wurde: allen voran Ludwig Schüssler als erster Abteilungsleiter FS-Technik und mit ihm die Techniker Horst Loch, Arthur Wilhelmy, Walter Fleischmann und Henry Hoffmann. Auch Ilse Laudenklos, die zuerst vor allem im Synchronstudio arbeitete, war dort tätig. Sie wurde später Chefcutterin im Fernsehen.

Mit Fred Ohnesorg kam 1959 der erste Kameramann (später Chefkameramann) ebenfalls von TELESAAR. Seine spätere Frau Christl begann 1960 als Maskenbildnerin und Cutterin beim Werbefunk. Bald arbeitete sie nur noch als Cutterin. Andere wechselten von verschiedenen deutschen Sendern nach Saarbrücken. Peter Ehmke zum Beispiel kehrte Hamburg den Rücken, um als Ablauf-Regisseur in Saarbrücken zu arbeiten. Seine Frau brachte er als erste FS-Chefcutterin mit.

Schnell zum Regie-Star wurde beim jungen SR Fernsehen Truck Branss, der in Berlin Kameramann gewesen war. Peter Blattner lobt ihn sehr: „Er brachte uns bald viel Ansehen weit über das Land hinaus." Aber er verschweigt auch nicht, dass die

Vorn die Ü-Wagen des jungen SR-Fernsehens, dahinter der Gebäudetrakt mit dem Fernseh-Studio, oben die Fenster des „Abspielzentrums". Ganz rechts der Fiat von Regisseur Truck Branss. Dahinter das neue Hörfunk-Gebäude. *Abb.: SR*

Zusammenarbeit mit ihm nicht immer einfach war: „So manche schlaflose Nacht habe ich seinetwegen gehabt." Spaß auf seine Kosten scheint Branss nicht so gut vertragen zu haben. Jedenfalls soll er sehr lautstark reagiert haben, als er seinen plötzlich verschwundenen kleinen Fiat 500 nach längerem Suchen versteckt in einem der Räume des U-Komplexes wiederfand. Blattner hatte ihn mit Kollegen mühsam dorthin geschleppt.

Machte das junge SR Fernsehen mit seinen (zuerst im „Pferdestall" produzierten) Musik-Shows bundesweit populär: Regisseur Truck Branss.

Abb.: SR

An so manchen der „Oberen" hat Peter Blattner seine besonderen Erinnerungen. Als der neue regionale FS-Programmchef (und spätere Chefredakteur/Direktor fürs Aktuelle und stv. Intendant) Karl-Heinz Reintgen 1961 seinen Antrittsbesuch in der Pferdestall-Regie machte, sei sein erster Satz gewesen: „Mach mal den Ton leiser."

Verwaltungsdirektor Wilhelm Klein gab sich da saarländischer. Er kam öfter in der Regie einfach mal so zum Plaudern vorbei, immer rauchend trotz des Rauchverbots. Seine Reaktion auf mahnende Worte wurde gern akzeptiert: Klein spendete in die Getränkekasse – und rauchte weiter.

Warum die Fernseh-Ansagerin mal „Muh“ machte

Von Gertrud Ecker

In den Anfangstagen des SR Fernsehens konnte außer Filmen und Werbespots nichts gesendet werden. Das änderte sich erst, nachdem das Studio im ehemaligen Pferdestall eingerichtet war und elektronische Kameras angeschafft worden waren. Jetzt wurde auch elektronisch aufgezeichnet. Diese „Mazen“ konnten mit Filmen und Liveteilen gemischt werden.
Damit waren die Voraussetzungen geschaffen für den Start der „Abendschau“ am 1. Februar 1961. Das war die erste regelmäßige regionale Fernsehsendung des SR. Am Mischpult saß Gertrud Ecker (geb. Dahl), die erste Bildmischerin auf dem Halberg.

Zu dem Beruf Bildmischerin kam ich über einen Artikel aus der Presse. Darin hieß es sinngemäß: Mit dem Fernsehen werden wir bald unsere Dichter wie Kleist, Schiller und Goethe in allen Wohnzimmern haben. Dazu gibt es neue Berufe wie zum Beispiel Bildmischerinnen, die in enger Zusammenarbeit mit dem Regisseur die Stücke in Bilder umsetzen. Das hat mich sofort begeistert. Erlernen könne man diesen schönen Beruf ab Oktober in der Schule für Rundfunktechnik (SRT) in Nürnberg, hieß es.

Um von meinem Abitur im März 1960 bis Oktober die Zeit zu überbrücken, habe ich mich erst einmal beim SR für ein halbjähriges Fernseh-Praktikum beworben. Im April 1960 ging's los, allerdings gleich mit einer großen Enttäuschung: Da es zu der Zeit, abgesehen von eingekauften Filmen und Werbespots des Werbefunks, noch gar kein „eigenes“ Fernseh-Programm gab, musste ich mein Praktikum beim Hörfunk noch im alten Funkhaus in der Wartburg beginnen.

Am 1. Juli 1960 durfte ich dann endlich zum Fernsehen auf dem Halberg. Da war das Studio im ehemaligen Pferdestall so weit fertiggestellt, dass mit dem Proben begonnen werden konnte. Und das nutzten wir weidlich aus. Schließlich war's für alle Neuland. Wir, das waren unter anderem die Fernseh-Techniker Horst Loch, Arthur

Beim Lichtsetzen im „Pferdestall-Studio": r. sitzend Chefkameramann Fred Ohnesorg, m. stehend Willi Raber, sein Nachfolger als Chefkameramann, l. sitzend Aufnahmeleiter Siggi Kohl. Abb.: SR

Wilhelmy, Heinz „Henry" Hoffmann und Walter Fleischmann unter ihrem Chef Ludwig Schüssler.

Dazu die Kameraleute, Fred Ohnesorg (als Erster), Willi Raber (beide bald SR-Chefkameramänner), Hans-Joachim („Pit") Weber, Werner Hoffmann (wurde später Chefkameramann beim HR), Fritz Willié, Norbert Holland, Karl-Heinz Baumgärtner, Tonmann Peter Blattner und halt ich – die Praktikantin.

Da es außer mir fürs Bildmischen niemanden gab, habe ich vor allen Dingen durch Ausprobieren und Üben gelernt. Wichtige Tipps und Hinweise dafür gaben mir die Kameraleute und die ersten Regisseure. Das muss ganz gut geklappt haben. Nach und nach erzählte ich jedenfalls auch nicht mehr gleich jedem Neuen, dass ich eigentlich nur eine Praktikantin sei. Und man scheint es nach einer Weile auch nicht mehr (oder jedenfalls nicht mehr gleich) bemerkt zu haben. So gab mir denn ein Gast-Regisseur von einem anderen Sender bei einer Fernseh-Aufzeichnung den Rat, die Schule gar nicht mehr zu besuchen. Da er dort auch unterrichte, wisse er, dass ich nichts mehr dazulernen würde. Und beim SR hätte ich ja schließlich eine „Position". Also blieb ich und bekam ab Oktober 1960 einen Vertrag als Bildmischerin.

Die erste SR-Bildmischerin Gertrud Ecker um 1960 in der Bildregie des „Pferdestall-Studios". Abb.: SR

Ab September begannen wir, erste Beiträge aufzuzeichnen (zu „mazen"). Es wurden auch schon aktuelle Filme gesendet, aber noch nicht regelmäßig. Die Journalisten kamen alle vom Hörfunk: Zum Beispiel Jupp Hoppen (Sportchef) mit Sportreporter Hans Berwanger, Karl Höchst (Landfunk) und Tontechniker Helmut Scheuer mit einem Bastelprogramm immer mittwochs. Scheuer „bastelte" später sehr erfolgreich beim ZDF weiter. Beim SR hatte man seine Sendung wohl nicht mehr gewollt.

Damals hatten wir zwei 2-Zoll-Maschinen zur magnetischen Bildaufzeichnung (MAZen). Wenn man schneiden wollte, musste man das MAZ-Band richtig durchtrennen und wieder zusammenkleben. Jeder Schnitt wäre aber aufgefallen, weil die Maschinen danach etwas brauchten, um wieder „in Takt zu kommen". Darum verzichtete man möglichst auf Schnitte. Stattdessen „zog man Schwarz" (der Bildschirm wurde also ganz kurz schwarz). Danach begann dann die neue Einstellung aus dem Schwarzen. Solche Blenden machten dramaturgisch aber nur nach längeren abgeschlossenen Komplexen Sinn. Also zeichneten wir lange Passagen hintereinander auf, manchmal zwanzig Minuten am Stück. Das erforderte hohe Konzentration auch am Mischpult und war, zum Beispiel bei der Bastelsendung, ziemlich anstrengend.

Am 1. Februar 1961 begann dann die erste regelmäßige regionale Informationssendung von 19.30 bis 19.50 Uhr (Abendschau). Auch bei der saß ich natürlich am Mischpult. Sie wurde von Ruth Pfordt, der ersten SR-Fernseh-Ansagerin angekündigt. Danach kamen die Nachrichten und aktuelle (Film-)Beiträge und dann meist längere Interviews, Studiorunden oder MAZ-Aufzeichnungen. Vieles machten wir live, wie zum Beispiel Erste-Hilfe-Übungen mit dem Roten Kreuz, Tipps für Gartenfreunde und Ähnliches.

Klaus Flätgen – auch er kam vom Radio – wurde der erste Fernseh-Redakteur fürs Regionale. Er machte (auch schon vorher) Beiträge sowie viele Interviews. Zuvor war er Schauspieler gewesen. Sven Trittelvitz begann als Reporter, auf „Fernsehtauglichkeit" vom Intendanten Dr. Franz Mai persönlich getestet. Abend-Regisseur bei der Sendung war

Ab 1961 gab es beim SR die erste MAZ-Maschine zur magnetischen Bildaufzeichnung, eine AMPEX VR 1000. *Abb.: SR*

in der Anfangszeit oft Truck Branss. Als ehemaliger Kameramann hatte er einen hervorragenden Blick fürs Bild, arbeitete gern intuitiv und zugleich oft ziemlich lautstark. Exakte Planung war weniger seine Sache.

Klaus Flätgen, der erste SR-Fernseh-Reporter und Redakteur für Regionales im SR Fernsehen. Hier mit der Schauspielerin Hildegard Knef im „Pferdestall-Studio". Rechts Kameramann Fred Ohnesorg. *Abb.: SR*

In den Pioniertagen des saarländischen Fernsehens musste viel improvisiert werden. Schwierigkeiten gab es oft mit Redakteuren, die nicht einsehen wollten, dass ich ihre genauen Schlussworte kennen musste. Denn schon kurz vor dem Ende der Moderation musste ich Filme oder die MAZ starten lassen. Damit ein Film direkt nach der Ansage lückenlos begann, brauchte man fünf Sekunden Vorlauf, bei einer MAZ waren es 15 Sekunden. Wenn das nicht genau klappte, gab es ein „Loch" und jedes Mal Ärger.

Bald begann Truck Branss damit, im „Pferdestall-Studio" (manchmal auch im Freien drumherum) längere Musik- und Schlagersendungen aufzuzeichnen. Sie machten ihn sehr erfolgreich und den SR bekannt. Ich war dabei oft seine Bildmischerin, zum Beispiel bei Produktionen mit den Schlagersängern Udo Jürgens, Gilbert Bécaud, Françoise Hardy, Ulla Norden, Peter Kraus, Gitte, Esther und Abi Ofarim oder Wencke Myhre. Auch bei Konzerten mit dem Ristenpart-Kammerorchester, Aufzeichnungen mit Big-Bands und Jazz-Orchestern (Oscar-Peterson-Trio) saß ich für ihn am Mischpult. Ballettaufführungen zeichneten wir ebenfalls auf, in Basel zum Beispiel „Die Steinerne Blume" von Prokofjew.

Außer für Truck Branss arbeitete ich als Bildmischerin aber auch für ausgezeichnete Gast-Regisseure beim SR, darunter Helmut Käutner, Eberhardt Itzenplitz und Wilm ten Haaf.

Bei den ersten Außenproduktionen des SR war ich vor Ort als Bildmischerin oft dabei. Das geschah häufiger im großen Saal der Wartburg (bei Musik-Produktionen) und in Saarlouis, wo früher das Kammerorchester unter Karl Ristenpart spielte. Dafür hatten wir einen Drei-Kamera-Ü-Wagen, der dann später auf vier Kameras hochgerüstet wurde. Erster Fernseh-Ü-Wagenchef war Ludwig Breit. Er hatte zuvor als Fernseh-Techniker im Studio gearbeitet.

Truck Branss, zuerst Regisseur für die aktuellen Regionalsendungen, wurde schnell zum erfolgreichen Regisseur für Musikshows und Musikerporträts.

Abb.: SR

Auf dem Halberg nutzte das Fernsehen für große Produktionen schnell andere Räume. Ehe Zwischenwände in dem Neubau errichtet wurden, bot sich dafür zuerst die gesamte erste Etage über dem neuen Garagengebäude an. Später zogen dort die Werkstätten ein. Die provisorische Schallisolierung sorgte für den Namen: „Eierkistenstudio". Gedreht wurde meist nachts, weil es dann ruhig war auf dem Halberg.

Im Studio 1 des neuen Fernsehbaus wurde schon produziert, als es noch fast ein Rohbau war. Das Fernsehen war halt im Kommen und brauchte Platz. Seine große Bewährungsprobe erlebte (und bestand) das junge aktuelle Fernsehen des SR bereits ein Jahr nachdem es regelmäßig auf Sendung gegangen war – und ich mit ihm: Am 7. Februar 1962 beim großen Berg-

Der erste Fernseh-Ü(bertragungs)-Wagen des SR. *Abb.: SR*

Das tragische Bergwerksunglück in Luisenthal wurde zur traurigen Bewährungsprobe für das SR Fernsehen.
Abb.: SR

werksunglück in Luisenthal mit 299 Toten. Da kamen aus dem „Pferdestall" Bilder und Berichte für ganz Deutschland und auch das Ausland. Für mich war die Trauerfeier die größte Herausforderung. Wir übertrugen sie live und deutschlandweit direkt vom Bergwerksgelände. Wohl nie zuvor und danach war ich so angespannt wie damals am Mischpult im engen Ü-Wagen.

Aber es gab auch viel Lustiges: Öfters haben wir einen Film kürzen müssen, der während des Werbeblocks lief. Dafür gab es ein Dia mit dem Wort „Ende", das eingeblendet wurde. Da einmal die Kommunikation zwischen dem Toningenieur und mir nicht klappte, zeigte ich nach dem Dia die Ansagerin. Der Film-Ton lief aber noch weiter. Das Ergebnis: Man hörte ein „Muh" und sah – die Ansagerin.

Diese „Pionierzeit" des SR Fernsehens möchte ich nicht missen. Wir haben damals alle viel gelernt und geleistet, aber auch viel gelacht. Ich zum Beispiel kannte mich an den elektronischen Kameras aus, auch in der Technik wie der Kameraaussteuerung, Filmabspielung und Magnetischen Bandaufzeichnung (MAZ). Davon konnte ich viel profitieren, besonders, als ich einige Male außerhalb arbeitete, wie in den Münchner Filmstudios Geiselgasteig und in Frankfurt beim HR-Fernsehen. Bis 1967 blieb ich aber beim SR angestellt.

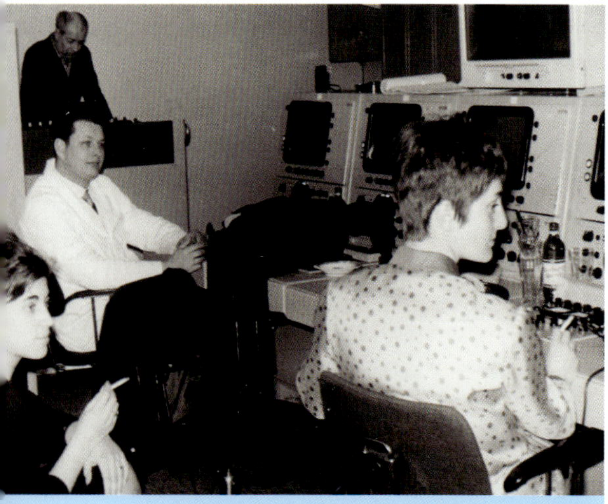

In den Fernseh-Anfängen beim SR musste man vielseitig sein: Gertrud Ecker in der Kamerakontrolle. Links hinter ihr Monika Solzbacher, später Chefcutterin beim SR Fernsehen. Dahinter im weißen Kittel: Fernseh-Techniker Walter Fleischmann. *Abb.: SR*

Wie die Kultur ins „Pferdestall-Studio" kam

Erinnerungen von Christl Ohnesorg / Text: Axel Buchholz

„Jedem Anfang wohnt ein Zauber inne", zitiert Christl Ohnesorg im Rückblick auf diese Zeit Hermann Hesse. Als sie am 15. Mai 1960 im neuen „Pferdestall-Studio" ihren Dienst zur Ausbildung als Cutter-Assistentin antrat, gehörte sie zu den „SR-Fernseh-Pionieren". Zusätzlich sollte sie auf Honorarbasis als Maskenbildnerin arbeiten, denn wenig später begannen im Juli die ersten Probeaufnahmen und Versuchssendungen mit den elektronischen Kameras im „Pferdestall". Und dafür mussten die Akteure vor der Kamera entsprechend geschminkt werden.

Christl Ohnesorg: Cutterin beim Fernsehen war ihr Traumberuf. Abb.: Ohnesorg/SR

„Das konnte ich gut", erzählt Christl Ohnesorg (1937 in Saarbrücken als Christl Becker geboren). Kein Wunder, denn nach ihrer Ausbildung zur Diplom-Kosmetikerin hatte sie zuerst als Maskenbildnerin beim Privatsender TELESAAR gearbeitet. Als dieses erste saarländische Fernseh-Programm 1958 aus rechtlichen Gründen eingestellt wurde, wechselte sie zum SR.

Dort konzentrierte sich Christl Ohnesorg aber bald auf das, wofür sie angestellt wurde: auf den Filmschnitt. Das wollte sie schon seit Längerem. Der erste SR-Schneideraum in der Mittelachse des „U-Komplexes" war fortan ihr Arbeitsplatz. Er war nicht breiter als der Schneidetisch selbst. Dafür hatte er aber ein Fenster mit Blick aufs Schloss Halberg und den ehemaligen Wasserturm, der

Der rechte Flügel des „Pferdestalls". Vor dem Studio der erste Fernseh-Übertragungswagen des SR. Im Hintergrund rechts das Radio-Gebäude noch im Bau, ganz rechts ein Gerüst für den Bau des Verwaltungsgebäudes. *Abb.: Ohnesorg/SR*

1966 zusammen mit dem gesamten ehemaligen Wirtschaftsgebäude abgerissen wurde.

Rest-Bauarbeiten während die Kameraleute schon probten: Christl Ohnesorg hilft bei der Studio-Dekoration, an der Kamera Fred Ohnesorg.

Abb.: Ohnesorg/SR

Am Berufswunsch Cutterin war Christl Ohnesorgs damaliger Freund Erwin Alfred „Fred" Ohnesorg (1933-2011) gewiss nicht unschuldig. Sie hatte den Kameramann schon bei TELESAAR kennengelernt und durch ihn die Vorbereitungen für das SR Fernsehen ab Mitte 1959 mit verfolgt. Fred Ohnesorg half als Chefkameramann und Regisseur das SR Fernsehen aufzubauen. Seine Aufgabe war es, die technische Ausstattung für die Filmproduktion mit zu planen und beim Auswählen der ersten Kameraleute und Kamera-Assistenten mitzuwirken. So legte er den Grundstein für so manche Karriere hinter der Kamera. Zusammen mit Ludwig Schüssler, dem Leiter der Abteilung Fernseh-Betriebstechnik der Technischen Direktion (Leitung bis 1969 Erich Böhnke), besuchte er mehrere ARD-Sender und auch das Fernseh-Studio des amerikanischen Soldatensenders AFN in Kaiserslautern, um sich beraten zu lassen und Erfahrungen zu sammeln.

Christl Ohnesorg hat noch die Bilder vor Augen, als von den großen LKWs der Speditionsfirmen Kisten mit Kameras, Scheinwerfern und Lampen angeliefert wurden, alles sicher mit riesigen Mengen Holzwolle geschützt. Beim Auspacken halfen viele mit - sogar Intendant Dr. Franz Mai ließ sich das nicht nehmen. Und ihm wie allen anderen, meint Christl Ohnesorg, war dabei die Freude anzumerken, dass es nun bald losgehen würde mit dem Fernsehen vom SR.

Miteinander und mit dem SR Fernsehen verheiratet: Christl und Fred Ohnesorg.
Abb.: Ohnesorg/SR

Auch eine komplette Film-Entwicklungsanlage gehörte zum Speditionsgut und musste ausgepackt und installiert werden. Daran denkt die Cutterin allerdings mit gemischten Gefühlen zurück: „Sie hat sich leider allzu oft als ‚Film-Vernichtungsanlage' herausgestellt, weil sie technisch noch nicht ausgereift war." Kostengünstig sei sie allerdings gewesen - wie alles, was damals gekauft wurde. Und das war nicht wenig, denn außer dem Fernseh-Studio gehörten zum „Pferdestall" auch die Bild- und die Tonregie, die Filmentwicklung, die Schneideräume, das Synchronstudio, das Abspielzentrum, die Maske und diverse technische Nebenräume mit entsprechender Ausstattung.

Legte selbst Hand an: Intendant Dr. Franz Mai hilft beim Auspacken - im weißen Hemd und mit Krawatte. Rechts Regisseur Jörg Franz. *Abb.: Ohnesorg/SR*

Ein 4-Teller-Steenbeck-Tisch: Film (Bild) und Ton liefen jeweils auf einem Tellerpaar und wurden getrennt geschnitten. *Abb.: SR*

Christl Ohnesorg denkt gern an die Aufbauzeit des SR Fernsehens: „Gerade zu Beginn empfand ich alles als ungeheuer spannend und interessant, es war einfach Pionier-Feeling. Aufregend war auch, dass sich Intendant Dr. Mai in fast alles einmischte – und so manches Mal auch alle kräftig ‚durchmischte'."

So habe er hin und wieder in den Schneideräumen vorbeigeschaut, auch gelegentlich in die eigene Hausbar eingeladen und zu ihrer Hochzeit mit Fred Ohnesorg einen prächtigen Blumenstrauß geschickt. „Familiäre Fernseh-Zeiten waren das im Pferdestall", schwärmt Christl Ohnesorg auch noch fast sechzig Jahre später.

Freilich erinnert sie sich auch an die andere Seite des „Übervaters" Mai, der von Zeit zu Zeit überraschend mit der Uhr in der Hand persönlich überprüfte, ob jeder pünktlich an seinem Arbeitsplatz war. Auch habe er schon mal selbst gezählt, wie viel Tassen aus der Kantine im Pferdestall herumstanden – wo die doch nicht mitgenommen werden durften.

Das Schneiden am 4-Teller-Steenbeck-Tisch lernte Christl Ohnesorg weitgehend im „Selbststudium" durch Zusehen und Ausprobieren. Anfangs klebte sie nur Werbespots hintereinander oder kürzte mal einen Unterhaltungsfilm. Mehr Programm gab es noch nicht. Das lernte sie von Ilse Laudenklos, die dies bis dahin allein gemacht hatte. Sie war die allererste Cutterin und Tontechnikerin beim neuen SR Fernsehen.

Kulturredakteur Dr. Edmund Ringling war als „Fernseh-Beauftragter" verantwortlich für das neue SR-Fernseh-Programm. *Abb.: SR*

Nach einiger Zeit begann Christl Ohnesorg damit, die nach und nach beim SR produzierten regionalen Beiträge zu schneiden. Die Reporter kamen vom Hörfunk und hatten in dieser Anfangszeit auch keine Ahnung vom Fernsehen. Sie erinnert sich an Filme über das Erdbeerfest in St. Barbara, das Mirabellenfest in Metz und über die Wallfahrt in Berus. Der Hörfunk-Redakteur für Heimatfunk und Volksmusik, Josef Reichert, war meist der Autor für solche Themen. Chefredakteur Wilhelm Diederich bearbeitete die Landespolitik, Sportchef Jupp Hoppen machte Sport-Beiträge, die Zeitfunk-Reporter Gottfried Damm und Sven Trittelvitz bearbeiteten allgemeine Zeitgeschehen-Themen, Albert Schmitt und Jörg Franz meist Kulturelles.

Dr. Gustav Regler (r.) erhält im Februar 1961 den ihm wenige Monate zuvor zugesprochenen Saarländischen Kunstpreis. *Abb.: SR*

Anfangs gab es noch keine Fernseh-Direktion. Dr. Edmund Ringling wurde ab 1961 „Fernseh-Beauftragter" (bis 1968). Zu Beginn war er für das gesamte Fernseh-Programm zuständig, später allein für den Kulturbereich.

Heute noch hat Christl Ohnesorg ihre Ängste vor der ersten langen Produktion im Gedächtnis. Der damals schon bekannte Auslandskorrespondent Dr. Peter Scholl-Latour kam dazu Ende November 1960 als Autor für drei Wochen in den Schneideraum. Er hatte mit Fred Ohnesorg (Kamera) und Helmut Scheuer (Ton) im gerade selbstständig gewordenen Kongo gedreht. Die 45-Minuten-Dokumentation „Kongo. Fehlgeburt einer Republik" ist allerdings nie gesendet worden. Intendant Mai hatte inhaltliche Änderungswünsche, die Scholl-Latour nicht akzeptierte.

Christl Ohnesorg verstand damals die Position ihres obersten Chefs nicht. Andererseits ist sie heute noch voller Bewunderung, wenn sie von Mais Visionen und dessen Engagement für die Kulturberichterstattung des SR Fernsehens erzählt: „Das sollte ein Schwerpunkt des SR innerhalb der ARD werden." Nach ihrer Wahrnehmung hat ihn dazu der saarländische Schriftsteller und Journalist Dr. Gustav Regler (1898 - 1963) inspiriert. Der bekam 1960 als Erster den neu geschaffenen Kunstpreis des Saarlandes auf dem Gebiet der Literatur. SR-Literaturredakteur Fred Oberhauser hatte sich als Jury-Mitglied engagiert dafür eingesetzt.

Im Saarland war die hohe Auszeichnung für den ehemaligen Kommunisten und Spanienkämpfer und Gegner der Rückkehr des Saarlandes zu Hitlerdeutschland sehr umstritten. So wurde zwar vormittags im Landtag der Preis offiziell in einer Feierstunde verliehen, der festliche Empfang für den Preisträger jedoch fand abends beim Saarländischen Rundfunk im Schloss Halberg statt. Alle, die am Film über die Preisverleihung mitgearbeitet hatten, waren dabei. Regler hatte sie persönlich eingeladen, auch Christl Ohnesorg. „Ich habe damals deutlich empfunden, wie dankbar er für diese Anerkennung in seiner Heimat war", erinnert sie sich.

Kam durch Gustav Regler zum SR: der amerikanische Bildhauer Alexander Archipenko.

Abb.: SR

Der Hausherr, Intendant Dr. Franz Mai, und Regler hatten offenbar ein gutes Verhältnis zueinander gefunden. Dr. Mai schätzte ihn. Christl Ohnesorg jedenfalls ist überzeugt: „Gustav Regler war wohl der Schlüssel zu der Idee von Intendant Mai, dass der SR (und speziell auch das Fernsehen) für Kulturschaffende aller Art eine Heimat werden sollte." Und sie glaubt auch, dass der weitgereiste und weltoffene Schriftsteller gern die Verbindung sein wollte.

So habe Regler den ersten Kontakt zu dem amerikanischen Bildhauer russischer Herkunft Alexander Archipenko (1887 - 1964) hergestellt.

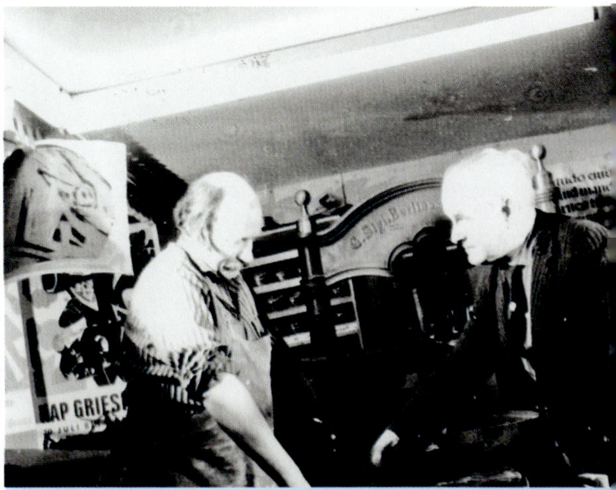

Gustav Regler im Atelier des Bildhauers HAP Grieshaber (l.). *Abb.: Ohnesorg/SR*

Archipenko sei ein etwas wortkarger alter Herr gewesen, hat Christl Ohnesorg im Gedächtnis. Er wurde von seiner sehr jungen Frau Frances begleitet, auch sie eine Bildhauerin. Beide wohnten als Gäste im Schloss Halberg, in dem damals auch Zimmer für besondere Gäste bereitgehalten wurden. Archipenko hat als Interview- und Gesprächspartner nicht nur beim SR Spuren hinterlassen, sondern auch mit mehreren seiner Werke in der Modernen Galerie in Saarbrücken, der er zudem seine Gipsmodelle vererbt hat.

Bei den Dreharbeiten zum Grieshaber-Porträt (von l.): SR-Literaturredakteur Heinz Dieckmann, Gustav Regler und Fred Ohnesorg (Kamera). *Abb.: Ohnesorg/SR*

Der französische Dramatiker Eugène Ionesco (l.) mit Gustav Regler im „Pferdestall-Studio".

Abb.: Ohnesorg/SR

Ein anderes Projekt von Regler war ein Film über den Grafiker und bildenden Künstler (Holzschnitt) HAP (Helmut Andreas Paul) Grieshaber (1909 - 1981). Dieser führte ein „archaisches Leben" auf der Achalm bei Reutlingen. Für ein Fernseh-Porträt besuchte ihn Regler dort 1962 zusammen mit SR-Literaturredakteur Heinz Dieckmann als Realisator und Fred Ohnesorg (Kamera).

Ein weiteres Künstler-Porträt war der Film über den Maler, Grafiker und Bildhauer Max Ernst (1891 - 1976), der in Paris und an der Loire gedreht wurde. Und noch andere hochrangige Produktionen dieser Art seien angedacht gewesen, so Christl Ohnesorg. Sehr bekannte Künstler seien darunter gewesen, so die Kunstsammlerin und Mäzenin Peggy Guggenheim in Venedig, der Maler Pablo Picasso (den Gustav Regler ebenfalls persönlich kannte) und der französische Dramatiker Eugène Ionesco. Dessen Stück „Die Stühle" wurde dann 1964 vom SR als Fernseh-Spiel produziert.

Als Gustav Regler während einer Weltreise 1963 plötzlich in Indien starb, empfand Christl Ohnesorg dies als schmerzlichen Einschnitt für vieles, was so ideenreich begonnen hatte. Nur an manchen Projekten war sie selbst beteiligt gewesen, aber durch Chefkameramann Fred Ohnesorg, ihren Mann, kannte sie die Planungen und Produktionen. Die meisten daran beteiligten Künstler lernte sie so auch persönlich kennen. „Es war eine aufregende Zeit, in der alle Ideen grenzenlos schienen und sich ein alles beflügelnder Zeitgeist auftat."

Vom Strippenzieher im „Pferdestall" zum Kameramann in aller Welt

Von Klaus Peter Weber

Vom Tellerwäscher zum Millionär – das hat beim Saarländischen Rundfunk keiner geschafft. Aber vom Garagenmeister zum Personalchef oder vom Reporter zum stellvertretenden Intendanten – das schon. Wer was konnte, der hatte alle Chancen in den Anfangsjahren des SR. Einer der sie nutzte, ist Klaus Peter Weber (geb. 1941), der es vom Fernmeldetechniker im „Pferdestall" bis zum erfolgreichen Dokumentations- und Spielfilm-Kameramann brachte und zum Mitglied der Deutschen Filmakademie berufen wurde.

Klaus Peter Weber hinter seiner ersten 8-mm-Kamera.
Abb.: K. P. Weber/SR

Im zarten Alter von vier Jahren wurde ich von meiner Oma in Berlin zum ersten Mal in ein Kino geführt. Es war eines der typischen Charlottenburger Kiezkinos in der Windscheidstraße.

Ich war begeistert, Oma weniger. Kurz nachdem es dunkel geworden war und Laurel und Hardy über die Leinwand stolperten, hatte ich die vier hellen Löcher auf der Rückseite des Saales entdeckt. Aus einem leuchtete und zappelte ein flimmernder, heller Strahl hervor und durch ein zweites sah ich das Gesicht eines Mannes. Und fortan drehte ich mich immer wieder um, statt nach vorne zu schauen. Schließlich fragte Oma genervt: „Was ist denn da, was siehst Du denn da hinten

Klaus Peter Weber lernte Fernmeldetechniker. Beim SR zog er „die Strippen" bei der Installation der Telefonanlage im Pferdestall. *Abb.: K. P. Weber/SR*

im Dunkeln?" – „Was macht der Mann da oben hinter dem Guckloch?" – „Das ist der Zauberer des Lichts, darum heißt das Lichtspieltheater." Dieses Spiel mit dem Licht ließ mich nicht mehr los. Es sollte meine Profession werden.

Mit 14 Jahren, inzwischen in Saarbrücken zuhause, hatte der Zauber seine Wirkung in doppelter Weise entfaltet. Einerseits war ich ein Filmfreak geworden und zog mir jeden Film rein, der in die Kinos kam. Andrerseits war die Lust an der Schule ziemlich weggezaubert. Mit 16 Jahren verloren meine Eltern endgültig die Geduld, nachdem mich mein Latein- und Klassenlehrer am Realgymnasium Dillingen, ein gewisser Oberstudienrat Dr. Franz-Josef Röder, zum zweiten Mal sitzen ließ. Mein Vater entschied für mich, eine Lehre als Fernmeldetechniker aufzunehmen.

Es war eine sehr harte Lehrzeit. Immerhin half auch dabei der Film. Wenn ich zum Beispiel acht Stunden bei minus zehn Grad auf den Gleisen des Saarbrücker Hauptbahnhofs Motoren von Weichen verschalten musste, konnte ich mich damit motivieren, dass ich ja abends um sechs wieder vor einer Leinwand sitzen und zum Beispiel den brandneuen Hitchcock erleben würde. Die Kinos wurden so zu meiner Filmakademie, ich machte mir Notizen von Lichtsituationen, Kameraperspektiven und Farbgestaltungen.

Mit einer bescheidenen 8-mm-Kamera begann ich meine Erkenntnisse in die Tat umzusetzen. Leider kosteten Filme und Kameraausrüstung damals viel Geld. Was lag näher, als es in meiner Freizeit als Filmvorführer zu verdienen. Aber die Herren Theaterleiter wimmelten mich immer wieder ab: kein Bedarf. Schließlich gelang es mir im Sommer 1958, das Herz des Leiters des UT-Theaters zu erweichen. Schon vor dem Start des Großerfolges „Die Brücke am Kwai" hatte ich den Film in einer Voraufführung sehen können. Er hatte mich derart in den Bann gezogen, dass ich ein maßstabgerechtes Modell aus 2 000 Streichhölzern bastelte.

Das offerierte ich dann dem UT-Kino zur Dekoration. Der Leiter war begeistert: „Was kann ich Dir dafür denn anbieten?" Blitzschnelle Antwort: „Eine Lehre als Filmvorführer!" Er akzeptierte. Danach begann ich dann als Springer abends und an Wochenenden in den Kinos zu arbeiten. Nun war Filme sehen kostenlos und es sprangen noch die Kosten fürs 8-mm-Filmen heraus.

Anfang September 1959 schickte mich meine Firma SEL zum ersten Auftrag als frischgebackener Fernmeldetechniker zum Schloss Halberg, dem neuen Sitz des Saarländischen Rundfunks. Ich sollte dort die Kommunikationsanlagen installieren. Da staunte ich nicht schlecht: High-Tech in einem alten Pferdestall? Und ich befand mich plötzlich im Gründungsteam der SR-Fernseh-Technik.

Die Lage meines neuen Arbeitsplatzes war die Idylle pur: ein U-förmig gebauter Komplex, gekrönt von einem Wasserturm, der eher an einen Wehrturm erinnerte. Das alles auf bewaldeter Anhöhe, dem Alltag entrückt, zwischen dem Stumm'schen Schloss und dem ehemaligen Gärtnereigebäude. Dahinter ein immens großer Gemüsegarten. Im Herbst duftete der U-Komplex nach frisch gebrannten Kastanien, die die Mitarbeiter auf kleinen Kochplatten rösteten – zwischen hochsensibler Fernseh-Technik. Die vielen Esskastanien auf dem Halberg verführten dazu. Zur Mittagspause gingen wir ins Schloss, das auch die behelfsmäßige Kantine für die ersten 30 Mitarbeiter beherbergte. Durch meine Installationsplanungen lernte ich jeden Winkel des Pferdestalles kennen – und war nach über fünfzig Jahren noch in der Lage, die Grundrisse zu zeichnen.

Klaus Peter Weber im August 1958 mit 16 Jahren vor einem Schaukasten des UT-Filmtheaters.

Abb.: K. P. Weber/SR

Klaus Peter Weber 1959 bei seiner „Zweitlehre" als Filmvorführer im Passage-Kino.

Abb.: K. P. Weber/SR

Die Chance, meinem Traumberuf Kameramann etwas näherzukommen, kam schon nach einer Woche. Da konnte ich dem Glück etwas nachhelfen: corriger la fortune – die Erste. Als technischer „Gastarbeiter" beobachtete ich im Abspielzentrum, wie SR-Techniker beim Versuch scheiterten, einen Filmabtaster in Betrieb zu nehmen. Sie

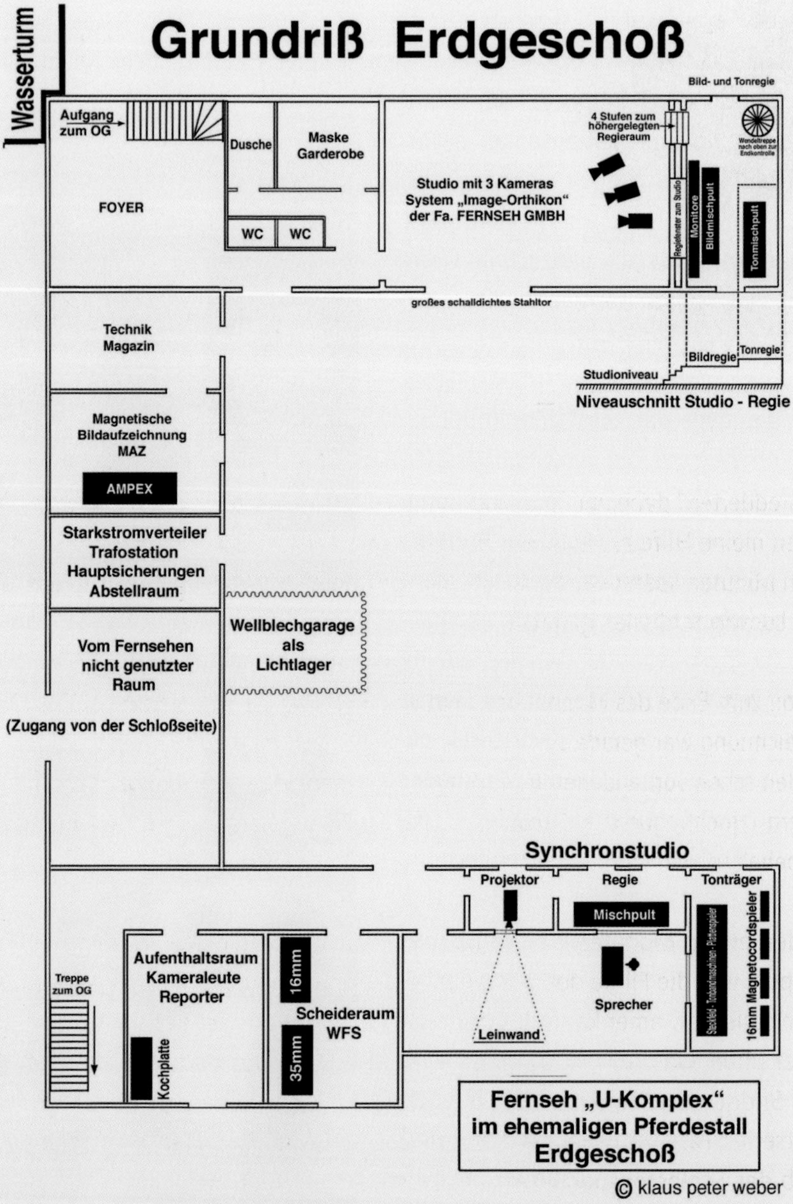

Abb.: K.P. Weber/SR

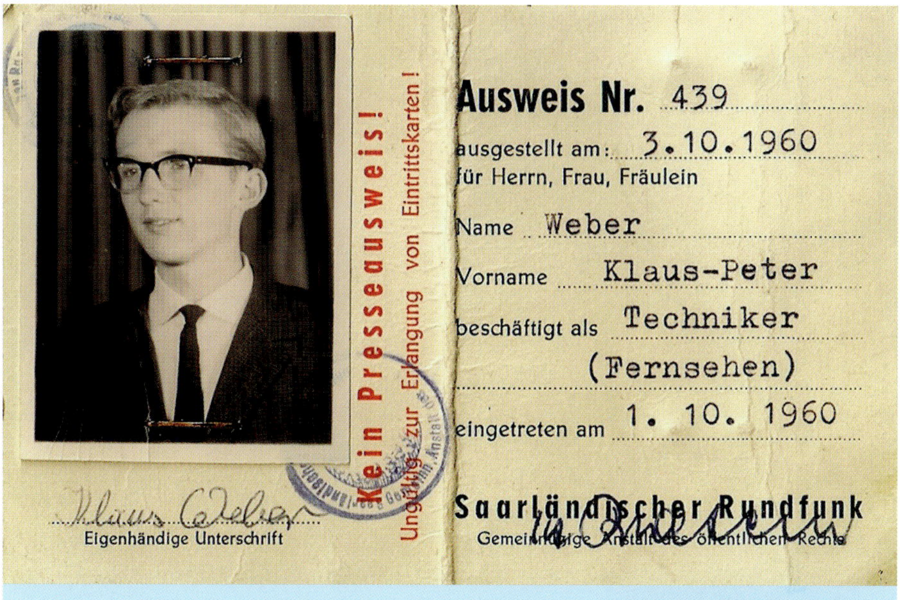
Klaus Weber
Eigenhändige Unterschrift

Kein Presseausweis!
Ungültig zur Erlangung von Eintrittskarten!

Ausweis Nr. 439
ausgestellt am: 3.10.1960
für Herrn, Frau, Fräulein
Name Weber
Vorname Klaus-Peter
beschäftigt als Techniker (Fernsehen)
eingetreten am 1. 10. 1960

Saarländischer Rundfunk
Gemeinnützige Anstalt des öffentlichen Rechts

Abb.: K. P. Weber/SR

„schredderten" dabei mehrere 100 Meter Film und wussten nicht mehr weiter. Ich bot ihnen meine Hilfe an. Man ließ mich ran und – zum Glück – klappte es sofort. Kaum zehn Minuten später wurde ich ins Büro des ersten SR-Abteilungsleiters Fernseh-Technik, Ludwig Schüssler, gebeten.

Schon zum Ende des Monats hatte ich einen Vertrag als Videotechniker. Diese Berufsbezeichnung war gerade erst erfunden worden, weil man eine Unterscheidung suchte zu den schon vorhandenen NF-Technikern (Niederfrequenz = Studio) und den HF-Technikern (Hochfrequenz = Sender). Da der Halberg vorerst dem neuen Bereich Video vorbehalten war, nannten wir ihn „Montevideo".

In den ersten Monaten hatten wir noch kein Livestudio. Da wurden nur die Werbespots und die Filme des Werberahmen-Programms gesendet. Es war die Zeit der sehr beliebten amerikanischen Miniserien, wie „Vater ist der Beste" oder „Abenteuer unter Wasser" mit Lloyd Bridges, dem Vater des heutigen Hollywood-Stars Jeff Bridges. Der Werbefunk Saar brachte auch die immer noch frisch gebliebene Kultserie „Familie Feuerstein" nach Deutschland. Zwischen den Werbeblöcken trieb das Schlossgespenst seine Scherze.

Klaus Peter Weber 1963 am FESE 35 mm Flying-Spot-Abtaster. *Abb.: K. P. Weber/SR*

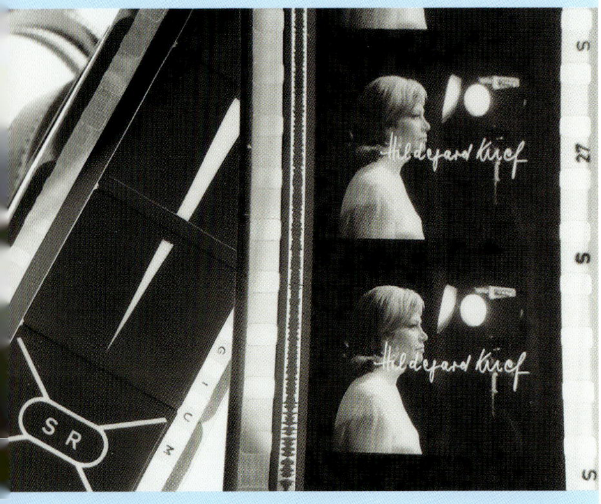

Im Bild das Startband der ersten Filmrolle mit dem Anfangstitel. Die Lichttonspur stand nur für den Havariefall als Reserve zur Verfügung.
Abb.: K. P. Weber/SR

Bis Herbst 1961 waren 16-mm- und 35-mm-Schwarz/Weiß-Filme die einzigen Bildträger. Um die 35-mm-Filme abzuspielen, gab es den Prototyp des ersten „Flying-Spot"-Abtasters der Firma Fernseh GmbH. Ihn zu bedienen, war ein spannender, für heutige Verhältnisse abenteuerlicher Job. Diese Bauart tastete nämlich die beiden Interlace-Halbbilder getrennt ab. Das bedeutete, man hatte bei jedem Start blitzschnell mit beiden Händen unterschiedliche Aufgaben zu vollbringen. Mit der einen Hand musste man die beiden Halbbilder zur Konvergenz (Übereinstimmung) trimmen. Und mit der anderen den Pegel der beiden Teilbilder egalisieren, so dass sie nicht flimmerten. Das war nicht unter fünf Sekunden zu schaffen – und dies während der Film schon „auf Sendung" war. Immerhin hatte dieses Gerät eine bessere Schärfe als die drei anderen, bedienungsfreundlicheren Vidikon-Abtaster, die aus einem klassischen Kinoprojektor bestanden, der direkt in eine vorgebaute Video-Kamera projizierte.

Der tägliche Sendebetrieb dauerte anfangs nur 30 – 40 Minuten vor 20 Uhr. So arbeiteten wir tagsüber weiter daran, den U-Komplex auszubauen.

Am 9. November 1963 gelang dem SR der Durchbruch an die Spitze der ARD Unterhaltung mit Truck Branss' „Porträt in Musik: Hildegard Knef". Es war ein

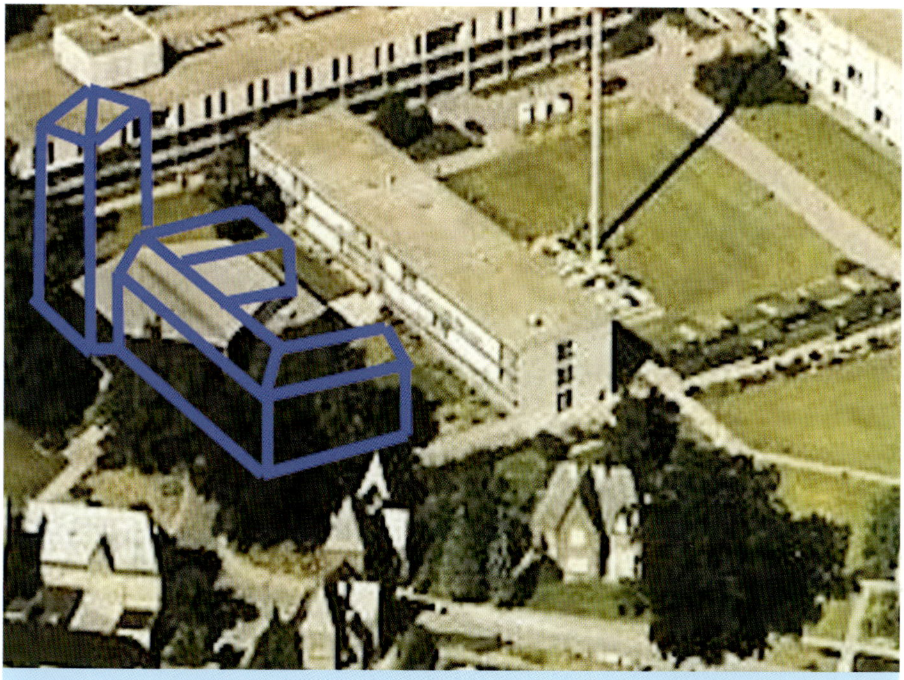

Wo heute das sechseckige (inzwischen denkmalgeschützte) Konferenzgebäude steht, standen früher der „Pferdestall" und der Wasserturm (blaue Umrisse).
Abb.: K. P. Weber/SR

spannender Augenblick auch für mich am Abtaster. Die Sendekopie bestand aus zwei 35-mm-Filmrollen und zwei 17,5-mm-Magnetperfobändern für den Ton. Diese mussten live durch Überblendung zusammengefügt werden.

Aber mein Traum Kameramann zu werden, war immer noch in weiter Ferne. Für eine Ausbildung beim Sender wurde damals normalerweise entweder eine klassische Fotographenlehre oder ein Fotographie-Studium an der Saarländischen Schule für Kunst und Handwerk, aus der die heutige Hochschule der Bildenden Künste Saar entstand, erwartet. Beides konnte ich nicht vorweisen, es hat mich aber auch nicht interessiert, da die Stillfotographie nichts mit der Filmfotographie gemein hat. Außerdem war ein Direktionswechsel von der Technik zum Programm undenkbar - besonders, da ich gerade erst vom SR zum Videotechniker weitergebildet worden war. Trotzdem hoffte ich auf eine Chance. Alle von SR-Kameraleuten belichteten Filme gingen über meinen Filmabtaster und so hatte ich einen genauen Überblick über die Arbeiten der Kamerakollegen. Sehr bald machte ich mir eine private Ratinglis-

Im Februar 1968 in Rio de Janeiro: mit Siggi Baumann (vorn mit Kamera) zu Besuch bei Pélé. Der Brasilianer wurde von der FIFA als Weltfußballer des 20. Jahrhunderts ausgezeichnet und vom IOC als Sportler des Jahrhunderts. *Abb.: K. P. Weber/SR*

te. Ganz oben stand Siegfried „Siggi" Baumann, der im Vergleich zu den anderen, etwas älteren Kollegen, durch eine sehr dynamische Bildsprache herausragte. Aber Baumann hatte einen Assistenten und ich wusste auch nicht, wie ich an ihn rankommen könnte.

Eines Tages stürzte er mit einem Problem in meinen Abtasterraum. Er hatte sich einen Fernseher gekauft und die Tatsache unterschätzt, dass an seinem Wohnort Habkirchen, fernab vom Sender Göttelborn, kein akzeptabler Empfang war. Irgendjemand hatte ihm erzählt, dass der Weber in der FS Technik in seiner Freizeit Antennen baut. In der Tat war das damals nach der Wiedervereinigung der Saar mit der Bundesrepublik Deutschland ein einträgliches Geschäft. Der Sturm auf die Fernseh-Geräte „aus dem Reich" (wie es im Saarland lange für die Bundesrepublik hieß) war gewaltig, aber für viele kam das böse Erwachen erst zu Hause, wie bei Siggi Baumann.

Corriger la fortune – die Zweite: Ich sah meine Chance kommen und ging es vorsichtig an. Zunächst aber warnte ich ihn, dass es in dieser abseitigen Lage mindestens die Errichtung eines Sieben-Meter-Mastes (!) erfordern würde, um genügend Senderfeldstärke rein zu bekommen. Das war übrigens damals im Saarland nicht so selten, da es nur den Sender Göttelborn gab und noch keine Relaissender. Was dies an Kosten bedeute, wollte er wissen. Es hätte mein einträglichster Job werden können: viel Arbeitszeit und ein erheblicher Materialaufwand wegen des Mastes im Garten. Aber ich schlug Siggi Baumann einen Deal vor: Bei den Materialkosten würde ich meinen Großhandelsrabatt von 50 Prozent an ihn weitergeben und die zweitägige Arbeitszeit würde ich ihm ganz schenken, wenn er mich im Gegenzug zum Essen einladen würde und ich ihm dabei ein paar meiner 8-mm-Amateurfilme vorführen dürfte. Ohne zu zögern sagte der Kollege mit den schwäbischen Genen zu.

Ein paar Monate später kam es dann zur Einlösung des Deals. Wir saßen nach dem Essen zusammen und während mein 8-mm-Projektor ratterte, konnte ich beim intensiven Fachsimpeln mit meinen Kenntnissen glänzen.

Und das war's denn auch.

Ein knappes Jahr später erst, ich hatte die Sache schon fast aufgegeben, meldete sich Siegfried Baumann plötzlich telefonisch – an einem Sonntagabend! Ob ich noch Interesse hätte? Sein Assistent hatte ihn kurzfristig im Stich gelassen. Wenn ja, dann ginge es schon am kommenden Samstag für vier Monate nach Pakistan, Indien und Afghanistan. Ich gab zu bedenken, dass in der kurzen Zeit von einer Woche wohl kaum der administrative Akt des Direktionswechsels von der Technischen Direktion zur Programmdirektion zu managen wäre. Schließlich war ich ja auch in einen eng gestrickten Dienstplan eingebunden. Baumann beruhigte mich: Es handele sich um einen für den SR sehr wichtigen Pilotfilm für die Dokumentarserie „Märkte der Zukunft" in Kooperation mit dem Bundespresseamt. Und er habe das alles bereits vor einer halben Stunde (am frühen Sonntagabend!) mit dem Intendanten geklärt. Sein Argument sei gewesen: Er brauche für diesen heiklen und langen Auftrag einen Assistenten, der selbst irgendwo in der Wüste, fernab jeglicher Infrastruktur, Kamera- und Tongerät auch selbst reparieren könne. Wir hätten da den geeigneten Mann im Hause, aber der gehört zur FS-Technik. Intendant Dr. Mai darauf: Er regle das noch am Abend persönlich mit dem Technischen Direktor. Es läge nur an meiner Entscheidung. Ich griff zu.

Hotelzimmeridylle „mit kleinem Gepäck" bei der Ankunft in Karachi am 6. November 1966. Abb.: K. P. Weber/SR

सर्वश्री पेटर मायेमेथ (बांएं से) ज्याफ्रिड बाउमन और क्लाउस-
वेबर—टेलीविज़न टीम के सदस्य जो जर्मन टेलीविज़न के लिए भारत
का आर्थिक भविष्य नामक वृत्तचित्र बना रहे हैं।

Faksimile aus der Monatspostille 1/1967 der deutschen Botschaft in New Delhi. Das Foto gehört zu einer Reportage vom Weihnachtsempfang 1966 in der Botschaft und stellt die „special guests" aus Deutschland vor. Ein veritables Fernseh-Team aus der Heimat aus Saarbrücken, damals noch eine Attraktion: v. l. Peter Meimeth, Siegfried Baumann und K. P. Weber. Abb.: K. P. Weber/SR

Schon eine halbe Stunde später klingelte wieder das Telefon. Chefkameramann Willi Raber, schon informiert, oder vielmehr alarmiert, meldete sich nicht gerade ermutigend: „Junge, Du hast doch einen anständigen Beruf. Lass die Finger davon, Du machst Dich unglücklich!"

Montagmorgen musste ich bei dem völlig frustrierten Technischen Direktor Erich Böhnke antreten. Er ging nicht zimperlich mit mir um: „Sie sind ein Verräter. Gehen Sie mir aus den Augen. Wagen Sie nicht, falls es schiefgeht, was ich Ihnen wünsche, bei mir wieder aufzutauchen!"

In den verbleibenden fünf Tagen bis zur Abreise musste ich alle Impfungen auf einmal über mich ergehen lassen, die Kameramann Siggi Baumann und Autor Peter Meimeth schon über Wochen bekommen hatten. Ich machte alle Vorbereitungen deshalb in einem Trance-Zustand. Noch nie zuvor hatte ich eine ARRIFLEX-Kamera in der Hand gehabt, noch nie hatte ich vier Koffer mit Kamera- und Tonzubehör zusammengestellt und noch nie hatte ich 15 000 Meter Negativfilmmaterial konfektioniert und bestellt. Noch nicht einmal flugtaugliche Koffer waren beim SR vorhanden. Einen Tag brauchte ich allein, um sie zu beschaffen.

Nur mit Hilfe der Kollegen aus der Kamerawerkstatt, allen voran Willi

Klaus Peter Weber bei den Dreharbeiten 1966 in Afghanistan in voller Montur.
Abb.: K. P. Weber/SR

Scheid, und mit 15-Stunden-Tagen gelang es mir, bis zum Abflug fertig zu werden. Am Samstag, den 5. November 1966 war ich dann wirklich fertig – fix und fertig. Wir flogen nach Karachi. Wir waren nur zu dritt. Für mich bedeutete das: Ich musste mich auch noch um die Ton-Ausrüstung und die Tonaufnahmen kümmern. Gott sei Dank ging mir Peter Meimeth immer kräftig zur Hand.

Es folgten erst drei strapaziöse Monate in Asien und dann drei harte, aber lehrreiche Jahre als Assistent an der Seite von Siggi Baumann. Drehreisen bis zu vier Monaten in Südostasien, Südamerika und Zentralafrika waren normal. Die Bedingungen sind heute kaum noch vorstellbar. Die Kamera zum Beispiel wurde noch von schweren Blei-Säure-Akkus angetrieben, wie man sie heute nur noch aus Autos kennt. Das Tonbandgerät, das ich noch zusätzlich bedienen musste, wog alleine zehn Kilo. Trotz des vielen Zubehörs wie Filter, Objektive, Kompendien (Streulichtboxen mit rundum großen Metallklappen), Filmmaterialien und vielem mehr musste ich bei den Aufnahmen beweglich bleiben. Dafür besaß ich einen selbstgefertigten Einsatzgürtel. So konnte ich für ein paar Stunden „Kampfeinsatz im Gelände" autark agieren.

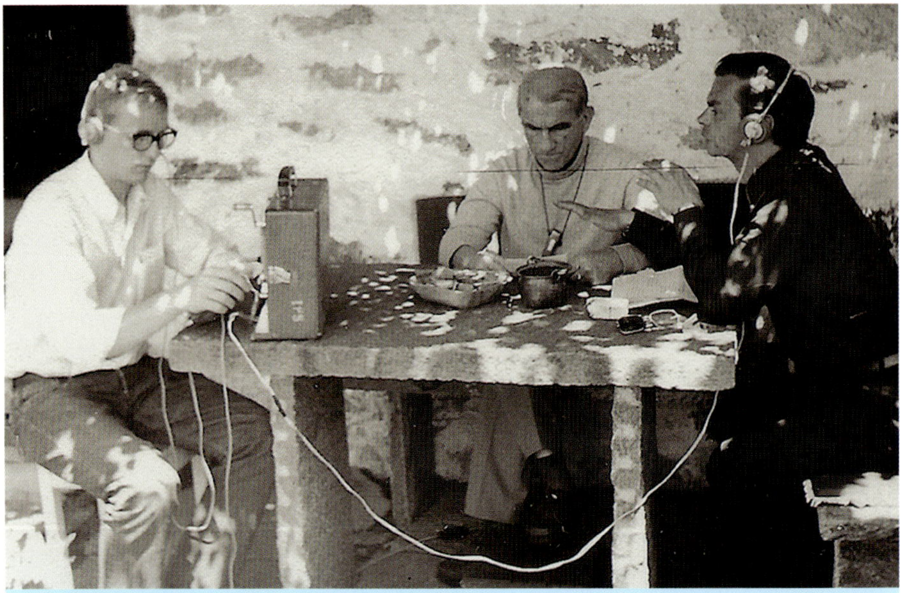

Der Schriftsteller und Widerstandskämpfer Günther Weisenborn 1967 an seinem Sommersitz Ascona (Schweiz) im Interview für das SR Fernsehen. Links K. P. Weber als Kamera-Assistent am Maihak-Tonbandgerät, rechts Filmautor/Realisator Heinrich Kalbfuss.
Abb.: K. P. Weber/SR

Mir war nicht immer zum Lachen zumute während meiner Zeit als Kamera-Assi. Und es war auch längst nicht immer traumhaft - aber an meinem Traumberuf Kameramann habe ich nie gezweifelt. Jedenfalls bekam ich eine solide Grundausbildung und war meinem Ziel einen Schritt näher. Am 12. August 1969 - ich weiß es noch genau - war es dann soweit: Ich drehte als Kameramann mit Redakteur Wolf-Dietrich Stahnke meinen ersten aktuellen 30-Sekunden-Beitrag. Witzigerweise war der Ort des Geschehens wieder Schloss Halberg. Aber meine Kinovision trieb mich immer noch an und ich lauerte auf die nächste Chance.

Dokus weltweit und Fiktion mit Regisseuren von Rang

Von Klaus Peter Weber

Er ist einer der ersten Kameramänner, die ihr Handwerk beim SR gelernt haben. Und dass er es sehr gut getan hat, davon konnten sich die Fernseh-Zuschauer des SR Fernsehens und der ARD in vier Jahrzehnten am Bildschirm überzeugen. Klaus Peter „Kape" Weber lieferte aufregende und bewegende Bilder von Menschen und Maschinen, von Metropolen und Meeren, von Wüsten und Wäldern, von Armut und von Überfluss. Er war Tatort-Kameramann, drehte Fernseh-Spiele und Kino-Filme und setzte Prominente ins Bild von Claudio Abbado über Robert Vaughn bis Kristina Söderbaum.

Mein Ausbildungskameramann Siegfried Baumann war ein Besessener bei der Suche nach dem perfekten Bild. Weder sich noch andere schonte er dabei. Meine drei harten Assistentenjahre bei ihm haben mich geprägt.

Das erwies sich danach gleich bei den ersten selbstständigen Einsätzen als Kameramann für den „aktuellen bericht". Schnell musste es da gehen, kurz sollten die Beiträge werden und trotzdem mussten für oft ähnliche Situationen möglichst immer wieder neue attraktive Einstellungen gefunden werden.

Außerdem lernte ich, „auf Schnitt" zu drehen, also möglichst wenig Filmmaterial zu verbrauchen und dabei gleich zu berücksichtigen, dass anschließend beim Schnitt die Einstellungen auch gut aneinander passen. Das ist eine Fähigkeit, die heute im digitalen Zeitalter total abhanden gekommen ist. Die Folgen: Viel Unnötiges wird beim Dreh gesammelt. Die aktuelle Cutterin muss im Zeitstress dann eine große Menge Rohmaterial durchforsten, um das Wesentliche für den Beitrag herauszufinden. Erst dann kann sie sich dem eigentlichen Schnitt widmen.

Die drei Jahre ab 1969 im tagesaktuellen Einsatz waren auch in Bezug auf die Teamarbeit anspruchsvoll. Fast bei jedem Thema musste ich mit einem neuen Reporter oder einer neuen Reporterin zusammenarbeiten. Und sehr häufig waren deren Arbeitsstile sehr unterschiedlich.

Trotzdem arbeitete ich in dieser Zeit parallel gelegentlich noch als Assistent in größeren Dokumentationen. Bei den Kollegen Edwin K. Braun (Heinz Mack und Josef Beuys), Henning Zick (Georges Brassens) und Michael Faust habe ich so auch andere Arbeitsstile kennengelernt.

Ich lernte, dass beim Bildermachen im Dokumentarfilm nicht nur das Beobachten gefragt ist, sondern auch das Zuhören. Zudem ist wichtig, eine Situation schnell zu erfassen und einen Instinkt dafür zu entwickeln, ob darin ein Baustein für den späteren Film enthalten sein könnte. In der Komposition der Bilder schließlich ist der Dokumentar-Kameramann ganz auf sich gestellt. Dabei erweist sich seine Haltung zum Thema und inwieweit er sein Handwerk beherrscht. In gewisser Weise wird er so zum Koautor.

Der tägliche Eselsritt abseits aller Straßen zum Drehort gehörte 1969 auf der Insel Amorgos in der Ägäis dazu.
Abb.: K. P. Weber/SR

Die Kombination aus ersten selbstständigen Erfahrungen und gleichzeitiger Horizonterweiterung hat sich ausgezahlt.

Kulturredakteur Günther Halkenhäuser gab mir 1972 mit einem 45-Minuten-Porträt die Einstiegschance ins große ARD-Feature. Es folgte für 15 Jahre die Arbeit im Bereich von Dokumentation, Reportage und Porträt. Es ging für mich rund um die Welt.

Dabei war der lange Atem gefragt. Über Wochen wurde mit demselben Team gedreht. Für die Erfolgsserie „Schauplatz der Geschichte" drehte ich 1976 mit Autor Klaus Peter Dencker den Pilotfilm in Wien. Noch acht weitere Folgen führten mich an Orte wie Hongkong, Saigon, Fez, Eriwan,

Moskau, New Mexico und noch weitere.

Das Konzept der Sendung kam gut an: Es wurden Städte vorgestellt, die ohnehin schon interessant waren. Dabei sollte aber zusätzlich noch an historische Ereignisse erinnert werden, die sich in diesen Städten abgespielt hatten. Stadtgeschichte sollte wieder lebendig und vorstellbar werden. Dafür mussten auch Bilder und Einstellungen voller Leben her – für den Kameramann keine geringe Herausforderung bei Motiven, die häufig genug „in Stein gemeißelt" waren: Plätze, Straßen, Denkmäler und Erinnerungsstätten.

oben: Klaus Peter Weber 1981 beim Dreh auf dem Roten Platz in Moskau.
unten: Saigon 1992. Eine Fahrradrikscha als Kameramobil: Im Sattel Assistent Klaus Hennrich, mit Kamera auf der Sitzbank K. P. Weber, dahinter Toningenieur Werner Maier. *Abb.: K. P. Weber/SR*

In dieser Zeit gab es noch gute Sendeplätze ab 21 Uhr in der ARD und ab 20.15 Uhr in S3 (dem dritten Programm von SDR, SWF und SR). Dafür entstanden anspruchsvolle Produktionen mit für heutige Verhältnisse üppigen Drehzeiten. So konnten wir uns langsamer und tiefgründiger den Protagonisten und Themen annähern und dadurch anspruchsvollere und aussagestärkere Ergebnisse erzielen.

Neben den Dokumentationen entstanden auch große 45-Minuten-Porträts von prominenten Zeitgenossen der internationalen Kulturszene. Besonders erfolgreich war das über den Schriftsteller, Philosophen und Sozialpsychologen Manès Sperber. Für diese Produktion bekam der SR den ersten Grimme-Preis.

Filmemacher Dr. Hans Emmerling, der Philosoph Manès Sperber und Kameramann K. P. Weber 1973 im Jardin du Luxembourg, Paris. *Abb.: K. P. Weber/SR*

Andere porträtierte Persönlichkeiten waren der Schriftsteller, Journalist und Publizist Friedrich Torberg (der als Jude vor den Nazis über Österreich, Frankreich, Spanien und Portugal in die USA fliehen musste), der italienische Dirigent Claudio Abbado, die Chansonstars Barbara und George Brassens, der Chansonnier, Schauspieler und Aktionskünstler André Heller, der Regisseur, Schauspieler und Produzent des Neuen Deutschen Films Rainer Werner Fassbinder, der französische Regisseur, Schauspieler und Autor Claude Chabrol, der Aktionskünstler und Kunsttheoretiker Josef Beuys, der Bildhauer und Maler der ZERO-Gruppe Heinz Mack, der belgische Maler des Surrealismus Paul Delvaux, die Pianistenlegende Arthur Rubinstein und viele andere mehr.

Diese Porträts waren auch für mich selbst ein unschätzbarer persönlicher Gewinn. Bei den Dreharbeiten lebten wir vier bis sechs Wochen eng zusammen mit den Künstlern, die meist prägende Geister ihrer Zeit waren. Teilweise gewährten sie uns Einblicke in ihren intimsten Privatbereich. Und das, obwohl die damalige, sehr platzgreifende Fernseh-Technik ungeheuer belästigend war. Vor allem die noch erforderlichen immensen Lichtmengen durch viele Scheinwerfer waren außerordentlich nervig für die Protagonisten. Sie unter diesen Umständen über eine so lange Zeit „bei Laune" zu halten und nicht Ihre Motivation aufs Spiel zu setzen, erforderte einen sensiblen Umgang mit ihnen und volles Einlassen auf die Persönlichkeit vor der Kamera. Voraussetzung dafür ist, Vertrauen aufzubauen und die Balance zwischen Nähe und Distanz zu wahren. Mich darin immer wieder zu üben, boten mir die Porträts viel Gelegenheit. Einerseits forderte die Kamera ihr Recht, perfekt bedient zu werden. Andrerseits bemühte ich mich, allen vor der Kamera und auch dem Team hinter der Kamera ein positives Gefühl zu geben. Die Fähigkeit, die Barriere Technik immer wieder vergessen zu lassen, half mir später sehr im Umgang mit meinen Schauspielern im Fernsehspielalltag. Anlässlich meiner SR-Verabschiedung brachte es Fernseh-Direktor Werner Zimmer so auf den Punkt: „Seine Devise als Teamchef war nicht führen, sondern verführen!"

Noch lag für mich der Zugang zum Fernseh-Spiel oder gar zum Kino in weiter Ferne. Welcher Kameramann eingesetzt wird, entscheiden immer die Regisseure, die der SR auf dem freien Markt anheuert. Und diese Regisseure haben meist aus langjähriger Zusammenarbeit ihre „Kameraspezis". Außerdem geht man bei einem Kameramann, der von der Dokumentation kommt, nicht davon aus, dass er die technisch sehr aufwendige und dramaturgisch so entscheidende Lichtgestaltung beherrscht. Im szenischen Film besteht allein das Kameradepartment aus mindestens 10 bis 20 Mitarbeitern. Daher blieb mein regelmäßiges Antichambrieren beim Fernsehspielchef stets erfolglos. „Klaus, Du weißt, ich schätze Deine Arbeit sehr. Aber die Herren Regisseure sitzen am längeren Hebel. Ich will ja was von Ihnen, also bestimmen sie das Kernteam."

Aber wieder einmal half mir das Glück, dem ich dann auch noch ein wenig nachhelfen konnte. Für die Filmredaktion von Südwest 3 drehte ich 1983, wie schon öfter, mehrere Features. Realisator und Autor war der damalige Leiter

K. P. Weber mit dem österreichischen Aktionskünstler und Kulturmanager André Heller 1979 in Wien für das SR-Porträt „Life – André Heller". Abb.: K. P. Weber/SR

der Berlinale Wolf Donner. Während der Dreharbeiten hatte ich eines Tages die Regielegende Georg Tressler vor der Kamera.

1984 beim Dreh zum Tatort „Geburtstagsgrüße": Regisseur Georg Tressler (l.) und Kameramann K. P. Weber. Abb.: K. P. Weber/SR

Tressler war in den 50ern einer der wichtigsten Regisseure, abseits vom damaligen Schnulzen-Mainstream. Seine Filme wie „Die Halbstarken", „Endstation Liebe" oder „Das Totenschiff" habe ich viele Male gesehen, er war mein Favorit. Jetzt saß er leibhaftig vor mir.

Nach dem Interview hatte er noch ein Stündchen Zeit und wir luden ihn zu einem Gläschen Wein ein. Es entwickelte sich ein sehr intensives Gespräch, bei dem wir viele Gemeinsamkeiten entdeckten. Unter anderem erfuhr ich, dass auch er aus dem Dokumentarfilm kam. Dies ermutigte mich zu der Bemerkung, dass ich gerne mal mit ihm einen Film machen würde. Er war damals schon 67 Jahre alt und meinte, sofort würde er mit mir drehen, wenn er nur noch einen Job bekäme. Denn im Kino waren die jungen Kollegen gefragt und das Fernsehen hatte wohl Angst vor seinem Marktwert. Nun denn, es war immerhin eine wunderbare Begegnung mit ihm.

K. P. Weber 1994 mit der Fassbinder-Ikone und Hollywoodstar Udo Kier beim Dreh von „Rotwang muss weg" (Regie H. C. Blumenberg). Abb.: K. P. Weber/SR

Als ich ein halbes Jahr später wieder mal bei SR-Fernsehspielchef Uli Nagel antichambrieren wollte, traf ich ihn in seinem Büro hocherzürnt an. Er feuerte gerade den Telefonhörer auf die Gabel und fluchte ziemlich lautstark. Da mir klar war, dass dies der falsche Augenblick war, wollte ich das Büro gleich wie-

der verlassen. Aber er meinte, ich könne ruhig bleiben. Er hatte gerade, nur 14 Tage vor Drehbeginn des neuen Tatortes, eine Absage des Regisseurs bekommen und nach Alternativen gesucht.
„Niemand will mit so kurzer Vorbereitungszeit einspringen. Mir fällt keiner mehr ein!"
„Ich hätte einen für Dich!"
„Wie, Du hast einen für mich. Wer soll denn das sein?"
„Kein Geringerer als Georg Tressler."
„Du spinnst ! Du glaubst doch nicht ernsthaft, dass er für den kleinen SR und dann auch noch nur als Notnagel einspringen würde. Das traue ich mich nicht."
„Darf ich, ich habe seine Nummer bei mir?"

Am nächsten Morgen kam Georg Tressler aus Wien angeflogen. Wir hatten eine tolle Zusammenarbeit, aber leider war es ein sehr mittelmäßiges Drehbuch. Egal, ich hatte den Einstieg geschafft und wir blieben bis zu seinem Tode befreundet. Endlich konnte ich unter Beweis stellen, dass mein Selfmade-Studium der Lichtgestaltung im Spielfilm etwas genutzt hatte. Bei vielen Porträtfilmen über berühmte Kinoregisseure, die meist im Rahmen von deren aktuellen Produktionen entstanden, hatte ich nun zusätzlich reichlich Gelegenheit, die große szenische Lichtgestaltung zu studieren. So zum Beispiel begleitete ich 1981 den französischen Filmregisseur Claude Chabrol zehn Tage lang bei den Deharbeiten zu seinem Film „Nada", wobei ich viel von seinem Kameramann Jean Rabier lernen konnte.

Claude Chabrol schaut durch die Kamera von K. P. Weber. Er war fasziniert von der fabrikneuen Kamera Éclair ACL, made in France, die er sehr schätzte, aber zuvor noch nie gesehen hatte. *Abb.: K. P. Weber/SR*

Tresslers Name als Referenz verschaffte mir in den folgenden Jahren Zugang zu weiteren wichtigen Regiepartnern wie Egon Günther, einem der bekanntesten DDR-Regisseure, Dr. Peter Schulze-Rohr, einem der TATORT-Erfinder, dem Drehbuchautor und Regisseur Hans-Christoph Blumenberg und den Regisseuren Hartmut Griesmayr und in Luxemburg Andy Bausch.

Als Director of Photography gestaltete ich 20 Fernseh-Spiele und neun Kinofilme, dazwischen bin ich weiterhin dem Dokumentarfilm treu geblieben.

„Jemanden ins rechte Licht rücken" war für mich keine Floskel, sondern Arbeit und Kunst zugleich. In meinem Licht glänzten Stars wie Ilse Werner, Kristina Söderbaum, Walter Giller und Nadja Tiller, Karin Baal, Hannelore Elsner, Barbara Rudnik, Désirée Nosbusch, Mario Adorf, Klaus Löwitsch, Eddie Constantine, Ulrich Tukur, Otto Sander, Jean-Pierre Cassel, Robert Vaughn, Richy Müller u.v.m.

1989 dreht der SR die erste Folge der erfolgreichen Primetime Serie „Peter Strohm", welche sechs Jahre erfolgreich in der ARD lief. Regisseur Hartmut Griesmayr entschied sich für mich als Kameramann.

Beim Dreh für „Peter Strohm": Vorbereitung für einen Autostunt 1989. Am Steuer Schauspieler Klaus Löwitsch, an der Kamera K. P. Weber, rechts außen Kamera-Assistent Dion Mieske. *Abb.: K. P. Weber/SR*

Auch bei der teuersten Filmproduktion in der Geschichte des Saarländischen Fernsehens war ich dabei. Von Januar bis August 1994 liefen die Dreharbeiten zur „Gerichtsreporterin". An 156 Drehtagen wurde mit 65 Hauptdarstellern an 185 Locations quer durch die Republik gedreht. Dabei habe ich 54 400 Meter Filmmaterial mit der ersten Super16 Kamera des SR belichtet. Es war die erste SR-Produktion im neuen 16:9 Format.

Ein anderes Highlight war 1997 „Die Rättin" (Produzent, Regie, Redaktion: SR-Redakteur Martin Buchhorn). Es war ein immenser künstlerischer und technischer Kraftakt. Zwei Monate Vorbereitung waren nötig, um in Zusammenarbeit mit der Filmakademie Ludwigsburg den Erfordernissen der neuen digitalen Zauberwelt gerecht zu werden. Ohne diese wäre eine adäquate Umsetzung der Fantasiewelt des Günther Grass nicht möglich gewesen.

An manchen Tagen waren bis zu 300 lebende Ratten im Einsatz, was unendlich viel Zeit kostete und natürlich den Schauspielern viel abverlangte. Zusätzlich standen für Spezialeffekte 50 tiefgefrorene Exemplare zur Verfügung. Hauptdrehort war Kappel an der Schleimündung in die Ostsee.

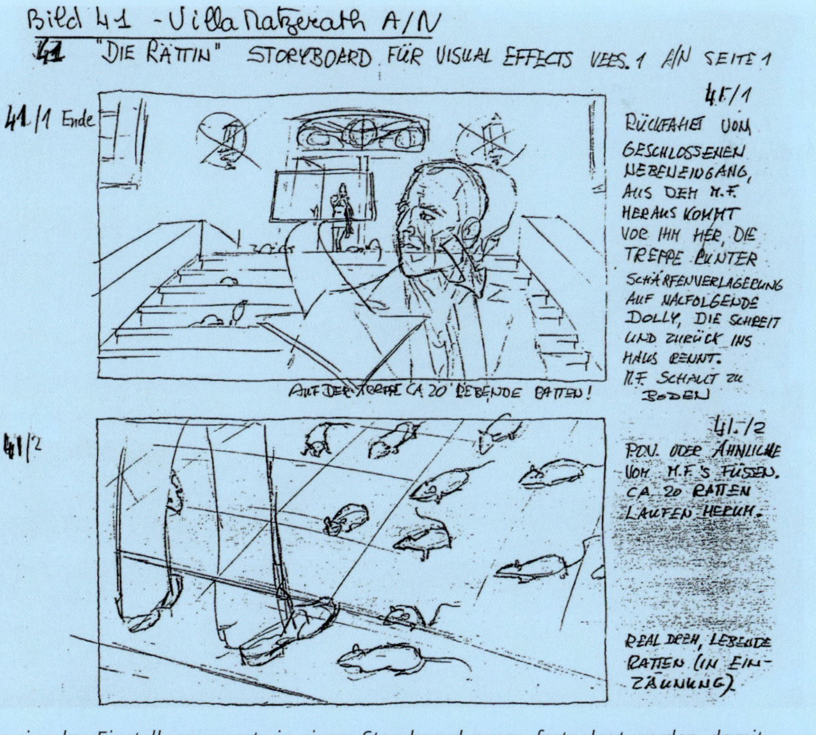

Jede einzelne Einstellung musste in einem Storyboard genau festgelegt werden, damit die vielen Kreativen, die räumlich und auch zeitlich getrennt voneinander wirkten, nicht aneinander vorbei arbeiteten. *Abb.: Filmakademie Ludwigsburg*

Einige Ratten waren so aktiv, dass sie sogar die Kamera erkundeten. Hier im Hafen von Eckernförde/Ostsee. Links Kamera-Assistent Klaus Hennrich. *Abb.: K. P. Weber/SR*

Auf der Ostsee 1997: Die Kamera fliegt über das Wasser auf die „Ilsebill" zu. *Abb.: K. P. Weber/SR*

Bei einem Budget von rund sechs Millionen DM war auch der Aufwand im Kameradepartment immens. Alle Szenen, für die digitale Kompositionen geplant waren, mussten parallel in 16 mm und 35 mm gedreht werden, um eine höhere Auflösungsqualität für die anschließende Bearbeitung vorzuhalten. Als Visual Effects Supervisor übernahm ich die Koordination zwischen SR und der Filmakademie Ludwigsburg.

Wir drehten auf hoher (Ost)See auf zwei Schiffen: einem Zweimastschoner, der die Grass'sche „Ilsebill" darstellte, und einem Frachtschiff. Auf der „Ilsebill" agierten die Schauspieler und auf dem Frachter daneben war mein Kamerakran montiert.

1999 führe ich zum ersten Mal Regie bei einem Tatort. Als Kameramann engagierte ich den jungen Kollegen Michael Tötter aus Hamburg. Die Arbeit mit dem Saarbrücker Tatort-Kommissar Jochen Senf lief reibungslos.

Die Story spielte im Milieu der Eishockey-Bundesliga. Ein paar Schlüsselszenen mussten in einem total überfüllten Stadion gedreht werden. Die Mannheimer „Ad-

K. P. Weber 1999 bei seiner ersten Tatort-Regie. An der Kamera Michael Tötter.

Abb.: K. P. Weber/SR

ler" erlaubten uns nach schwierigen Verhandlungen, mit kleinem Team während eines Spieles im SAP-Stadion zu drehen.

Gleich am ersten Tag allerdings begann der Dreh mit einem Desaster. Alles war am Vortage mit den vier Hauptdarstellern Jochen Senf, Tilo Prückner, Willi Fries und Ingrid Braun im leeren Stadion ausführlich geprobt und vorbereitet worden. Aber am nächsten Tag kam Tilo Prückner zum Dreh in die tosende Halle absolut ohne Stimme. Seine drei Dialogpartner, die aus dramaturgischen Gründen hinter ihm sitzen mussten und so keinen Blickkontakt zu ihm hatten, konnten ihre Stichworte nicht hören. Die Arbeitsatmosphäre war durch den kaum zu ertragenen Lärm der grölenden Masse der Fans sowieso schon sehr angespannt. Ich versuchte mit Handzeichen den Dialog zu führen, was auch halbwegs gelang. Aber es wurde eine nachträgliche Synchronisation im Studio mit allen vieren notwendig. Sie mussten gegen die dabei dann nur noch imaginären 15 000 tobenden Zuschauer anbrüllen, um den Dialog zu spielen. So etwas erreicht nie die Intensität des Originals und kostet einen zusätzlichen Tag im Drehplan. Die restlichen 23 Drehtage liefen dann aber umso besser, es gab eine Einschaltquote von 22 Prozent.

Fernseh-Kommissar Jochen Senf 1999 beim Tatort „Strafstoß" mit Regisseur K. P. Weber (r.).
Abb.: K. P. Weber/SR

Mit Mario Adorf beim Einleuchten eines Bildes 1991 für den Film „Ex und Hopp" in Luxemburg (Regie: Andy Bausch). *Abb.: K. P. Weber/SR*

Bei so langen Produktionen wurde nicht unter zehn Stunden gearbeitet und oft auch am Wochenende. Das Wort „Feierabend" war häufig ein Fremdwort. Da gab es dann nach den Drehs viel Freizeitausgleich. Der SR gestattete mir, diese freie Zeit auch für Produktionen

1994 beim Dreh von „Letters unsent" in Luxemburg. An der Panavision-Kamera K. P. Weber und (r.) Assistent Kai Branss, der Sohn des legendären SR-Show-Regisseurs Truck Branss. *Abb.: K. P. Weber/SR*

bei anderen Sendern oder Produktionsfirmen zu nutzen. So lernte ich im Februar 1987 im luxemburgischen Esch/Alzette den Regisseur Andy Bausch kennen. Wir trafen uns bei einer Premierenfeier seines ersten, noch semiprofessionellen Spielfilms. Er erzählte mir von einem neuen und sehr spannenden Drehbuch. Aber: Er hätte absolut kein Geld. Da ich gerade seinen Film gesehen hatte, erkannte ich sein Talent.

Sein neuer Film sollte zur Hälfte in einem Knast spielen. Da dieses zentrale Motiv zwar zur Verfügung stand, aber im Sommer abgerissen werden sollte, musste schnell gehandelt werden. Zum ersten Mal investierte ich privat in einen Film. Ich kaufte 5 000 Meter Filmmaterial und machte einen Vertrag mit einem Kopierwerk in München. Dann gelang es mir, Tontechniker, Beleuchter und Regieassistenz in Saarbrücken für drei Wochen zu gewinnen – auf Gagenrückstellung. Geld sollte es also erst geben, wenn der Film auch was einspielen würde. So fuhren wir im August zu acht nach Luxemburg, zu einer Zeit, als sich die politische Idee von SAAR-LOR-LUX noch im Stadium der Sonntagsreden befand und noch lange keine saarländische Filmförderung in Aussicht war.

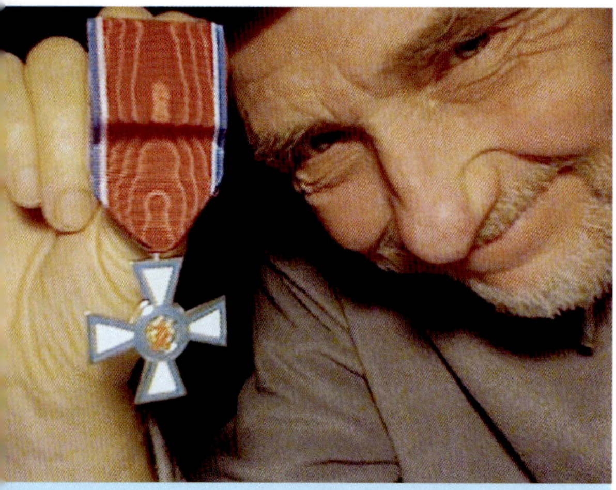

Klaus Peter Weber 2005 mit dem luxemburgischen Verdienstorden. *Abb.: K. P. Weber/SR*

Das Geld reichte nicht ganz für die drei Wochen Dreh im Knast, so dass das Kopierwerk uns zuletzt keine Muster mehr auslieferte. Wir bekamen also keine Proben mehr vom gedrehten Material. Als wir endlich nach zwei Monaten doch noch alle Muster aus dem Kopierwerk hatten, arrangierte ich eine Sichtung des Rohmaterials beim SR.

Dr. Peter Rocholl, der Hauptabteilungsleiter Fernseh-Unterhaltung, und der Redaktionsleiter FS Spiel, Martin Buchhorn, waren sofort angetan von den Bildern. Der SR beglich alle Schulden und übernahm im Jahr darauf den zweiten Teil der Produktion und erwarb dafür die deutschsprachigen Fernsehrechte.

Der Film startete 1988 in den Luxemburger Kinos mit einer sensationellen Besucherzahl. Es war die Initialzündung für die Filmindustrie in Luxemburg. Schon ein Jahr später wurde die Luxemburger Filmförderung gegründet. Ich drehte dann noch fünf weitere Spielfilme und fünf Dokumentationen für Andy Bausch.

Heute produzieren in Luxemburg, vor allem im Rahmen von internationalen Koproduktionen, Weltstars wie Al Pacino ihre Filme. Im Jahr 2015 entstanden 26 Produktionen. Mittlerweile gibt es über 500 Freie Mitarbeiter wie Filmtechniker, Regisseure, Schauspieler und Producer (Quelle: Film Fund Luxembourg). Angesichts dieser Erfolgsstory wurde ich 2005 vom Großherzog zum „Chevalier de l'Orde du Mèrite" ernannt. In der Laudatio heißt es: „Weber hat durch Engagement und Enthusiasmus die Filmkunst in Luxembourg von den Anfängen bis zum heutigen Tag geprägt."

Peter Scholl-Latours Fernseh-Karriere begann beim SR

Von Axel Buchholz

Am 1. Januar 1961 wurde er im Alter von 36 Jahren Afrika-Korrespondent sämtlicher ARD-Sender – und zwar für Hörfunk und Fernsehen. Das verdankte er dem SR, seinem „Heimatsender". Der hatte ihn als Korrespondent in die ARD eingebracht und betreute ihn als „Federführer". Seine großartige Fernseh-Karriere in der ARD und beim ZDF begann Peter Scholl-Latour (9. März 1924 – 16. August 2014) beim Saarländischen Rundfunk.

Dr. Peter Scholl-Latour (oben links) in einer SR-Korrespondenten-Konferenz neben Chefredakteur Wilhelm Diederich (Mitte) und SR-Politikchef Karl-Jakob Backes (oben rechts). Abb.: SR

Das Radio-Handwerk hatte Scholl-Latour ebenfalls beim SR gelernt, wohl bereits ab 1956. „Durch den Hörfunk hatte ich meinen journalistischen Durchbruch", schrieb er in seiner Autobiografie (2015). Seinen ersten Fernseh-Auftrag bekam er dann 1960 – auch vom SR. Gesendet wurde sein Erstlingswerk allerdings nie.

Für die junge Fernseh-Cutterin Christl Ohnesorg war der Scholl-Latour-Film ihre erste lange Produktion. Die Ängste davor hat sie noch mehr als ein halbes Jahrhundert später gut im Gedächtnis. Und den engen Schneideraum im „Pferdestall", dem provisorischen Sitz des SR Fernsehens, das damals gerade im Aufbau war.

In einem ehemaligen Pferdestall also begann das SR Fernsehen – und die Fernseh-Karriere von Dr. Peter Scholl-Latour.

Im November 1960 stand er plötzlich vor ihr. Der damals schon vom Radio bekannte Korrespondent Dr. Peter Scholl-Latour. Er hatte mit ihrem Freund und späteren Ehemann Fred Ohnesorg (Kamera) und Helmut Scheuer (Ton) in der Demokratischen Republik Kongo (später Zaire) gedreht. Es ging um die Situation der gerade unabhängig gewordenen ehemaligen belgischen Kolonie, in der ein Bürgerkrieg aufgeflammt war. Aus dem Film-Material sollte in drei Wochen eine lange Dokumentation geschnitten werden. Vorsorglich warnte Christl Ohnesorg: „Ich habe so was noch nie gemacht." Peter Scholl-Latour antwortete spontan: „Ich auch nicht... und jetzt fangen wir gemeinsam an."

Christl Ohnesorg wurde die Cutterin von Scholl-Latours erstem Fernseh-Film. Der Film ist im SR-Archiv nur als (technisch noch nicht perfekte) Null-Kopie erhalten. Er hieß: „Kongo. Fehlgeburt einer Republik". Trotz aller Befürchtungen sei er recht gut gelungen, erinnert sich Christl Ohnesorg. Trotzdem hat der SR ihn nie ausgestrahlt. Woran das lag, hat die Cutterin bei heftigen Diskussionen im Schneideraum mitgehört. Der Text war schuld. Er erregte teilweise das Missfallen des ersten SR-Intendanten Dr. Franz Mai. Und es lag am journalistischen Selbstbewusstsein von Scholl-Latour, der die gewünschten Änderungen beharrlich ablehnte.

Mai störte sich an dem Satz, dass „die Nähmaschine... Afrika gründlicher erobert (habe) als das Kreuz des Christentums, wie selbst Missionare sagen". Auch die Kritik am Verhalten der ehemaligen belgischen Kolonialherren und deren nur angeblichen „flämischen Wohlanständigkeit" wollte er nicht durchgehen lassen. Die Bilder einer stillenden, barbusigen Kongolesin hielt Mai für nicht jugendfrei.

Erste Einstellung aus dem Scholl-Latour-Film „Kongo – Fehlgeburt einer Republik". *Abb.: SR*

Christl Ohnesorg erinnert sich an das alles ganz genau: „Da bin ich mir absolut sicher". Sie war damals sehr enttäuscht, dass der erste lange von ihr geschnittene und so spannende Film nie gezeigt

Peter Scholl-Latour (stehend 2. v. l. mit Krawatte) 1960 bei einer Pressekonferenz von Kongo-Staatspräsident Joseph Kasavubu in Léopoldville (heute: Kinshasa).

Abb.: SR

wurde. Aber auch unabhängig davon verstand sie die Position ihres obersten Chefs nicht.

Dr. Peter Scholl-Latour war von alldem nichts mehr im Gedächtnis geblieben. Nach 53 randvollen Fernsehjahren 2013 dazu befragt, sagte er: „Wissen Sie, ich habe seither so viele Filme gemacht und das war bestimmt nicht mein bedeutendster." Und mit Dr. Mai („Ein sehr guter Intendant") habe er sich immer bestens verstanden. Ihn soll er damals auch aus dem Kongo mit dem Vorschlag angerufen haben, ihm doch ein Team für ein Fernseh-Feature zu schicken.

War der SR-Kameramann bei Scholl-Latours erstem Fernseh-Film: Fred Ohnesorg. *Abb.: SR*

Dass Fred Ohnesorg und Helmut Scheuer dafür ausgewählt und „von heute auf morgen" auf die Reise geschickt wurden, war kein Zufall. Erstens gab es

SR-Tontechniker Helmut Scheuer (l. mit Mikro) bei Aufnahmen im Kongo. *Abb.: SR*

kaum Auswahl in den Pioniertagen des SR Fernsehens und zweitens hatte sich Ohnesorg bereits als Kameramann für den filmenden Abenteurer Heinz „Rox" Schulz in Südamerika bewährt. Scheuer war der geniale „Bastler" unter den Tontechnikern des SR und damals eigentlich ein Radio-Mann. Im Kongo lief er zu großer Form auf. Zum Beispiel als für Innenaufnahmen in einer Hütte dringend Licht gebraucht wurde. Da baute er kurzerhand zwei Autoscheinwerfer aus. Sie taten's offenbar auch.

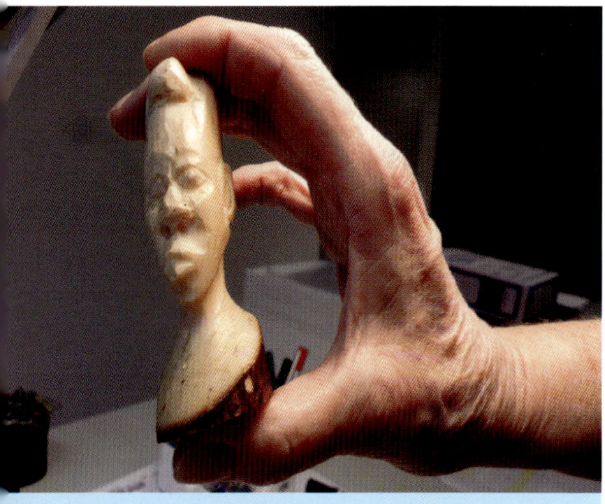

Eine Erinnerung an die Dreharbeiten: Im Kongo-Film ist zu sehen, wie die Elfenbeinfigur geschnitzt wurde.
Abb.: Eva Röder/SR

Von Scholl-Latour waren beide sehr angetan. Ein guter Team-Arbeiter sei er gewesen mit „viel Empathie für die Leidenden". Zudem einer, der sich auskannte und „alle Türen öffnen konnte". Christl Ohnesorg denkt immer wieder mal an ihren Film mit Scholl-Latour und das, was ihr über die Dreharbeiten erzählt wurde. In ihrem Wohnzimmer erinnert sie eine kleine Elfenbein-Figur daran. Im Film ist zu sehen, wie sie geschnitzt wird. Ein Souvenir, das Fred sich 1960 aus dem Kongo mitbrachte. In ihrem Musikschrank bewahrt sie noch drei Schallplatten mit „Revolutionsmusik" auf, die auch im Film verwendet wurde.

Im Film zu hören: „Revolutionsmusik" aus der gerade selbstständig gewordenen „Demokratischen Republik Kongo". *Abb.: SR*

Wie es mit Scholl-Latours Fernseh-Karriere weiterging, recherchierte SR-Fernseh-Dokumentar Hans-Ulrich Wagner: Der erste tatsächlich gesendete und erhaltene Fernseh-Beitrag, in dem Peter Scholl-Latour zu sehen ist, stammt aus dem Jahr 1961. Da war Scholl-Latour am Sonderbericht des Deutschen Fernsehens über den Eichmann-Prozess in Jerusalem beteiligt. Er kommentierte das Ereignis aus Léopoldville/Kongo (seit 1966: Kinshasa). Sein Thema war die Reaktion in Afrika auf den Prozess gegen den SS-Obersturmbannführer, der während des Nationalsozialismus für die Organisation der Vertreibung und Deportation von Millionen von Juden verantwortlich war. Die Sendung hieß „Eine Epoche vor Gericht" und wurde vom NDR am 20. April 1961 nach der Tagesschau ausgestrahlt.

Im selben Jahr hat Scholl-Latour am 17. Dezember ebenfalls beim NDR an einer Ausgabe des Polit-Magazins „Panorama" als „Berichterstatter" mitgearbeitet, wie es in den Datensätzen des NDR heißt. Aus dem Jahre 1962 ist nach den Recherchen von Wagner nichts Filmisches von oder mit ihm überliefert.

Peter Scholl-Latour, hier wohl mit König Kalamba vom Stamm der Lunda (Kassai-District). *Abb.: SR*

Am 17. November 1963 lief dann von Peter Scholl-Latour im Nachmittagsprogramm der ARD der SR-Film „Robert

Schuman – Europäer von Geburt". Der Lothringer Robert Schuman, ehemaliger französischer Ministerpräsident und Außenminister, war am 4. September 1963 gestorben.

Einer der „Architekten" Europas: Der französische Ministerpräsident Robert Schuman, ein geborener Lothringer. *Abb.: SR*

Nach Hans-Ulrich Wagners Recherche-Ergebnissen ist dies „mit knapp dreißig Minuten der erste selbst konzipierte und auch gesendete Film von Scholl-Latour". Die Produktion des Saarländischen Rundfunks ist im SR-Fernseh-Archiv erhalten. Sie wurde seither mehrmals wiederholt und ist auch auf YouTube zu finden.

Seine Tätigkeit als ARD-Afrika-Korrespondent für Hörfunk und Fernsehen unter der Federführung des SR mit Sitz im Kongo (Léopoldville/Kinshasa und Brazzaville) hatte Scholl-Latour nach gut zwei Jahren bereits beendet. Am 1. Februar 1963 war er ARD-Frankreich-Korrespondent geworden. Die Federführung für ihn in der ARD war damit vom SR auf den für Frankreich zuständigen WDR übergegangen. Scholl-Latours neuer Dienstsitz war fortan Paris. Dort begann er schnell damit, das neue Studio des WDR aufzubauen.

Peter Scholl-Latour während seiner Zeit als ARD-Fernseh-Korrespondent in Paris, hier im Schlosspark Versailles. *Abb.: SR*

In diesem Studio, in einer Seitenstraße der Champs Élysées, traf ihn SR-Mitarbeiter Conrad Dawo. Er hatte den Auftrag, dem schon sehr bekannten Scholl-Latour als Realisator bei seinem Schuman-Feature zu assistieren. Dawo war beim SR später Leiter des „aktuellen berichts" und wurde danach für die politischen Fernseh-Features (Dokumentationen) verantwortlich. Damals, 1963, arbeitete Dawo als Nachwuchsjournalist gerade mal ein Jahr beim SR

Fernsehen. Deshalb hatte er bei dem Auftrag etwas „Bammel“. Er empfand ihn als Vertrauensbeweis und Herausforderung zugleich.

Assistierte Scholl-Latour beim Schuman-Film: Conrad Dawo, später beim SR u. a. Leiter des „aktuellen berichts“. *Abb.: SR*

Die Zusammenarbeit mit Scholl-Latour im Herbst 1963 war aber „sehr gut und komplikationslos“, erinnert sich Dawo. Scholl habe sich im Umgang mit dem Saarbrücker Team (Kamera: Siegfried Baumann, SR; Schnitt: Evelyn Seifert, WDR, Paris) überhaupt nicht „von oben herab“ gegeben. Er, der junge Fernseh-Reporter, bewunderte ihn geradezu, als Scholl-Latour bei den Dreharbeiten „mal so kurz zwischendurch“ am Telefon ein Radio-Interview gegeben habe: Völlig frei gesprochen und ohne eine einzige Notiz. „Da fiel mir doch die Kinnlade runter“, hat Dawo noch mehr als fünfzig Jahre später gut im Gedächtnis.

SR-Kameramann Siegfried Baumann fällt auch heute noch sofort Scholl-Latours damalige Arbeitsmethode ein: „Große Teile des Textes standen schon vorher fest. Dazu mussten die passenden Bilder gefunden werden.“ Dieses beim deutschen Fernsehen unübliche Vorgehen hing, vermutet Baumann, damit zusammen, dass Scholl-Latour damals noch von seiner Arbeit für Zeitungen und fürs Radio geprägt war. „Etwas Angst“ aber hat bei diesem Film nur Conrad Dawo empfunden. Und das auch nur einmal. Da hatte ihn Scholl-Latour nach dem Dreh von Paris nach Saarbrücken mitgenommen. In dessen Porsche.

Siegfried Baumann war Scholl-Latours SR-Kameramann beim Film „Robert Schuman – Europäer von Geburt“. *Abb.: SR*

Peter Scholl-Latours besondere Art zu sprechen war wohl einzigartig im deutschen Radio und Fernsehen. Er näselte und nuschelte zugleich – manchmal eine kleine Herausforderung für die Zuhörer. Dass er seinen ersten, den Kongo-Film 1960, selbst sprechen könnte, war wohl nie ein Thema. Es war damals einfach nicht üblich, dass Feature-Autoren ihre Texte auch sprechen. Den Schuman-Film drei Jahre später hat er dann allerdings selbst synchronisiert. Da war sein Sprech-Stil durch den Hörfunk längst zu seinem „Markenzeichen" geworden. So wie es mit dem eigenwilligen Sprechstil von Peter von Zahn (NWDR/WDR), dem „Reporter der Windrose", schon zuvor gewesen war.

Manchmal lieferte der SR Beiträge von Scholl-Latour auch in die „Report"-Sendung zu, die der damalige Südwestfunk (heute SWR) für die ARD gestaltete. So auch im Mai 1967, als Scholl den Schah (Herrscher) von Persien, Mohammad Reza Pahlavi, im Teheraner Golestanpalast exklusiv interviewte. Das Interview fand kurz vor dem Schah-Staatsbesuch in der Bundesrepublik und in Westberlin statt. In Berlin kam es dabei dann zwischen demonstrierenden deutschen Studenten und oppositionellen Exil-Iranern auf der einen und der Polizei auf der anderen Seite zu heftigen Auseinandersetzungen. Der Student Benno Ohnesorg wurde dabei von einem Polizisten in Zivil erschossen. Dies führte mit zur Radikalisierung der deutschen Studentenbewegung.

Schah Reza Pahlavi: 1967 im SR-Interview mit Peter Scholl-Latour. Abb.: SR

Kurz vor dem Abflug zum Schah-Interview hatte Scholl-Latour im Pariser Studio noch einen Kommentar zur „Nahost-Krise" für den SR zu sprechen. Extra dafür war ein Team von Saarbrücken nach Paris geschickt worden. Norbert Holland war der Kameramann, Hendrik Stegner sein junger Assistent. Für ihn wurde es ein Einsatz, den er gut 35 Jahre später immer noch mit Schaudern erzählt.

In der Dunkelkammer des Pariser Studios war Stegner beim Öffnen der Kamera-Kassette der belichtete Film von der 120-Meter-Rolle gesprungen. Das passierte zwar gelegentlich mal, hier aber war der Zeitdruck enorm. Da half nur eins: So schnell wie irgend möglich von Hand Meter für Meter wieder aufzurollen. Die gute halbe Stunde, die das mindestens dauerte, durchlitt der verunsicherte Kamera-Assistent als eine kleine Ewigkeit. Denn draußen wartete wie auf glühenden Kohlen Peter Scholl-Latour, der seinen Beitrag nach dem Entwickeln noch ansehen wollte. Aber selbst in dieser Stress-Situation sei Scholl-Latour ein „abgebrühter Kollege geblieben, der alles unaufgeregt im Griff behalten" habe, erinnert sich Stegner. Der Kommentar und das Schah-Interview, zu dem Scholl-Latour dann anschließend sofort nach Teheran flog, wurden beide als SR-Zulieferung in der „Report"-Sendung des SWF vom 26. Mai 1967 ausgestrahlt. Im SR-Archiv sind sie aufbewahrt. Einen Tag später begann der Staatsbesuch von Schah Mohammad Reza Pahlavi mit seiner Frau Farah Pahlavi (geb. Farah Diba) in Bonn.

SR-Produktionen in Paris seien damals recht häufig gewesen, erinnert sich Fernseh-Aufnahmeleiter Siegfried „Siggi" Giese: „Ostfrankreich und die französische Hauptstadt zählten quasi zu unserem erweiterten Berichterstattungsgebiet." Hin und wieder leistete der SR auch technischen Beistand, wenn es im Pariser ARD-Studio an Produktionskapazität fehlte. Und auch als WDR-Angestellter arbeitete Scholl-Latour immer wieder mal exklusiv fürs SR Fernsehen.

Damit hatte es 1969 ein Ende. Da wurde Scholl-Latour für zwei Jahre WDR-Fernseh-Direktor und ab 1971 dann Chefkorrespondent des Zweiten Deutschen Fernsehens mit Sitz in Paris. Zwischen 1975 und 1983 leitete er zusätzlich das Pariser Studio des ZDF.

Es war im November 1974, als SR-Fernseh-Reporter Ahmad Ataya ihn dann als „Konkurrenten vom anderen Kanal" traf. Nicht in Paris, sondern in Riad, der Hauptstadt des Königreichs Saudi-Arabien. Beide begleiteten eine Wirtschaftsdelegation des Bundeswirtschaftsministers Hans Friderichs (FDP). Für die Deutschen ging es dabei, ein Jahr nach der Ölkrise im Herbst 1973, vor allem um die Sicherung ihrer Energieversorgung und um Aufträge für die deutsche Industrie. Deshalb wollte Ataya bei dem kurzen Aufenthalt im Land für seinen Bericht auch gern Erdölfelder und den Tankerhafen Ras Tannura am arabisch-persischen Golf drehen.

Ahmad Ataya als junger SR-Reporter. *Abb.: SR*

Um Öl und Industrie-Aufträge für Deutschland ging es bei der Saudi-Arabien-Reise des Bundeswirtschaftsministers. *Abb.: SR*

Im Gespräch mit dem stellvertretenden Informationsminister erbat er deshalb für Luftaufnahmen und den Transport Unterstützung mit einem Hubschrauber. Der Vize-Minister zögerte. Darum habe auch „schon Dr. Scholl-Latour" gebeten. Ataya (ein gebürtiger Palästinenser) hielt dagegen: „Der arbeitet ja nur fürs zweite Fernsehen, ich aber fürs erste." Alles auf Arabisch. Da tippte ihm plötzlich jemand von hinten auf die Schulter: „Mach dich nicht so wichtig, Ataya", ertönte auf Deutsch die unverkennbare Stimme von Scholl-Latour. Der hatte von Herbst 1956 an für fast zwei Jahre an der Saint-Joseph-Universität Beirut die arabische Sprache und Kultur studiert. Am Ende bekamen beide ihren Hubschrauber. Scholl-Latour für ein längeres ZDF-Feature, Ataya für einen SR-Bericht im ARD-Wirtschaftsmagazin „Der Markt. Wirtschaft für Jedermann", der Vorgängersendung von „Plusminus". Er lief am 9. November 1974, ist fast acht Minuten lang und beim SR unter dem Titel „Industrielle pilgern gen Mekka" archiviert. Seinen deutschen Reisepass mit dem saudischen Einreise-Stempel hat Ataya noch heute: Es war der 20. Schawal 1394 – nach islamischer Zeitrechnung.

Auch wenn Scholl-Latour als WDR-Fernseh-Direktor und dann als ZDF-Mann für das SR Fernsehen nicht mehr arbeiten konnte – dem Hörfunk des Saarländischen Rundfunks blieb er treu. Es war sein ausdrücklicher Wunsch. Geäußert zwischen Tür und Angel. Im wahrsten Sinne des Wortes. An der Tür der Redaktion „Zwischen heute und morgen" wurde angeklopft. Irgendwann 1969. Der Autor dieses Beitrags war zufällig in der Nähe und machte gleich auf. Vor ihm stand Peter Scholl-Latour. Die Überraschung war ziemlich groß. Dass Scholl-Latour bei Intendant Dr. Franz Mai zu einem „Abschiedsbesuch" gewesen war, hatte sich nämlich nicht herumgesprochen. Weil in Eile, wolle er auch gar nicht erst in die Redaktion kommen. Aber es sei ihm wichtig, persönlich kurz zu sagen, wir sollten nicht etwa meinen, dass er als zukünftiger WDR-Fernseh-Direktor nicht mehr für das „Abendmagazin" zur Verfügung stünde. Nein, wir dürften ihn auch weiterhin gern anrufen, statt in Paris nun eben in Köln. Das taten wir natürlich gern. Und so kommentierte oder analysierte denn für „Zwischen heute und morgen" statt wie bisher der Pariser ARD-Korrespondent für zwei Jahre immer mal wieder der WDR-Fernseh-Direktor und danach der ZDF-Chefkorrespondent Scholl-Latour.

Selbst für längere Sendungen im SR nahm sich Scholl-Latour weiterhin die Zeit. Der Titel seines Hörfunk-Features aus dem Jahr 1979 könnte auch heute aktueller kaum sein: „Der Westen und die politische Herausforderung durch den Islam". Schon vor mehr als 35 Jahren stellte er fest: „Die islamische Renaissance ist zu einem Machtfaktor erster Ordnung geworden." Und er resümiert alles andere als optimistisch: „Im Laufe der Sendung mag der Eindruck entstanden sein, dass die islamische Wiedergeburt in verhängnisvoller Weise zur Schwächung, ja zum Untergang des freiheitlichen Westens beitragen wird."

Fast wie für die heutige Situation bestimmt, klingt auch der Titel eines Scholl-Latour-Features, das er 1980 ebenfalls für die Hörfunk-Abteilung Politik des Saarländischen Rundfunks schrieb: „Militärs in Afrika – ein Faktor der Stabilität?" Und angesichts der Diskussionen um den syrischen Staatspräsidenten Baschar al-Assad und im Bürgerkrieg versinkender, sich auflösender Staaten erscheint seine Analyse sehr aktuell: „Und wo immer der Aufstand gärt, wo die Bomben explodieren, dort ist auch der Ruf nach dem starken Mann, nach dem Militär, nicht mehr fern."

Die beiden Scholl-Latour-Features sind zusammen mit anderen in den Ullstein-Taschenbüchern „Im Namen Allahs. Der Islam – eine Religion im Aufbruch?" und „Afrika den Afrikanern. Vorkoloniales Erbe und nachkoloniale Entwicklung" erschienen (für den SR herausgegeben von Axel Buchholz und Martin Geiling).

Scholl-Latours Radio-Feature für den SR wurde zusammen mit anderen SR-Texten auch in einem Ullstein-Taschenbuch abgedruckt. Der Titel: „Im Namen Allahs. Der Islam – eine Religion im Aufbruch?"

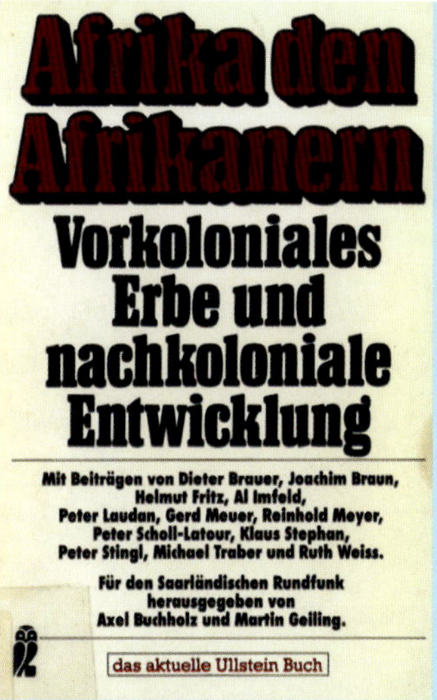

Scholl-Latours SR-Radio-Feature „Militärs in Afrika – ein Faktor der Stabilität?" ist im Ullstein-Taschenbuch „Afrika den Afrikanern. Vorkoloniales Erbe und nachkoloniale Entwicklung" nachzulesen.

Scholl-Latour wollte ein Welt-Erklärer sein. Hier im SR-Interview mit Chefredakteur Norbert Klein in „mag's" vom 14. April 2011. *Abb.: SR*

Seine politischen Analysen, oft verbunden mit zutreffenden Vorhersagen kommender Entwicklungen haben zu Peter Scholl-Latours journalistischem Ruf wesentlich beigetragen. In dem zwei Jahre vor seinem Tod, im Alter von 88 Jahren, formulierten ersten Abschnitt seiner Autobiografie schreibt er, niemals habe er den Anspruch erhoben, eine „Wahrheit" zu verkünden. „Hingegen habe ich mich bemüht, der Wirklichkeit nahezukommen. Mit der schonungslosen Darstellung menschlicher Unzulänglichkeit bin ich nie der Illusion erlegen, die Welt verbessern zu können." Ähnlich äußerte er sich 2011 auch in einem SR-Fernseh-Interview.

Die Welt besser zu verstehen – dazu hat Peter Scholl-Latour gewiss beigetragen. Und davon haben über ein halbes Jahrhundert lang auch die Zuschauer und Zuhörer der Programme des Saarländischen Rundfunks profitieren können.

Wie Friedrich Nowottny den SR zum Wirtschaftssender machte

Von Axel Buchholz

Der kleine Saarländische Rundfunk war immer auch ein gutes Sprungbrett – für einen Karrieresprung zu einem größeren Sender. Peter Hahne, Jan Hofer und Dieter Thomas Heck sind Beispiele dafür. Aber nur einem gelang der Sprung bis an die Spitze der größten ARD-Anstalt: Friedrich Nowottny. Er brachte es bis zum Intendanten des Westdeutschen Rundfunks. Dem SR ist Nowottny (geb. am 16. Mai 1929) trotz aller späteren Erfolge heute noch sehr dankbar für „unendlich viele Chancen". Er nutzte sie so gut, dass der SR als ARD-Wirtschaftssender nach über fünfzig Jahren noch davon profitiert.

Friedrich Nowottny in den sechziger Jahren. Abb.: SR

Die Vorzeichen für Friedrich Nowottnys erstes Bewerbungsgespräch als Leiter der SR-Abteilung „Wirtschaft und Soziales" im Hörfunk schienen alles andere als gut zu sein. Das war 1962. Gerade mal drei Jahre gehörte das Saarland auch wirtschaftlich wieder zu Deutschland. Bei der Fahrt mit seinem VW-Käfer von Bielefeld nach Saarbrücken verfuhr Nowottny sich und landete versehentlich „auf dem Hinterhof irgendeiner Hütte". Was er da sah, empfand er als „so erschreckend", dass er sofort umdrehen und wieder nach Hause fahren wollte. Er tat's zwar nicht, dachte aber: „Das wird nie was hier."

Wurde es aber doch. Schließlich hatte Nowottny in seinen Bewerbungsgesprächen durchaus etwas vorzuweisen. Seit drei Jahren war er bei der Bielefelder Tageszeitung „Freie Presse" Ressortleiter Wirtschaft. Und das mit einem guten Ruf. Seine tägliche Seite sei kein Fachchinesisch, sondern für ein breites Publikum gut verständlich und interessant, hieß es.

Christian Winther war Nowottnys Vorgänger als Ressortleiter Wirtschaft und Soziales beim SR. Abb.: SR

Beim SR war Nowottny bereits ein bewährter freier Mitarbeiter in der Wirtschaftsredaktion. Angeworben hatte ihn in Luxemburg Ressortleiter Christian Winther während eines Pressetermins bei der Hohen Behörde der Montanunion. Diese „Europäische Gemeinschaft für Kohle und Stahl" war ein Vorläufer der heutigen EU. Vor seinem Wechsel zum Deutschlandfunk nach Köln hatte Winther dann Nowottny Mut gemacht, sich auf die SR-Stellenanzeige in der überregionalen Presse zu bewerben. Er sah in ihm einen guten Nachfolger für sich.

Das taten nach mehreren Gesprächen auch SR-Intendant Dr. Franz Mai, Hörfunk-Chefredakteur Wilhelm Diederich und Fernseh-Chefredakteur Karl-Heinz Reintgen. Dazu war Nowottny dann vorsichtshalber mit der Bahn angereist – trotz der acht Stunden Fahrtzeit.

Nowottnys erster Arbeitseinsatz als frischgebackener Abteilungsleiter Wirtschaft ließ sich gleich vielversprechend an: eine Dienstreise in die Champagne zur Vorbereitung der „Französischen Woche" der Stadt Saarbrücken, über die auch der Saarländische Rundfunk ausführlich berichtete. Von 1971 bis 1991 veranstaltete der SR dann selbst eine „Französische Woche" in Hörfunk und Fernsehen.

Sein Credo als Wirtschaftsredakteur hatte Nowottny aus Bielefeld nach Saarbrücken mitgebracht: Die Wirtschaft, damals „noch so eine Art Geheimwissenschaft", begreifbar machen. „Wirtschaftsberichterstattung muss sich ihr Publikum suchen – und finden", war seine Überzeugung. Dafür suchte er zuerst die geeigneten Mit-

Ein Sender im Aufbruch: Das Fernseh-Gebäude (oben rechts, dunkles Dach) auf dem Halberg wurde 1964 eingeweiht. V. l. Schloss Halberg, oberhalb das „Pferdestall-Studio". Abb.: SR

arbeiter nicht nur in Deutschland, sondern auch in Brüssel, Paris und an anderen wichtigen Plätzen im Ausland.

Das Betriebsklima beim SR war ganz nach seinem Geschmack: „Es gab eine ungeheure Motivation." Alles sei unkompliziert gegangen damals auf dem Halberg. „Nie wieder in meinem Berufsleben habe ich so wenig unter Verwaltungskram gelitten wie in meiner Zeit beim SR. Es war einfach die Zeit der großen Chancen."

Wohl die wichtigste Chance bot ihm Fernseh-Chefredakteur Karl-Heinz Reintgen mit dem Angebot, doch auch im regionalen Fernsehen über Wirtschaft zu berichten. Nun lernte der Zeitungs-Journalist Nowottny, der beim SR auch Radio-Journalist geworden war, zusätzlich noch die Arbeit fürs Fernsehen. Zuhause vor dem Spiegel übe er das Moderieren, wurde damals im Sender geflachst.

Ob er auch für eine überregionale Fernseh-Wirtschaftssendung eine Idee habe, wurde Nowottny von Reintgen gefragt. Sein Vorschlag kam beim SR gut an, auch

Fernseh-Chefredakteur Karl-Heinz Reintgen holte den Radio-Mann Nowottny ins SR Fernsehen. *Abb.: SR*

der Sendungsname. Er war zugleich das Konzept: „Der Markt. Wirtschaft für jedermann". Geld dafür hatte der stets finanziell auf „Kante genähte" SR nicht genug. Also mussten Kooperationspartner her. Sie fanden sich mit dem damaligen Südwestfunk (heute SWR) und dem Hessischen Rundfunk. Außerdem musste die Mehrheit der ARD-Sender dem Konzept zustimmen. Dafür begab sich FS-Chefredakteur Reintgen auf Werbetour, offenbar mit viel Verhandlungsgeschick. Zugute gekommen sei ihm dabei, so Nowottny, dass einige andere noch gar nicht begriffen hatten, wie wichtig die Wirtschaft auch für die Fernseh-Berichterstattung war: „Manche ARD-Hierarchen hatten dafür noch einen begrenzten Blick." Vor der entscheidenden Dienstreise habe Reintgen gesagt: „Ich fahr jetzt mal los – und bring die Sendung mit." Er brachte sie und der kleine SR durfte machen.

Und er machte. Im großen Saal des alten SR-Funkhauses in der „Wartburg" wurde der Set aufgebaut – für jede Sendung wieder neu. Kulissen transportieren, aufstellen und das „Wirtschaftsstudio" richtig ausleuchten sei schon aufwendig gewesen, erinnert sich Nowottny.

Am 12. Oktober 1963 ab 17.10 Uhr lief „Der Markt. Wirtschaft für jedermann" bundesweit zum ersten Mal über die Bildschirme – noch in Schwarz-Weiß. „Natürlich war ich sehr aufgeregt. Die Zeit für Proben war knapp – ebenso die für Moderationen!" Einen Teleprompter zum Ablesen gab es noch nicht.

Das erste Wirtschaftsmagazin des deutschen Fernsehens wurde schnell sehr erfolgreich. „Wir hatten einen Zuschaueranteil von 40 Prozent", sagt Nowottny nicht ohne Stolz. Aber auch nicht, ohne gleich selbstironisch hinzuzufügen, dass das ja mögli-

Umfunktioniert zum FS-Studio: der große Saal (hier ein Blick auf die Bühne) im ehemaligen evangelischen Gemeindehaus „Wartburg", dem ersten SR-Funkhaus. *Abb.: SR*

cherweise auch daran gelegen habe, dass anschließend am späten Samstagnachmittag die „Sportschau" gesendet wurde.

„Der Markt" wurde alle zwei Wochen ausgestrahlt. Alle drei Monate wechselten sich die drei Partner mit Redaktion und Moderation ab. Die Beiträge lieferten sie immer wechselseitig zu.

Mit der Sendung wurde auch Friedrich Nowottny – in den ersten drei Monaten alleiniger Moderator – „als Fernseh-Gesicht" bundesweit bekannt. Schon zu Beginn seiner Fernseh-Karriere sei er als Moderator humorig und ironisch gewesen, ist zu lesen, und vor allem trotz der schwierigen Themen immer verständlich. „Fernsehen braucht Mut zur Vereinfachung – nicht zur Simplifizierung", ist er überzeugt.

Fragt man Nowottny, ob ihm damals eigentlich bewusst war, dass Ironie in einer Wirtschaftssendung etwas gewagt sein könnte, antwortet er mit der schlichten Feststellung: „Darüber nachzudenken war keine Zeit."

Friedrich Nowottny (r.) interviewt im SR-Studio den Vorstandsvorsitzenden der Saarbergwerke AG Hubertus Rolshoven. *Abb.: SR*

Aber nicht nur mit der Sendung „Der Markt" sind Nowottny und der Saarländische Rundfunk im deutschen Fernsehen innovativ gewesen. Auch die erste Börsensendung kam vom SR. Sie hieß „Wie stehen die Aktien?" Sie war von Anfang an Bestandteil der „Markt"-Sendung. Zuvor lief sie schon im SR-Regionalprogramm. „Es war einfach die Zeit der Volksaktien", erklärt Nowottny seine Idee dafür. „Da lag es nahe, dass die Leute auch wissen wollten, wie ihre Aktien stehen."

Zu Nowottnys Konzept, die Wirtschaft aus der Expertenecke herauszuholen, gehörte im regionalen SR Fernsehen auch die Reihe „Studio unterwegs". Es war eine Reportage-Sendung aus saarländischen Betrieben, die mit dem großen Fernseh-Übertragungswagen aufgezeichnet wurde. Mehrere Reporter stellten darin die Betriebe, ihre Produktion, Chefs und Mitarbeiter vor. Die regulären Sendungen kamen aus dem „Pferdestall", einem Provisorium bis zum Bezug des neuen Fernseh-Gebäudes.

Mit „Sozialrabatt" wurden die VW-Aktien 1961 als „Volksaktien" in den Handel gebracht. Motto: „Eigentum für alle." *Abb.: SR*

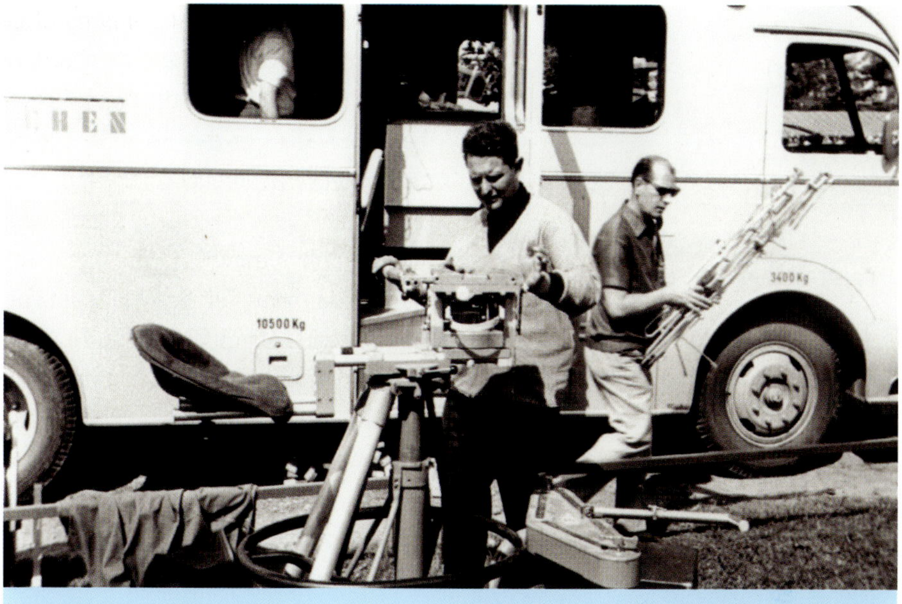

Wirtschaftsberichterstattung aus saarländischen Betrieben mit dem großen Fernseh-Ü-Wagen. Die Personen auf dem Bild: „Ü-Wagenchef" Ludwig Breit (l.) und Hans Thamerus (Kraftfahrer). *Abb.: SR*

Auch überregional war Nowottny immer wieder mal als Kommentator zu sehen. „Ich stand auf der allerersten Kommentatoren-Liste der ARD für die Spätausgabe der Tagesschau und sprach den zweiten Kommentar überhaupt", erinnert er sich. „Das Kommentar-Thema drehte sich um die EWG, die Europäische Wirtschaftsgemeinschaft. Da vermutete man wohl wegen der Nähe Saarbrückens zu Luxemburg im SR eine besondere Kompetenz."

Älteren SR-Mitarbeitern ist Friedrich Nowottny nach wie vor gut in Erinnerung als ein Chef und Kollege, der „wusste, was er wollte – und es auch sagte". Und zwar deutlich genug, um Missverständnisse gar nicht erst aufkommen zu lassen. Nach anstrengenden Redaktionstagen oder Fernseh-Produktionen allerdings habe man ihn zu einem Feierabendbier im Kollegenkreis nicht lange überreden müssen. Und nicht selten soll er dabei auch ein fröhliches Lied angestimmt haben. Am nächsten Morgen jedoch konnte es passieren, dass er seine Mitarbeiter dann schon vor der Tür erwartete, wenn die es nach einem langen Abend mit Verspätung angehen ließen.

Achtete auf Disziplin in der Redaktion: Friedrich Nowottny als Chef. *Abb.: SR*

Dem Autor dieser Zeilen hielt er in einer Redaktionssitzung einmal vier große Tageszeitungen vor die Nase, um zu beweisen, dass er das aktuelle Abendmagazin „Zwischen heute und morgen" mit dem falschen Thema begonnen habe. Fünfzig Jahre später darauf angesprochen, reagiert Nowottny mit von ihm gewohnter Schlagfertigkeit und Ironie: „Das war ungerecht. Ich hätte Ihnen einen Preis für Originalität verleihen müssen."

Auch Nowottny selbst hat so einige anekdotische Erinnerungen an seine Zeit im Saarland. Die Zigarettenmarke „Lasso" und die „Landsieg"-Margarine waren damals populär. Und deren Slogan „Mir wisse, was gudd is" habe jedenfalls auch aufs Grillfleisch zugetroffen: Das beste seines Lebens aß er an der Saar.

Oft habe er dienstlich in der provisorischen Hauptstadt Bonn zu tun gehabt, was damals ohne Autobahn eine sehr langwierige Fahrt gewesen sei – und im Winter überdies eine abenteuerliche. Mit einem im Auto vorsorglich mitgeführten Spaten habe er sich sogar einmal aus Schneeverwehungen wieder ausbuddeln müssen.

In Schweiß geraten sei er auch Mitte Mai 1962 bei einem Interview zum Ende des Bergarbeiterstreiks an der Saar. Dafür standen in der Saarbrücker Staatskanzlei Ministerpräsident Franz-Josef Röder und Saarberg-Chef Prof. Hubert Rolshoven bereit. Nur das Tonbandgerät fehlte. „Ich war am Boden zerstört, der Tontechniker war am Boden zerstört." Der hatte es versehentlich nicht mitgenommen. Nowottny schickte ihn zum Sender zurück und versuchte, seine Interviewpartner inzwischen mit Smalltalk hinzuhalten. Das wurde von Minute zu Minute peinlicher. Die Herren hätten schließlich „leicht herablassend auf ihn herunter gesehen – was bei seiner Körpergröße allerdings nicht schwierig" gewesen sei. Das Interview aber hatte er schließlich dann doch im Kasten.

Auch Dr. Peter Scholl-Latour begann seine Radio- und Fernseh-Karriere beim SR. Abb.: SR

„Beim SR ging damals alles unkompliziert", hat Nowottny in Erinnerung. „Der Sender war im Aufbruch." Aber nicht nur beim SR, auch im Saarland hat sich Nowottny sehr wohl gefühlt: „Klein, aber fein." Und angenehm menschlich sei es da zugegangen. So habe Ministerpräsident Dr. Franz-Josef Röder öfter mal seine Tochter nachmittags bei den Schularbeiten betreut - an seinem Dienstsitz in der Staatskanzlei. Schließlich sei er zuvor Studienrat gewesen. Die zu einem Info-Gespräch eingeladenen Journalisten mussten eben warten.

So wäre Nowottny, seit 1965 auch stellvertretender Chefredakteur beim SR, sicher noch länger in Saarbrücken geblieben. Wenn da nicht eine gewisse Erika Müggenburg gewesen wäre. Sie sah gern den „Markt" aus Saarbrücken mit Moderator Friedrich Nowottny. Ihr Mann, Günter Müggenburg, war der Chef des vom WDR produzierten „Bericht(s) aus Bonn". Und suchte gerade einen neuen

Friedrich Nowottny 2016 im SR-Interview mit Susanne Dahlem. Abb.: SR

Stellvertreter. Den entscheidenden Tipp gab ihm seine Frau: „Sieh Dir doch mal den Nowottny an."

Am 1. April 1967 begann Friedrich Nowottny dann beim „Bericht aus Bonn", wurde 1973 dort der Chef und als „Mr. Bonn" der wohl bekannteste deutsche Politik-Journalist. Ab 1985 leitete er als Intendant des Westdeutschen Rundfunks den größten ARD-Sender.

Karin Butenschön moderiert für den SR „Plusminus", die Nachfolgesendung von „Der Markt". Abb.: SR

Dem zweitkleinsten, dem Saarländischen Rundfunk, blieb er stets dankbar: „Ich bin als Print- und Hörfunkmann hingegangen und als Hörfunk- und Fernsehmann weggegangen. Ich habe viel gelernt beim SR."

Und der SR ist mit seiner Beteiligung am Fernseh-Wirtschaftsmagazin „Plusminus" (das 1975 auf „Der Markt – Wirtschaft für jedermann" folgte) weiterhin einer der Wirtschaftssender der ARD. Seit mehr als einem halben Jahrhundert.

Es begann mit der „Abendschau" – die Anfänge der aktuellen Landesberichterstattung im SR Fernsehen

Von Axel Buchholz

Als in der Neujahrsnacht vom 1. Januar 1957 um null Uhr die ersten Böller krachten, begann für das Saarland eine neue Zeit – und damit auch für den Saarländischen Rundfunk. Das Saarland war kein halbautonomer Staat mehr, sondern ein Land der Bundesrepublik Deutschland. Der SR war kein staatlicher Sender mehr, sondern eine öffentlich-rechtliche Landesrundfunkanstalt. Er gehörte nicht mehr dem saarländischen und französischen Staat, sondern als eine gesamtgesellschaftliche Einrichtung allen Saarländerinnen und Saarländern. Dafür hatte das saarländische Parlament mit dem „Gesetz über den Saarländischen Rundfunk" vom 27. November 1956 gesorgt. Damit war der Saarländische Rundfunk organisiert wie damals alle Sender in den deutschen Bundesländern. Aber anders als alle anderen konnte er kein Fernseh-Programm anbieten.

Das lag daran, dass der „neue" SR kraft Gesetzes der Rechtsnachfolger des Vorgängersenders war. Damit übernahm er nicht nur das Funkhaus in der Saarbrücker „Wartburg" (als Pächter von der Kirche), die Mitarbeiter und die Technik, sondern auch ein populäres Radio-Programm. Das konnte er im Wesentlichen erst einmal fortsetzen. Im Fernsehen aber gab es nichts, was der SR hätte übernehmen können. Der bisherige Sender hatte kein Fernseh-Programm.

Gesetz Nr. 538
über den Saarländischen Rundfunk

Vom 27. November 1956

Der Landtag des Saarlandes hat folgendes Gesetz beschlossen, das hiermit verkündet wird:

I. Rechtsform und Aufgaben

§ 1

Rechtsform, Name, Sitz

(1) Der Saarländische Rundfunk ist eine gemeinnützige Anstalt des öffentlichen Rechts mit dem Sitz in Saarbrücken. Die Anstalt genießt im Rahmen dieses Gesetzes das Recht der Selbstverwaltung.

(2) Die Anstalt führt den Namen „Saarländischer Rundfunk Gemeinnützige Anstalt des öffentlichen Rechts".

Das neue saarländische Rundfunkgesetz vom 27. November 1956 sorgte für die Staatsfreiheit des SR.

Abb.: SR

SR-Stationsdia aus der Anfangszeit.
Abb.: SR

Das Logo von TELESAAR, des ersten Fernseh-Senders an der Saar. *Abb.: SR*

Schwieriger noch: Im Saarland war seit dem 23. Dezember 1953 (Eröffnungssendung) der kommerzielle Fernseh-Sender TELESAAR etabliert. Er sendete noch bis zum 15. Juli 1958 weiter. Im täglich etwa dreistündigen Unterhaltungs- und Werbeprogramm gab es neben einer hauptsächlich überregionalen „Tageschau" immer wieder auch regionale Berichte, erinnert sich die damalige TELESAAR-Mitarbeiterin Christl Ohnesorg, die zum entstehenden SR Fernsehen wechselte.

Aus dem Nichts heraus musste der SR ein eigenes Fernseh-Programm aufbauen, ein Kraftakt sondergleichen. Es fehlte dem SR an TV-Sendern (und Frequenzen) zur Übertragung, an Studios zur Produktion, der gesamten technischen Ausstattung, an fernseherfahrenen Mit-

Besuch auf der Baustelle des SR-Fernseh-Senders auf der Göttelborner Höhe. *Abb.: SR*

arbeitern und – damals besonders – an Geld, um all das zu beschaffen.

Die Starthilfe des benachbarten Südwestfunks (SWF, heute SWR) war deshalb hoch willkommen. Der lieh dem SR einen Fernseh-Sender, der auf dem Saarbrücker Schwarzenberg installiert wurde, aber nur über eine geringe Reichweite verfügte. Zudem konnte er wegen eines rundfunkpolitischen „Wellenkrieges" mit der Muttergesellschaft des Privatsenders TELE-SAAR (der „Europäischen Rundfunk- und Fernseh-AG") nur mit längeren Unterbrechungen genutzt werden. Ab Mitte 1958 kam der ehemalige TELE-SAAR-Sender auf dem Saarbrücker Eschberg hinzu. Ganz wesentlich besserte sich die Empfangssituation im Saarland allerdings erst, als am 22. Oktober 1959 der neue Großflächen-Fernseh-Sender des SR auf der Göttelborner Höhe in Betrieb genommen werden konnte.

Der Antennenmast des Fernseh-Senders auf der Göttelborner Höhe wird errichtet.
Abb.: SR

Keine Probleme hatte der SR damit, die Saarländer – soweit technisch möglich – mit dem überregionalen ARD-Programm zu versorgen. Als zukünftiger Sender der bundesdeutschen „Arbeitsgemeinschaft der öffentlich-rechtlichen Rundfunkanstalten der Bundesrepublik Deutschland" konnte er das ARD-Abendprogramm vorerst komplett übernehmen (rechtlich ab 1960). Ab 1962 begann der SR, freiwillig einzelne Eigenproduktionen zum ARD-Programm zuzuliefern. Ab Januar 1963 war er mit einem Anteil von drei Prozent dazu verpflichtet.

Beim Regionalprogramm am Vorabend stand der SR unter großem Druck. Diese Sendestrecke wurde von jedem ARD-Sender allein gestaltet. Das ARD-Programm wurde dazu auseinandergeschaltet. Also musste der SR möglichst schnell ein saarländisches Landesprogramm auf die Beine stellen, um damit auch das bisherige Angebot von TELESAAR zu ersetzen.

Mindestens ebenso wichtig aber war: Fernseh-Werbung durften (und dürfen) die öffentlich-rechtlichen Rundfunkanstalten nur am Vorabend ausstrahlen. Der SR brauchte diese Einnahmen aber dringend. Deshalb sollte schnell eigene Fernseh-Werbung eingeführt und dafür ein attraktives Programmumfeld geschaffen werden.

Auch hier half der Südwestfunk. Er steuerte seine regionale Berichterstattung bei und ergänzte sie hin und wieder durch Beiträge über das Saarland. Der erste noch erhaltene Saar-Bericht des SWF wurde am 20. April 1957 gesendet und handelte vom Wildpark Saarbrücken. Der Reporter aus dem dafür zuständigen SWF-Studio Kaiserslautern war, wie bei noch mehreren folgenden Beiträgen, Karl-Heinz Reintgen.

Das Werbeprogramm übernahm der SR von der sogenannten Südschiene. Dazu gehörten außer dem SWF der Süddeutsche Rundfunk (SDR), der Bayerische Rundfunk (BR) und der Hessische Rundfunk (HR). Weil sich SR und Südschiene über die vertraglichen Konditionen dann nicht mehr einigen konnten, wurde die Zusammenarbeit zum Jahresende 1958 beendet. So sendete der SR ab 1. Januar 1959 zwischen 19.30 und 20 Uhr überhaupt kein Fernseh-Progamm mehr. Der Privatsender

Notgemeinschaft der Fernsehfreunde gegründet

Klagen über technisch unzureichende Fernsehversorgung

Eine Notgemeinschaft der Fernsehfreunde konstituierte sich am Dienstagabend in Saarbrücken und wählte Ludwig Bender zum vorläufigen Vorsitzenden. „Wir sind erheblich geschädigt worden", so beklagten sich die Besitzer von Fernsehgeräten, denn die Geräte nach dem Einzeilsystem sind nach der Einstellung des Betriebes von „Telesaar" nicht mehr benutzbar. Und auch diejenigen, die sich einen „Zweizeiler" angeschafft haben, erlitten dadurch einen ins Gewicht fallenden Wertverlust, weil ein 819-Zeilen-Programm (französisches System) nicht mehr empfangen werden kann und die Geräte nur noch zur Hälfte für den Empfang des deutschen Programms ausgenutzt werden können. Als geradezu paradox wurde das Verhalten der Bundespost herausgestellt, die von dem Zeitpunkt an, zu dem keine Ausstrahlung nach dem 819-System mehr erfolgte, angefangen habe, auch an der Saar Fernsehgebühren zu erheben und sogar einzutreiben. Das geschehe zur allgemeinen Verwunderung auch bei den Besitzern von Einzeilgeräten, bei denen überhaupt die technischen Voraussetzungen für einen Fernsehempfang zur Zeit fehlten. Die Bundespost stelle sich aber auf den Standpunkt, daß nicht ein betriebsklares Gerät, sondern eine Fernsehantenne auf dem Hausdach zur Zahlung der Fernsehgebühren in Höhe von 500 Franken im Monat verpflichte.

Am Saarländischen Rundfunk wurde von mehreren Diskussionsrednern und vor allem auch von den Sprechern des Radio- und Fernsehhandelsverbandes Saar, der Innung für Radio- und Fernsehtechnik und der Fernseharbeitsgemeinschaft Saar scharfe Kritik geübt und ihm die eigentliche Schuld an der Schließung von „Telesaar" zugewiesen. Moniert wurde ferner, daß der Saarländische Rundfunk am 5. Januar 1957 den vom Südwestfunk kostenlos zur Verfügung gestellten Fernsehkleinsender, der das deutsche Fernsehprogramm an der Saar ausgestrahlt habe, außer Betrieb habe setzen lassen und daß die jetzt ausgestrahlten Sendungen große technische Mängel aufwiesen. Es sei einmalig, so hieß es, daß ein Sender, wie jetzt derjenige im Kanal II, ohne jede vorherige ausreichende Erprobung in Betrieb genommen werde.

Nachdem Eingaben unzufriedener Fernsehgerätbesitzer an das Bundespostministerium bisher ohne Antwort geblieben seien, wolle sich jetzt die Notgemeinschaft — so wurde erklärt — an die Regierung des Saarlandes wenden, um die Abstellung der für den Fernsehempfang unzulänglichen Situation zu erreichen. Die Fachorganisationen Radio- und Fernsehtechnik versprachen für diesen Schritt ihre Unterstützung. lb

Ein Thema auch in der Presse: Die Programmlücke im SR Fernsehen (Saarbrücker Zeitung vom 28. November 1958). *Abb.: SR*

TELESAAR hatte sein Programm bereits im Jahr zuvor eingestellt.

Abb.: Richard Kirst/SR

Es gab damals zwar noch recht wenige Fernseh-Zuschauer an der Saar. Die aber waren über die fernsehlose Zeit so sehr verärgert, dass sie eine „Notgemeinschaft der Fernseh-Freunde" gründeten. Der frühere SR-Fernseh-Mitarbeiter Rüdiger Nebe hat dies 1981 in seiner Doktorarbeit „Der Saarländische Rundfunk 1955 - 1978" (S. 89) ausführlich dargestellt. Neben dem fehlenden Fernseh-Programm in der halben Stunde vor 20 Uhr gab es Nebe zufolge für die Verärgerung zwei weitere Gründe.

Trotz dieser Programmlücke wurde von der Bundespost die gesamte Fernseh-Gebühr eingezogen. Außerdem konnten viele Zuschauer im Saarland deutsches Fernsehen überhaupt nicht empfangen. Sie besaßen nur Fernseh-Geräte mit der französischen Norm, die sie für das französische Fernsehen nutzten und auch für das Programm des saarländischen Privatsenders TELESAAR gebraucht hatten. Aber wie die Saarländer sich allmählich Fernseher mit deutschem technischen Standard anschafften, so begann der SR in kleinen Schritten mit einem eigenen Fernseh-Programm.

Der Schlossgeist von Schloss Halberg (dem neuen Sitz des SR) war die erste Comicfigur (als Werbetrenner) des SR-Werbefernsehens.
Abb.: Werbefunk/SR

Den Anfang machte die SR-Tochterfirma Werbefunk Saar. Am 9. November 1959 beendete sie die fernsehlose Zeit im Vorabendprogramm (Quelle: Broschüren 15 und 25 Jahre Werbefunk Saar). Zwischen 19.30 und 20 Uhr wurden etwa 22 Minuten Werberahmenprogramm und zwei Werbeblöcke zu je drei Minuten ausgestrahlt. Rund 4 700 angemeldete Fernseh-Geräte gab es damals im Saarland. Fünfzig Jahre später waren es rund hundert Mal so viele.

Wohl der erste SR-Fernseh-Reporter: Klaus Flätgen. Er war zuvor Schauspieler am Saarländischen Landestheater und dann beim SR-Hörfunk gewesen. *Abb.: SR*

Mit einem SR-Regionalprogramm am Vorabend dauerte es länger. Erstmals „im Laufe des Jahres 1960 war man mit den technischen Einrichtungen so weit, dass man an die Gestaltung eigener Programme denken konnte", heißt es im SR-Winterprogrammheft 1961/62. Und weiter: „In unregelmäßigen Abständen kam (...) die Abendschau aus dem Studio auf dem Halberg." An den meisten Tagen allerdings wurden weiterhin die Regionalsendungen des Südwestfunks übernommen.

Über „Die erste Regionalsendung aus eigener Produktion" veröffentlichte sogar die saarländische Landesregierung am 12. Juli 1960 eine „Mitteilung" in ihrem „Pressedienst". Dies sei eine „Reportage von Klaus Flätgen über die Deutsche Rektoren-Konferenz und den Festkreis des Deutschen Hochschulverbandes mit Ausschnitten aus der Rede von Bundespräsident Lübke" gewesen, heißt es darin. Und voller Stolz wurde hinzugefügt: „Die Sendung wurde ausschließlich mit ei-

Wohl der erste eigene SR-Regionalbeitrag: ein Bericht Anfang Juli 1960 über die Tagung der Deutschen Rektoren-Konferenz in Saarbrücken mit einer Rede von Bundespräsident Heinrich Lübke (Mitte). Links daneben Ministerpräsident Franz-Josef Röder. *Abb.: SR*

genen technischen Mitteln bestritten." (Quelle: Rüdiger Nebe a. a. O., S. 90)

Die Rektoren-Konferenz fand bereits am 7. und 8. Juli statt. Der genaue Sendetermin des Beitrags ist im Archiv nicht nachgewiesen. Das Bildmaterial blieb erhalten, der Ton nicht.

Der älteste komplett erhaltene eigenproduzierte Regionalbeitrag wurde am 13. September 1960 gesendet. Es war ein Interview, das Literatur-Redakteur Heinz Dieckmann vom SR-Hörfunk mit dem über die saarländischen Grenzen hinaus bekannten saarländischen Schriftsteller Gustav Regler geführt hat. Gefilmt wurde es auf dem Balkon vor der Bar des damaligen Intendanten Dr. Mai auf Schloss Halberg.

Im zweitältesten erhaltenen Beitrag informierte Klaus Flätgen einen Tag später (14. September 1960) über die Rückkehr der saarländischen Olympiateilnehmer aus Rom – darunter die Kanutin Therese Zenz mit zwei Silbermedaillen im Gepäck (im Einer- und im Zweier-Kajak) und Hans-Joachim „Jochen" Reske (Silber mit der 4 x 400 m-Staffel).

Ein großer Schritt voran wurde getan, als der SR 1961 damit beginnen konnte, die Saarländer selbst regelmäßig an allen Wochentagen über das Geschehen in ihrem Land zu informieren. „Vom 1. Februar 1961 an gab es an sechs Ta-

Der älteste komplett erhaltene Eigenbericht des regionalen SR Fernsehens stammt vom 13. September 1960: Heinz Dieckmann interviewt den Schriftsteller Gustav Regler. *Abb.: SR*

Empfang für die aus Rom zurückgekehrten saarländischen Olympiateilnehmer (1960): v. l. Helga Bühler-Hoffmann (6. im Weitsprung, 2-malige „Deutsche Sportlerin des Jahres"), Fechterin Helga Mees (4. mit der Mannschaft), Ministerpräsident Franz-Josef Röder (CDU), Kanutin Therese Zenz (2mal Silber) und Hans-Joachim Reske (Silber 4 x 400 m-Staffel).

Abb.: SR

gen in der Woche eine eigene ‚Abendschau'", ist im SR-Winterprogramm (1961/2, S. 43) zu lesen. Als Sendelänge der „Abendschau" werden 25 Minuten angegeben (19.25 - 19.50 Uhr). Allerdings wurden in der „Abendschau" nicht nur tagesaktuelle Beiträge gesendet. Hinzu kamen auch Dokumentarberichte und Filmfeuilletons, die nicht an den Sendetag gebunden waren. Insgesamt „blieb man nicht eng in den Grenzen des Saarlandes". Oft ließ „man den Blick hinüberschweifen in die Nachbargebiete: in die Pfalz, nach Luxemburg, nach Elsass-Lothringen". Man wolle ein Mittler sein zwischen dem deutschen und dem französischen Kultur- und Wirtschaftsraum, hieß es zur Begründung.

Unter „Redaktion" wird anfangs in den Archivunterlagen Dr. Edmund Ringling genannt. Er war ab 1. April 1961 als „Fernseh-Beauftragter" der erste Verantwortliche für das gesamte entstehende Fernseh-Programm des SR. Rüdiger Nebe sagte er für dessen Doktorarbeit (S. 91) über die ersten Schritte: „Wir haben versucht, möglichst schnell zu Sendungen zu kommen. Und zwar zu regionalen Sendungen." Zwischen 18 und 20 Uhr habe man versucht „soweit es möglich war", die Pause im ARD-Programm mit Filmen von anderen Sendern und eigenen regionalen Sendungen zu gestalten. Und weiter: „Da war kein Programmschema vorgegeben, das war weitgehend Improvisation."

Karl Grabs, der erste Produktionsleiter des SR Fernsehens. *Abb.: SR*

Auch Karl Grabs, ab Jahresanfang 1961 der erste Produktionsleiter des SR Fernsehens, berichtete Rüdiger Nebe (S. 92) über diese Fernseh-Pioniertage des SR: „Es gab keine Redaktion, keine Disposition ... für die Produktion gab es überhaupt kein Geld. Das wurde ja alles für die technischen Einrichtungen gebraucht." Alles sei so gewesen, „wie sich der kleine Max das Fernsehen vorstellt". Aber es habe eine Crew gearbeitet, „die begeisterungsfähig war. Da gab es nie Ärger, weil mal Überstunden gemacht werden mussten". Dass es „in den ersten Monaten keine eigene Redaktion" gegeben habe, stellt auch Rüdiger Nebe (a. a. O., S. 192) fest. Das Fernsehen sei „mehr ein Nebenprodukt des Hörfunks" gewesen.

Karl-Heinz Reintgen war der erste Chef des SR-Fernsehregionalprogramms.
Abb.: SR

Im Herbst 1961 wechselte Karl-Heinz Reintgen vom SWF zum SR. Er wurde zuständig für Zeitgeschehen, Sport und Landesprogramm (gemäß SR-Pressemeldungen). Unter „Landesprogramm" war nicht nur das tagesaktuelle Geschehen zu verstehen, auch zeitlosere regionale Themen (und Sendungen) gehörten dazu. Ab 1. Januar 1962 gab es dafür eine eigene Redaktion. Reintgen wird dann in den Archivunterlagen zur „Abendschau" unter „Redaktion" aufge-

Schwer wie Blei: die ersten Kameras auf Stativen im „Pferdestall-Studio". Dahinter Alfred Schüssler und Fred Ohnesorg, daneben Beleuchter Oskar Weis. *Abb.: SR*

führt. Er wurde später Chefredakteur und Direktor fürs „Aktuelle" in Fernsehen und Hörfunk sowie stellvertretender Intendant.

Das SR Fernsehen hatte damit zwei Chefs. Reintgen für Zeitgeschehen und Regionales und Ringling für das übrige vorwiegend überregionale (Kultur-)Programm. Es war eine Organisationsstruktur, die über viele Jahre hinweg für Rivalitäten sorgte.

Dass die „Abendschau" des SR zunächst provisorisch in einem umgebauten ehemaligen Pferdestall auf dem Halberg produziert werden musste, wurde gern in Kauf genommen: Das erste regelmäßige Fernseh-Landesprogramm war ein wichtiger Meilenstein in der Geschichte des damals gerade vier Jahre alten öffentlich-rechtlichen Saarländischen Rundfunks.

Zu den Zeitzeugen, die noch aus diesen Anfangstagen des SR-Regionalfernsehens erzählen können, gehört der Journalist und Politiker Alwin Brück (geb. 23. September 1931 in Holz/Saar). Damals arbeitete Brück als Chef vom Dienst der Saarbrücker Allgemeinen Zeitung (AZ). Sie gehörte der SPD. Alwin Brück hatte die Partei an der Saar mitbegründet und war auch saarländischer Landesvorsitzender des „Bundes der sozialistischen Jugend Saar" („Die Falken").

Alwin Brück (knieend, mittlere Reihe, Erster von links) 1954 beim Falken-Treffen in Österreich. *Abb.: Alwin Brück/SR*

Als auf dem Halberg das regelmäßige SR-Regionalfernsehen begann, hatte Karl-Heinz Reintgen Alwin Brück gefragt, ob er nicht die „Abendschau" moderieren wolle. „Das muss so 1961/62 gewesen sein", erinnert sich Brück. Der Zeitungsjournalist wurde „ins kalte Wasser geworfen" und fand schnell Gefallen an der Arbeit beim Fernsehen. Wer sein erster Interviewpartner im Fernseh-Studio war, hat Alwin Brück noch heute in Erinnerung: Das war (am 16. Januar 1962) Saar-Justizminister Julius von Lautz. Der erste von Alwin Brück erhaltene Beitrag im SR-Fernseh-Archiv ist noch älter: ein Bericht vom 19. Dezember 1961 über die Eingliederung damaliger DDR-Flüchtlinge in die Landeswohnsiedlung in Homburg.

Reporter Harald Meimeth berichtete am 11. September 1963 in der „Abendschau" über einen Hufschmied, der im saarländischen Bierfeld Nägel herstellte. Ein Hund im Laufrad trieb den Blasebalg für die Schmiede an. *Abb.: SR*

Außerdem erhalten ist (u. a.) Brücks „Abendschau"-Interview vom 23. Januar 1963 mit dem Staatsrechtsprofessor und SPD-Politiker Carlo Schmid (damals Bundestagsvizepräsident), der einer der Väter des Grundgesetzes der Bundesrepublik Deutschland war. In dem Interview spricht sich Schmid für ein „Europa der Völker" und gegen ein „Europa der Bürokratie" aus.

SR-„Abendschau"-Interview von 1963: Alwin Brück befragte den Staatsrechtsprofessor und SPD-Politiker Carlo Schmid. *Abb.: SR*

Das Verabreden der Interviews sei ebenfalls seine Aufgabe gewesen, erinnert sich Brück. „Das habe ich tagsüber in der Zeitungsredaktion so nebenbei gemacht." Aus heutiger Sicht ist bedauerlich, dass damals Live-Interviews und die Moderationen nicht archiviert wurden.

Dass Brück zugleich auch für den Landesjugendring Mitglied des ersten Rundfunkrates des Saarländischen Rundfunks war, störte anfangs offenbar niemanden. Schon ehe er 1965 in den Bundestag gewählt wurde, war es für ihn allerdings mit dem Fernsehen vorbei. Seine parteipolitische Tätigkeit als Vorstandsmitglied der Saar-SPD und seine Arbeit als Fernseh-Journalist erschienen dann wohl doch als miteinander unvereinbar. Zudem war er auch stellvertretender Chefredakteur seiner Zeitung geworden. Der letzte journalistische Beitrag von Brück im Fernseh-Archiv des SR stammt vom 3. April 1964: ein Interview mit Ministerpräsident Dr. Franz-Josef Röder (CDU).

Alwin Brück moderierte, interviewte und berichtete als einer der ersten Journalisten für die SR-„Abendschau". Abb.: Alwin Brück/SR

Noch heute erzählt Alwin Brück aber gern von seiner Zeit als Fernseh-Moderator: „Wenn ich nicht hauptamtlich in die Politik gegangen wäre, dann bestimmt mal ganz zum Fernsehen." Stattdessen war er bis 1990 Bundestagsabgeordneter und neun Jahre zusätzlich Parlamentarischer Staatssekretär beim Bundesminister für wirtschaftliche Zusammenarbeit.

Im Herbst 1963 wurde der Sendungstitel „Abendschau" aufgegeben und der Titel „HÜBEN UND DRÜBEN" eingeführt. Warum das geschah, ist nur zu vermuten: Wollte sich der SR auf diese Weise etwas vom „Programmpaten" SWF emanzipieren? Sollte das Grenzüberschreitende im Titel deutlich werden? Oder beides zusammen?

Für das saarländische Regionalfernsehen begann eine bewegte Zeit ständiger Änderungen des Programmschemas und neuer Sendungstitel. Drei Gründe dafür liegen nahe: Die Vorschriften für die Ausstrahlung von Werbung änderten sich mehrfach. Das musste bei der Programmgestaltung berücksichtigt werden. Zudem hat das

Konkurrenzverhältnis der beiden Fernseh-Chefs nicht gerade für Kontinuität und einen klaren Kurs gesorgt. Schließlich dürfte das Naturell des dynamisch-spontanen Chefs Karl-Heinz Reintgen ebenfalls von Einfluss gewesen sein.

Das Logo der zweiten tagesaktuellen regionalen Fernseh-Landessendung des SR: „HÜBEN UND DRÜBEN". *Abb.: SR*

An die Stelle der „Abendschau" trat also zunächst auf demselben Sendeplatz das Landesprogramm „HÜBEN UND DRÜBEN". Fernseh-Langzeit-Dokumentar Hans-Ulrich Wagner schreibt dazu: „Die erste Ausgabe dieser Magazinsendung, zu der wir Material vorliegen haben, wurde am 16. September 1963 ausgestrahlt."

Die tagesaktuelle Landesberichterstattung war laut SR-Geschäftsbericht von 1965 – wie in der „Abendschau" zuvor – nur ein „Bestandteil des Landesprogramms „HÜBEN UND DRÜBEN". Dem aktuellen Geschehen standen also nicht die gesamten 25 Minuten (19.25 bis 19.50 Uhr) der Sendung zur Verfügung. Hinzu kam „jeweils die Darstellung eines Kernthemas aus den Bereichen Politik, Wirtschaft, Kultur und Sport" (SR-Geschäftsbericht). Diese Kernthemen waren in „Programmrubriken" mit jeweils einem eigenen Titel zusammengefasst. Dazu gehörten neben anderen „Forum Saarland" (Landes- und Kommunalpolitik), „Presseschau", „Der Wirtschaftsbericht", „Verbraucherfragen", „Medizinische Reihe", „Kulturspiegel", „Unsere Nachbarn heute", „Französischer Bilderbogen" und „Kirche und religiöses Leben". Samstags gab es in „HÜBEN UND DRÜBEN" ausschließlich einen „aktuellen Nachrichtendienst" und kein Kernthema.

„HÜBEN UND DRÜBEN" war also eine Sendung mit tagesaktueller Berichterstattung und verschiedensten landesbezogenen Fachmagazinen als „Kernthema". Montags war das immer die aktuelle Sportberichterstattung. Ab Jahresbeginn 1965 bekam das Kernthema Sport die gesamte montägliche Sendezeit von „HÜBEN UND DRÜBEN". Dadurch wurde ausführlicher über das Sportgeschehen vom Wochenende berichtet.

Die Redakteure von HÜBEN UND DRÜBEN (laut Winterprogrammheft 1964/65): Adolf Betz (oben) und Dr. Adolf Müller. *Abb.: SR*

Für die sonstige tagesaktuelle Information blieb dadurch montags in „HÜBEN UND DRÜBEN" kein Platz mehr. Deshalb gab es ab Jahresbeginn dafür – nur montags – eine neue Sendung, wie Fernseh-Langzeitdokumentator Hans-Ulrich Wagner anhand der Akten der Honorar- und Lizenzabteilung vom 4. Januar 1965 herausfand: „Aktuelles von hüben und drüben". Sie lief bereits zwischen 18.15 und 18.25 Uhr. Vom 25. Januar 1965 (einem Montag) stammt die erste mit Sendematerial überlieferte Ausgabe dieses neuen tagesaktuellen Regionalmagazins.

Diese sehr ungewöhnliche Programmierung hielt sich nur ein dreiviertel Jahr. Ab 6. September 1965 war Schluss, von da an brachte „Aktuelles von hüben und drüben" die ganze Woche über das Tagesaktuelle aus der Region. Es war eine „ausschließlich auf die Tagesberichterstattung ausgerichtete Sendung" (Geschäftsbericht 1965).

„Aktuelles von hüben und drüben" war damit die erste Sendung des SR Fernsehens, die die ganze Woche über ausschließlich tagesaktuelle Beiträge aus dem Saarland, aus Lothringen und aus Luxemburg brachte. „Die Gestaltung dieser Sendung oblag einer selbständigen Redaktion", heißt es im Geschäftsbericht weiter. Im Umkehrschluss ist daraus zu folgern, dass es bis zu diesem Zeitpunkt offenbar nur eine gemeinsame „HÜBEN UND DRÜBEN"-Redaktion für das Tagesaktuelle und die Kernthemen gegeben hatte.

„Aktuelles von hüben und drüben" begann 1965 anfangs um 18.15 Uhr, dann um 18.05 Uhr direkt nach den ersten Tagesnachrichten der „Tagesschau". Die Sendung war zuerst rund zehn, dann zwanzig Minuten lang (bis 18.25 Uhr). Das bis dahin auf diesem Sendeplatz ausgestrahlte zweisprachige (Deutsch/Französisch) „Westmagazin" mit überwiegend Kulturbeiträgen wurde aufgegeben.

Das „Westmagazin" mit Kulturbeiträgen war die erste zweisprachige Regionalsendung des SR Fernsehens. *Abb.: SR*

Das bisherige Landesprogramm „HÜBEN UND DRÜBEN" war durch die Ausgliederung des Tagesaktuellen nun der Sendeplatz für eine „intensivere Behandlung umfangreicherer Themen (Hintergrundmaterial)" geworden. Aber nicht für lange. Bereits am Jahresende 1965 (29. Dezember) lief nach gerade mal vier Monaten als Sendung mit Hintergrundinformationen die letzte Ausgabe von „HÜBEN UND DRÜBEN". Der Sendungstitel wurde aufgegeben. Zu Jahresbeginn 1966 kam auf diesen Sendeplatz die neue Sendereihe „mosaik". Sie hatte „unterhaltend-informativen Charakter" (Geschäftsbericht 1966) und lief von 19.20 bis 19.40 Uhr.

Die tagesaktuelle Sendung „Aktuelles von hüben und drüben" wurde bei dieser Reform zum Jahresbeginn 1966 um fünf Minuten verlängert (nun bis 18.30 Uhr). Außerdem bekam sie eine „Ergänzung". Als spätere tagesaktuelle Sendung wurde zusätzlich ein „aktueller bericht" eingeführt. Er lief zwischen 19.45 und 19.50 Uhr. Darin sollte das „wichtigste Tagesereignis" behandelt werden. Außerdem konnte auch noch über „Ereignisse berichtet werden, die für die Sendung ‚Aktuelles von hüben

Das regionale TV-Magazin „mosaik" brachte Unterhaltendes aus dem Saarland. *Abb.: SR*

und drüben' zu früh lagen" (Geschäftsbericht 1966). So sollte der Verlust an Aktualität ausgeglichen werden, den die sehr frühe Sendezeit von „Aktuelles von hüben und drüben" (ab 18.05 Uhr) mit sich brachte.

Die tagesaktuelle Landesberichterstattung wurde damit auf zwei zeitlich weit voneinander entfernte Sendeplätze aufgeteilt.

Auch diese Reform hatte nur ein dreiviertel Jahr Bestand. Ab Herbst 1966 gab es wieder Änderungen. „Aktuelles von hüben und drüben" tauschte seinen (zu) frühen Sendeplatz mit dem regionalen Unterhaltungsmagazin „mosaik" (nun 18.05 bis 18.30 Uhr). Dadurch bekam „Aktuelles von hüben und drüben" mit 19.30 bis 19.40 Uhr eine spätere (aber auch wesentlich kürzere) Sendezeit. Die Sendung lief damit nun vor dem kurzen „aktuellen bericht". Die tagesaktuelle Landesberichterstattung war so zwar auf den späten Vorabend konzentriert - blieb allerdings aufgeteilt auf zwei Sendungen mit zwei verschiedenen Titeln.

Der Sinn dieser heute seltsam anmutenden Programmierung könnte darin gelegen haben, dass zwischen „Aktuelles von hüben und drüben" und „aktuellem bericht" noch einmal ein Werbeblock lief.

Aber auch dieses Programmschema wurde nur ein Jahr alt. Bereits 1967 wurde aus den beiden Teilen der tagesaktuellen Berichterstattung aus dem Saarland und der Großregion eine gemeinsame Sendung: der „aktuelle bericht". Der Titel „Aktuelles von hüben und drüben" hatte ausgedient. Der „aktuelle Bericht" („ab") war von da an (4. Januar 1967) die zentrale tagesaktuelle Regionalsendung des SR Fernsehens. Bis heute.

Der „aktuelle bericht“: SR-Flaggschiff mit drei Geburtstagen

Von Axel Buchholz

Daran gibt es keinen Zweifel: der „aktuelle bericht“ (der „ab“) ist die meistgesehene und bekannteste regionale Fernseh-Sendung des Saarländischen Rundfunks. Fest steht aber ebenfalls: Der „ab“ ist keineswegs die älteste aktuelle Landesschau des SR – auch wenn es einem so vorkommen mag. Drei Vorgängersendungen brauchte es, bis der SR seine tagesaktuelle Sendung zum Landesgeschehen entwickelt hatte: zuerst die „Abendschau“, dann „HÜBEN UND DRÜBEN“ und schließlich „Aktuelles von hüben und drüben“.

Standbild aus der ersten erhaltenen SR-Sendung mit dem Titel „aktueller bericht“: Eröffnung der Saarmesse am 11. April 1964. Links mit Mikro Reporter Sven Trittelvitz, daneben Wirtschaftsminister Eugen Huthmacher (CDU), Oberbürgermeister Fritz Schuster (DPS), unbekannt und rechts Ministerpräsident Franz-Josef Röder (CDU).

Abb.: SR

Die Frage, ab wann es den „aktuellen bericht“ gibt, ist nicht einfach zu beantworten. Denn der „ab“ hat nicht nur einen, sondern gleich drei Geburtstage.

Entscheidet man sich für den frühestmöglichen, dann wäre der „ab“ 2014 bereits fünfzig geworden. Denn der Sendungstitel „aktueller bericht“ tauchte zum ersten Mal im Jahr 1964 auf. Da diente er allerdings nur zur Kennzeichnung einer zusätzlichen aktuellen Regionalsendung, wie Fernseh-Dokumentar Hans-Ulrich Wagner herausfand.

Das Logo des „aktuellen berichts" (1966). *Abb.: SR*

Die früheste Sendung der neuen Reihe, zu der im Fernseh-Archiv noch Material vorliegt, stammt vom 11. April 1964. Das ist also das erste Datum, das man als „ab"-Geburtstag ansehen könnte. In der Sendung berichtet Reporter Sven Trittelvitz in ca. drei Minuten von der Eröffnung der Internationalen Saarmesse. Daran schloss sich ein etwa 25 Minuten langer Unterhaltungsteil an. Er wurde live ausgestrahlt, jedoch nicht aufgezeichnet. Ihn moderierte der sehr populäre Hörfunk-Moderator und Theater-Schauspieler Ferdi Welter. Der prominente Pianist und Sänger Paul Kuhn war der Stargast.

Wolf-Dietrich Stahnke, einer der ersten „ab"-Redaktionsleiter und -Moderatoren. *Abb.: SR*

Fortan wurde ein „aktueller bericht" immer mal wieder ausgestrahlt, meist wohl live. Der „ab" war zuerst also eine ergänzende regionale Sondersendung aus aktuellem Anlass ohne feste Sendezeit und Sendungslänge.

Mit der Reform des SR-Regionalprogramms zum Jahresbeginn 1966 wurde der „aktuelle bericht" dann eine regelmäßige Sendung – eine „wesentliche Programmneuerung" laut SR-Geschäftsbericht von 1966. Dieser neue „ab" war nur fünf Minuten lang und „hauptsächlich der Berichterstattung über das wichtigste (regionale) Tagesereignis vorbehalten".

Otto Klinkhammer (Landespolitik) ... *Abb.: SR*

Hinweise zum Inhalt der Sendung finden sich auch in der SR-Publikation „Winterprogramm 1965/66" (S. 58). Danach sollte im „ab" „kurz vor den Abendmeldungen der Tagesschau über besondere Ereignisse im regionalen Bereich" berichtet werden, „und zwar in Form einer Nachricht, eines aktuellen Filmberichts oder eines Kurzkommentars". Die Ausstrahlung war für Montag bis Samstag 19.47 Uhr vorgesehen.

Der erste dieser kurzen „aktuellen berichte" ging am 3. Januar 1966 auf Sendung. Das ist also das zweite Datum, das man als Geburtstag der Sendung bezeichnen

... und Friedrich Nowottny (Wirtschaft) waren Kommentatoren im „aktuellen bericht" des SR Fernsehens. *Abb.: SR*

Harald Meimeth war einer der ersten Reporter im „aktuellen bericht".

Abb.: SR

kann: Aus einer gelegentlichen Sondersendung war ein regelmäßiger „aktueller bericht" geworden.

Laut den überlieferten Akten aus der Honorar- und Lizenzabteilung erläuterte an diesem Tag (der spätere Chefredakteur und Direktor) Otto Klinkhammer den Zuschauern das neue Sendeprofil des „aktuellen berichts" und sprach dann einen Kommentar zur Situation des Saarlandes. Beides wurde live gesendet und nicht aufgezeichnet. Sendematerial ist im Fernseh-Archiv erst zu der Ausgabe vom 17. Januar 1966 nachgewiesen. Thema des ersten Beitrags in diesem „ab" war ein Aufruf der saarländischen Landesregierung zur Polioschutzimpfung.

Am 31. März 1966 kommentierte Friedrich Nowottny im neuen „Kurz-ab" die Schließung der saarländischen Grube Kohlwald und die Debatte des saarländischen Landtags über die Kohle-Krise am selben Tag.

Der „aktuelle bericht" sendet seit 8. Dezember 2014 aus einem modernen virtuellen Studio.

Abb.: SR

Die Hauptsendung zum Tagesgeschehen hieß zu dieser Zeit „Aktuelles von hüben und drüben". Sie wurde ab 18.05 Uhr gesendet. Die aktuelle Landesberichterstattung war damit zweigeteilt: ein erster langer Sendeplatz kurz nach 18 Uhr, ein 5-minütiger zweiter mit dem wichtigsten regionalen Tagesthema dann ab 19.45 Uhr.

Diese Aufteilung der tagesaktuellen Berichterstattung hat sich offenbar nicht bewährt. Denn bereits im Herbst desselben Jahres (1966) gab es wieder „eine Neuordnung des Regionalprogramms". Die lange tagesaktuelle Landessendung „Aktuelles von hüben und drüben" wurde vor den „aktuellen bericht" gelegt (ab 19.30 Uhr) und dabei von 25 auf zehn Minuten verkürzt. Damit gab es (wieder) eine Konzentration der Landesberichterstattung am späten Vorabend – wenn auch in zwei Teilen hintereinander und unter zwei Sendungstiteln. Zwischen den beiden Sendungen wurde offenbar noch ein Werbeblock platziert. So erinnert sich auch Otto Klinkhammer. Und dies vermutet ebenfalls Werbefunk-Mitarbeiterin Brigitte Liebhold nach Recherchen in Werbefunk-Unterlagen, die dazu allerdings Präzises nicht ergeben.

Sven Trittelvitz war ab 1967 der erste Redakteur des „aktuellen berichts".
Abb.: SR

Mit Jahresbeginn 1967 wurden beide Sendungen zusammengelegt – unter dem dann gemeinsamen Namen „aktueller bericht". Gesendet wurde er von 19.35 bis 19.50 Uhr. Auf den Sendungstitel „Aktuelles von hüben und drüben" wurde verzichtet. Ab dem 4. Januar 1967 war der „aktuelle bericht" damit die alleinige aktuelle Landessendung geworden. Sein dritter Geburtstag – und sein wichtigster. Nun konnte ihm der SR-Geschäftsbericht des Jahres 1967

Susanne Dahlem ist als Programmleiterin seit 2004 für den „ab" zuständig. *Abb.: SR*

Nachrichtensprecher wie Horst Klein prägten lange das Gesicht des „ab", bevor Moderatoren in den Vordergrund traten. *Abb.: SR*

Chefredakteurin Elke Herrmann... *Abb.: SR*

erstmals „den Charakter einer regionalen Tagesschau" bescheinigen.

Aus der Keimzelle der anfänglich gelegentlichen Sondersendung über die regelmäßige Fünf-Minuten-Sendung hatte er sich zur alleinigen tagesaktuellen Sendung mit grenzüberschreitenden Informationen aus dem Saarland und der Region entwickelt. Erster Redakteur des neuen „ab" wurde Sven Trittelvitz.

Auch wenn der „ab" also 1967 seine Form im Wesentlichen gefunden hatte, entwickelte er sich dennoch inhaltlich und gestalterisch ständig weiter. In vielen weiteren Reformen wurde er in den seither vergangenen fünf Jahrzehnten zu einem Erfolgsformat des SR. An sieben Tagen in der Woche informiert er heute über das tagesaktuelle Zeitgeschehen und den Sport im Saarland, in der angrenzenden Pfalz sowie in Lothringen und Luxemburg.

Aber auch zwei längere Krisenzeiten musste der „ab" überstehen. Die erste war „hausgemacht". Sie entstand, weil man die Sendung ab 4. Januar 1988 umtaufte. Da hagelte es Proteste. Denn der neue Name „SR-Aktuell" gefiel vielen Zuschauern gar nicht. Ab 2. Oktober 1989 bekamen sie ihren gewohnten „aktuellen bericht" zurück - der „ab" hatte seinen Namen wieder.

... und die Regional- und Feature-Redakteurin Marie-Elisabeth Denzer waren lange zwei sehr populäre „ab"-Moderatorinnen. Abb.: SR

Die zweite Krise des „aktuellen berichts" begann am 4. Januar 1993. Da musste er vom Ersten ins regionale dritte Fernseh-Programm „umziehen", weil die ARD ihr Fernseh-Vorabend-Programm einheitlich gestaltete. Der SR konnte sich davon nicht ausschließen. Schon ab Juni kam der „ab" aber vorübergehend bis zum Jahresende 1993 zusätzlich wieder ins Erste zurück. Ab 3. Januar 1994 war dann Schluss mit der unfreiwilligen „Wanderschaft". Seither hat der „ab" nun seinen Sendeplatz endgültig und ausschließlich im Dritten, dem SR Fernsehen. Ebenso werden auch alle anderen Regionalsendungen der ARD-Sender in deren dritten Programmen ausgestrahlt.

Sendezeit und Sendungslänge des „ab" veränderten sich mehrfach. Über die vergangenen 50 Jahre hinweg gese-

Die derzeitigen drei Stammmoderatoren des „ab":
Julia Lehmann, ...

Abb.: SR

... Joachim Weyand und Sonja Marx. *Abb.: SR*

hen, hat der „aktuelle bericht" dabei seine Sendungslänge mehr als verdoppelt: Er dauert werktags nun 40 Minuten (Montag bis Freitag ab 19.20 Uhr), am Wochenende 15 Minuten (Samstag und Sonntag ab 19.45 Uhr). Ein Zeichen seiner (immer noch) zunehmenden Bedeutung für das SR Fernsehen.

Als das SR Fernsehen farbig wurde

Von Axel Buchholz

Heute begeistern uns die gestochen scharfen Bilder des neuen HDTV. Dass sie bunt sind, ist längst selbstverständlich. Interessant ist es aber dennoch allemal, daran zu erinnern, wie in Deutschland und speziell beim SR die Bilder bunt wurden. Schließlich war das neue Farbfernsehen 1967 eine Sensation. Für die Fernseh-Mitarbeiter bedeutete es viel Arbeit.

Aus der Chronik „Geschichte und Geschichten des Senders an der Saar" von Hans Bünte: der Daumen des Bundeskanzlers Willy Brandt beim symbolischen Druck auf den „Farbknopf" (1967). Abb.: SR

Es geschah auf der 25. Großen Deutschen Funkausstellung in West-Berlin. Mit einem symbolischen Knopfdruck von Bundeskanzler Willy Brandt (SPD) wurde die Fernseh-Welt farbig: am 25. August 1967, genau um 10.57 Uhr. Aber Farbe galt längst nicht gleich für alle Sendungen. Und zudem hatte sich auch nur eine Minderheit der Zuschauer bereits einen Farbfernseher für rund 2 000 D-Mark gekauft. Aber Schritt für Schritt ging es voran. Und schon lange vor dem Knopfdruck hatten die Fernseh-Techniker präzise Vorarbeit geleistet und die öffentlich-rechtlichen Sender viel Geld investiert.

Für den kleinen Saarländischen Rundfunk mit ohnehin knappem Budget bedeutete die neue Farbigkeit in der Vorbereitungsphase eine besondere Herausforderung. Erstaunlich, aber wahr: Gerade weil er arm war, gehörte der SR zu den technischen Vorreitern der Entwicklung. Nach der Erinnerung des damaligen Leiters Messtechnik, Franz Brehm, kam das so: Die Fernseh-GmbH in Darmstadt („Fese", eine Bosch-Tochter) hatte als Vorreiter und gleichzeitig einzige deutsche Firma eine elektronische Farbkamera entwickelt, die „Drei-Röhren Super-Orthikon" mit einem Röhren-Durchmesser von drei Zoll. Das war ein „Riesen-Apparat", 160 bis 180 Pfund schwer. Im Studio stand sie auf einem extra-schweren Stativ, nur an vier Tragegriffen war der Koloss von fast zwei Zentnern zu schleppen.

Franz Brehm, Leiter der Fernseh-Messtechnik beim SR.

Abb.: F. Brehm/SR

Die erste elektronische Farbkamera beim SR: „Drei-Röhren Super-Orthikon". *Abb.: SR*

Schon bald zog aber die niederländische Konkurrenz Philipps nach: mit einer Farbkamera, die mit drei Plumbikonröhren von je nur noch 1 ¼-Zoll Durchmesser auskam (in Dreikanal-Technik). Die „Plumbikon" (so genannt wegen der bleihaltigen Halbleiterschicht) war nicht schwerer als die bis dahin gebräuchlichen Schwarz-Weiß-Kameras. Und: Sie kam noch rechtzeitig für die Einführung des Farbfernsehens auf den Markt. Kein Wunder, dass sie die Kamera der Wahl bei den deutschen Sendern wurde. Nur einer kaufte sie nicht: der arme SR. Der erstand die technisch überholte „Orthikon". Er bekam die vier Kameras, deren Produktion nie in Serie ging, „fast zum Schrottpreis" – dafür aber etwas früher als die übrigen Sender ihre Philipps-Kameras. Und so konnte der SR schnell sein beim Umrüsten des kleinen „Ansage-Studio 1" auf Farbe. Die nötigen Geräte und Installationen dafür entstanden kostengünstig zumeist in senderinterner „Heimarbeit". Auch die Fernseh-Leitungen im Hause mussten für einen höheren Frequenzbereich farbtüchtig umgebaut werden.

Als die ARD im Herbst 1966, rund ein dreiviertel Jahr vor dem offiziellen Beginn des Farbfernsehens, mit Versuchssendungen in Farbe beginnen wollte, konnte der SR die Hand heben: „Wir können's machen." So strahlte der Saarländische Rundfunk dann an allen Wochentagen nachmittags meist zwischen 14 und 16 Uhr für die gesamte ARD die Farbversuchssendungen aus. Der Nachmittag war damals noch „programmfrei". Gedacht waren die Farbtests für die Rundfunk- und Fernsehfachgeschäfte. Sie stellten bereits erste Farbempfänger in ihre Schaufenster und Regale und lockten so das Fernseh-Publikum werbewirksam in die neue bunte Fernseh-Welt. Die Techniker der Rundfunkanstalten nutzten das Programm, um zu testen, wie gut ihre vielen Sender in der ganzen Bundesrepublik das Farbsignal übertrugen.

So begann es für die Zuschauer: eines der ersten Farbfernsehgeräte.
Abb.: Deutsches Rundfunk-Museum/Hendrik Pastor

Die Zuschauer hatten bis auf einige wenige noch keine Farbempfänger, also noch nichts von den bunten Fernsehbildern. Sie freuten sich trotzdem. Unterhaltsamer als das sonst am Nachmittag gezeigte Testbild waren für sie die nun ausgestrahlten Reisefilme selbst in Schwarz-Weiß. Und als „Zugabe" für die wenigen Farb-Seher wurde sogar die nette SR-Fernseh-Ansagerin Ruth Pfordt geboten. Auch in Farbe natürlich, dann schöne Farbfotos aus aller Welt und der obligatorische „Farbbalken". Kein Wunder also, dass viel lobende Post von überall her beim SR eintraf, auch aus der DDR. Beim Sender war die Genugtuung eine doppelte: Erstens klappte es mit der Farbtechnik und zweitens zeigte der SR damit vornweg bundesweit Präsenz.

Die Kameraleute in den Studios freuten sich einerseits, nun farbige Bilder anbieten zu können. Andrerseits stöhnten sie wegen der nur mühsam zu handhabenden „riesigen Brummer" von Kameras. Kameramann Hans-Joachim „Pit" Weber erinnert sich deshalb gut an die erste große elektronische Farbproduktion für die ARD. „Die Aufnahmen für die Spieloper ‚Des Kaisers neue Kleider' waren im Saarbrücker Studio 1968 Schwerstarbeit." Zwei Stunden dauert es allein, die Orthikon-Kameras aufnahmebereit zu machen. Einen ganzen Tag beanspruchte es die Messtechniker, wenn

Szene aus der Spieloper „Des Kaisers neue Kleider“, der ersten eigenen elektronischen Farbproduktion des SR. Der Kaiser wurde von Udo Weinberger gespielt, der Narr von Friedhelm Sarnecki. *Abb.: SR*

Einer der Kameraleute bei der ersten eigenen elektronischen SR-Farbproduktion: Hans-Joachim „Pit“ Weber. *Abb.: H.-J. Weber/SR*

Röhren ausgewechselt werden mussten. Und das erwies sich recht oft als nötig. Aber an der Qualität der Bilder war wenig auszusetzen. Nach gelungener Arbeit bedankte sich Intendant Dr. Franz Mai sogar mit einer kleinen Geldprämie.

Schon einige Zeit vor den Testsendungen begannen die Vorarbeiten der Fernseh-Übertragungstechnik des SR. Da der Fernseh-Sender auf der Göttelborner Höhe (von Siemens gebaut) damals ein Sender für Schwarz-Weiß-Betrieb war, musste er für Farbübertragungen um- und mit neuen Geräten ausgerüstet werden. Das konnten die SR-Techniker überwiegend in Eigenregie erledigen und ersparten dem SR so eine Menge Geld. Neue Messinstrumente mussten allerdings gekauft werden.

„Dann kam der schwierigere Teil", erzählt Walter Schönhofen, Mitte der sechziger Jahre für die Sendertechnik zuständig. „Man war sich damals nicht ganz schlüssig, ob der Fernseh-Kanal 2 im Frequenzbereich I (den der SR nutzte) überhaupt für Farbsendungen geeignet war". Also musste die Qualität der Übertragung des Farbfernsehsignals vom Sender auf der Göttelborner Höhe zu den Empfängern untersucht werden. Das Farbsignal dafür bekam der SR vom sogenannten Farblabor des WDR in Köln. Die Empfangsmessungen im Saarland wurden von einem Messwagen des Instituts für Rundfunktechnik (IRT, München/Nürnberg) vorgenommen. Das Test-Ergebnis löste Erleichterung aus: Der Sender war farbtauglich.

Walter Schönhofen, später Technischer Direktor, leitete die Umrüstung des Göttelborner Fernseh-Senders auf Farbe. *Abb.: SR*

Für die SR-Sendertechniker wurde nun die Arbeit wieder entspannter: Als die nachmittäglichen Farb-Testsendungen aus dem Studio 1 des damals ziemlich neuen SR-Fernseh-Gebäudes auf dem Halberg begannen, zogen sie mit einem der ersten Farb-Fernsehempfänger durch das Land. Und waren überall gern gesehene Gäste, denn sie führten das Testprogramm in öffentlichen Lokalen verschiedener saarländischer Orte vor. Die Zuschauer waren sehr zufrieden: Zweiter Technik-Test ebenfalls bestanden. Und all das zudem genau termingerecht.

Kameramann Klaus Peter „Kape" Weber 1987 bei Dreharbeiten zur ARD-Serie „Le Train Bleu" nach Guy de Maupassant. Es war die erste Produktion eines Fernsehspiels, die auf 16 mm Farbnegativ gedreht wurde und im SR-eigenen Kopierwerk entwickelt werden konnte. Abb.: K. P. Weber/SR

Rund anderthalb Jahre ehe das Fernsehen in Deutschland farbig wurde, hatten auch die Filmkamera-Leute damit begonnen, testweise in Farbe zu drehen. „Dabei ging es vor allem darum, die Wirkung der Farben für die Bildgestaltung optimal zu nutzen und entsprechend der wechselnden Lichtverhältnisse den richtigen Farbfilter einzusetzen", erinnert sich Klaus Peter „Kape" Weber, damals noch Kamera-Assistent. Andernfalls bestand morgens und ab nachmittags bis abends, wenn das Licht warm ist, die Gefahr eines Rotstichs. Dagegen musste um die Mittagszeit, wenn das Licht sehr kalt ist, gegen einen Blaustich gefiltert werden. Das galt es zu bedenken, um den Farbtemperaturmesser (ein hoch sensibles Gerät, das sehr umständlich und eigentlich für den Studiobetrieb gedacht war), korrekt zu nutzen – und um nach den Messergebnissen dann den passenden Filter zu wählen. So haben Weber und sein Ausbildungskameramann Siegfried Baumann bereits während einer großen Asienreise 1966 zusätzlich auf Kodak-Farb-Umkehrmaterial gedreht (dem gleichen Material, das der Amateur als Diafilm verwendete). Farbdokumentationen wurden beim SR ansonsten bis Mitte der 80er Jahre aus Kostengründen hauptsächlich auf 16-mm-Farb-Umkehrfilm von Agfa gedreht. Darauf war das SR-Kopierwerk vom Beginn des Farballtags an für den „aktuellen bericht" eingerichtet, weil es kostengünstiger war. Nur für besondere Produktionen (mit etwas höherem Budget) konnte man das bessere Kodak-Material durchsetzen, das dann auch fremd entwickelt werden musste. Dies änderte sich erst, nachdem Kurt Otto als Kopierwerksleiter angestellt wurde. Er erreichte die Umstellung auf den Kodakprozess.

Der damalige Fernseh-Unterhaltungsredakteur Emil Zalud erzählt sogar von einem regelrechten „Farbübungsfilm" mit dem Titel „Musik auf der Tenne" (Erstsendung: 24. August 1968). Vorgestellt wurden Titel des Komponisten und Bandleaders Hans Georg Schütz („Jeden Tag, da lieb ich dich ein kleines bisschen mehr"), der in Hemmoor lebte. Zu den Dreharbeiten im „Alten Land" zwischen Hamburg und Bremen waren gleich mehrere Kameraleute aus Saarbrücken angereist: u.a. die Chefkameramänner Willi Raber und Alfred E. „Fred" Ohnesorg sowie Edwin K. Braun. Trotz „eines gewissen Gedrängels der Lernwütigen an den Kameras" erwiesen sich die Aufnahmen als hervorragend.

Kamera-Regisseur Georg Bense experimentierte früh auch mit farbigen Bildern. *Abb.: G. Bense/SR*

Der Farb-Experimentier-Eifer der SR-Kameraleute war groß. Einer von ihnen, der Kameraregisseur Georg Bense, wurde sogar vom Erfinder des PAL-Farbfernsehens persönlich ausgezeichnet. Prof. Walter Bruch überreichte ihm eine Silbermedaille. Benses Film „...zum Beispiel Guanajuato" (Erstsendung: 23. Juni 1968) nannte er eine „der Sternstunden des Fernsehens" und zeigte ihn mehrfach als Beweis für die Leistungsfähigkeit des PAL-Farbfernsehsystems.

Hildegard Knef in der ersten Farbsendung des SR 1967. *Abb.: SR*

Die erste Farbfernseh-Sendung des SR flimmerte allerdings schon viel früher über die Bildschirme, fand SR-Fernseh-Dokumentar Hans-Ulrich Wagner heraus: am 19. September 1967. Es war die achte Folge der beliebten SR-Wunschmusiksendung „Meine Melodie". Schon vier Tage nachdem auf der Berliner Funkausstellung das Farbfernsehen in Deutschland begann, hatte sie SR-Regisseur Truck Branss dort vor Publikum produziert. Die farbelektronische Aufzeichnung besorgte als Produktionshilfe der Sender Freies Berlin.

Die zweite Generation der elektronischen Farbkameras beim SR: 1 ¼-Zoll-Plumbikons „KCU" von der Fa. FESE (Bosch). *Abb.: L. Knerr/SR*

Die nächste ARD-Sendung des SR in Farbe entstand dann schon ganz im Saarland: ein Film über den Saarknappenchor unter dem Titel „Und er hat sein helles Licht in der Nacht…". Sendedatum war der Buß- und Bettag 1967, der 22. November. Regie führte ebenfalls Truck Branss. Gedreht wurde auf 35-mm-Farbfilm.

Der erste elektronisch komplett vom SR selbst produzierte Farbbeitrag in der ARD wurde erst rund ein Jahr später gesendet, am ersten Weihnachtsfeiertag 1968: eine von Manfred Heikaus für das Fernsehen bearbeitete Fassung der Spieloper „Des Kaisers neue Kleider" von Eberhard Werdin. Es war die früheste auf 2-Zoll-Farb-MAZ produzierte Eigenproduktion des SR für die ARD.

Im nächsten Jahr, 1969, kaufte der SR dann neue elektronische Farbkameras. Es waren die viel leichteren und pflegefreundlicheren 1-¼-Zoll-Plumbikons „KCU" von der FESE (Bosch). Sie arbeiteten bereits mit der moderneren vier-Kanal-Technik. Dadurch lieferten sie gleichzeitig auch wesentlich bessere Schwarz-Weiß-Bilder. Das war wichtig, weil ja viele Zuschauer noch nicht auf Farbe umgestiegen waren.

Ihre ersten riesigen Vorserien-Orthikon-Kameras behielt die SR-Technik aber in liebevoller Erinnerung. Schließlich ließen sie sich nach ihrer Ausmusterung sogar noch gewinnbringend verkaufen, hinter den damaligen „Eisernen Vorhang".

Vom Film zur Elektronischen Berichterstattung: das erste SR-Feature mit der EB

Von Klaus Peter Dencker

Keine einzige Filmkamera gibt es noch beim Fernsehen des Saarländischen Rundfunks. Die allerletzte hatte 2005 ausgedient. Gedreht wird ausschließlich mit elektronischen Kameras. Bis gegen Ende der 70er Jahre war es genau umgekehrt: Damals wurde, außer im Studio, nur mit Filmkameras gearbeitet. Die erste elektronische Kamera für Außenproduktionen kaufte der SR 1977. Gegen diese neue Technik gab es anfangs viele Vorbehalte. Der Filmemacher und Fernseh-Kulturredakteur Prof. Dr. Klaus Peter Dencker setzte sie dennoch mit Kameramann Ohm Wegener 1979 erstmals für ein langes Kulturfeature im Ausland ein. Er ist stolz darauf, damit beim SR und sogar in der ARD ein Vorreiter gewesen zu sein.

Klaus Peter Dencker: Medienprofessor, Fernseh-Journalist und Autor der visuellen Poesie, hier bei einer Lesung.
Abb.: K. P. Dencker/SR

Schon als freier Mitarbeiter durfte ich meine Vorlieben für experimentelle Literatur und bildende Kunst in meine Arbeit beim Fernsehen des Saarländischen Rundfunks einbringen. Meine immer größer werdende Neugier und die folgenden Entdeckungen wollte ich in meiner Filmarbeit dem Zuschauer so vermitteln, dass er nicht von einem allwissenden Filmemacher belehrt werden, sondern gleichsam mit ihm zusammen auf Entdeckungsreise gehen sollte.

So vermied ich immer häufiger in den Filmen Kommentare (also vom Autor oder einem Sprecher gelesene Texte) und versuchte, wo es sich anbot, den O(riginal)-Ton-Film zu perfektionieren. Was gesagt und erklärt werden musste, wofür zusätzlich zum Bild noch das Wort wichtig war – das alles sollte von den Menschen kommen, die im Film gezeigt wurden, wie zum Beispiel in dem Porträt des Werbefotografen Charles Wilp: „Der gelbe Wellenmacher. Charles Wilp" (45 Minuten/Erstsendung 19. Januar 1977 im Programm S 3).

Oft arbeitete ich auch mit kleinen Inszenierungen, was für damalige Feature-Produktionen nicht üblich war, so in dem Film „Georg Grosz" (45 Minuten, Erstsendung am 1. Mai 1976, SR 3), in dem ich die Gerichtsszene des Pornografie-Prozesses in Berlin nachstellte.

Der FS-Autor und -Realisator sowie FS-Redakteur Klaus Peter Dencker begann Anfang der 70er Jahre beim SR als freier Mitarbeiter.

Abb.: SR

Meine Neugier und Freude am Experiment erstreckte sich auch darauf, neue Aufnahmetechniken auszuprobieren. Der SR bekam im Herbst 1977 eine EB-Einheit (Elektronische Berichterstattung). Bis dahin waren elektronische Bild- und Tonaufzeichnungen nur im Studio mit einer 2-Zoll-MAZ (Magnetische Bildaufzeichnung) möglich. Mit dieser neuen „Kleinelektronik" ging das nun auch bei Außenaufnahmen. Sie bestand aus einer RCA-Kamera TK 76 und einer 1-Zoll-Aufzeichnungsmaschine BCN 20 der Firma Bosch. Nach kurzer Einarbeitungszeit des hervorragenden Technikers Rudolf Lang wurde sie dann 1978 erfolgreich im „aktuellen bericht" (ab) bei kurzen Film-Beiträgen eingesetzt. Aber es war eigentlich unvorstellbar, mit ihr ein größeres Feature mit Außen- und Innenaufnahmen an ganz unterschiedlichen Aufnahmeorten zu drehen. Und vor allem Aufnahmen, die eine schnelle Reaktion auf spontan sich ergebende Situationen erforderten, schienen mit der EB kaum realisierbar zu sein. Dennoch entschloss ich mich 1979, für die Reihe „Museen der Welt" ein Feature über die Vatikanischen Museen in Rom elektronisch zu produzieren – und nicht mehr auf die herkömmliche Weise mit der 16-mm-Film-Kamera. Und das auch noch im Ausland.

Um es vorwegzunehmen, der Test in Rom war ein voller Erfolg – dank eines vorzüglichen Teams (Ohm Wegener, Kamera; Rudolf Lang, EB-Technik und Ton; Günther Meyer, Licht). Gedreht wurde vom 14. bis 31. Mai 1979, geschnitten vom 25. Juni bis 8. August 1979 mit Unterbrechungen insgesamt zwölf Tage à sechs Stunden (Cutterinnen: Renate Nebe und Margarethe Nielsen). Die Erstsendung von „Vatikanische Museen" fand am 19. September 1979 (im Programm SW 3) statt. Es folgten mehrere Wiederholungen in den dritten Programmen, im österreichischen Fernsehen ORF sowie durch Verkäufe der SR-Tochterfirma „Telefilm" in anderen Ländern wie z. B. Italien und Ungarn.

Egal ob außen, wie hier vor dem Petersdom, oder innen im Vatikan: Gedreht wurde nur mit der EB. Das Team: 1.v.l. Beleuchter Günther Meyer, hinter der Kamera: Ohm Wegener, 2.v.r. Klaus Peter Dencker.

Abb.: K. P. Dencker/SR

Auch wegen der neuen elektronischen Produktionstechnik fand das Feature Beachtung. Am 13. Dezember 1979 wurde es auf dem Saarbrücker „EB-Markt" vorgeführt – eine kleine Fachmesse für die neue Produktionstechnik EB, zu der der SR fortan einlud.

Gegenüber der üblichen Feature-Länge von 45 Minuten hatten wir eine Sendung von knapp 58 Minuten produziert. Und die war schon schwer herstellbar, weil das gedrehte Material im Wesentlichen aus langen Einstellungen bestand, zu denen die EB-Technik herausforderte. Mir kam diese neue Aufnahmetechnik sehr entgegen. Ich hatte die Kurzschnitt-Technik, mit der ich 1970 noch glücklich war, längst aufgegeben und wollte mit langen Einstellungen dem Zuschauer mehr Ruhe und Orientierungschancen geben. Als sehr positiv empfand ich auch, dass man durch die nun elektronisch aufgezeichneten Bilder gleich alles auf einem Monitor ansehen und überprüfen konnte. Bei Bedarf wurde dann eine Einstellung einfach noch einmal gedreht. In den Filmproduktionen bis dahin sah man das gedrehte Material ja erst nach der Entwicklung der Filme, wenn man wieder im Funkhaus und nichts mehr daran zu verbessern war.

So entstand zum Beispiel eine (!) Einstellung von fast zehn Minuten in der Vatikanischen Bibliothek. Während eines Interviews von mir mit dem Direktor der Bibliothek

EINLADUNG NO. 2

AN ALLE MITARBEITER IM SR UND GÄSTE

PROGRAMM EB-Markt im S/R 10.–14. Dez. 79

SAARBRÜCKEN, FUNKHAUS HALBERG, KONFERENZGEBÄUDE

- Vorführungen und Diskussionen über EB (= Elektronische Berichterstattung im Fernsehen)
- Erfahrungsaustausch über das Arbeiten mit professioneller Videotechnik
- Geräteschau: 1-Zoll und 3/4-Zoll

So sah der Grafiker Richard Kirst eine Denkpause während einer EB-Produktion ganz allgemein, und im besonderen das Ausleuchten in den Vatikanischen Museen. Näheres und Authentisches können Sie am Do.,13.12. ab 9,00 h sehen.

Mit einer Zeichnung von SR-Grafiker Richard Kirst wurde zum EB-Markt beim SR eingeladen.

Abb.: SR

fuhr die Kamera, bei uns beginnend, durch den ganzen Lesesaal, zeigte die opulente Architektur und wunderschönen Wandmalereien und endete wieder auf uns am Ende des Interviews. Und das alles am Stück, ohne Unterbrechung. Dafür war eine perfekte Vorbereitung erforderlich. Zudem musste die Konzentration und Ruhe des Kameramannes auch deshalb außerordentlich hoch sein, weil sich jede noch so kleine Bewegung (bis hin zum „Herzschlag") übertrug - so empfindlich war die Elektronik. Die Szene musste nach meiner Erinnerung trotzdem nur zweimal gedreht werden.

Überhaupt gab es durch die Kontrollmöglichkeit vor Ort den Vorteil, Anschlüsse genauer zu drehen und ganze Komplexe zu fertigen. So konnte der Schnitt in Saarbrücken zwar auf ein Minimum reduziert werden, aber die Umsicht und Genauigkeit während der Dreharbeiten war erheblich mehr gefordert als beim Film. Denn beim 16-mm-Film entstand das endgültige Feature mehr oder weniger am Schneidetisch durch die Montage (den Schnitt) des gedrehten Materials. Die EB-Produktion dagegen ermöglichte es, den Film aufgrund eines schon ziemlich genauen Drehbuchs weitgehend bereits während der Drehzeit zu fertigen.

Die Lichtsetzung (wegen der Mischlichtproblematik von Tages- und Kunstlicht) und das Legen der Schienen für den darauf fahrenden Elemac (einen Kamerawagen mit Schwenkarm) kosteten viel Zeit und Mühe. Auch die Installation der Kleinelektronik auf dem Elemac und vieles mehr erforderten erfinderische Pionierarbeit. Aber das Ergebnis, Farbwiedergabe und Schärfe, die Information während der Einstellung, die jeden Kommentar überflüssig machte, rechtfertigte die Anstrengung.

So wurden in Rom insgesamt auf acht Spulen 435 Minuten (7,5 Stunden) aufgezeichnet. Von der damaligen Teambesetzung können heutige Produktionsteams nur träumen: Kameramann, Kamera-Assistent, EB-Techniker (der gleichzeitig den Ton kontrollierte), Beleuchter, Lichttechniker, Bühnenpersonal, Produktionsfahrer. Insgesamt waren das sieben Mitarbeiter, zu denen je nach Bedarf noch weitere Helfer in Rom engagiert wurden sowie jede Menge Ausrüstung samt Stromaggregat.

Nach diesen Erfahrungen wurden wir übermütig und machten die zweite große EB-Produktion für die Reihe „Museen der Welt". Diesmal wurde das Anthropologische Museum in Mexico City vorgestellt (Kamera: Hans Schugg; EB-Technik: Rudolf Lang; Cutterinnen: Monika Solzbacher und Monika Schreiner). Wir merkten aber schnell, dass die Elektronik dabei an ihre Grenzen stieß. Durch das damals große Gewicht war es weder möglich, die EB-Einheit auf die Pyramiden zu heben noch sie durch den dich-

Klaus Peter Dencker als optischer Poet.

Abb.: K. P. Dencker/SR

Informationsmarkt

Video Professionell

Internationaler Erfahrungsaustausch für Fernseh-Programmitarbeiter

23.-26. März 1981 Saarbrücken

SR

ZFP

Das hr-Team während der Dreharbeiten für die Dokumentation "Buddhas Leben" in Indien (s.S.4)

Der SR war Vorreiter bei Produktionen mit der neuen Elektronischen Berichterstattung (EB). Deshalb fand der EB-Markt oft in Saarbrücken statt. *Abb.: SR*

ten und finstersten Urwald von Yucatan zu ziehen. Die zur Sicherheit mitgenommene Filmkamera für Außenaufnahmen war somit unverzichtbar. Und so entstand eine Mischproduktion: außen Film, innen EB. Dieses Feature hatte die übliche Länge von 45 Minuten, wurde am 11. März 1981 gesendet und wieder gleich am 24. März 1981 als Beispiel auf dem Saarbrücker „EB-Markt" vorgeführt, der nun „Video Professionell" hieß.

Nach all diesen und weiteren Erfahrungen mit der EB-Produktion bin ich aber bis zum Ende meiner Fernsehzeit beim SR 1985 im Wesentlichen wieder zum Filmmaterial zurückgekehrt. Das Montieren, das Bild-für-Bild-Timing, die Haptik im Umgang mit Bild und Ton, all dies, das auch in meiner künstlerischen Arbeit eine große Rolle spielte, konnte ich nicht aufgeben.

Allgemein in der Fernseh-Produktion folgte aber der Siegeszug der elektronischen Berichterstattung. Damit begann wohl in mehrfachem Sinne eine andere Generation (technisch, menschlich und fernsehjournalistisch), zunehmend die Produktionsbedingungen und Ergebnisse zu bestimmen.

Vielleicht aber waren die 70er und zum Teil die 80er Jahre generell die kreativsten und produktivsten Jahre des öffentlich-rechtlichen Fernsehens, und es war ein großes Glück und eine Freude zugleich, dabei gewesen sein zu dürfen!

„Mir ware uns änich": SR und Saarknappenchor

Von Axel Buchholz

Nach 250 Jahren war Ende Juni 2012 Schluss mit dem Kohleabbau im Saarland. Bis zu 60000 Menschen arbeiteten in Spitzenzeiten im Bergbau an der Saar. Der SR und seine Vorgängersender haben ihn stets publizistisch begleitet. Mehr als sechs Jahrzehnte auch den Saarknappenchor, den „Botschafter des Saarlands" - wie er häufig wegen seiner vielen Auftritte außerhalb der Landesgrenzen genannt wurde.

Kurt Linn sang mit dem Saarknappenchor oft im SR. Abb.: K. Linn/SR

Zahlreiche Fernseh-Produktionen, Radio-Sendungen und Musikaufnahmen in den SR-Archiven zeugen davon, wie erfolgreich der Chor auch beim Saarländischen Rundfunk war.

Besonders in Erinnerung geblieben ist die Fernseh-Produktion „Und er hat sein helles Licht in der Nacht..." (Redaktion: Emil Zalud). Kein Wunder. Schließlich führte Truck Branss Regie. Zudem war es der erste eigene Farbfilm vom SR (produziert von der Tochterfirma Telefilm), zu einer Zeit als das meiste noch in Schwarz-Weiß über die Sender flimmerte. Er wurde vor rund 50 Jahren in der ARD bundesweit ausgestrahlt, am Buß- und Bettag 1967.

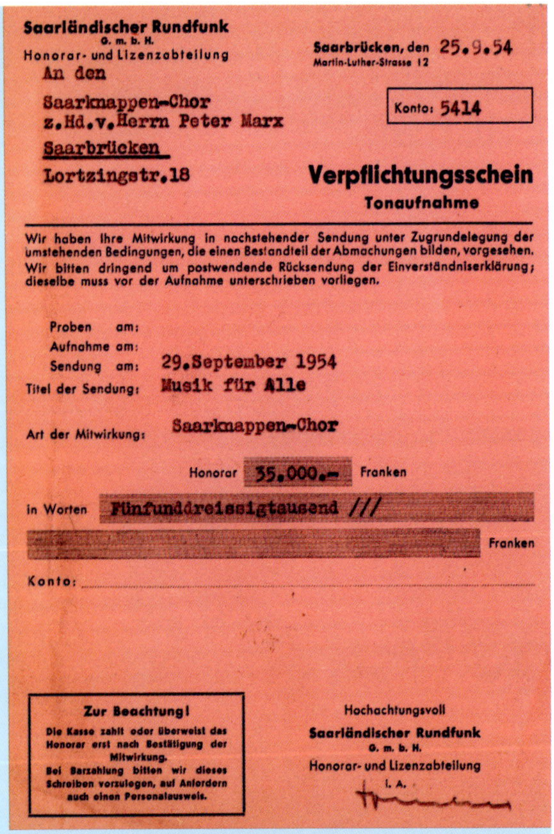
Saarländischer Rundfunk
G. m. b. H.
Honorar- und Lizenzabteilung

Saarbrücken, den 25.9.54
Martin-Luther-Strasse 12

An den
Saarknappen-Chor
z.Hd.v.Herrn Peter Marx
Saarbrücken
Lortzingstr.18

Konto: 5414

Verpflichtungsschein
Tonaufnahme

Wir haben Ihre Mitwirkung in nachstehender Sendung unter Zugrundelegung der umstehenden Bedingungen, die einen Bestandteil der Abmachungen bilden, vorgesehen. Wir bitten dringend um postwendende Rücksendung der Einverständniserklärung; dieselbe muss vor der Aufnahme unterschrieben vorliegen.

Proben am:
Aufnahme am:
Sendung am: 29.September 1954
Titel der Sendung: Musik für Alle

Art der Mitwirkung: Saarknappen-Chor

Honorar 35.000.- Franken

in Worten Fünfunddreissigtausend /// Franken

Konto:

Zur Beachtung!
Die Kasse zahlt oder überweist das Honorar erst nach Bestätigung der Mitwirkung.
Bei Barzahlung bitten wir dieses Schreiben vorzulegen, auf Anfordern auch einen Personalausweis.

Hochachtungsvoll
Saarländischer Rundfunk
G. m. b. H.
Honorar- und Lizenzabteilung
I. A.

Ältestes SR-Dokument im Chor-Archiv: ein Honorarschein von Radio Saarbrücken (über umgerechnet ca. 130 Euro). Abb.: K. Linn/SR

Beim Festkonzert zum zehnjährigen Bestehen trat der Saarknappenchor zusammen mit dem Symphonie-Orchester des SR im Großen Saal der Wartburg auf. Der Chor war 1948 unter französischer Grubenverwaltung als Werkschor gegründet worden. Peter Marx war sein erster Dirigent. Abb.: Programmheft Festkonzert/SR

Unterlagen dazu findet man allerdings nicht nur beim SR. Auch Kurt Linn (Jahrgang 1944) hat sie in seinem (natürlich selbst hergerichteten) schmucken ehemaligen Bergmannshaus in Jägersfreude schnell herausgesucht. Und das aus immerhin gut 25 Ordnern zur Chorgeschichte. Mit 15 ist Linn als Berglehrling zum ersten Mal in die Grube Jägersfreude eingefahren, hat nach einem Unfall dann Grubenbetriebselektriker gelernt. Seit 55 Jahren singt er als zweiter Bass im Saarknappenchor. „Das hat vor mir noch keiner geschafft", sagt er stolz. Und fügt wehmütig hinzu: „Und nach mir wird das wohl auch keiner mehr erreichen."

In der Chorgeschichte kennt Kurt Linn sich aus, schließlich ist er der Archivar. Ganz bestimmt weit über hundert Mal, schätzt er, ist der Saarknappenchor beim SR aufgetreten. Achtzigmal war er selbst dabei. Da blieb es nicht aus, dass die Sänger viele Mitarbeiter vom Rundfunk ganz gut kannten, egal ob Fahrer, Kameraleute, Tonmeister oder Beleuchter. Und natürlich den stimmgewaltigen „Bären" Truck Branss, der bei großen Fernseh-Produktionen fürs Erste mehrfach Regie geführt hat.

„Er war ein ganz genauer", weiß Linn noch gut. Auch beim Dreh für „Und er hat sein helles Licht in der Nacht..." (Textzeile aus dem traditionellen Bergmannslied „Glück auf, der Steiger kommt").

Schließlich vergisst man's nicht so schnell, wenn ein- und dieselbe Einstellung immer wieder gedreht wurde bis alles endlich „im Kasten" war. Und dazwischen warten, proben, warten, proben – bis es aus Bergmannssicht nach einer kleinen Ewigkeit wieder hieß „ Achtung Klappe". Da musste dann zur Förderung der Geduld schon mal so mancher Kasten Bier „beigeschafft" werden. Aber das haben die vom Rundfunk schon von allein gewusst. „Is halt unser Sender von dahemm!" Und deshalb hatten sie auch kein Problem damit. Besonders nicht, wenn – wie bei diesem Film – vor dem Gasthaus „Zur Klosterschenke" in Gräfinthal im Bliesgau gedreht wurde.

Der Film „Und er hat sein helles Licht in der Nacht..." war ein „voller Erfolg". Details vermeldet ein Zeitungsbericht: Zweieinhalb von damals 13 Millionen Fernseh-Gerä-

Dreharbeiten in Gräfinthal mit Dolly für Kamerafahrten und großem Team.

Abb.: J. Schmidt/SR

ten seien eingeschaltet gewesen. Die Zuschauerbewertung habe ein „glänzendes Ergebnis" gehabt: +6 – so wie Fußballübertragungen, Quiz und Show, die als erfolgreichste Sendungen zwischen +6 und +7 lägen.

Positive Post erreichte den Saarknappenchor aus der ganzen Bundesrepublik und der „Ostzone" (wie die ehemalige DDR damals noch genannt wurde), zum Beispiel von einem pensionierten Bergmann aus Zwickau: „eine Feierstunde". Die HörZu brachte zustimmende Leserbriefe, darunter einen von einem Zuschauer, der bereits die Kaiser-Wettstreite der Chöre miterlebt hatte – und sich durch Tonschönheit und Vortragsweise daran erinnert fühlte. Kritik gab's auch: Die Wehrdener Halde gehöre nicht zum Bergbau und sei deshalb kein geeigneter Hintergrund. Ansonsten aber wurde Regisseur Truck Branss überschwänglich dafür gelobt, wie er den Chor an verschiedenen Drehorten im Saarland ins Bild setzte.

Der Dirigent des Saarknappenchors bei dieser Produktion war der Bergmannssohn, gelernte Musiker und Musiklehrer Paul Groß (geb. am 9. Juli 1930). Ein Vierteljahrhundert hat er den bereits 1948 unter französischer Grubenverwaltung gegründeten Werkschor dirigiert, von 1965 bis 1990. In dieser Zeit, die ihn zum „Denkmal des Saarknappenchors" werden ließ (Chor-Homepage), stand der „Schiffweiler Bub" auch viele Male vor SR-Mikrofonen und Kameras.

Der Film „Und er hat sein helles Licht in der Nacht..." beginnt mit dem Lied „Glück auf, der Steiger kommt", aus dem der Titel stammt. Regie: Truck Branss, Kamera: Willi Raber, Udo Neukomm, Hans-Joachim Weber. *Abb.: SR*

Bei den Dreharbeiten in Gräfinthal, Groß ist sich da ganz sicher, wollte Regisseur Truck Branss unbedingt ein Wegekreuz im Bild haben – nur gab es das am gewünschten Ort nicht. Kein Problem. SR-Bühnenbildner mussten halt eins bauen, ganz schnell natürlich. So schnell allerdings auch wieder nicht, dass nicht gut Zeit gewesen wäre für den ein oder anderen Kasten Bier. Immerhin hatte der Chor eine Sollstärke von 50 Mann. „Der SR und der Saarknappenchor, mir ware uns änich", sagt Groß.

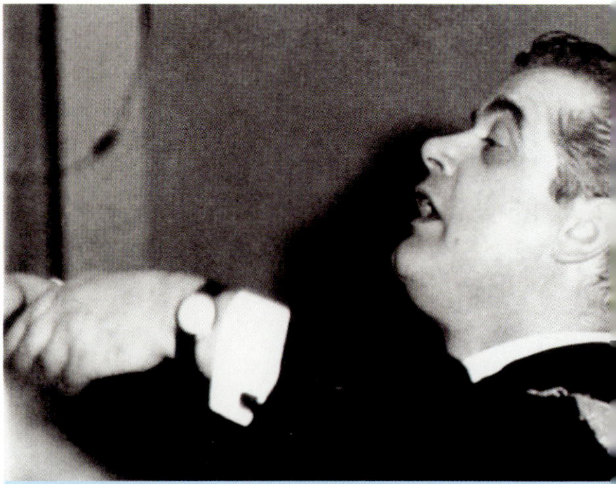

Paul Groß dirigierte den Saarknappenchor von 1965 bis 1990. Abb.: Saarknappenchor/SR

Über „seinen" Saarknapppenchor und den SR kann der Dirigent stundenlang erzählen, auch über die vielen Hörfunk-Auftritte natürlich: egal, ob bei der Berliner Funkausstellung 1975 für die „Europawelle", oder bei vielen Anlässen im Lande für die damalige „Studiowelle Saar" (jetzt: SR 2 KulturRadio) oder später die „Saarlandwelle".

„Mit dem SR und seinen Mitarbeitern standen wir auf Du", sagt Paul Groß. Nicht nur im übertragenden Sinn übrigens. Tatsächlich. Wobei ihm Christa Heimrich-Frischkorn, die viele Volksmusiksendungen sachverständig moderierte, besonders in Erinnerung geblieben ist. Sie bot ihm das „Du" mitten in einem Live-Programm an: Schließlich arbeite man ja nun schon so lange und so gut miteinander.

Der Saarknappenchor 1975 bei der Funkausstellung. Abb.: Saarknappenchor/SR

Warum das so war? Der damalige FS-Unterhaltungschef Emil Zalud (Jahrgang 1928) hat die Antwort schnell parat: „Der Saarknappenchor gehörte zu dem, was man gut vorzeigen konnte." Und überregional etwas vorzeigen aus dem Saarland, das habe der Saarländische Rundfunk stets gern getan.

Der nächste Film von Truck Branss mit dem Saarknappenchor hieß „Glückauf!", wurde 1969 u. a. an der Saarschleife gedreht. Zu Beginn wird der Dirigent Paul Groß interviewt. Kamera: Willi Raber, Hans-Joachim Weber, Klaus Kuckel. Abb.: SR

Emil Zalud, Fernseh-Unterhaltungschef beim SR. Abb.: SR

So häufig, dass der Saarknappenchor in der dritten Auflage seiner Broschüre 1969 bereits schrieb: „Selbstverständlich überträgt der Saarländische Rundfunk oft die Darbietungen des Saarknappenchors."

Für die gute Zusammenarbeit bedankte sich der Chor gern mit einer „gefahrenen" Grubenlampe, also einer, die schon Untertage im Einsatz war. So eine hätte Emil Zalud als Redakteur des Films „Und er hat sein helles Licht in der Nacht..." auch gern gehabt. Allerdings meinte der Dankesredner, dass er die ja sicherlich schon lange haben müsse. Und deshalb überreiche man ihm einen echten „getragenen" Schachthut mit weißem Federbusch. So hatte Zalud mit 89 Jahren noch immer keine Grubenlampe. Aber der Schachthut erinnert ihn bis heute an so manche erfolgreiche Produktion mit dem Saarknappenchor.

Zu Besuch bei Asterix und Obelix

Von Georg Bense

Er ist weltberühmt, der kleine Gallier Asterix: Star von über 30 langen und mehreren kurzen Comic-Geschichten. Seine „Heldentaten" können wir in zwölf Filmen miterleben. Acht davon sind Zeichentrickfilme. Während der Produktion von „Asterix erobert Rom" war der SR-Filmemacher Georg Bense 1977 in den Pariser „studios idéfix" mit seiner Kamera dabei. Für die SR-Doku-Reihe „Hinter der Kamera" wollte er mit Asterix' und Lucky Lukes Hilfe aufzeigen, wie ein Zeichentrickfilm entsteht.

SR-Filmemacher Georg Bense. *Abb.: SR*

Ein leeres weißes Blatt Papier. Eine Hand. Ein Kohlestift. Augen, die konzentriert die leere Papierfläche fixieren. Einen Mittelpunkt festlegen. Dann, ganz plötzlich, geht alles schnell. Der Kohlestift eilt über das Papier. Formen entstehen. Noch ohne erkennbaren Zusammenhang. Plötzlich dominieren Rundungen das scheinbare Linienchaos. Nehmen schließlich Gestalt an. Stellen Zusammenhänge her. Augen, eine wulstige Nase, große Ohren. Dicke Augenbrauen. Ein Gesicht. Wir alle kennen es. Auf dem Kopf ein geflügelter Helm. Vor unserer Kamera entsteht Asterix, gezeichnet von Albert Uderzo (geb. 25. April 1927). In unserem Dokumentarfilm wird diese Szene ein zentraler Punkt sein.

An diesem Morgen im Mai 1977 waren wir beizeiten unterwegs. „Wir fangen früh morgens an", hatte man uns gesagt. Also haben wir uns in aller Frühe durch den Pariser Verkehr gequält. Haben uns während der Rush-Hour in die sechser Autoreihen eingereiht, die den Triumphbogen ständig umkreisen. Waren Richtung Westen

Der Asterix-Zeichner Albert Uderzo 1977 im SR-Interview bei seiner Arbeit. Standbild aus dem SR-Dokumentarfilm von Georg Bense „Lucky Luke lernt laufen" (Kamera: Georg Bense, Trickkamera: Hans Dommermuth, Aufnahmeleitung: Uwe Fürst; Schnitt: Anne Koenig; Ton: Winfried Götzinger, Kurt Schubert; Redaktion: Dr. Peter Werner). Abb.: SR

ausgeschert und hatten die Seine überquert. Unterwegs zu Asterix, Obelix und ihren Mitkämpfern waren wir im Prominentenvorort Neuilly angekommen, wo in den „studios idéfix" die Dreharbeiten zu einem neuen Asterix-Film stattfinden sollten.

In einem Interview mit René Goscinny, dem Autor, und Albert Uderzo, dem Zeichner, nähern wir uns zum ersten Mal dem Protagonisten des neuen Films: Asterix dem Gallier, dem Helden, dem Kämpfer. Klein, frech und listig. Von überragender Intelligenz, vor allem wenn es darum geht, die alten Römer unter der Führung von Julius Cäsar auszutricksen. Vorsichtig hatten wir Albert Uderzo gefragt, ob er bereit wäre, während des Interviews zu zeichnen. Er war es – und so entstand während des Gesprächs eine Zeichnung von Asterix. „Wie alle Zeichner, die Figuren erfinden, versuche ich einen eigenen, ganz persönlichen Stil zu entwickeln. Asterix muss unverwechselbar Asterix sein und bleiben. Asterix muss sich deutlich von Lucky Luke oder Donald Duck absetzen."

Inzwischen ist Uderzo bei den Füßen und übergroßen Schuhen seiner Figur angelangt. Unaufhörlich bewegte sich der Stift. „Entscheidend für die Art und Weise, in der sich Asterix bewegt, ist die Linienführung. Sie ist bei gezeichneten Figuren ausschlaggebend für den gesamten Charakter eines Zeichentrickfilms." Uderzo lehnt sich zurück, betrachtete seinen gerade neu geborenen Asterix. Voilà!

Der ganze Vorgang hatte nicht mal zehn Minuten gedauert. Was uns freute, denn damals drehten wir noch unsere Aufnahmen auf 16-mm-Film und eine Kassette reichte immer nur für einen Take von zehn Minuten. So wie wir, ahnte auch der Zeichentrickfilm 1977 noch nichts von den umwälzenden Änderungen, die das digitale Zeitalter mit sich bringen würde und gerade im Bereich des Animationsfilms die herkömmlichen Techniken und Arbeitsweisen auf den Kopf stellen würde.

Um diese damals allein möglichen Zeichentrickfilm-Techniken kennenzulernen und zu dokumentieren, waren wir in die „studios idéfix" gekommen. „Der Zeichentrickfilm ist eine Erfindung des Franzosen Emile Reynaud, der 1888 ein Patent für ‚ein optisches Theater' angemeldet hat", erzählte Albert Uderzo. „Der erste Zeichentrickfilm der Welt wurde 1908 aufgenommen. Er hieß ‚Fantasmagorie'. Ein Kurzfilm von zwei Minuten. 2 000 Zeichnungen wurden dafür benötigt. Für unseren Asterix, der

Eine Szene aus „Asterix erobert Rom" mit dem kugeligen Obelix.

Abb.: Pressematerial „studios idéfix"

um die hundert Minuten lang werden soll, brauchen wir heute ein paar Tausend mehr."

So ist mein Dokumentarfilm „Lucky Luke lernt laufen. Ein Trickfilm entsteht" auch zu einem Stück Medienkunde im SR geworden, deren didaktische Bedeutung meine Redakteure Peter Werner und Michael Meyer schon früh erkannt hatten. In einer Zeit, in welcher der Zeichentrickfilm noch in einer Nische der europäischen Filmwelt angesiedelt war. Abgesehen von den Walt Disney Filmen mit ihren Figuren Mickey Mouse, Donald Duck und Ede Wolf, die weltweit mit Begeisterung aufgenommen wurden.

In den siebziger Jahren des vorigen Jahrhunderts nahm die Kinoberichterstattung in den Fernseh-Programmen zu. Einige Sender produzierten regionale Kinomagazine oder arbeiteten ARD-weit zusammen an einer überregionalen Kino-Berichterstattung. So auch der SR. „Hinter der Leinwand" war eine viel gesehene Sendung, die mehrmals jährlich vom SR produziert wurde. Mitte der siebziger Jahre entstand beim SR diese Idee, für das Nachmittagsprogramm der ARD eine Art Kino-Medienkunde „Wie entsteht ein Kinofilm?" zu produzieren. Ab 1977 drehte ich rund zehn Filme je 45 Minuten lang, z. B. über Stuntmen, Geräuschemacher, Kameraleute, Maskenbildner. So also kam ich in die Pariser Trickfilmstudios.

Zeichner Albert Uderzo (l.) und Autor René Goscinny am Tricktisch in den „studios idéfix".
Abb.: Pressematerial „studios idéfix"

Von außen sahen die „studios idéfix" aus wie ein normales Wohnhaus. Kein Kinoflair. Kein Starkult. Doch hinter der Eingangstür – ein treppauf, treppab, ein hin und her, von Zeichnern und Animatoren, von Folien- und Hintergrundmalern, Trick-Kameraleuten, Regie- und Produktionsassistenten. Damals arbeiteten über 200 Leute an dem ersten Asterix-Film, der nicht nach einem der zahlreich erschienenen Comicbände gedreht wurde. Für „Les 12 Travaux d'Astérix" (in Deutschland „Asterix erobert Rom") hatte René Goscinny, Erfinder und Autor der Asterix-Figur, ein eigenes Drehbuch geschrieben.

Während des Interviews mit Uderzo hört der Asterix-Vater Goscinny schweigend zu und beobachtet aufmerksam die Hand des Zeichners. „Ich arbeite genau wie die Spielfilmregisseure mit ihren Schauspielern", sagte er, während Uderzo sich ein neues Papier zurechtlegt, leer natürlich und erneut sein Spiel mit Linien und Formen beginnt. „Dort entscheidet auch der Regisseur, ob der Schauspieler gut oder schlecht spielt. Meine Darsteller sind gezeichnete Figuren, deren Kopf-, Arm- und Beinbewegungen auf Hunderten von durchsichtigen Folien festgelegt sind. Und auch ich überprüfe dann, bewegt sich Asterix zu plump, zu schnell, zu langsam? Stimmt sein Gesichtsausdruck? Gerade der ist besonders wichtig, denn er muss ausdrücken, was das Drehbuch vorschreibt.

Das Logo der „studios idéfix". „Delirant isti Romani" heißt übersetzt: „Die spinnen, die Römer".
Abb.: Pressematerial „studios idéfix"

„Wenn mir ein Blick oder eine Bewegung nicht gefällt, kann ich nicht einfach sagen noch einmal bitte. Dann müssen unter Umständen viele Zeichnungen geändert und neu aufgenommen werden."

Ein Blick zur Seite. „Voilà!" Wieder hatte sich Albert Uderzo zurückgelehnt und betrachtete Asterix – nein Obelix. Dickbauchig schaut der massige Kerl mit den Zöpfen zufrieden auf seine erhobene rechte Hand, in der klein und kläffig Idefix, der Foxterrier der beiden gallischen Helden, neugierig auf sein Herrchen schaut. Voilà. Unser Interview ist beendet. „Sie können überall hin, drehen Sie wo Sie wollen, Sie sind herzlich willkommen."

Wir haben die Chance genutzt und viel über den Zeichentrickfilm und seine Entstehung erfahren. Heute ist unser Film ein Dokument der Filmgeschichte, wie der

Stummfilm, der 16-mm-Film und der Magnet- oder Lichtton. Ebenso die Kinowochenschau. Kinoprojektionen werden von einem Satelliten in die Filmpaläste abgestrahlt. Vielleicht tauchen dann auch Asterix und Obelix am digitalen Kinohimmel auf. Natürlich im 3-D-Format. Die „studios idéfix" werden diese Zeiten nicht mehr erleben. Sie wurden 1978 wegen schlechter Auftragslage geschlossen. Ihr Gründer René Goscinny starb 1977, kurz nach unseren Dreharbeiten.

Wie der Globetrotter-König Mr. Rox zum SR kam

Von Christl Ohnesorg / Mitarbeit: Axel Buchholz

Auf seinen abenteuerlichen Weltreisen in Afrika, Asien, Nord- und Südamerika sammelte er Erlebnisse satt. Drei Bücher schrieb er darüber. Für lange Reisefilme drehte er dabei die Bilder. „Die Zeit" nannte ihn den „letzten Weltwanderer". Der „Spiegel" befand, dass er zu Recht zum „König der Globetrotter" ernannt worden sei. Saarbrücken aber wurde für Heinz Rox-Schulz (23. März 1921 – 26. März 2004) zur Heimat. Und der SR zu „seinem" Sender. Wie das kam, erzählt die Fernseh-Cutterin Christl Ohnesorg.

Heinz Rox-Schulz (r.) als Akrobat und Fred Ohnesorg (l.) 1958 im FS-Studio in Montevideo/Uruguay.
Abb.: H. Rox-Schulz/SR

Es war im Frühjahr 1962, als Heinz Rox-Schulz plötzlich im Hof des „Pferdestalls" stand, des ersten provisorischen Fernseh-Gebäudes des SR. Er trug einen auffällig langen schwarzen Ledermantel und jeder fragte sich: Wer ist denn das? Rox war da gerade von seiner fünfjährigen Reise durch weite Teile Südamerikas zurück. Und längst ein bekannter Reisender in Sachen Abenteuer.

Mein späterer Mann, Kameramann Fred Ohnesorg, lernte Rox schon 1955 bei TELESAAR kennen. Fred war bei dem ersten (privaten) Fernsehsender an der Saar Kameramann, Rox trat dort mehrmals als Akrobat auf und erzählte in der Sendung „Tele-Varieté" von seinen Erlebnissen. Aus dem guten persönlichen Kontakt zwischen beiden wurde eine lebenslange Freundschaft, die bald auch mich einbezog.

Im selben Jahr 1955 hatte Rox auch einen Auftritt im „Tele-Varieté", einer gleichnamigen Großveranstaltung im Saarbrücker Johannishof. Sogar der Botschafter Frankreichs an der Saar, Gilbert Grandval, lud ihn mit seinen akrobatischen Künsten zu einer gesellschaftlichen Veranstaltung in seine Residenz auf Schloss Halberg ein. Es war ein Auftritt, von dem noch Jahre später der Hausmeister Erwin Hartenberger begeistert erzählte. Und für Rox war es der erste Besuch auf dem Halberg, der später Sitz seines Arbeitgebers Saarländischer Rundfunk wurde.

Heinz Rox-Schulz erzählte gern, zumal wenn er mit Freunden zusammensaß. So erfuhren wir eine Menge auch über seine Jugend in Königsberg, der Hauptstadt Ostpreußens, die heute Kaliningrad heißt. Dort wurde er am 23. März 1921 geboren und wuchs zusammen mit der zwei Jahre jüngeren Schwester Ilse in „gesunder Armut" in einer Handwerkerfamilie in „wundervoller Nestwärme" auf. Der Vater war Schreiner. So lernte auch Heinz ein Handwerk. Er wurde Spitzendreher, ein feinmechanischer Beruf.

Aber viel mehr als darüber erzählte Rox über die vielen Stunden, die er staunend im Hafen der Ostseestadt verbrachte. Die Menschen, Schiffe und exotischen Waren von überall her - das faszinierte ihn, das beflügelte seine Fantasie. Und zusammen mit den Büchern von Karl May („mein Brandstifter") war es das wohl auch, was ihn später diese geheimnisvolle Welt jenseits der Meere erkunden ließ, was später aus Heinz den Globetrotter „Mr. Rox" werden ließ.

Heinz Rox-Schulz (79) erzählt Moderatorin Marie-Elisabeth Denzer im SR-Studio über seine Jugend („Sellemols" vom 14. Januar 2000). *Abb.: SR*

Heinz Rox-Schulz: einarmiger Handstand auf dem Reisekoffer bei den Indios in Paraguay.
Abb.: H. Rox-Schulz/SR

Daneben begeisterte sich der junge Königsberger für die Akrobaten im Zirkus und den Sport, spielte Eishockey, segelte Regatten, war Rettungsschwimmer, wurde ostpreußischer Jugendmeister im Boxen und turnte. Das vor allem. Bei den deutschen Jugendmeisterschaften im Geräteturnen sicherte er sich 1938 einen Platz in der Olympiamannschaft für 1940. Mit dem Krieg ab 1939 platzten diese Träume. Rox wurde Soldat, Bordfunker bei der „Flugsicherung See", war auch in Russland eingesetzt. Dort unterhielt er einmal verwundete deutsche Soldaten mit einer Doppel-Reck-Nummer. Eingeübt hatte er sie zusammen mit einem anderen Soldaten: Helmut Bantz, 1942 schon deutscher Turnmeister und 1956 Olympiasieger im Pferdsprung.

Dann aber, nach der „Zweiten Weltdummheit" (wie der Pazifist Rox den Krieg stets nur nannte), wurde aus dem Turner langsam der Akrobat. Das war in englischer Kriegsgefangenschaft in Belgien. Da gab er kleine Vorstellungen mit akrobatischen Kunststücken für seine Mitgefangenen. „Lagerzirkus", wenn man so will. In Gefangenschaft legte er sich auch bereits seinen Künstlernamen „Rox" zu, inspiriert durch den Markennamen XOX auf einer englischen Keksdose.

Heinz Rox-Schulz mit einer Indio-Frau.
Abb.: H. Rox-Schulz/SR

Wieder in Freiheit, knüpfte er daran an, wurde 1947 Deutscher Meister im Kunstkraftsport, trat auf, wo immer er eine Chance bekam. Mal beim Zirkus, mal in amerikanischen oder englischen Soldaten-Clubs oder auf kleinen Bühnen. Mit seiner „akrobatischen Exzentrik-Komödie", wie er sein Programm nannte, tingelte er durch Westdeutschland. Seine Glanznummer war ein einarmiger Handstand - auf zwei Weinflaschen Hals auf Hals übereinander gestellt. Und dann sein „Gummi-Tanz". Ganz habe ich den zwar nie gesehen - aber einzelne Übungen daraus hat er in Saarbrücken oft vorgeführt. Er kam mir dabei vor wie ein Gummiball - unglaublich, wie geschmeidig er sich in alle möglichen, oder eher unmöglichen Stellungen verbiegen konnte.

Zwei Jugendleidenschaften hatte Rox also gleich nach dem Krieg zu seinem Beruf gemacht: Das Turnen und den Zirkus. Ab 1950 kam die dritte hinzu. Da wurde aus dem Akrobaten Rox der weltreisende Akrobat Rox. Es ergab sich einfach so. Ein Foto von seinem einarmigen Handstand in einer Kölner Illustrierten brachte ihm ein Engagement ins Madrider Varieté „Salon Fontoria" ein. Von da ging's weiter durch Spanien, dann nach Afrika und Asien. Die Methode: immer wieder Auftritte, um die Reisekasse aufzufüllen, und dann „Ausflüge", um auch die entlegensten Ecken der jeweiligen Länder zu „erfahren" - oder oft auch zu erlaufen. Nicht selten war dabei die Reisekasse völlig leer und der Hunger groß. Alle möglichen Jobs mussten dann her. An Flugreisen war schon gar nicht zu denken, längst nicht immer an bezahlbare Schiffspassagen. Da verdingte sich Rox dann als Seemann, Hilfssteward oder als Kohlenschaufler.

Freilich hatte er auch lukrative Vorstellungen in großen Hotels oder vor reichen Leuten der englischen Kolonial-Schickeria und indischen Maharadschas. Und manchmal wurde viel in der Presse über ihn berichtet, wie nach dem spektakulären einarmigen Handstand auf dem alles überragenden Dachturm des Capitol-Theaters in Singapur.

Aus dem globetrottenden Akrobaten war inzwischen zusätzlich ein „Kameramann" geworden. Das kam so: In Indien hatte er als Stuntman und Double gut Geld verdient. Damit kaufte er sich eine 16-mm-Bolex-Schmalfilmkamera mit Federwerk – und drehte einfach drauf los. Ohne jede Vorbildung, aber mit viel Begeisterung. Allerdings war er schon seit langem ein ausgezeichneter Fotograf mit gutem Blick für das Wesentliche.

Die erste große Weltreise von Mr. Rox – wie er dort hieß, wo englisch gesprochen wurde – war 1955 zu Ende. Alles, was er an Exotisch-Interessantem auf Farbfilm mit nach Hause gebracht hatte, verkaufte er unbearbeitet (und recht billig) an die PALME-Film in Berlin. Geschnitten, vertont und auf 35 mm „aufgeblasen", kam der Film als „Indische Rhapsodie" 1955 sehr erfolgreich in die Kinos. Prädikat: „kulturell wertvoll" und „jugendfördernd".

„Himmel und Hölle Indien", erschienen 1957 bei C. Bertelsmann, das zweite Buch von Heinz Rox-Schulz.

Ein Jahr später erschien sein erstes Buch „Die Abenteuer des Mister Rox. Ohne Geld um die Welt", 1957 sein zweites: „Himmel und Hölle Indien". Zahlreiche Dia-Vorträge und eine Serie in der „Frankfurter Illustrierten" machten ihn zusätzlich bekannt.

Noch 1957 brach Rox zu seiner zweiten „Extrem-Reise" auf, wieder für rund fünf Jahre. Diesmal mit einem VW-Kastenwagen aus dritter Hand und einem Klepper-Faltboot. Fast alle südamerikanischen Länder bereiste er, von Feuerland im Süden des Kontinents bis Curaçao in der Karibik. Länger blieb er bei den Indios tief im Regenwald des Amazonas. Die Jivaro-Kopfjäger in Ecuador schenkten ihm zum Abschied einen echten Schrumpfkopf – den Rox dankend annahm. Seinen eigenen wusste der immer vor- und umsichtige Weltreisende stets vor einem ähnlichen Schicksal zu bewahren.

Heinz Rox-Schulz, hier 1959 vor seinem VW-Transporter mit dem deutschstämmigen Staatspräsidenten von Paraguay, dem Diktator Alfredo Strössner (l).
Abb.: H. Rox-Schulz/SR

Immer in Kontakt, persönlich und beruflich: Fred Ohnesorg und Heinz Rox-Schulz. *Abb.: SR*

Gut ein Jahr lang hatte er 1958/1959 einen Begleiter und Helfer aus Saarbrücken: den Kameramann Fred Ohnesorg. In Argentinien, Uruguay, Paraguay und auch Südbrasilien waren sie gemeinsam unterwegs. Fred Ohnesorg drehte viel und genoss die Freiheit eines Globetrotters. Rox lernte dadurch, professioneller mit der Kamera umzugehen – vor allem, die Gummilinse gezielter einzusetzen.

Als Rox dann 1962 beim Fernsehen des Saarländischen Rundfunks auftauchte, war das also kein Zufall. Fred Ohnesorg, inzwischen SR-Chefkameramann, hatte ihn Karl-Heinz Reintgen empfohlen, damals Hauptabteilungsleiter FS-Zeitgeschehen (später Chefredakteur und bimedialer Direktor Aktuelles).

Der SR, der noch nicht einmal seit zwei Jahren eigene Fernseh-Sendungen produzierte, suchte händeringend interessante Mitarbeiter fürs Programm. Rox kam also gerade zur rechten Zeit. Von seiner Südamerika-Reise hatte er Tausende Meter belichtetes Filmmaterial mitgebracht und sondierte nun, wer ihm wo ein gutes Ankaufsangebot machen würde. Auch zum SR-Hörfunk nahm er Kontakte auf, vor allem zu Heinrich Kalbfuss, dem damaligen Leiter der Abteilung Schul-, Jugend- und Kinderfunk.

Reintgen interessierte sich für die Bilder aus Südamerika und bot ihm außerdem an, für das aktuelle Fernsehen als Reporter zu arbeiten – was Rox dann auch zwölf

Jahre lang tat. Redaktionsleiter Klaus Flätgen nahm ihn als erster redaktionell wohlwollend unter seine Fittiche, später Redakteur Dr. Adolf Müller.

Auf seinen Reisen hatte sich Rox höchstens von seinem Hund „Barry" begleiten lassen – das allerdings bis zurück nach Deutschland. Dem Einzelgänger fiel es nun schwer, plötzlich auch am Schreibtisch und in einem Fernseh-Team zu arbeiten. Reintgen erklärte ihn deshalb kurzerhand zum „Kamera-Reporter", ließ ihn also multifunktional arbeiten: als Reporter, der allein drehte, für den Ton und auch für das Licht sorgte. Jetzt war er unabhängig von anderen, wirklich frei, Tag und Nacht einsatzbereit.

Dadurch wurde Rox zum Vorreiter für weitere Kamera-Reporter damals beim SR und auch „Urahn" für die jetzt häufig eingesetzten Video-Reporter. Gelegentlich waren seine Beiträge recht ungewöhnlich, oft skurril und abenteuerlich – halt so wie er selbst auch war. Der älteste von ihm bewahrte Film im SR-Fernseh-Archiv wurde am 4. April 1962 in der Abendschau gesendet, dem Vorgänger der heutigen Regionalsendung „aktueller bericht". Thema: „Besuch in einem Hundebad". Dann stellte Rox saarländische Schwimmbäder vor, berichtete über „gefährliche Freundschaft mit Tieren" oder „Löwen an der Leine".

Auch über das Loire-Schloss Chambord machte er einen Film – ganz ohne die eigentlich dafür aus Paris erforderliche Drehgenehmigung. Das Personal ließ den freundlichen und lustigen Mann einfach ins Schloss und vergaß ihn dort eine ganze französische Mittagspause lang. So blieb ihm viel Zeit zum Drehen, bis am Nachmittag wieder aufgeschlossen wurde. Typisch für den herzlichen Rox, der die Menschen liebte – also liebten sie ihn auch. Und ließen ihn meist machen.

Heinz Rox-Schulz, hier 1977 als Kamera-Reporter beim großen Ritt durch die USA.

Abb.: H. Rox-Schulz/SR

„Haus Rehwinkel": das „Abenteuer vor der Haustür" des großen Abenteurers Heinz Rox-Schulz. *Abb.: R. Schmitt/SR*

Kameramann Fred Ohnesorg und „Mr. Rox" im Saarbrücker Abenteuer-Museum. *Abb.: SR*

Neben dieser Arbeit fürs aktuelle Regionalfernsehen entstanden nach und nach die langen Reiseberichte, die der SR in die ARD und ins gemeinsame Dritte von SR, SWF und SDR zulieferte. Der erste noch im SR-Archiv vorhandene trägt den Titel „Loco Gringo" und wurde 1971 in Südwest 3/Saarland ausgestrahlt. Für die Filme reiste er erneut in die Welt, für „Hello Burunni" 1971 nach Afrika zu den Ashantis oder für „Maharadschas ohne Macht" 1973 nach Indien. Es waren Produktionen auf eigenes Risiko. Die Senderechte verkaufte er erst dem SR und dann auch anderen Sendern.

Als die Fernseh-Aufträge weniger wurden und das Abenteurerleben beschwerlicher, begann Rox seine dritte Karriere: als Direktor des Saarbrücker Abenteuer-Museums. Da zeigte er dann all seine Erinnerungsstücke von den vielen Reisen, wie die Rikscha, die er in Asien selbst gezogen hatte, den „Schrumpfkopf" vom Amazonas, die Kornmumie oder die versilberte tibetische Hirnschale (ein Kultgegenstand, der inzwischen dem Dalai Lama übergeben wurde). Und da besuchten ihn bekannte Globetrotter wie Rüdiger Nehberg, Werner Freund oder Sahara-Willy. Zu anderen, die er irgendwo in der Welt getroffen hatte – wie dem Fahrradreisenden Werner Helfgen oder die Motorradreisenden aus Pirmasens Dr. Gustav Pfirrmann und Oss (vom Gesangsduo Hein & Oss Kröher) – hielt er ebenfalls Kontakt. Auf diese Weise wurde Saarbrücken eine Zeitlang fast so etwas wie die heimliche deutsche Globetrotter-Hauptstadt.

Die Museumsräume hatte Rox für die Stadt Saarbrücken bestückt. Für seine Exponate zahlte sie ihm eine Leibrente. Viel Zeit verbrachte er inzwischen in seinem einsam gelegenen Wochenendhäuschen „Haus Rehwinkel". Drei Ziegen und zwei Esel waren dort seine ständigen Begleiter – häufig auch auf dem Saarbrücker Wochenmarkt, wenn er für neues Futter sorgte. Es waren zwar kleine Abenteuer vor der Haustür geworden, die der „König der Globetrotter" nun erlebte – aber ganz ohne Abenteuer konnte und wollte er nicht leben.

Mr. Rox: Akrobat, Globetrotter, Abenteurer, Buch-Autor, Fernseh-Journalist beim SR, Fotograf, Filmemacher, Museumsdirektor. *Abb.: H. Rox-Schulz/SR*

Heinz Rox-Schulz mit (v. l.) dem Leiter des saarländischen Wolfsparks in Merzig, Werner Freund, und dem Sahara-Globetrotter „Sahara-Willy"(Janssen). *Abb.: F. Ohnesorg/SR*

Als Heinz Rox-Schulz kurz nach seinem 83. Geburtstag am 26. März 2004 starb, zählte ihn SR-Filmemacher Georg Bense in einem Nachruf in der Saarbrücker Zeitung „zu den Ikonen der SR-Fernsehmacher der ersten Stunde". Im Oktober 2004 schloss das Abenteuer-Museum, sieben Monate nach dem Tod von Heinz Rox-Schulz. Bis heute wurde es nicht wieder eröffnet, obwohl es viele Freunde des Abenteuer-Museums gibt, die sich dafür einsetzen und die Erinnerung an den „König der Globetrotter" pflegen.

„Und dann kam ich mit meiner Balalaika“: Anekdoten aus den Anfängen des SR Fernsehens

Von Gertrud Ecker

In den Pioniertagen des saarländischen Fernsehens musste viel improvisiert werden. Dabei geschah auch so manches Lustige. Gertrud Ecker, als erste SR-Bildmischerin seit 1961 im „Pferdestall-Studio“ mit dabei, erinnert sich gern daran, dass es trotz aller Arbeit auch viel zu lachen gab.

In einer der aktuellen Sendungen sollte einmal ein Mädchen, etwa zehn Jahre alt, vorgestellt werden. Sie kam aus der DDR, dem Osten wie wir sagten, und verbrachte ihre Ferien zum „Hochpäppeln“ in einer saarländischen Familie. Vor dem Mauerbau gab es das häufiger. Wir machten zuerst einen Probedurchlauf. Bis zur Sendung war danach noch Zeit. Da erbot sich Truck Branss, unser Regisseur mit Drive, das Mädchen mit seinem schicken Auto herumzufahren. Als er sehr sportlich auf dem Platz vor dem „Pferdestall“, unserem Studio-Gebäude, wieder ankam, konnte er nicht rechtzeitig bremsen und fuhr unsanft gegen die Hauswand. Was mehr Eindruck auf die junge Dame gemacht hat, blieb unklar: der schnelle Westwagen oder die Fahrkünste des Regisseurs. Sendungen hat Branss aber selten „vor die Wand gefahren“.

Was mir aus der Anfangszeit auch noch in Erinnerung ist, sind seltsame Erlebnisse mit Praktikanten der Regisseure Truck Branss und Peter Ehmke. Viele kamen aus „Entwicklungsländern“, wie es damals hieß. So neu wie für sie das Fernsehen gewesen sein mag, so sehr mussten wir uns manchmal an ihre aus der Heimat mitgebrachten Gewohnheiten gewöhnen.

Da war z. B. ein junger Marokkaner. Er hatte die Stoßstange seines Autos verbogen. Um den Schaden zu beheben, fuhr er gezielt gegen die Mauer des Pferdestalls. Ein

Die erste SR-Bildmischerin Gertrud Ecker in der Bildregie des „Pferdestall-Studios" (nach 1961). Dahinter Fernseh-Tontechniker Elmar Solzbacher. *Abb.: SR*

Afrikaner namens Z. sollte im Kongo das Fernsehen aufbauen und bei uns dafür etwas lernen. Was das Improvisieren anging, konnte er das bestimmt. Aber auch was sein Frauenbild betraf. Ich saß in einer Livesendung am Regietisch und sorgte dafür, dass die richtigen Bilder über den Sender gingen. Da forderte er mich plötzlich auf, für ihn eine Tasse Kaffee zu besorgen. Da waren wir beide sehr erstaunt. Ich über diese Aufforderung und er darüber, dass ich ihr nicht folgte.

Nicht nur unsere Sprecher und Fernseh-Reporter wurden damals schnell bekannt im Saarland. Auch Regisseur Truck Branss hatte seine Fans. Einer von ihnen, ein Herr K. pflegte ihn sogar öffentlich nachzuahmen. In einem Saarbrücker Kino rief er lauthals, während der Film lief: „Schnitt, Schnitt!"

Eines Morgens kam ich etwas zu früh ins „Pferdestall-Studio". Da war ein Kameramann gerade dabei, seine aufgehängten Hemden mit einigen Scheinwerfern zu trocknen.

Was man heute Teleprompter (ein Lesegerät für Moderatoren) nennt, gab es früher auch schon, nur etwas einfacher. Es war eine große Schiefertafel, auf die der Text mit Hand geschrieben wurde. Diese Tafel wurde damals mit „Neger" bezeichnet. Bei einer Fernseh-Aufzeichnung konnte eine Schlagersängerin ihren Text beim Playback-Singen nicht. Truck Branss rief vom Regieraum über Lautsprecher: „Stellt bitte den Neger neben die Kamera 2." Da bei dieser Aufzeichnung ein afrikanischer Student einer der Kabelhelfer war, forderte einer seiner Kollegen ihn auf, sich neben die Kamera 2 zu stellen. So lernten der Kabelhelfer und der Student, was man beim Film und Fernsehen als „Neger" bezeichnete. Das Wort „Neger" übrigens war damals - bei uns jedenfalls - durchaus üblich und wurde noch nicht als diskriminierend empfunden.

Nach der aktuellen Sendung kam bis zur Tagesschau immer Werbung. Da Redakteure die vorgegebenen Längen nicht genau einhielten, wurde die Zeit für die Werbung manchmal sehr knapp. Einmal lief ein Film mit dem Gefangenenchor aus der Verdi-Oper Nabucco, als Bernd Stenger vom Werbefunk (verantwortlich dafür, dass die Werbespots ungekürzt gesendet wurden) lautstark rief: „Schluss machen, Schluss machen". Das Ergebnis war, dass ich in den Nachhall des Chores den Werbeblock startete. Und der begann mit dem Satz „Und jetzt ein Glas Milch".

In einem Fernseh-Spiel klappte eine Szene mit dem Text „Und dann kam ich mit meiner Balalaika" nicht. Zuerst hatte der Schauspieler einen Hänger, dann fiel ein Scheinwerfer aus, beim nächsten Versuch kam ein Kabelhelfer ins Bild, danach war

Was heute Teleprompter sind, waren in den Fernsehanfängen Texttafeln als Lesehilfen.
Abb.: SR

Wozu früher Texttafeln dienten, leisten heute Teleprompter. Vor dem Kameraobjektiv angebracht, zeigen sie den Moderatoren ihre Texte. *Abb.: SR*

der Ton nicht in Ordnung. Diese Passage gelang einfach nicht. Wir verloren viel Zeit, bis diese Szene im Kasten war. „Und dann kam ich mit meiner Balalaika" wurde bei uns zu einem geflügelten Wort, wenn bei Aufzeichnungen eine Schwierigkeit auftrat.

„Wer ist in der Dusche, verhält sich mucksmäuschenstill und kommt nicht raus?" Diese Frage stellten wir uns, als wir einmal früher als gewöhnlich mit einer Aufzeichnung begannen. Der Duschraum befand sich im Bereich der Maskenbildnerin. Als die Maskenbildnerin ihren Raum betrat, hörte sie in der Dusche Wasser laufen. Als sie fragte, wer da sei, erhielt sie keine Antwort. Hinter der abgeschlossenen Tür war es plötzlich ganz still. Das sprach sich bei uns sehr schnell herum, viele Leute versammelten sich neugierig im Maskenraum, laut wurde gerätselt, wer das wohl sei. Einige mutmaßten, es sei einer der Direktoren. Da wir aber mit der Arbeit beginnen mussten, konnte niemand auf dem Beobachtungsposten bleiben. Daher wurde das Rätsel nie gelöst.

„Ich höre, dass Ihr zuschaut", rügte einmal ein Regieassistent, als er ein leichtes Summen hörte. Es wurde gerade eine Schlafzimmerszene gedreht, und auf Wunsch der Schauspieler durften nur wenige Personen dabei sein. Einige Mitarbeiter versammelten sich jedoch in dem Raum der Tonregie. Von dort bediente jemand die kleine Kamera, die eigentlich (nur) dem Toningenieur dafür dienen sollte, per (leicht summender) Fernsteuerung die Position (nur) der Mikrofone zu kontrollieren.

Toningenieur Blattner und der „Riesenkuchen"

Von Axel Buchholz

Peter Blattner war einer der Toningenieure, die schon bei Radio Saarbrücken (wie der Vorgängersender des SR bis 1957 meist genannt wurde, obwohl er zuletzt offiziell schon Saarländischer Rundfunk GmbH hieß) ihr Handwerk lernten. Und er war zugleich einer der ersten, die dort überhaupt ausgebildet wurden. Als Blattner 1954 in der Wartburg, dem ehemaligen Funkhaus in der Saarbrücker Martin-Luther-Straße, seinen Dienst antrat, war er gerade mal 14 Jahre alt.

Tontechniker Peter Blattner in einem alten Wartburg-Studio. Abb.: P. Blattner/SR

„Dienstbeginn war morgens um 7 Uhr", erzählt er. Der Lehrberuf hieß damals noch Rundfunkmechaniker. „Wir lernten also nicht nur, wie die Technik im Studio funktionierte und zu bedienen war, sondern auch, wie Radios repariert wurden. „Da waren sogar noch Volksempfänger dabei." Drei Jahre dauerte die Lehre, einmal in der Woche war Berufsschule.

Der Werkstattmeister hieß Ludwig Reeb. Dessen Sohn Günther war der erste Lehrling. Er ging später zum ZDF. Der zweite Lehrling, Dietrich Münz, wechselte ebenfalls später zum ZDF und bekam dort eine leitende Funktion im Messdienst. Beide hatten ihre Lehrzeit bei Radio Saarbrücken als Beste im Saarland abgeschlossen. „Uns wurde auch nichts geschenkt. Wenn mal was nicht klappte, dann wurde schon mal mit einer Ohrfeige gedroht", hat Blattner noch gut im Gedächtnis. Der für die Rundfunkmechaniker zuständige Meister war Norbert Dillschneider, der Abteilungsleiter Messdienst war Ingenieur Herrmann Elstner. Einer der sehr erfahrenen Ingenieure hieß Karl Korn. Er war zuvor beim Reichssender Saarbrücken Chefingenieur gewesen. „Diese Vergangenheit bei dem von den Nazis gegründeten Reichssender ließ man ihn manchmal spüren", erinnert sich Peter Blattner, der das als ungerecht empfand.

Dass Peter Blattner eine Lehre beim Radio angefangen hat, war kein Zufall. Sein Vater Hans arbeitete dort auch, wohl ab 1949 als Garagenmeister und seit 1951 in der Betriebsabteilung Technik. Und der hatte ihm geraten: „Geh Du mal da auch hin." Ein guter Rat sei's gewesen, meint Peter Blattner. Dafür sei er seinem Vater heute noch dankbar. Der wurde ab ca. 1960 dann mit dem Umzug auf den Halberg Personalchef. Ursprünglich war er Berufsoffizier gewesen und bis 1947 in russischer Kriegsgefangenschaft. Es habe einige ehemalige Berufssoldaten damals in der Belegschaft gegeben, hat Peter Blattner etwas zwiespältig in Erinnerung behalten. „Manchmal merkte man das durchaus am Ton."

Auch „französischen Einfluss" hat Blattner (geboren 1940) als junger Techniker bei Radio Saarbrücken durchaus verspürt. Den bemerkte er allerdings hauptsächlich aus Richtung der Sekretärin des Generaldirektors. Sie trug einen klassischen deutschen Namen und stammte wohl aus dem grenznahen Frankreich. „Madame M. war leidenschaftliche Mit-Chefin und gab gern auch meinen Technik-Vorgesetzten ihre Anweisungen." Dass „Franzosenzeit" war, wusste man natürlich ohnehin auch in der Technik. Einmal sei eine „deutsche Hymne" in den Sendungskasten geraten und versehentlich gesendet worden. Welche das war, weiß Peter Blattner nicht mehr – wohl aber, dass alle Angst vor Folgen gehabt hätten. Die aber blieben aus.

Aus der Garage war bekannt, dass der französische Generaldirektor Frédéric Billmann „für seine Geschäfte" regelmäßig nach Paris fuhr. Einmal sei der bei der Rückkehr etwas ungeschickt in die Garage gefahren. Nun kannte fast jeder seinen 17er Citroen mit hinten zwei gegenüberliegenden Sitzbänken, aber „Abbes" , das „ Original" der Garage, erkannte ihn nicht gleich und blaffte laut: „ Mensch, Du Arschloch, kannste nich mal richtig autofahre!" Sein oberster Chef blieb gelassen: „Ach Du bist's, Abbes!" Womit auch gleich etwas über das Arbeitsklima in der großen Radio-Saarbrücken-Familie gesagt ist.

Es gab im Sender einen Hund, so bekannt wie der sprichwörtliche bunte. Der gehörte „Abbes", dem Original und Faktotum in der Garage. „Struppi" war von undefinierbarer Abstammung und rundum beliebt. Besonders bei Herrchen „Abbes". Wenn der vormittags Weck mit einem halben Ring Lyoner kaufen ging, bekam der Hund die Lyoner, hieß es. Ansonsten lebte „Struppi" auf Senderkosten. Er war der einzige Hund mit eigener Essensmarke im Saarland - und wahrscheinlich weit darüber hinaus.

„Struppi" war allerdings nicht das einzige Tier in der Wartburg. Die anderen waren wesentlich weniger beliebt - ja von manchen Damen in der Belegschaft sogar richtig gefürchtet. Obwohl sie niemanden wirklich gefährden konnten, die offenbar zahlreichen kleinen Mäuse. Tontechnikerin Marlies „Ma" Mathis hat sie noch nach Jahrzehnten präsent im Gedächtnis: Ja, es seien wirklich viele gewesen. Wo sie doch so Angst vor Mäusen hat(te). So sehr, dass sie sich einmal sogar auf einen Hocker flüchtete - bis ein mitleidiger Kollege das Untier mutig vertrieben hatte.

Nicht alle Kollegen hätten sich aber von ihrer netten Seite gezeigt - im Gegenteil. Zu Tode erschrocken sei sie einmal gewesen, als sie morgens ihren Frühdienst antrat. Da lagen doch in einer Schale drei tote Mäuse - und zwar genau dort, wo sie im Sendestudio 8 ihre Handtasche abzulegen pflegte. Der ‚liebe Kollege' hatte Spätdienst gehabt und danach, wie damals üblich, in einem Ruheraum übernachtet, um dann gleich die Morgenschicht anzuschließen. Und nachts so ganz allein im Funkhaus war es dem Mäusejäger wohl etwas langweilig geworden...

Ab 1946 Funkhaus von Radio Saarbrücken: das frühere evangelische Gemeindehaus „Wartburg" (hier von der Rückseite aufgenommen). *Abb.: SR*

Tontechniker Peter Blattner in einem Tonregie-Raum. *Abb.: P. Blattner/SR*

Selbst der spätere Nobelpreisträger Günther Grass war ein Mäuseopfer geworden. Er habe, erzählte Literatur-Redakteur Fred Oberhauser, im Studio über dem großen Sendesaal (ca. 1958) einen seiner Texte gelesen. Danach monierte er dann bei Oberhauser, dass es irgendwo im Studio „geraschelt" hätte. Die Erklärung, dafür seien sicher die zahlreichen Wartburg-Mäuse verantwortlich zu machen, scheint ihn dann aber versöhnlich gestimmt zu haben. Jedenfalls fragte Grass bei späteren Besuchen stets, wie es denn den Mäusen ginge! Der Schriftsteller machte auf seinen Reisen nach Paris gerne Zwischenstopps in Saarbrücken.

Peter Blattner durfte nach seiner Lehre, dann schon beim Saarländischen Rundfunk und zum „Hilfstontechniker" befördert, auch stolz den weißen Technikerkittel tragen, der obligatorisch war. Er arbeitete zuerst als Assistent des Tontechnikers Eduard „Eddy" Kramer, danach assistierte er dann dem Sendetechniker Kurt Ball. Er musste cutten (Tonbänder schneiden) und während der Produktionen und in den Live-Sendungen Bänder und Platten auflegen. Den Ton zeichnete man damals natürlich noch auf Band auf. Die Gestelle für die Bandmaschinen wurden in der Mechaniker-Werkstatt selbst gefertigt, dann aufgebaut und auch selbst eingemessen. Die Bandgeschwindigkeit betrug 19, 38 oder auch noch 76 cm pro Sekunde.

In der Sendung musste man höllisch aufpassen, immer die richtige Geschwindigkeit an den Maschinen einzustellen. Und so ein aufgespultes 76er-Band war ein „Riesenkuchen", der einem gelegentlich beim Rausnehmen aus dem Bandkarton unglücklich aus der Hand glitt. Auch Peter Blattner blieb nicht verschont von diesem Missgeschick. Das Ergebnis war ein ziemlich unentwirrbares Bandknäuel am Boden. Und eine kurzfristige Programmänderung. Der Leiter vom Dienst (LvD), zuständig für die reibungslose Programmabwicklung, musste eine Ersatzsendung einsetzen.

An eine Rüge kann sich Peter Blattner zwar nicht erinnern, wohl aber an die nachfolgende „Strafarbeit". Er musste das Band wieder aufwickeln. Dabei halfen ihm allerdings seine Kolleginnen Rosel Becker (die Ehefrau von Toningenieur Ernst Becker) und Marlis Mathis. Sie warfen als offenbar erprobte Methode den Bandsalat einfach aus dem Fenster von Studio 8 in der ersten Etage und begannen dann – weniger einfach – mit dem mühsamen Entwirren und Aufspulen. Peter Blattner ist danach kein Band mehr aus der Hand gefallen, behauptet er.

Später wurde er dann als Tontechniker eingesetzt, erst bei unterschiedlichen Produktionen vom Aktuellen und dem Sport (wo immer alles besonders schnell gehen musste) bis zum Hörspiel und im Musikstudio 1. Als Sendetechniker war er einmal viel zu früh mit der Sendung fertig. Er hatte ein 38er-Band mit 76 laufen lassen, also mit doppelter Geschwindigkeit. In seiner Not ließ Blattner dasselbe Band anschließend noch einmal mit richtiger Geschwindigkeit ablaufen. Proteste gab es nicht. Was vielleicht daran gelegen haben könnte, dass die Sendung in der Anfangszeit des ersten eigenen UKW-Programms lief – und nicht auf der damals viel populäreren Mittelwelle. Dieses nur abends zwischen 18 und 22.30 Uhr ausgestrahlte Programm (ab 1953) kam aus dem „Studio 26", zusätzlich angemieteten Räumen in der Martin-Luther-Straße 26 nicht weit von der Wartburg in Richtung Eisenbahnbrücke. In dem Gebäude war u. a. auch das Büro von Zeitfunkchefreporter Gottfried Damm, erinnert sich Blattner.

Das „Studio 26" hatte eine „zentnerschwere" Tür, die man eher aufstemmen als aufmachen musste. Das allerdings fiel Peter Blattner eines Abends nach Sendeschluss erst etwas spät wieder ein. Da hatte er schon abgeschlossen und spurtete zum Bahnhof, um den Zug nach Homburg noch zu erreichen. Sprecherin Martha Nikodemus war mehr dankbar als ungehalten, als Blattner sie dann doch noch aus ihrem „Gefängnis" befreite.

Techniker konnten praktischerweise gleich in der Wartburg übernachten, wenn sie vom Nachmittag bis zum nächsten Mittag eingeteilt waren. Bei einem solchen Dienst hatte Tontechniker Helmut Scheuer (später mit eigener Bastelsendung im Fernsehen erfolgreich) auch seine Premiere als Rundfunksprecher. Es war wohl Ferdi Welter, der nicht pünktlich morgens um sechs zum Sendebeginn erschien. Da übernahm Scheuer kurzerhand selbst die Ansagen. Das Echo im morgendlichen Kollegenkreis war sehr positiv. Programmleute sollen so früh noch nicht wach gewesen sein.

Über drei Jahrzehnte der Radio-Wecker für die Saarländer: Ferdi Welter. *Abb.: SR*

Morgenmoderator Ferdi Welter („Gudd war der!") moderierte eines Morgens mal im Schlafanzug, es war ja kein Fernsehen. „Ei, ihr Knechtcher, ich bin doch noch im Bett", hatte er dem LVD am Telefon geantwortet, nachdem er nicht pünktlich zum Sendebeginn erschienen war. Blitzschnell vom Fahrer abgeholt, blieb dem Ferdi wohl zum Anziehen keine Zeit mehr. Aber seine „Bimmel" hatte er dabei. Sonst wären wohl einige andere Saarländer auch noch zu spät zur Arbeit gekommen, denn damit unterstützte er immer lautstark seine Zeitansagen. Auch wenn die mit zunehmendem Alter immer weniger gestimmt haben sollen.

Beim Morgendienst musste besonders darauf geachtet werden, dass auch ja alle Werbespots gespielt wurden. Wenn's knapp wurde, liefen dann auch schon mal drei eingeblendet in nur einen Instrumentaltitel.

Peter Blattner erinnert sich gern an seine Hörfunk-Zeit in der Wartburg als Lehrling zuerst bei Radio Saarbrücken und dann in den Anfangsjahren des SR: „Wir waren eine große Familie in dieser „Pionier-Zeit" – gelegentlicher Huddel, wie z. B. bei einem Streik, eingeschlossen." Bereits 1959 wechselte Blattner als Fernseh-Tonmann auf den Halberg. Und befördert wurde er auch: erst vom Hilfstechniker zum Gehobenen Techniker, dann zum Toningenieur. Auf den weißen Kittel allerdings musste er verzichten. Der wurde als Techniker-Dienstkleidung abgeschafft.

Mit dem SR-Pausenzeichen zurück zu Deutschland?

Von Axel Buchholz

Am 30. Juni 2012 wurde die letze Schicht gefahren. Es war ein historischer Tag für das Saarland: Nach 250 Jahren endete an der Saar der Kohle-Bergbau. Ein Dreivierteljahrhundert lang hatten die Bergleute und der Kohleabbau in den Programmen des SR und seiner Vorgänger-Sender eine große Rolle gespielt.

Wie sehr der SR den Bergleuten dabei auch emotional verbunden war, bezeugt wohl besonders gut die kürzeste aller Sendungen: ein Pausenzeichen! Es bestand aus der Melodie zu einer Zeile des traditionellen Lieds der Bergleute „Glück auf, der Steiger kommt". Als Pausenzeichen war dieses Motiv im Hörfunk über fast vierzig Jahre hinweg immer wieder zu hören. Zuerst eingesetzt wurde es 1956 noch bei „Radio Saarbrücken", gut ein halbes Jahr bevor der saarländische Landtag das Gesetz über den neuen öffentlich-rechtlichen SR verabschiedet hat.

Zwei Versionen waren für das Pausenzeichen eingespielt worden, beide von Mitgliedern des Rundfunk-Sinfonie-Orchesters Saarbrücken, deren Namen nicht überliefert sind. Die Instrumentierung war unterschiedlich: für das 1. Programm (Mittelwelle) mit zwei Hörnern, für das 2. (UKW) mit Holzbläsern. Später gab es wohl für alle Programme nur die Hörner-Version. Ab 15. Januar 1986 lief eine Fassung, die Marcus Wahl mit einem Yamaha Synthesizer DX7 produziert hat. Tontechniker Michael Fürsattel erinnert sich, bis Mitte der 90er Jahre die Hörner-Version noch im zweiten

Pausenzeichen:

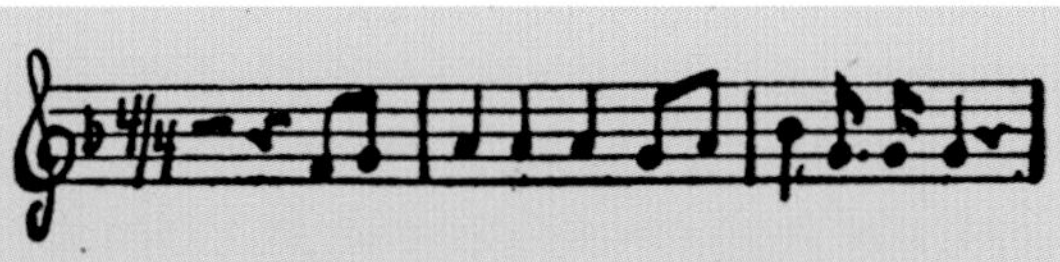

Motiv aus dem Bergmannslied: „Glück auf, der Steiger kommt!"
Hörerpost: QSL-Karte

Die Noten des traditionellen SR-Pausenzeichens. *Abb.: SR*

Programm eingesetzt zu haben. Ab 1. Januar 1995 jedenfalls wurde auf SR 2 KulturRadio ein Motiv aus Beethovens „Wut über den verlorenen Groschen" als Jingle/Claim (Erkennungsmelodie) verwendet.

Auch im Fernsehen war das Motiv aus dem Steigerlied zu hören, wenn eine Programmpause zu überbrücken war. FS-Tontechniker Peter Blattner ist sich sicher, es bereits in den Anfängen des SR Fernsehens Anfang der 60er Jahre abgespielt zu haben.

Allein 1964 weist die SR-Statistik für beide Hörfunk-Programme zusammen mehr als 114 Stunden Pausenzeichen aus. Bei einer Länge von fünf Sekunden wäre es damit mehr als 80 000 Mal zu hören gewesen. Sollten die Pausen dazwischen mitgerechnet worden sein, wären es immer noch annähernd 15 000 Mal gewesen. Diese ungeheuer anmutenden Zahlen erscheinen plausibler, wenn man (sich) an die Programme damals erinnert. Anders als heute kam noch vieles vom Band. Und auch wenn live „gefahren" wurde, geschah dies längst nicht so „hart". Kleine Pausen zwischen den Sendungen gehörten durchaus zum guten Ton. Das Pausenzeichen diente dann einerseits zur akustischen Überbrückung und andrerseits dazu, unterschiedliche Inhalte voneinander zu trennen.

Auch nach teils stundenlangen Sendepausen, die anfangs zur Wartung der Technik gebraucht wurden, kam das Pausenzeichen zum Einsatz. Es war dann minutenlang als Programmkennung zu hören. Damit wurde angekündigt, dass der Sender gleich wieder auf dieser Frequenz zu empfangen sein würde.

Das zweite Hörfunk-Programm von Radio Saarbrücken war ohnehin kein Vollprogramm. Es wurde auf dem neuen Übertragungsweg UKW ab 1953 aus Kostengründen anfangs nur stundenweise ausgestrahlt. Erst nach und nach nahm die Sendedauer zu. Und immer bevor es (wieder) losging, war auch in diesem UKW-Programm das Pausenzeichen zu hören.

Vor dem Steigerlied-Pausenzeichen gab es schon drei andere, zuletzt (wohl ab 1949) ein Motiv aus „Kein schöner Land in dieser Zeit".

Dass das neue Pausenzeichen gerade ab 11. März 1956 eingeführt wurde, war sicherlich kein Zufall. Die Saarabstimmung am 23. Oktober 1955 hatte eine Zweidrittelmehrheit gegen eine europäische Lösung ergeben. Die prodeutschen Heimatbund-Parteien bildeten nach ihrem Sieg in der Landtagswahl im Dezember nun die

Regierungskoalition. Zwischen Deutschland und Frankreich wurde erneut über die Zukunft des Saarlandes verhandelt. Im Saarland herrschte Umbruchstimmung. Und woher (besser: wohin) der Wind nun wehte, das wirkte sich natürlich auch bei Radio Saarbrücken aus. Mit Geschäftsführer/Intendant Prof. Dr. Eugen Meyer, Programmdirektor Dr. Alexander Schum und Chefredakteur Wilhelm Diederich war die Führungsspitze zwar unverändert geblieben, aber in den Programmen war es deutlich zu hören. Ein neues Pausenzeichen passte also durchaus in das veränderte politische Klima.

Auch wenn es schriftliche Quellen dafür nicht gibt und ebenso wenig Zeitzeugen-Aussagen Verantwortlicher von damals: Für das Motiv aus dem Steigerlied sprach vieles. Es stammte, wie auch bei anderen Sendern üblich, aus einem populären Volkslied. Und es war zudem eng verbunden mit der angesehenen und zahlenmäßig führenden Berufsgruppe der „Berschleit", deren Kultur das Saarland noch prägte. In die dazugehörige Textzeile „Und er hat sein helles Licht bei der Nacht (schon angezündt, schon angezündt)..." lässt sich durchaus so etwas wie Neuanfang hineininterpretieren.

Außerdem war die Melodie des Steigerlieds nicht nur eingängig, sondern annähernd allen bestens bekannt. Das freilich ebenfalls (wenn nicht sogar noch mehr) durch den anderen Text, der darauf gesungen wurde: „Deutsch ist die Saar". Und darin gehörte das Motiv zu der Textzeile: „Und ewig deutsch mein Heimatland... (Mein Heimatland, mein Heimatland)..."

Dieses Saar-Lied schrieb der Reformpädagoge und Autor („Hanns") Maria Lux bereits 1920 während seiner Zeit als Lehrer in Saarbrücken - kurz nach der Abtrennung des Saargebiets von Deutschland. Vor der ersten Saarabstimmung 1935 wurde es dann - als Kampflied missbraucht - ständig gesungen. Und auch vor der zweiten Saarabstimmung 1955 war es wieder häufig zu hören. Noch die Hälfte der Stimmberechtigten von vor 20 Jahren durfte da wieder abstimmen. So meinen denn alle befragten früheren SR-Mitarbeiter,

Programmdirektor Otto Klinkhammer.

Abb.: SR

dass den damals Verantwortlichen die Doppeldeutigkeit des Pausenzeichens durchaus bewusst gewesen sein muss. Ob sie die so wollten oder nur (billigend) in Kauf nahmen – darüber gehen die Meinungen auseinander.

Der frühere SR-Programmdirektor Otto Klinkhammer (damals bereits journalistisch tätig) meint, die Melodie sei 1956 in den Köpfen der Bevölkerung mit dem Text „Deutsch ist die Saar" fest verankert gewesen. Nicht vorstellbar, dass dies den Verantwortlichen beim SR nicht bewusst war. „Und nicht nur das", ist Klinkhammer überzeugt. „Gerade wegen dieser doppelten Aussage haben sie das Motiv gewählt." Heinrich Kalbfuss (ab 1948 frei bei Radio Saarbrücken und später Abteilungsleiter für Schul-, Jugend- und Kinderfunk) ist der Ansicht, dieses Motiv sei „in dem Wissen gewählt worden", dass „verschiedene Bevölkerungsgruppen Verschiedenes damit assoziieren".

Programmdirektor Dr. Franz-Josef Reichert.

Abb.: SR

Dr. Franz-Josef Reichert (ab 1960 frei beim SR, später Hörfunk-Direktor) sagt, diese Doppeldeutigkeit sei „billigend in Kauf genommen worden". Und Klaus Altmeyer (SR-Pressechef ab 1961) geht davon aus, dass die Verantwortlichen damals „keinen Grund hatten, sich darüber Gedanken zu machen". Dass ihr Heimatland deutsch sei, hätten sie und die Saarländer „als Selbstverständlichkeit mitempfunden".

Ein französischer Journalist jedenfalls hat beim neuen SR-Pausenzeichen dagegen ausschließlich an „Deutsch ist die Saar" gedacht. Jedenfalls berichtete er das so in der französischen Nachrichtenagentur. Literaturredakteur Fred Oberhauser, damals noch redaktioneller Assistent (seit 1949 frei bei Radio Saarbrücken) erinnert sich mit „absoluter Sicherheit" daran, diese französische Meldung während seines Dienstes gelesen und weitergereicht zu haben.

Offiziell allerdings wurde das Pausenzeichen vom SR immer nur als ein Motiv aus dem Steigerlied bezeichnet. Und mit den Jahren schwand auch bei den Hörern die Erinnerung daran, dass es dafür noch eine andere Textzeile als die des Bergleute-Liedes gibt.

SR-Pressesprecher Klaus Altmeyer.
Abb.: G. Heisler/SR

Vielleicht auch kein Zufall: Aus dem Jahr 1956 (16. November) stammt außer dem Pausenzeichen ebenfalls die erste Nachkriegs-Produktion des Saar-Lieds. Die Besetzung war prominent: Der Chor des Staatlichen Konservatoriums Saarbrücken sang (nur) die erste Strophe, das Rundfunk-Sinfonieorchester Saarbrücken spielte, Rudolf Michl dirigierte.

Wer sich das neue Pausenzeichen einfallen ließ, ist nicht überliefert. Wohl aber, wer das Volkslied dafür bearbeitet hat. Es war der Komponist und Musikprofessor Heinrich Konietzny (1910 - 1983). Der Schüler von Paul Hindemith wurde 1936 Solofagottist im Orchester des Reichssenders Saarbrücken und nach dem Krieg dann 1. Fagottist im SR-Sinfonie-Orchester (1946 - 1964). Möglicherweise war er ja zugleich der Ideengeber. Passen würde es, denn Konietzny arbeitete auch als „SR-Hauskomponist". Der für den Programmablauf zuständige Sendeleiter Dr. Heinz Freiberger war bestimmt an der Einführung des neuen Pausenzeichens ebenfalls beteiligt, auch er schon ein Mitarbeiter des Reichssenders Saarbrücken.

Der Komponist Heinrich Konietzny, Bearbeiter des SR-Pausenzeichens.
Abb.: SR

So langsam nahmen Mitte der 80er Jahre mit der immer stärkeren Formatierung der einzelnen SR-Programme die Einsätze dieses Pausenzeichens schon ab, da wurde es sogar noch zu einem

Cover von Wolfgang de Benkis Pausenzeichen-Schlager „Un do druff bin ich e bisje stolz".

Abb.: SR

Der Schlagersänger Wolfgang de Benki.

Abb.:SR

„Schlagerstar". Wolfgang de Benkis Lied „Un do druff bin ich e bisje stolz" begann mit diesem musikalischen Zitat. Produzent Bert Berger (Cindy und Bert) erinnerte sich: „Ich bin mit dem Pausenzeichen aufgewachsen. Und 1983/84 war es jedem Saarländer im Ohr." Also ein guter „Hinhörer". Schnell wurde der Pausenzeichen-Schlager ein Hit an der Saar. Das Pausenzeichen selbst war es schon lange. Un do druff kann der SR e bisje stolz sein.

Match am Sonntag: die ersten drei Jahrzehnte „Fragen an den Autor"

Von Heinrich Kalbfuss

„Eine wohl abgewogene Verknüpfung von Unterhaltung und Kultur-Information": Das versprach SR-Intendant Dr. Franz Mai den Hörerinnen und Hörern 1964 bei der Einführung der neuen „Europawelle Saar". Es war kein leeres Versprechen. Das bewies besonders auch die Sendung „Fragen an den Autor": ein einstündiges Wortprogramm ohne einen einzigen Musiktitel. Es war ein gewagter Versuch, „wertvolle Bildungsgüter an die Massen der Menschen" (Mai) heranzutragen. Bei der Premiere am 5. Januar 1969 saß Heinrich Kalbfuss (geb. 1927) am Mikrofon. Er blieb dreißig Jahre lang der Moderator. Und machte „Fragen an den Autor" zu einem Erfolgsformat. Dreierlei kam dabei zusammen: die interessanten Themen der Bücher, erfolgreiche und häufig sehr renommierte Autorinnen und Autoren sowie eine gekonnte Moderation, die Anspuchsvolles engagiert und verständlich vermittelte.

Heinrich Kalbfuss *Abb.: SR*

Ein Match ist eine Partie, ein Wettstreit, eine Auseinandersetzung, aber Match ist auch ein Streichholz, mit dem sich etwas entzünden lässt – keine üble Metapher für eine Dialogsendung des SR. Match meint hier keinen sportlichen Kampf mit Sieg oder Niederlage, sondern den intellektuellen Diskurs über ein Buch.

Die Sendung „Fragen an den Autor" begann 1969 und ist heute noch sonntäglich zu hören, jetzt von 9 bis 10 Uhr statt wie fast 50 Jahre lang ab elf Uhr. Ich war von Anfang an dabei. Das heißt: Ich habe an schätzungsweise 1 500 Sonntagvormittagen etwa 1 500 teils umfangreiche und teils schlanke Bücher vorgestellt – fesselnde, komplizierte und eher überflüssige. Zusammen mit einer umfangreichen Privatbibliothek füllen sie nun staubsammelnd deckenhohe Regalwände in meinem Arbeitszimmer und machen jeden Gedanken an Umzug zu einem Albtraum.

Hörfunk-Programmdirektor Dr. Wilhelm Zilius hatte die Idee zu „Fragen an den Autor". Abb.: SR

Wie kam es zu dieser ungewöhnlich erfolgreichen Sendereihe? Sie entstand im Kopf des damaligen Programmdirektors Dr. Wilhelm Zilius. Zu günstiger Sendezeit, also am späten Sonntagvormittag, sollte jeweils ein Buchautor eine ganze Stunde lang zu einem seiner Werke befragt werden. Hörer konnten und können sich telefonisch in das Gespräch einschalten, was eine spannungsreiche „Live-Sendung" bedeutet. Jeweils drei Anrufer wurden und werden durch Los ermittelt und erhalten das besprochene Buch gratis.

Die vorherrschende Meinung fast aller Kollegen war wenig ermunternd: Ein einstündiger „Wortblock" am Sonntagmorgen in einem „Massenprogramm" – das kann nicht gut gehen. Wenn manch einer vielleicht noch im Bett liegt, andere beim verspäteten Frühstück oder Frühsport sind, beim Zeitunglesen oder Plaudern nebst Frühschoppen entspannen und Mutti das Mittagessen vorbereitet – da erwartet man vom Rundfunk unterhaltende Musikberieselung, aber keine anspruchsvollen und daher anstrengenden Gespräche. Nach spätestens einem halben Jahr sei der „Spuk" wegen mangelnder Einschaltquoten beendet, war „man" sich sicher. Auch ich dachte das.

Wir alle hatten Unrecht. Erstens sind Hörer anspruchsvoller als manche Redakteure sich vorstellen, gestern wie auch heute. Und zweitens sorgte für die erstaunlich rasche Verbreitung und Beliebtheit auch von „Fragen an den Autor" eine List des damaligen Intendanten Dr. Franz Mai. Seine „Europawelle" sollte ja durch ein

„volkstümliches!" („Was ist das eigentlich?", fragten sich manche im SR) buntes, „populäres" Unterhaltungs- und Ratgeberprogramm möglichst viele Hörer gewinnen und durch nachweisbar hohe Einschaltquoten gute Werbeeinnahmen kreieren. Die List bestand nun darin, in diesen eher populären Musik- und Plauderteppich anspruchsvollere Sendungen einzubetten, und das so überraschend, dass die Hörer das Umschalten vergessen würden.

Die „Europawelle", damals ein sehr starker Mittelwellensender, konnte in ganz Deutschland und weit darüber hinaus empfangen werden. Und so gelangten schließlich die „Fragen an den Autor" zu mehr als hundert- bis hundertfünfzigtausend Interessenten pro sonntäglicher Sendung. Eine erstaunliche Zahl! Und die Sendung behauptet sich nun schon seit einem halben Jahrhundert, wenn inzwischen auch auf „SR 2 KulturRadio".

SR-Intendant Dr. Franz Mai wollte „Unterhaltung und Kultur-Information" auf der „Europawelle Saar".
Abb.: SR

Wieso vertraute Dr. Zilius ausgerechnet mir ein solch umfangreiches Hörfunk-Experiment an? Ganz so leichtfertig, wie es scheinen mag, war es nicht. Als Dr. Zilius 1961 von einem angesehenen Verlag als Neuling zum Rundfunk kam, da hatte ich ihm schon 13 Jahre Rundfunk-Erfahrung voraus: seit 1948 als freier Autor für den SR (damals noch „Radio Saarbrücken"), dann als Lektor in der Hörspielabteilung und schließlich als Leiter der Abteilung Schul- , Jugend- und Kinderfunk. Ab 1963 wieder ein freier Journalist, hatte ich anschließend für mehrere andere ARD-Sender und auch den SR in aller Welt Fernseh-Features produziert. Dr. Zilius vertraute mir also.

Die Buchauswahl für „Fragen an den Autor" leisteten Redakteure, während der Anfangsjahre auch im Gespräch mit mir. Besonders gern erinnere ich mich an meinen Kollegen und Freund Bernd Schulz, an Friedrich Hatzenbühler, Günter Lösing und vor allem an Dr. Irmengard Peller-Séguy. Naheliegend, dass man wichtige aktuelle Neuerscheinungen von deutschsprachigen oder gut deutsch sprechenden Autoren bevorzugte. Unter den vielen Hundert Namen nenne ich nur einige, die mir in lebhafter Erinnerung sind: die Theologen Hans Küng, Heinz Zahrnt, Eugen Drewermann

Bernd Schulz (1941 - 2017) war bekannt als einer der Moderatoren der Magazinsendung „Kultur aktuell". Zeitweise hatte er auch die Redaktion von „Fragen an den Autor". *Abb.: SR*

sowie Ruth und Pinkas Lapide, Dr. theol. Dr. med. Dr. phil. Klaus Thomas, die Psychoanalytiker Alexander Mitscherlich und H. E. Richter, die Journalisten und Publizisten Hoimar von Ditfurth, Marcel Reich-Ranicki, Henri Nannen, Peter Scholl-Latour, Günter Wallraff, Ulrich Wickert, Alfred Grosser, Golo Mann und Gabriele Krone-Schmalz, dann Carlo Schmid, Hildegard Hamm-Brücher, Uwe Barschel, Oskar Lafontaine usw. usf.

Ich hielt es immer für sinnvoll, auch verstorbene Schriftsteller der Weltliteratur durch sachkundige Autoren in unser Programm aufzunehmen, einfach um Bildung zu vermitteln und Respekt vor großen Köpfen der Vergangenheit aufzufrischen. Leider wurde daraus nichts. Doch hier liegt die zweite Bedeutung des englischen Begriffs „match", nämlich „Streichholz" zum Entzünden von Lust zur Bildung. Das war ein erklärtes Ziel unserer Sendereihe, nämlich Aufklärung im weitesten Sinn. „Man kann den nur schwer hinters Licht führen, dem es einmal aufgegangen ist", heißt es in einem Sprichwort.

Cover des Buches „Der andere Fortschritt" (2. Auflage 1985). Der Politiker und Autor Oskar Lafontaine beantwortete Fragen dazu in „Fragen an den Autor".
Abb.: Hoffmann und Campe/SR

Allerdings gab es dabei ein Problem, mit dem ich Jahrzehnte zu tun hatte: Nicht jeder, der gründlich denken und noch so klug darüber schreiben kann, ist in der Lage, das auch mündlich so auszudrücken, dass es der Zuhörer wirklich versteht. Da können gewisse Autoren nach weitschweifigen Einschüben, bemühten Ergänzungen und enigmatischen Kommentaren das längst fällige Verb zuweilen gar nicht mehr aufspüren. Es wurde unter Geröll von „Ähs" und „Jahs" und „Hms" verschüttet, untergegangen auf Nimmerwiederhören. Wer's im Kopf noch nicht klar hat, sagte ein kluger Mann, der sollte mit dem Sprechen und Niederschreiben warten, bis es soweit ist und solange die Umwelt verschonen. Nur lässt eine Live-Sendung derartige Denkpausen gar nicht zu.

Sonntags, 11.00 Uhr, Europawelle Saar

Fragen an den Autor

Sonntag, 7. Januar
Hermann Pörzgen
100mal Sowjetunion
München (Piper) 1972

Sonntag, 14. Januar
Georg Sieber
Die Altersrevolution
Zürich (Benziger) 1972

Sonntag, 21. Januar
Alfred Grosser
Deutschland-Bilanz
München (Hanser) 1971

Sonntag, 28. Januar
Wolfgang Schmidbauer
Homo consumens
Der Kult des Überflusses
Stuttgart (dva) 1972

Alfred Grosser

Die SR-Programmzeitschrift „SR Information" im Januar 1973 zu „Fragen an den Autor". Im Bild der deutsch-französische Soziologe und Politikwissenschaftler Alfred Grosser.

Abb.: SR

Ein „Match mit Autoren" also? – Ja, in gewisser Hinsicht war es jeweils ein Wettstreit um das Gelingen der inhaltlichen und rhetorischen Darstellung. Immer wieder erfuhr ich von Zuhörern „Anerkennung" für meine angeblich umfassende Bildung, bewiesen durch rhetorische Standfestigkeit bei all den unterschiedlichen und häufig anspruchsvollen Themen und ihren Vertretern. Natürlich schmeichelt so etwas gerade nach mancherlei berechtigter Kritik. Die für mich wichtigste kam vom Programmdirektor, also Dr. Zilius, der nahezu alle Sendungen seines umfangreichen Programmbereichs anhörte, eben auch meine.

Bei einer der wöchentlichen Programmsitzungen sagte er mit unverwechselbar berlinerisch getönter Stimme: „War jestern nicht schlecht, Kalbfuss, nein, war nicht

Als öffentliche Sendung auf der Internationalen Funkausstellung in Berlin: „Fragen an den Autor" mit Lothar Gall (rechts, daneben Heinrich Kalbfuss). *Abb.: SR*

Gesprächspartner im Studio von „Fragen an den Autor" war auch der Bildungsforscher Prof. Dr. Karl Steinbuch (links, daneben Heinrich Kalbfuss). *Abb.: SR*

schlecht. Aber ich erinnere: Unsere Sendung heißt ‚Fragen an den Autor', unn nich ‚Fragen an den Moderator'." Er hatte - leider! - völlig recht. Manchmal waren Autoren zunächst gehemmt durch die unvertrauten Umstände eines Gesprächs vor vielen Tausend unsichtbaren Zuhörern und gelegentlich schwer deutbaren telefonischen Hörerfragen. Ich ließ mich dann leicht zu persönlichen Statements verleiten, obgleich meine Meinung gar nicht gefragt war - eine Selbstüberschätzung, ein peinlicher Anfängerfehler (begangen von einem „alten Hasen").

Was damals zum Gelingen der Sendungen beitrug, war die Atmosphäre. In einem modernen Aufnahmestudio erinnert sie heute an die Intimität eines Operationssaals. Damals hockten die Gesprächspartner noch an einem Tisch vor umfänglichen Mikrofonen, immer bemüht, wegen der Lautstärke den angemessenen Abstand einzuhalten. Hinter einer Glasscheibe saß ein Techniker und steuerte die Sendung aus. Wegen der Einspielung der Telefonanrufe mit den Fragen und Kommentaren der Hörer war man auf seine Aufmerksamkeit und fachliche Kompetenz angewiesen.

Häufiger wurden die „Fragen an den Autor" aber auch als Außenübertragung gesendet. In großen Sälen vor Ort irgendwo im Land hatten wir so unmittelbaren Kontakt zu unseren Hörerinnen und Hörern - und sie auch zu unseren prominenten Gästen. Ihre Fragen kamen dann über Saalmikrofone direkt in die Sendung - alles live, versteht sich.

Oft wurde und werde ich gefragt: „Haben Sie denn wirklich all diese Bücher in Ihrer Bibliothek gelesen?" Es handelt sich schließlich nicht nur um die etwa 1 500 meiner Sendung „Fragen an den Autor", sondern um erheblichen Privatzuwachs von Jahrzehnten. Das bedarf keiner Bewunderung, denn ich habe sie durchaus nicht alle gelesen. Ich

Oft gab es auch schwierige Themen in „Fragen an den Autor": Zu seinem Buch „Anatomie der menschlichen Destruktivität" (1974) war der deutsch-amerikanische Psychoanalytiker, Philosoph und Sozialpsychologe Erich Fromm als Gast in der Sendung. Abb.: dva/SR

Cover des Buches „Kinder des Weltalls" (1970), zu dem sein Autor, der Arzt, Schriftsteller und Fernseh-Moderator Hoimar v. Dithfurt von Heinrich Kalbfuss befragt wurde. Abb.: Hoffmann und Campe/SR

Plakat aus dem Jahr 2016 zu einer Außenübertragung „Fragen an den Autor". *Abb.: SR*

erhielt das Buch für den nächsten Sonntag meist eine Woche zuvor. Zunächst blätterte ich neugierig darin, um herauszufinden, was mich denn wirklich interessierte, und das las ich dann auch.

In nur wenigen Gebieten kenne ich mich einigermaßen zuverlässig aus: Philosophie, Psychotherapie und Theologie; vieles andere regt mein Interesse an und ich möchte gern Näheres erfahren. Diese Neugier war und ist das Hauptmotiv bei den notwendigen intellektuellen Ausflügen in unvertrautes Gelände, aber mit ihr rechnete ich auch bei den Zuhörern. Die meisten waren so wenig fachkundig wie ich, sie erwarteten aber kein wissenschaftliches Seminar, keine Volkshochschule, sondern ein verständliches, anregendes Gespräch, das nicht überfordert, sondern zu eigenem Nachdenken ermuntert.

Ich begnügte mich damit, einige Gedanken des jeweiligen Autors herauszugreifen und als Fragen in unser Gespräch einzubringen, vielleicht auch als Zitat, denn das gilt ja als Beweis gründlichen Lesens. Das bluffologische Resultat: der Autor fühlte sich von mir als kundigem, „engagiertem" Frager ernst genommen, die Hörer überschätzten (wunschgemäß) mein intellektuelles Niveau, und nicht zuletzt bereitete mir dieses radiophonische Unternehmen drei Jahrzehnte lang sonntägliches Vergnügen, gottlob vielen Hörern offenbar auch.

Die Mehrzahl der Autoren kam (falls ich mich zuverlässig erinnere) zur Sendung nach Saarbrücken. Ich holte sie sonntagmorgens im Hotel ab und uns blieb dann eine knappe Stunde zum Kennenlernen und für ein Vorgespräch. Eine erhebliche Schwierigkeit lag darin, dass manche Prominente jedoch keine Zeit haben oder sich keine nehmen. Sie ließen sich „per Leitung" von einem Rundfunkstudio irgendwo in Deutsch-

Heinrich Kalbfuss *Abb.: H. Kalbfuss/SR*

land oder auch in Europa zuschalten. Das Vorgespräch beschränkte sich auf wenige Minuten. In der Sendung fehlt dann auch das durch Gestik und Mimik präsente Gegenüber. Das erschwert spontane Verständigung sowohl für den Autor wie für seinen Gesprächspartner, den Moderator.

Mein persönliches Fazit? - Wenigstens die Hälfte aller meiner Sendungen schien mir gelungen, ein weiteres Drittel „passabel", der Rest leider kaum erwähnenswert, für mich eine positive Bilanz, nicht zuletzt durch eine weitgehend kollegiale und auch dringend notwendige Kooperation mit der jeweiligen Redaktion.

Was veranlasste mich 1999 nun dazu, nach so langer Zeit, meine freie Mitarbeit beim SR und meine Tätigkeit als Moderator von „Fragen an den Autor" zu beenden? Zunächst genau das, die lange Zeit nämlich. Aber auch meine mangelnde Bereitschaft zu Kompromissen. Die Buchauswahl schien mir zu sehr auf Ratgeberniveau abzugleiten und sich zu wenig an den Maßstäben der intellektuell herausragenden Wochenzeitung „Die Zeit" auszurichten. Denn das war die mir vorschwebende, anspruchsvolle Orientierung.

Nach mehr als einem halben Jahrhundert unterschiedlichster Verbundenheiten mit dem SR bekenne ich meine strapazierte, aber trotz allem persistierende Sympathie zu dieser publizistischen Einrichtung auf dem Saarbrücken überragenden Hügel „Halberg" und für viele seiner Mitarbeiter. Das alles hat mein Leben wesentlich mitbestimmt. Immer wieder begegnen mir überraschend Menschen, die mich heute noch plötzlich ansprechen und sich an meine längst aufgegebene Mitarbeit bei „Fragen an den Autor" erinnern. Das ist für mich wie ein animierendes Klopfen auf die Schulter, eine Bestätigung, die nach dem 90. Geburtstag gut tut und das morgendliche Aufstehen erleichtert - hinreichender Anlass zu anhaltender Dankbarkeit!

Wie Klaus Groth sich ins Herz der Hausfrauen moderierte

Von Friedrich Hatzenbühler

Sie gehören zu den ältesten noch existierenden Radio-Sendungen des SR: die „Bunten Funkminuten". 2013 haben sie ihren 50. Geburtstag gefeiert. Die ersten 17 Jahre war Klaus Groth der Moderator. Er machte die „Bufus" (wie sie im SR-Jargon heißen) zu einer der populärsten Sendungen der „Europawelle Saar", ab 1980 dann auf SR3 Saarlandwelle. Und sie ihn zu einem der beliebtesten Moderatoren. Friedrich Hatzenbühler, ab 1978 rund 15 Jahre lang Redaktionsleiter der „Bunten Funkminuten", erinnert sich gern an diesen Radio-Mann mit der samtenen Stimme und den oft schrägen Ideen.

Klaus Groth: am Mikrofon auch gern mal albern.
Abb.: SR

„Meine Sendung war anfangs Ersatz für die Sendepause", erzählte Klaus Groth gern in ironischer Bescheidenheit. Tatsächlich hatte es zuvor zu dieser Zeit am Vormittag stets eine Sendepause gegeben, schon bei Radio Saarbrücken und danach auch beim SR. Um das Programm attraktiver zu machen, sollte 1963 damit nun Schluss sein. Weil es eine „Hausfrauenzeit" war, musste dafür ein Moderator her, der bei Frauen gut ankam und Musik, Unterhaltsames und Informatives gleich gut präsentieren konnte. Mit Klaus Groth tat Albert C. Weiland, der Hauptabteilungsleiter Unterhaltung, einen Glücksgriff. Groth war ihm von seinem Unterhaltungskollegen beim damaligen SDR (Süddeutscher Rundfunk) empfohlen worden, weil er beim SDR in Stuttgart und Heidelberg arbeitete und dort als witziger und höchst kompetenter Allround-Radio-Mitarbeiter auffiel. Zuvor war Klaus Groth längere Zeit als Theater-Schauspieler und Regisseur erst in Kanada und danach in Deutschland tätig gewesen. In Kanada hatte der Sprech- und Sprachgewandte auch bei Radio und Fernsehen gearbeitet und „Vormittagsshows" amerikanischer Radio-Machart kennengelernt. Er nahm sie sich dann wohl teilweise zum Vorbild.

Weiland machte ihm ein Angebot, Groth kam zum SR, moderierte am 30. September 1963 dann zum ersten Mal die „90 Bunten Funkminuten". Schon zuvor und auch weiterhin arbeitete er beim SR fürs Kabarett, inszenierte oder sprach Rollen in zahlreichen Hörfunk-Krimis und wirkte in unterhaltsamen Fernseh-Produktionen mit.

Schnell sehr populär und Liebling vor allem der Hörerinnen wurde Klaus Groth aber als Moderator und Programmgestalter (für Wort und Musik) der neuen Hausfrauensendung. Dreihundert Hörerbriefe und Hunderte von Hörer-Anrufen soll er wöchentlich bekommen haben, schrieb eine Zeitung. Dass er als freier Mitarbeiter beim SR nebenbei noch eine gut funktionierende Werbeagentur betrieb, wussten die wenigsten.

Mit ihm hatte nunmehr für die Hörerinnen und Hörer – wie auch für „klassische" SR-Mitarbeiter (gehen wir mal davon aus, dass es zahlreiche dieser Gattung in diesen Jahren noch gab) eine eigenartige Sendung begonnen. Seriös und damals durchaus üblich wäre eine Musikansage gewesen wie „Sie hören die ‚Caprifischer', gesungen von Rudi Schuricke". Wenn Groth allerdings der Gaul durchging, konnte daraus durchaus mal werden: „Und nun der beliebte Titel ‚Wenn am Abend ein roter Capri im Meer versinkt', gesungen von Rudi Schurke." Es wehte mit Groth eben ein anderer Unterhaltungswind am Moderatorenmikrofon. Freude und Spaß an solcher Art professioneller Albernheit hatten die Hörer und die (meisten) Kollegen gleichermaßen.

Aber beileibe nicht nur Scherz und Albernheit prägten die verschiedenen Arbeitsbereiche von Klaus. Ich denke an seine Feriensendungen aus Marseille. Auf der weit zu

Saarländischer Rundfunk schließt vormittägliche Sendelücke

Ab 3o. September 1963 von 9.3o bis 11.oo Uhr neues Hörfunkprogramm: " 9o bunte Funkminuten "

Am 29. August 1963 kündigte der SR die neue Sendung an.

Abb.: SR

hörenden Europawelle Saar waren sie ebenso gedacht für deutsche Urlauber an der französischen Mittelmeerküste wie für diejenigen, die dort gern gewesen wären und stattdessen zu Hause arbeiten mussten. Gut in Erinnerung habe ich auch seine Anchor-Moderationen der Sendungsreihe „Les Jeux de Jumelage – Spielzeit für Partnerstädte". Sie nahm, kompliziert für damalige Radio-Verhältnisse, die späteren Modelle der Fernseh-Serien „Spiel ohne Grenzen" vorweg. Zum Beispiel gab es seit 1972 eine Jumelage zwischen Kronberg im Taunus und der französischen Mittelmeergemeinde Le Lavandou. Die Lavandouraner mussten einmal in Kronberg ihre Kenntnisse über die Partnerstadt beweisen. Die Live-Sendung wurde zentral aus Saarbrücken von Klaus Groth souverän geleitet. Er liebte die Franzosen und Frankreich, kannte sich exzellent dort aus und sprach sehr gut Französisch.

Touristik, Politik, Kultur, Unterhaltung – alles wurde in den Jumelage-Sendungen zum Thema und sehr unterhaltsam vermittelt. Sie waren ein rundfunkpolitisch wichtiger Beitrag zur Entwicklung und Festigung der deutsch-französischen Freundschaft. Unter anderem damit holte sich Klaus Groth seine Seriosität immer wieder zurück, die er mit seinen Späßen in den „Funkminuten" zuweilen lässig aufs Spiel setzte.

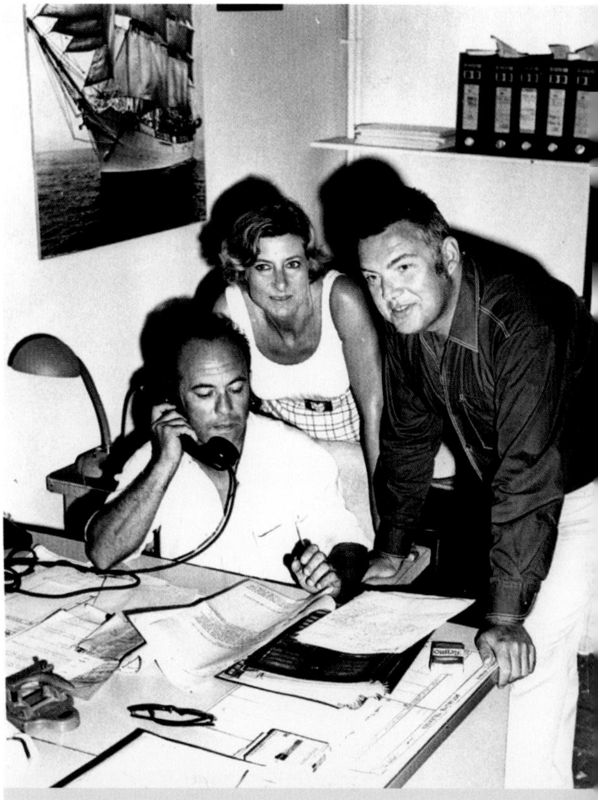

Baute gern Funkbrücken nach Frankreich: Klaus Groth bei einer Jumelage-Sendung.

Abb.: SR

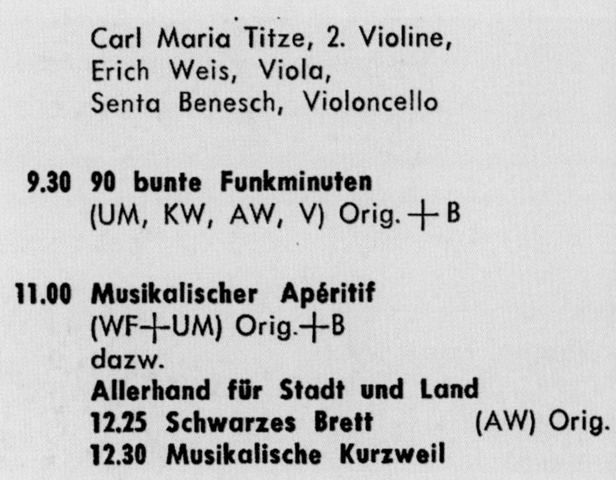

Carl Maria Titze, 2. Violine,
Erich Weis, Viola,
Senta Benesch, Violoncello

9.30 **90 bunte Funkminuten**
(UM, KW, AW, V) Orig. + B

11.00 **Musikalischer Apéritif**
(WF + UM) Orig. + B
dazw.
Allerhand für Stadt und Land
12.25 Schwarzes Brett (AW) Orig.
12.30 Musikalische Kurzweil

Ausschnitt aus der SR-Programmfahne vom 30. September 1963: „90 bunte Funkminuten" statt Sendepause.

Abb.: SR

Lange war die morgendliche Hörer-Gymnastik fester Bestandteil seines Programms. Um seine Zuhörer damit körperlich in Schwung zu bringen, ließ er selbst allenfalls seine Finger kleine Bewegungen vollbringen – und saß ansonsten ganz ruhig vor dem Mikrofon. Normalerweise. Aber ziemlich oft hatte er Studiogäste. Dann stelle man sich vor, dass Groth zuweilen vor denen einen Cha-Cha-Cha tanzte – mit aufgewickelten Hemd über dem zeitweise beträchtlichen Bauch...

Oder dass Groth bei einem seiner eigenen Gags selber so schallend lachen musste, dass er sich über zwei Minuten (zwei!!!) nicht mehr einkriegen konnte. Alles live über den Sender. Die Zuhörer hatten ihren Riesenspaß bei dieser neuartigen Sendungsfete, zu der Klaus Groth seine Hausfrauen-Sendung werden ließ. Das war innovativ und informativ zugleich, locker und sehr unterhaltsam. So machten die „90 Bunten Funkminuten" ab 1964 dann auch die neu entstandene Europawelle Saar umso bunter.

Was gab es damals abgesehen von der Gymnastik nicht alles regelmäßig in dieser Radio-Show: Verbraucherinformationen, Lösungen für Hausfrauen- und Erziehungsprobleme, Gartentipps für die Großen sowie Feriengeschichten für die Kleinen, Ratschläge fürs Abnehmen und Rezepte für gutes Essen. Die unvorstellbare Zahl von 20000 Rezepten soll Groth gesammelt haben. Nicht alles machte er selbst, vieles wurde auch von Fachredaktionen zugeliefert. Regionale Kulturberichte etwa gab es von Dr. Gabriele Oberhauser, die immer wieder darunter zu leiden hatte, dass Klaus Groth ihren Namen falsch (wie wohl?) aussprach und deswegen alle Augenblicke seinen kleinen Zank mit dem Ehemann bekam, dem Literatur- und Kulturredakteur Fred.

Eines machte er eben immer selbst: seine Gags, in denen er so gut wie alles und jeden mit Lust und Laune veralberte. Gern auch sich selbst. Unvergesslich die Geschichten der „Kleinen Hexe", die Klaus live präsentierte und dabei alle Stimmen in voller Dramatik selbst sprach. Wie jammerschade, dass nichts davon archiviert wurde.

90 bunte Funkminuten
Ein klingendes Kaleidoskop für die Hausfrau
Am Mikrophon: Klaus Groth
montags bis samstags 9.30—11.00 Uhr

Ausschnitt aus dem SR-Winterprogramm 1963/64.
Abb.: SR

Selbst aus der so sachlichen Nachrichtenredaktion kam redaktionelle Hilfe: Einer der damals witzigsten und an Unterhaltung interessiertesten Nachrichten-Redakteure, Hans-Jürgen Imler, bot sich der Redaktion der „Bunten Funkminuten" an, eine Textreihe zu schreiben. Sie war ihm beim Blödeln und Stimme-Verstellen mit Klaus Groth in den Sinn gekommen. Radio-Comedy würde man das sicher heute nennen. Imler schrieb die ersten Manuskripte der „Tante Amalie"-Geschichten. „Tante Amalie von Borschimmen" (eine erfundene Figur) war eine ehrwürdige und kulturbewusste alles besser wissende Ostpreußin. Nunmehr lebte sie hier in unserer Gegend - und wohnte bei ihrem Neffen Klaus Groth, oder er bei ihr. So wollte es die Legende. „Tante Amalie" hinterließ jeweils in der Montagssendung (man hatte ja genug Zeit gehabt, sich über das Wochenende auszutauschen) diverse Hinweise und strenge Monita sowie hilfreiche Haushaltstipps in Hinblick auf die Lebensumstände ihres einerseits geliebten, andererseits zu tadelnden Neffen Klaus, den sie echt ostpreußisch nur „du Lorbass" zu nennen pflegte.

Hans-Jürgen Imler

Abb.: SR

Klaus Groth, obwohl Schwabe, in nahezu allen regionalen Sprachidiomen zu Hause, sprach die Rolle der Tante Amalie und mimte sich auch selbst als ostpreußischen Neffen. Er hat dann später, als er sich an die Familienlegende seines Kollegen Imler gewöhnt hatte, die Texte auch selber geschrieben und war irgendwann - glaube ich - selbst davon überzeugt, dass es diese Tante tatsächlich gab.

Klaus Groth sprach und moderierte nicht nur leidenschaftlich, er schrieb auch gern. Sogar Bücher. Und so war

Das Tante-Amalie-Kochbuch von Klaus Groth: „Schmadder, Schmand & Knoblauch". *Abb.: SR*

Klaus Groth (Mitte) und Redakteur Friedrich Hatzenbühler bereiten 1978 eine Heiligabend-Sendung bei der Feuerwehr vor. *Abb.: SR*

es kein Wunder, dass aus den zigtausend Hörer-Kochrezepten, die er gesammelt hatte, das eine oder andere Buch entstand. Eines seiner schönsten Kochbücher trug den Titel: „Schmadder, Schmand & Knoblauch – Geschichtchen und Gerichtchen von Tante Amalie" (Hölker-Verlag, 1979). Das fingierte Titelbild von „Tante Amalie" zeigt in Wirklichkeit seine eigene Mutter.

Besucher in der Sendung konnten ihren Moderator zuweilen sehen, wenn er während eines Musiktitels seine Stricksachen auspackte oder Fudschi, seinen geliebten Chou-Chou zur Ordnung rief. Normalerweise wartete der aber geduldig unter dem Moderatorentisch, bis die Sendung zu Ende war. Herrchen trieb derweil seine Scherze als Mikrofon-Kobold, plauderte als Gastgeber, informierte über vieles Interessante und Wichtige und sagte so eher nebenbei manches Nachdenkliche. Bis zum Mai 1980. Da starb Klaus Groth, ganz überraschend für seine begeisterten Hörer und (vor allem) Hörerinnen. Ihm selbst allerdings war schon lange bekannt, dass er ein Herz-Aneurysma hatte.

Vornweg im deutschen Radio: „Verkehrsmeldungen jederzeit" zuerst auf der Europawelle Saar

Von Otto Deppe

Als die Autos auf deutschen Straßen immer zahlreicher wurden, gab es bald auch immer mehr Staus. Besonders zu Beginn der Schulferien an Ostern oder im Sommer hieß es deshalb ziemlich regelmäßig: Nichts geht mehr. Darauf reagierten schnell auch die Radio-Sender. Zuerst wurden Verkehrsmeldungen nur gelegentlich gesendet, bald immer häufiger und schließlich regelmäßig. Vorreiter dieses neuen Hörerservice war der Saarländische Rundfunk. Die Europawelle Saar führte als erster deutscher Sender eine durchgängige Verkehrsberichterstattung ein.

Otto Deppe *Abb.: SR*

Schon 1964 waren vom Saarländischen Rundfunk auf der neuen Europawelle Saar die Voraussetzungen dafür geschaffen worden, die Hörer jederzeit mit „schnellen" Meldungen informieren zu können. Über weite Strecken des Tages war das bisherige „Kästchenprogramm" durch live ausgestrahlte Magazin- und Musik-Sendungen ersetzt worden. So konnten sowohl aktuelle Kurzinformationen als „Breaking News" jederzeit gesendet werden wie eben auch Meldungen zur Verkehrslage. Wenn das Jingle des von Axel

Buchholz „erfundenen" aktuellen Dienstes im Programm ertönte, stellten viele ihr Radio lauter. Sie wussten, dass irgendwo in der Welt etwas Wichtiges passiert war. Und bei den von mir eingeführten aktuellen Verkehrsmeldungen machten das die Autofahrer ebenso.

Otto Deppe bei einer Außenübertragung.
Abb.: SR

Verkehrsmeldungen im deutschen Radio gab es allerdings bereits vor Einführung der Europawelle Saar. Besonders der Deutschlandfunk (DLF) in Köln tat sich damit hervor. Er brachte die Verkehrsinformationen der Bundesmeldestelle der Polizei in Düsseldorf – allerdings nur jeweils nach den Nachrichten. Diese gaben meist bloß einen zusammenfassenden Überblick über die Verkehrslage. Häufig waren die Meldungen auch nicht mehr aktuell, weil sie ja nur stündlich gesendet wurden. Detaillierte Meldungen konnte der DLF schon wegen seiner Programmstruktur und des großen Sendegebiets nicht bringen.

Damals hatten alle Sender ein festgefügtes Programmschema mit Sendungen, die überwiegend noch vorproduziert waren. Allein Radio Luxemburg war ähnlich strukturiert wie die Europawelle Saar, hatte aber als „Musiksender" keine ausgeprägte Verkehrsberichterstattung.

Bereits bei ihrem Sendebeginn 1964 gab es auf der Europawelle ab 14 Uhr eine Sendung für Autofahrer mit Autotester Paul Güth. Sie hieß „Auf allen Straßen. Autofahrersendung mit aktuellen Kurzmeldungen". Die Sendezeit betrug zu Anfang zwei Stunden, wurde aber ab August 1964 auf eine Stunde verkürzt.

Vom 2. Januar 1967 an wurde daraus dann das zweistündige Auto- und Reisemagazin „Auf allen Straßen – Mit Musik unterwegs" (ebenfalls ab 14 Uhr). Als Redakteur und Moderator standen mir abwechselnd Jutta Eckler (auch in der Redaktion), Elke Herrmann und Auto-Redakteur Paul Güth als Ko-Moderatoren zur Seite. Ergänzt wurde das Team durch einen Musikmoderator. In den ersten Jahren war das Martin Arnhold, später dann Wolfgang Dorn.

Otto Deppe war der erste „Reiseredakteur", moderierte für den SR unter anderem den „aktuellen bericht" und auch die ARD-Tagesthemen. Ursprünglich wollte er Bankdirektor werden. Aber dann packte ihn das „Radio-Fieber". *Abb.: SR*

Bei dieser Redaktion war von Anfang an auch die Verkehrsberichterstattung angesiedelt, die für die Verkehrsmeldungen nach den stündlichen Nachrichten sorgte. Zusätzlich konnte sie aber auch – und das war das Neue – bei Bedarf wichtige Meldungen der Polizei sofort in das laufende Programm geben. Jederzeit. Und damit wurde die Europawelle Saar zum Vorreiter der durchgängigen Verkehrsberichterstattung im deutschen Radio.

Schwerpunkte der Verkehrsberichterstattung waren der gesamte südwestdeutsche Raum, Hessen und Nordrhein-Westfalen. Dort hatte die Europawelle, die auf der stärksten Mittelwelle in der Bundesrepublik ausgestrahlt wurde, die meisten Hörer in Deutschland. Die Zusammenarbeit mit den verschiedenen Verkehrsleitzentralen der Polizei klappte hervorragend. Das ging so weit, dass in Mainz (für Rheinland-Pfalz) und in Wiesbaden (für Hessen) eigene „Europawelle Saar-Telefone" installiert wurden, um die Budgets der Polizei nicht zu belasten. Zur Bundesmeldestelle der Polizei in Düsseldorf gab es eine eigene Fernschreib-Verbindung.

Ende der Sechziger richtete der ADAC in München ein eigenes Radio-Verkehrsstudio ein, das in einer täglichen Schalte mit der Europawelle eine gesamtdeutsche Verkehrsprognose gab. Verbunden war dies mit Tipps für die Autofahrer. In den Anfangsjahren kam

Das Sendungs-Team des Auto- und Reisemagazins (v. l.): Paul Güth, Jutta Eckler, Otto Deppe und Martin Arnhold. *Abb.: G. Heisler / SR*

es auch zu anderen bundesweit beachteten Verkehrs-Aktionen der Europawelle Saar. In Kooperation mit Luftsportvereinen und dem ADAC Gau Pfalz waren an stauverdächtigen Tagen regelmäßig mehrere Flugzeuge als Verkehrsbeobachter unterwegs. Deren Piloten gaben aktuelle Meldungen z. B. vom Frankfurter Kreuz, dem Großraum Stuttgart oder dem Großraum Köln nach Saarbrücken durch. Ein früher Vorläufer der „Stau-Piloten", die Jahrzehnte später dann bei manchen Privatradios zu hören waren.

Zu Ostern, Pfingsten oder vor Beginn der Sommerferien stellte der Reifenhersteller Pirelli bis zu 50 Fahrzeuge mit Autotelefon (damals noch etwas Besonderes) zur Verfügung. Deren Fahrer berichteten annähernd rund um die Uhr über die aktuelle Verkehrslage in Ballungsgebieten.

Aufkleber der Sprit-Spar-Aktion der Europawelle Saar 1973. *Abb.: SR*

Während der Ölkrise 1973 wurde eine Aktion „Spritsparen mit der Europawelle Saar" ins Leben gerufen. Die dafür in der ersten Serie hergestellten 25 000 Autoaufkleber waren in wenigen Tagen vergriffen und trugen zum guten Image der Europawelle Saar in ganz Deutschland bei.

Zu der Zeit kam auch vom damaligen Programmdirektor Karl-Heinz Reintgen die Anregung, rund um die Uhr eine Verkehrsmelderedaktion einzurichten, die im Drei-Schicht-Betrieb arbeiten sollte. Das Problem war, wie so etwas bezahlt werden konnte. Die von mir vorgeschlagene Lösung hieß: Einsatz von Studenten, die pro Woche drei Schichten „fahren" durften. Es war also ein erheblicher Personaleinsatz erforderlich, der für den Sender aber preiswert war und den beteiligten Studenten das Studium mitfinanzierte. Am Anfang gab es pro Schicht 60 D-Mark, was auf den Monat gerechnet rund 700 D-Mark ausmachte. Für die damalige Zeit gar nicht so schlecht.

Zur Zeit der Einführung dieser besonderen Verkehrsredaktion spielten Suchmeldungen für Autofahrer und Touristen eine wichtige Rolle. Handys waren noch nicht erfunden und Telefonverbindungen übers Festnetz ins Ausland oft schwer zustande zu bringen. Geschäfts- und Urlaubsreisen mit dem Auto boomten damals. Also bestand bei wichtigen Ereignissen großer Bedarf, die Reisenden zu erreichen. Da konnte die Europawelle oft helfen, die mit ihrer besonders abends großen Reichweite in vielen Ferienländern zu empfangen war.

In der Ferienzeit waren es pro Stunde bis zu zehn Meldungen, hinter denen sich meist ein tragisches Ereignis verbarg, wie der ADAC herausfand.

Da sich unter den gesuchten Personen besonders viele Niederländer befanden, habe ich als Moderator einen Schnellkurs bei der damaligen Fernseh-Kollegin Lydia van den Berg gemacht, um die Meldungen in Holländisch verlesen zu können. Den Grundtext habe ich übrigens heute noch drauf. Elke Herrmann verlas in „Urlaub mit Musik" neben Urlaubsgrüßen regelmäßig auch Suchmeldungen. Für ihre einstündige Sendung, die in Ferienzeiten vor Mitternacht ausgestrahlt wurde, bekam sie allein zwischen Sommer 1968 und Winter 1973 17 000 Zuschriften aus 118 Ländern. Unter den regelmäßigen Hörern waren auch Stasi-Mitarbeiter der DDR. Viele DDR-Bürger nutzten nämlich ihre Ferien im „sozialistischen Ausland", um unter Umgehung der DDR-Postzensur ihre West-Verwandten zu grüßen. Dabei wählten sie zur Lage in der DDR manchmal deutliche Worte.

Mehr als nur Urlaubsgrüße waren auch ansonsten viele Hörerbriefe an Elke Herrmann – wie dieser, von dem die SR-Info vom Juli 1973 berichtete:

Zum 500. Mal:
„Urlaub mit Musik"
Am Mikrofon: Elke Herrmann

Europawelle Saar
Montag bis Freitag 23.10 — 24.00 Uhr
26. Juni — 22. September

In der Ferienzeit war „Urlaub mit Musik" die beliebteste Grußsendung. Oben: Programmfahne von 1972 (12. Juli). Unten: Moderatorin Elke Herrmann bekam viel Post von überall her. *Abb.: G. Heisler/SR*

Start der Verkehrsaktion zum Ferienbeginn 1973 (v. l.): Otto Deppe, Hans Berwanger, Wolfgang Dorn, Jutta Eckler, Autotester Paul Güth, Elke Herrmann und Daniel Mollard. *Abb.: SR*

„Nicht alle Zuschriften erreichten sie auf so abenteuerliche Weise wie der Brief einer jungen Krankenschwester aus Bremen. Sie wurde auf dem Weg zum Postamt von einem Auto angefahren, mußte sich im Krankenhaus von diesem Schreck erholen, verliebte sich dabei in den behandelnden Arzt und verlobte sich mit ihm, um dann endlich verspätet den Brief einzuwerfen mit der Randbemerkung: ‚Schuld an meinem Glück trägt auch oder wohl am meisten die Europawelle Saar, bei der ich mich ganz herzlich bedanken möchte …'"

Mit dem Aufkommen ähnlich strukturierter und technisch besser zu empfangender UKW-Programme der anderen Sender verlor das Mittelwellen-Programm der Europawelle nach und nach seine bundesweite Akzeptanz und Bedeutung. So beschränkte sich die Verkehrsberichterstattung mehr und mehr auf das Saarland und die angrenzenden Gebiete. Als der SR sie aber als erster ARD-Sender als durchgängigen Service im laufenden Programm einführte, war sie in weiten Teilen Deutschlands eines der Markenzeichen der Europawelle Saar.

Pannen inklusive: Radio-Ausbildung live im SR-Nachwuchsstudio

Von Stefan Braun

So konnte es schon mal gehen im SR-Nachwuchsstudio: Am Morgen zum ersten Mal ein Radio-Studio betreten und sechs Stunden später den ersten Beitrag senden. Von 1986 bis 1991 verbrachten fast alle SR-Volontäre und -Praktikanten dort einen Ausbildungsabschnitt. Jeder musste seine O-Töne selbst aufnehmen, schneiden und senden. Mit Stefan Braun als Moderator startete das erste SR-Selbstfahrerstudio für Journalisten am 6. März 1986. Fünf Jahre lang bildete der SR hier Praktikanten, Volontäre und andere journalistische Nachwuchskräfte für jeweils einige Wochen aus. Es war eine Ergänzung zur normalen Radio-Ausbildung – und es war die einzige Einrichtung dieser Art in der ARD.

Stefan Braun: Journalist mit Organisationstalent. Abb.: SR

Die Stahltür fiel laut ins Schloss wie in Fort Knox. Schwer wie eine Tresortür im Krimi. Dahinter: Kein Gold – aber Rohdiamanten von noch unbekanntem Wert. An der Tür ein Schild mit einem ironischen Hinweis auf die Insassen: „Pampersstudio“. Wie es üblich ist, mussten die Rohdiamanten erst geschliffen werden. Dafür waren die Tutoren zuständig. Festangestellte Redakteure im SR-Hörfunk.

Intendant Prof. Dr. Hubert Rohde hatte die Idee fürs Nachwuchsstudio. *Abb.: SR*

Die angehenden Edelsteine funkelten schon am ersten Tag. Aber das Glitzern im Gesicht der Volontäre und Praktikanten war der Schweiß. Schon morgens um 9 Uhr begann „das Schleifen". Um 15 Uhr floss der Schweiß dann in Strömen. Denn fünf Minuten später nahm das Unglück seinen Lauf: Live auf Sendung, eine knappe tagtäglich unendliche Stunde lang.

Um 16 Uhr, als das Leiden zu Ende ging, da war aus dem Schweiß auch schon mal eine echte Träne geworden, die über das Gesicht lief. Manchmal war es eine Verzweiflungsträne, öfters aber eine Freudenträne, weil das Unmögliche wieder einmal gelungen war: Am Morgen zum ersten Mal im Leben ein Sendestudio betreten und sechs Stunden später den ersten Rundfunkbeitrag gesendet zu haben. Kaum vorstellbar und doch war es gelegentlich so, montags bis freitags, auf „94.2 Stadtradio Saarbrücken".

Bei der Eröffnungssendung 1986 nannte Intendant Prof. Dr. Hubert Rohde als Zweck des Nachwuchsstudios: dem Radio-Nachwuchs damit die Möglichkeit schaffen, die „ersten Mikrofonerfahrungen unter realen Voraussetzungen zu sammeln." Die Idee dafür hatte er von einer USA-Reise mitgebracht, wo er sich für die Ausbildungsradios an amerikanischen Universitäten begeistert hatte.

Der Raum hinter der Stahltür war eigentlich das Studio der Nachrichtensprecher von SR3 Saarlandwelle, das für das Nachwuchsstudio zusätzlich genutzt wurde – zum Senden und als Redaktionsraum. Die Sendung, die da von Montag bis Freitag produziert wurde, hatte den völlig unglamourösen Titel „Das Stadtmagazin". Sie war das erste und einzige Übungsradio des Saarländischen Rundfunks, ausgestrahlt über den Sendemast am Funkhaus auf einer Not- und Füllfrequenz. Zu empfangen war sie nur im Großraum Saarbrücken. Deshalb und auch wegen der schnellen Erreichbarkeit der Aufnahmeorte wurden ausschließlich Saarbrücker Lokalbeiträge gesendet.

Dass sich die Türen ins Studio der Nachrichtensprecher überhaupt öffnen durften, war Intendant Hubert Rohde zu verdanken und Axel Buchholz (damals Abteilungsleiter Magazine und Aktueller Dienst sowie Ausbildungsbeauftragter). Ihn hatte Rohde gebeten, seine Idee umzusetzen: Ein Ausbildungsradio unter Livebedingungen. Das Neue: Es gab keinerlei technische Unterstützung bei der Produktion der Sendung – der Radio-Nachwuchs musste seine Beiträge selbst aufnehmen, schneiden und senden.

Dass Journalisten, und dann auch noch angehende, ihre O(riginal)-Töne selbst aufnahmen und das Tonband auch allein schnitten, war damals den Technikern und auch vielen Redakteuren im Sender ein Dorn im Auge. Keiner wusste, wohin das führen sollte, und jeder schlechte Schnitt, jedes misslungene Interview war Wasser auf die Mühlen der Skeptiker: ein Beweis dafür, dass das alles kompletter Humbug war und zum Misserfolg verdammt. Aber auch uns selbst war damals nicht bewusst, dass wir zu Vorreitern beim Selbstfahren und Produzieren von Sendungen werden sollten. Wir hatten auch keine Zeit, darüber nachzudenken. Heute ist es allgemeine Praxis.

Als dieses erste SR-Selbstfahrerstudio für Journalisten am 6. März 1986 seinen Sendebetrieb aufnahm, war ich der erste Moderator und Betreuer. Nach mir übernahmen Peter Springborn, Susanne Reinhard und Peter Neumann. Alle kamen aus den Journal-Redaktionen der Europawelle, dort wo immer schon schnelles und aktuelles Info-Radio gemacht wurde.

Als „primus inter pares" war mein Auftrag klar definiert: Die Fäden im Nachwuchsstudio in der Hand halten und in den ersten drei Anlaufmonaten mit noch wenig Unterstützung „meine" Magazinsendung mit Beiträgen und Interviews aus der Landeshauptstadt füllen. Zudem musste das Format getestet und alles besorgt werden, was im Redaktionsalltag gebraucht wurde. Von den wackeligen Schreibtischstühlen aus dem Fundus und den ratternden elektrischen Schreibmaschinen (IBM-

Die Teams im Nachwuchsstudio waren oft eine verschworene Gemeinschaft: l. vorn Sebastian Kolb (heute SR 3), hinten zweiter v. r. mit Brille: Betreuer Peter Springborn (lange ebenfalls bei SR 3). *Abb.: P. Springborn/SR*

Kugelkopf!) über die Tonbandgeräte für die Reporter bis zu den Jingles, die wir nach und nach selbst herstellten. Für die Musikauswahl war Musikredakteur Jürgen Bohr zuständig. Allerdings gelang es uns immer wieder, unsere Lieblingstitel an ihm vorbei ins Programm zu schmuggeln.

In jeder Sendestunde gab es drei bis vier Sendeplätze: für Studiogäste, bei den Tutoren ziemlich ungeliebte Telefoninterviews und natürlich Reportagen und Beiträge, dazu einen Block mit Veranstaltungstipps. Meist sendeten wir von der Hand in den Mund, Vorplanung gab es kaum, es kamen ja ständig neue Praktikanten, manche waren nur eine Woche lang eingeteilt, andere - vor allem die Volontäre - blieben immerhin einen Monat oder etwas mehr. Für einige im Nachwuchsstudio war es die erste Begegnung mit dem Medium Radio, vor allem mit der Technik. Sechs Stunden waren eine verdammt kurze Zeit, eine Sendung aus dem Boden zu stampfen mit Mitarbeitern, die zum Teil noch nie in ein Mikro hineingesprochen hatten. Aber es funktionierte jeden Tag, mal besser, mal schlechter.

Nach der Sendung trat das „Scharfgericht" zusammen. Die „Angeklagten" mit gesenktem Kopf - irgendetwas war immer danebengegangen. Aber die Richter waren gutmütig. Als betreuende Tutoren hatten sich festangestellte erfahrene Redakteure zusätzlich zu ihrer normalen Arbeit zur Verfügung gestellt. Sie nahmen die Themen am Morgen zunächst ab, präsentierten sie in der täglichen Redaktionskonferenz

Stadtradio-Team mit Moderator Stefan Robiné (vorn r.), dahinter Autor Stefan Braun als Betreuer im Nachwuchsstudio. *Abb.: SR*

der Chefredaktion, verfolgten schließlich die Sendung am Radio und machten sich ihre Notizen dazu. Hinterher gaben sie den Radio-Enfängern dann Tipps, lasen ihnen die Leviten und geizten auch nicht mit Lob, wenn ein Stück mal besonders gelungen war. Einer überraschte gar mit einem Geschenk: Hans Berwanger, damals Zeitfunk-Redakteur und eine SR-Sportreporter-Größe, ärgerte sich regelmäßig über 08/15-Beiträge und langweilige Interviews (nicht nur im Stadtradio übrigens). Er setzte deshalb einen Preis für gelungene Reportagen aus: eine Flasche Wein. Die Zahl der Reportagen nahm sofort sprunghaft zu.

Ins Goldene Anekdotenbuch des „Pampersstudios" schaffte es vor allem jene Praktikantin, die den Bundeskanzler (!) zu Beginn einer Pressekonferenz in Saarbrücken um ein Testimonial im Stil von „Ich höre Stadtradio Saarbrücken, weil..." bat. Der sichtlich verblüffte Helmut Kohl, der eigentlich erwartet hatte, zu einem landespolitischen Thema befragt zu werden, wollte ihr den Gefallen nicht tun. Sie ließ nicht locker, die Tutoren hatten ihr schließlich eingeschärft nachzuhaken, falls Politiker nicht antworten sollten. Und so bat sie ihn, ihr ins Mikro wenigstens einen Pfälzer Witz zu erzählen. Die Antwort ist nicht wörtlich überliefert, ein Witz war es jedenfalls nicht.

Überhaupt gab es so gut wie keine Panne im Stadtradio, die nicht live über den Sender ging: Übersteuerte Musik, Rückkopplungen aller Art, Telefoninterviews, die gar nicht erst zustande kamen, weil der Moderator den Regler nicht geöffnet hatte, Schimpftiraden und Flüche on air, weil er oder sie ihn versehentlich nicht geschlossen hatte. Falsche Schnitte, doppelte Anfänge, Versprecher, die nicht herausgeschnitten wurden. Pannen wie die Umschaltung nach den Nachrichten, die der Schaltraum schon mal vergaß, und die dazu führte, dass man glaubte zu senden, aber gar nicht über den Sender ging - Stadtradio Bermuda.

Schallplatten (ja, es waren Schallplatten) musste man rechtzeitig vorhören und auf den richtigen Titel einstellen. Wer das vor den Schlagzeilen um halb vergaß, hatte danach keine Musik auf dem Plattenteller - und ein schönes Sendeloch on air.

Vielen im Nachwuchsstudio blieb der Volontär in Erinnerung, der sich hoffnungslos in einer handschriftlichen Anmoderation zu einem Beitrag verstolperte und eine Mitarbeiterin deshalb wegen der Unleserlichkeit des von ihr zugelieferten Textes beschimpfte. Leider bei noch offenem Mikro, so dass ihm der Tutor nicht nur wegen seiner Stammelei, sondern gleich auch noch wegen des öffentlichen Kolleginnen-Bashings die Leviten lesen musste.

Eher Spott erntete der Kollege, der in der wöchentlichen Stadtpressekonferenz den Vortragenden vor versammelter Lokalpresse erst mal fragte, wer er denn eigentlich sei. Als früherer SR-Kollege im Umgang mit dem SR-Nachwuchs längst geübt, gab Oberbürgermeister Hans-Jürgen Koebnick Name und Titel zu Protokoll – nicht ohne Rückfrage, wer denn der Fragesteller eigentlich sei? Peinlich, peinlich.

Besonders spannend waren die Sendetage, an denen der Landtag tagte. Dann nämlich hatte die hohe Saarpolitik das Sagen auf der Stadtradio-Frequenz und das Stadtmagazin war auf Standby. Zog sich die Sitzung in die Länge, fiel die Sendung aus und die Themen fanden nach Möglichkeit am Folgetag Verwendung. War die Sitzung kurz, konnte das ein Team ins Verderben stürzen – so mancher Reporter konnte den Beginn seiner Sendung im Autoradio auf dem Rückweg ins Studio verfolgen.

Den Nachrichtensprechern (die es damals noch gab) im Sprecherstudio der Saarlandwelle waren die Jungjournalisten meist ein Dorn im Auge. Nicht nur, dass die Jungschar ihnen das Studio als Arbeits-, Vorbereitungs- und Konzentrationsraum streitig gemacht hatte. Schlimmer noch: tagtäglich belagerte sie den hochheiligen Sendetisch der Sprecher mit Papierstapeln, technischen Gerätschaften, Kaffeetassen und Colaflaschen, von vormals essbaren Resten aller Art ganz zu schweigen.

Liebevoller Funkhaus-Spott: Der SR-Nachwuchs wurde „gepampert".

Abb.: W. Wunderlich/SR

Das SR-Nachwuchsstudio – oft ein Sammelsurium an Pech und Pannen – war für den SR damals aber alles andere als eine Pleite: Die geringen Kosten für das Kilometergeld, die Parkgebühren in der Stadt und die Betreuung der Praktikanten durch freie Mitarbeiter machten sich für den SR doppelt und dreifach bezahlt. Das Nachwuchsstudio war eine Talentschmiede für künftige Mitarbeiter, ein „Entwicklungslabor" für neue Programmmitarbeiter. Viele mussten aber auch schmerzhaft erkennen, dass der Weg ins Radio steinig war und schweißtreibend – und für sie womöglich wenig erfolgversprechend.

Der Saarbrücker Oberbürgermeister Hans-Jürgen Koebnick. *Abb.: SR*

Die höchste Weihe konnte man damit erreichen, dass ein Beitrag im „echten" Radio wiederholt wurde – zum Beispiel im Tagesprogramm der Saarlandwelle. Für die Europawelle eigneten sich die Themen wegen ihrer lokalen Ausrichtung nur selten, dafür war sie die Keimzelle, in der die Brut aufging: Wer sich im Nachwuchsstudio bewährte, konnte sich Hoffnung auf eine Folgestage bei SR 1 machen.

Viele Praktikanten kamen ein zweites und drittes Mal ins Haus. Da wussten sie längst, wie man Beiträge selbst schneidet und brachten nicht selten ein technisches Knowhow in einzelne Redaktionen, das dort so noch gar nicht existierte. Tonbandgeräte standen in jeder Abteilung – aber nur zum Abhören. Zum Schneiden musste man ins Produktionsstudio, dafür war „die Technik zuständig".

Als Praktikantin oder Praktikant im Nachwuchsstudio durfte man nicht zimperlich sein. Wenn man das Funkhaus am Morgen mit einem Auftrag verließ, war klar, dass man nicht mit leeren Händen zurückkehren durfte. Die Sendeplätze mussten schließlich gefüllt werden. Immerhin: Wer die Stage gut überstand und mit Durchhaltevermögen und Kreativität auf sich aufmerksam machte, konnte seine Chancen auf weiteres Lernen in den Redaktionen deutlich verbessern. Und manchmal auch die für ein eventuell geplantes Volontariat. Das sprach sich herum, im SR und in der ganzen Bundesrepublik. Plötzlich bewarben sich junge Leute von fernen Universitäten und wollten ins Nachwuchsstudio. Journalistische Studiengänge streckten ihre Fühler nach dem woanders so nicht möglichen Liveradio aus. Die Bewerberliste wurde lang und länger.

Das liegt nun schon über 30 Jahre zurück, dennoch erinnern sich viele Kolleginnen und Kollegen im SR noch daran. Schließlich mussten nahezu alle Volontäre und Praktikanten damals eine Stage im sogenannten „SR-Nachwuchsstudio" verbringen - und sie haben viel gelernt dort. Auch viele andere Ehemalige, die heute anderenorts arbeiten, denken noch gern daran zurück wie sie sich ihre ersten Erfahrungen mit dem Medium Radio ersendeten:

Marie-Elisabeth Denzer, langjährige SR-Redakteurin und Anchorfrau des „aktuellen berichts", heute Leiterin der Unternehmenskommunikation beim Energie- und Umweltunternehmen VSE, ist aus ihrer Zeit im Nachwuchsstudio „das tägliche Chaos" in Erinnerung geblieben und die „Überraschung, dass es trotzdem immer eine Sendung gab".

Martin Ganslmeier, in der ersten Stadtradio-Sendung 1986 als Außenreporter am St. Johanner Markt in Saarbrücken, leitet heute als NDR-Auslandskorrespondent das ARD-Studio in Washington: „Die vier Wochen, in denen ich im Nachwuchsstudio täglich eine Stunde Sendung machen konnte, haben meine lebenslange Leidenschaft fürs Radio geweckt! Für Berufsanfänger war das ein guter Nährboden, der die Kreativität gefördert hat."

Stefan Hans Kläsener, Chefredakteur des Schleswig-Holsteinischen Zeitungsverlags mit dem „Flensburger Tageblatt" und zahlreichen weiteren Titeln, erinnert sich bis heute an seine Reportage über die Wasserorgel im Saarbrücker Deutsch-Französischen Garten - in diesem „Schülerradio": „Anders kann man es nicht nennen, denn wir waren unbedarft, auch wenn uns Profis mit Tipps weiterhalfen. Wir sendeten stolprige Beiträge, moderierten, wie uns der Schnabel gewachsen und wie der heimische Dialekt es uns vorschrieb - ein Gräuel für die Nachrichtenprofis mit Sprecherausbildung."

Alexander Krahe, beim rbb-Inforadio in Berlin jetzt Redaktionsleiter für Management und Layout, urteilt im Rückblick: „Ziemlich mutige Entscheidung vom SR uns da jeden Tag so senden zu lassen. Mir hat das Direkte und Einfache am Radio und im Nachwuchsstudio gefallen."

Stefan Robiné, heute bei der Deutschen Welle in Berlin stellvertretender Hauptabteilungsleiter „Zentrale Bereiche", verabschiedete sich 1987 nach 55 Minuten Stadtradio, in denen er statt der nächsten Platte die Werbespots abgefahren und auch ein paar Sendelöcher produziert hatte, mit den Worten „Eine Sendung mit Pannen und anderen Höhepunkten". Später fand er selbst Freude am Metier der Fort- und Weiterbildung im Journalismus und war lange bei der ARD.ZDF medienakademie Leiter des Geschäftsbereichs Programm und Gestaltung.

Lutz Semmelrogge, heute SR-Programmdirektor, hat ganz besondere Erinnerungen an das „Stadtradio": „Ende 1989 war ich Praktikant im Nachwuchsstudio. Das war doppelt schicksalhaft. Zum einen, weil mich die Freude am Radio-Machen gepackt und sich daraus mein beruflicher Werdegang beim SR entwickelt hat. Zum anderen, weil ich im Nachwuchsstudio meine heutige Frau kennengelernt habe. Damals war sie meine ‚Chefin' - und ist es immer noch ..."

Frank Thewes, lange Politikchef des Magazins „Focus" in Berlin und heute Leiter der Kommunikation des DIHK: „Schon rein körperlich war es herausfordernd, weil die Reportergeräte der damaligen Generation ein beachtliches Gewicht aufwiesen. Wir waren manchmal der Schrecken der damaligen Saarbrücker Stadtpolitik, für die wir schwer kalkulierbar waren."

Joachim Weyand, heute Anchorman im „aktuellen bericht" des SR Fernsehens, lieferte als ersten Beitrag eine Reportage „im Stile einer Beerdigungsübertragung" ab. Sein Thema: die Saarbrücker Rathaus-Erstürmung am Fetten Donnerstag. „Unser Tutor, der spätere Hörfunk-Programmdirektor Hans-Harro Schmidt, hat meinen Beitrag völlig verrissen und polterte hinterher: ‚Gehen Sie zum Lachen in den Keller?'"

André Zalbertus, erfolgreicher Fernsehjournalist und -produzent, schrieb in seiner Würdigung des Nachwuchsstudios von einer „faszinierenden Erfahrung" und von „beträchtlichem Stress" sowie jeder Menge Regler und Schalter, die er als Moderator „in ihrer Vielzahl für unbeherrschbar" hielt.

Mit seinem Nachwuchsstudio betrat der SR 1986 Neuland, er hat damit zahlreichen jungen Menschen den Weg in den Radio-Journalismus geebnet – vermutlich auch viele davor bewahrt, es weiter zu versuchen. Er hat auf das Selbstfahren und Selbstproduzieren im Journalismus gesetzt – Jahre bevor andere auf die Idee kamen oder den Mut hatten, es zu testen. Schade, dass sich die Spuren des Saarbrücker Stadtradios Anfang der 90er Jahre verloren, als es still und leise verstummte – weil es an Geld dafür fehlte und das Studio durchgehend für SR 3 Saarlandwelle benötigt wurde. Wer weiß, welche neuen und unkonventionellen Ideen junge Leute heute in Zeiten von Crossmedialität und social media dort beisteuern und praktisch erproben würden.

Über den „Saar-Vogel" und die Anfänge des Bonner SR-Studios

Von Franz Jansen / Mitarbeit: Axel Buchholz

Den ersten Bonner Korrespondenten übernahm der Saarländische Rundfunk von seinem Vorgängersender: Rolf Vogel. Er war ein Gratwanderer zwischen Politik und Journalismus. Von Zeit zu Zeit wurde er deshalb auch selbst Gegenstand der Berichterstattung seiner Journalistenkollegen. Für das Radio in Saarbrücken arbeitete Vogel (wohl) ab 1956. Das Saarland war damals noch ein teilautonomer Staat mit wirtschaftlicher Anbindung an Frankreich. Die Saarabstimmung 1955 hatte die politischen Weichen aber bereits in Richtung Rückgliederung in die Bundesrepublik Deutschland gestellt. Das war auch beim Sender an der Saar nicht ohne Auswirkungen geblieben.

Willi Gasper: baute das SR-Büro in Bonn auf.

Abb.: SR

Offenbar getragen von dem neuen politischen Wind an der Saar wurde der „Saar-Vogel", so bald der Spitzname von Rolf Vogel, Bonner Korrespondent des Saarbrücker Senders. Rolf Vogel war ein Verfechter der Rückgliederung der Saar an Deutschland. Ab 1956 sind erste Interviews von ihm im SR-Hörfunk-Archiv erhalten. Vogels Vorgänger Carl Grampp war noch Befürworter der Europäisierung der Saar gewesen. Grampp arbeitete ab 1951 als erster Bonner Korrespondent für Radio Saarbrücken.

Mit Rolf Vogel hat sich das Nachrichtenmagazin „Der Spiegel" wiederholt beschäftigt, zuletzt in den Jahren 2010 und 2011. Dabei ging es um seine Tätigkeit für die Adenau-

Rolf Vogel: Korrespondent und Agent?
Abb.: SR

er-Regierung. Vieles bleibt aber vage und ist nicht eindeutig zu belegen. Jedenfalls war Rolf Vogel eine höchst interessante und schillernde Person im Grenzbereich von Politik und Journalismus.

Sein Vater, Kurt Vogel, war KPD-Mitglied, seine Mutter Jüdin. Vater Kurt flüchtete vor den Nazis über die Niederlande und Dänemark nach Schweden und Norwegen. Nach dem Zweiten Weltkrieg war Kurt Vogel Presseattaché der deutschen Botschaft in Oslo.

Rolf Vogels Mutter wurde während der Nazi-Zeit nach Theresienstadt deportiert. Über sie und den Sohn Rolf hielt dann während des Krieges Hjalmar Schacht in Berlin schützend seine Hand, wie der frühere SR-Pressechef und Regionalhistoriker Klaus Altmeyer erzählte. Er kannte Rolf Vogel persönlich. NSDAP-Mitglied Schacht war lange u. a. als Reichsbankpräsident und Reichswirtschaftsminister Förderer Hitlers und der Aufrüstung, ehe er wegen Kontakten zu Mitverschwörern des Attentats vom 20. Juli verhaftet wurde.

Rolf Vogel studierte zunächst bei Emil Dovifat Zeitungswissenschaft. Später wurde er in ein „Mischlingslager" in Baden-Württemberg eingewiesen. Dort hatte er Verbindungen zum deutschen Widerstand, u. a. zu Graf von Galen. Nach dem Zweiten Weltkrieg ging Rolf Vogel nach Bonn, arbeitete als Journalist und wurde zu einem der engsten Vertrauten von Bundeskanzler Konrad Adenauer. Besonders bei den Verhandlungen mit Israel sei er eingebunden gewesen, berichtet Klaus Altmeyer.

Schon in den fünfziger Jahren drehte Vogel Filme über Israel, u. a. mit Axel Springer. Für die „Deutsche Zeitung" in Köln ließ er sich bei den Nürnberger Prozessen akkreditieren, später auch beim Eichmann-Prozess.

Vogel arbeitete, wie es in Bonn hieß, auf Wunsch von Adenauer für den Bundesnachrichtendienst. Er sollte Staatssekretär Hans Globke, Adenauers Chef des Kanzleramtes (1953 - 1963), entlasten. Der Jurist Globke stand in der Kritik, vor allem wegen seiner Mitarbeit an der gegen die Juden gerichteten Rassengesetzgebung während der Nazizeit. Vogel hat damals berichtet, dass Globke sich für „Halbjuden" wie ihn eingesetzt habe und ihn damit teilweise entlastet.

Beim Adenauer-Besuch 1957 an der Saar dabei: Rolf Vogel rechts hinten neben dem Bundeskanzler.
Abb.: Gerd Schöfer/SR

Wie Vogels Kontakt zum Sender an der Saar entstand, ließ sich nicht herausfinden. Sein „Bonner Studio" und Arbeitsplatz war in einer Baracke des Bundespresseamtes. Das Korrespondentenhaus des WDR für mehrere ARD-Sender in der Bonner Dahlmannstraße war noch nicht gebaut.

In der Anfangszeit gab es Beiträge aus Bonn im Programm des SR und seines Vorgängersenders noch nicht täglich. Ausgestrahlt wurden sie hauptsächlich in der werktäglichen Politik-Sendung „Stimme des Tages", die es ab 1949 gab. Insgesamt lief die „Stimme" ein gutes Vierteljahrhundert lang - bis zum Freitag, den 2. April 1976.

Von den Interviews, die Rolf Vogel für die „Stimme des Tages" lieferte, sind im SR-Hörfunk-Archiv zum Beispiel ein Gespräch mit dem damaligen Staatssekretär im Auswärtigen Amt Walter Hallstein zur Saar-Frage (Sendetermin: 19. Juli 1956) und ein weiteres mit Adenauers Regierungssprecher Felix von Eckardt zur Wiederbewaffnung der Bundesrepublik erhalten. Für die Länge der Interviews gab es offensichtlich keine Vorgabe. Von dreieinhalb bis zu 15 Minuten war alles möglich. Interviews mit Politikern liefen regelmäßig auch in der wöchentlichen Sendung „Das Interview". Zusätzlich zur „Stimme des Tages" gab es später die Sendung „Echo der Woche" mit politischen Beiträgen auch aus Bonn.

Die Korrespondenten lieferten anfänglich nur Texte, die von Berufssprechern gelesen wurden. Korrespondenten-Berichte aus dem Ausland wurden in der Regel für bestimmte Wochentage fest vereinbart - unabhängig vom aktuellen politischen Geschehen. Die Bonner Korrespondenten überspielten später neben Kommentaren, Berichten und Interviews auch Ausschnitte aus Bundestagsreden. Beiträge mit O-Tönen gab es zu dieser Zeit noch nicht.

Walter Hallstein (2. v. l.) neben Bundeskanzler Konrad Adenauer (1957). Rolf Vogel interviewte den Staatssekretär im Auswärtigen Amt zum Verlauf der Saarverhandlungen. *Abb.: dpa*

Nach zwei Jahren Mitarbeit beim SR wurde Rolf Vogel 1959 stellvertretender Leiter des Büros der Europäischen Wirtschaftsgemeinschaft (EWG) in Bonn. Die Umstände seines Ausscheidens beim SR waren nicht mehr herauszufinden. Nach der Erinnerung von Klaus Altmeyer, damals SR-Pressechef, war Vogel beim Sender und saarländischen Politikern „in Ungnade" gefallen. Otto Klinkhammer, später SR-Chefredakteur und Programmdirektor, vermutet die Ursache dafür in Vogels sonstigen Bonner Aktivitäten. SR-Intendant Dr. Franz Mai als ehemaliger Adenauer-Referent dürfte die gekannt haben. Mit Vogels Haltung in der Saarfrage habe sein Ausscheiden beim SR aber nichts zu tun gehabt. Vogel habe engagiert die Rückgliederung der Saar an Deutschland vertreten. Möglicherweise passte Vogel auch ganz einfach politisch nicht mehr ins Parteitableau beim Sender.

SAARBRÜCKEN
236,8m / 1267kHz 20kW

6.00 Frühkonzert. 7.00 Nachr. 7.15 Musik. 8.15 Nachr. 8.30–9.15 Kunterbunt. 9.30 Evangel. Gottesdienst. 10 30 Lieder. 11.15 Unsterbliche Werke: ›Petrarka‹. 11.45 Mittagskonzert I. 12.30 Nachr. 12 40 Die Gewerkschaft. 12.55 Schlager der Woche. 13.00 Saarlandbrille. 13.20 Mittagskonzert II. 14.00 Erzählung. 14.30 Chöre. 15.00 Märchen. 15.30 Klaviersonate F-dur op. 54 (Beethoven). Es spielt Walter Gieseking. 15.50 Kammermusik. 16.30 Hörerwünsche. 17.25 Sport. 17.30 Sinfoniekonzert aus Paris. 19.00 ›Arzt wider Willen‹. 19.45 Stimme des Tages. 20.05 ›Versuch dein Glück‹. 20.40 Eins ins andere. 22.00 Nachr. 22.15 Tanz. 22.45 Film-Magazin. 23.40–23.50 Nachrichten.

SONNTAG

Die „Stimme des Tages" gab's auch sonntags: Programmankündigung der „HörZu!" im November 1949.

Abb.: Website „Saar-Nostalgie"/SR

Nach der „kleinen Wiedervereinigung" der Saar mit Deutschland am 1. Januar 1957 hatte der „Saarländische Rundfunk" als gemeinnützige Anstalt des Öffentlichen Rechts mit allen Rechten und Pflichten die Nachfolge des bisherigen Senders angetreten. Das Bonner SR-Büro wurde von nun an nach und nach vergrößert und damit auch „politisch ausgewogen" besetzt. In einer großen Koalition war seit Anfang 1959 die SPD als Koalitionspartner von CDU und CVP an der Saar-Regierung beteiligt.

Im selben Jahr 1959 wurde Willi Gasper Leiter des SR-Korrespondentenbüros in Bonn. Während des Abstimmungswahlkampfs war er 1954 in die SPD eingetreten. Die „Arbeitsgemeinschaft Christlicher Demokraten im Saarländischen Landtag" hatte ihn dem Intendanten Franz Mai als Korrespondent vorgeschlagen. Er blieb es 27 Jahre lang bis 1986.

Nach dem ersten Arbeitstreffen der Regierungen von Rheinland-Pfalz und dem Saarland 1963: Die beiden Ministerpräsidenten Peter Altmeier (l.) und Franz-Josef Röder (Mitte) im Interview mit Willi Gasper. Abb.: SR

Bereits zwischen 1950 und Ende 1952 war Gasper, damals noch freier Mitarbeiter, als Nachrichtenredakteur für „Radio Saarbrücken" tätig gewesen. Außerdem arbeitete er bis 1959 noch für den Südwestfunk (heute SWR) sowie für die Zeitungen „Die Welt", „Rheinpfalz" und zuletzt als Redakteur für die „Saarbrücker Allgemeine Zeitung", die von der Sozialdemokratischen Partei herausgegeben wurde.

Die ältesten im SR-Hörfunk-Archiv vorhandenen Kommentare aus Bonn stammen von Willi Gasper und beschäftigen sich 1961 mit dem Bau der Berliner Mauer. Er kommentierte am 12. August die „Deutschlandfrage" und am 14. August (einen Tag nach dem Bau der Berliner Mauer) in der „Stimme des Tages" die „Willkürmaßnahmen des Sowjetregimes". Den Rahmentext zu den Beiträgen las Sprecher O.K. Müller vor. „Moderierende Redakteure" wurden erst später eingeführt.

In der Bibliothek der Friedrich-Ebert-Stiftung sind mehrere Interviews von Willli Gasper dokumentiert und verschriftet online abrufbar. Das älteste stammt vom 8. Dezember 1959, ausgestrahlt in der Sendung „Stimme des Tages". Willi Gasper befragte darin den SPD-Bundestagsabgeordneten Helmut Schmidt über militärpolitische Fragen. Auch der SPD-Vorsitzende Willy Brandt wurde mehrfach von Willi Gasper interviewt.

SR-Korrespondent Hans Bursig kommentierte regelmäßig auch in den ARD-Tagesthemen. Abb.: SR

Ab 1961 regierte die DPS (wie die Saar-FDP damals noch hieß) im Saarland mit – als neuer alleiniger Koalitionspartner der CDU. 1964 wurde Hans Bursig zweiter Korrespondent im Bonner SR-

Studio (neben Willi Gasper). Er war FDP-Mitglied und zuvor Chefredakteur der in diesem Jahr eingestellten FDP-Wochenzeitung „Das freie Wort" gewesen. Während des Abstimmungswahlkampfes vor der Saar-Rückgliederung war Bursig auch für die Zeitung „Deutsche Saar" der DPS tätig gewesen, erinnert sich Klaus Altmeyer.

Von 1977 bis 1980 wechselte Bursig für den SR als innenpolitischer Redakteur zu ARD-Aktuell nach Hamburg und prägte die damals neue Sendung „Tagesthemen" mit, u. a. auch durch seine politischen Kommentare. Danach übernahm Hans Bursig beim SR die Leitung der Abteilung Politik. Er kommentierte auch aus Saarbrücken weiterhin regelmäßig im ARD-Fernsehen.

Von Bursig sind ebenfalls in der Bibliothek der Friedrich-Ebert-Stiftung mehrere SR-Interviews abrufbar. 1986 ging Bursig wieder als SR-Korrespondent nach Bonn und war dann bis zu seinem Tod 1990 Leiter des Büros.

Das WDR-Haus in Bonn, in dem auch der SR sein Bonner Büro hatte. Abb.: WDR/Heinz Karnine

Bereits 1969 war mit dem Politologen Hans-Heinz Schneider (20. Juni 1934 bis 3. Juli 2014) ein weiterer Korrespondent in das Bonner Büro gekommen. Er blieb dort bis 1997. Schneider war zuvor persönlicher Referent des Berliner Finanzsenators und später in Bonn Pressereferent des von Kai-Uwe von Hassel (CDU) geführten Bundesvertriebenen-Ministeriums. Auch Schneider war CDU-Mitglied. Er engagierte sich über seine Korrespondententätigkeit hinaus im SR auch im Programmmitarbeiter-Ausschuss und bei Programmprojekten.

Das Büro der SR-Korrespondenten war seit 1960 im Haus des WDR in der Dahlmannstraße, in unmittelbarer Nähe des Bundestages. Ein Fernseh- und vier Hörfunk-Studios gab es dort. Die Technik im WDR-Haus stellte gemeinsam für den SR, für Radio Bremen und für den Hessischen Rundfunk der Bayerische Rundfunk zur Verfügung. In diesem Studiogebäude arbeiteten ab 1960 die meisten Radio- und Fernseh-Korrespondenten der ARD – bis 1999, also bis zum Umzug von Bundesregierung und Bundestag nach Berlin.

Alle Korrespondenten berichteten und kommentierten grundsätzlich nur für ihren eigenen Sender. Eine geregelte senderübergreifende Kooperation wie ab 1999 im Hauptstadtstudio in Berlin gab es nicht. Aber so manche Korrespondentinnen und Korrespondenten produzierten trotzdem Beiträge für andere Sender - gegen zusätzliches Honorar. Die „Fleißigen" konnten sich so durchaus ein „kleines Gehalt" nebenher verdienen.

Hans-Heinz Schneider: erst Pressesprecher dann Bonner SR-Korrespondent.
Abb.: H.-H. Schneider/SR

Es gab zu dieser Zeit noch keine Privatradios und keine öffentlich-rechtlichen Info-Radios. Der Bedarf der Sender an Beiträgen war wesentlich geringer. Es ging alles viel gemütlicher zu als nach dem Umzug der Korrespondenten in die neue Hauptstadt Berlin.

Auch der Alkohol spielte damals, bei Journalisten wie bei Politikern, noch eine „nicht unbedeutende Rolle" - anders als das heute der Fall ist. Manchmal half er auch, Interview-Termine zu bekommen.

Es war Mitte der achtziger Jahre. Ich (Franz Jansen) sollte als neuer Korrespondent (der vierte des SR neben Gasper, Bursig und Schneider) ein Interview mit dem SPD-Bundestagsabgeordneten Egon Bahr (dem Abrüstungsexperten seiner Partei) aufzeichnen. Es ging um die damals in der SPD sehr heiß diskutierten Abrüstungsfragen zwischen Ost und West. Der Pressesprecher weigerte sich aber, mir das Interview zuzusagen. In meiner Not bat ich ihn, doch mal selbst mit Egon Bahr sprechen zu können. Er stellte mich tatsächlich durch. Ich kam aber gar nicht dazu, meine Bitte vorzutragen. Egon Bahr sagte nur: „Habt ihr eine gute Flasche Rotwein da?" Hatten wir nicht, aber ich versprach: „Daran wird es nicht scheitern, Herr Bahr." Dann sagte er nur noch: „Ich komme gleich rüber." Die Wege waren damals sehr kurz in Bonn.

Jetzt war guter Rat teuer, woher so schnell den Wein nehmen. Unsere Assistentin Ria Peters, seit vielen Jahren im Bonner Büro, wusste natürlich Rat. Direkt vor dem Ein-

Der SPD-Politiker Egon Bahr: ein wichtiger Mitgestalter der SPD-Ostpolitik und häufiger Interviewpartner der Bonner SR-Korrespondenten. *Abb.: dpa*

gang des Bundestages gab es einen Kiosk der gehobenen Kategorie. Ria Peters eilte dorthin. „Herr Rausch", so hieß der Besitzer, „ich brauche eine Flasche von dem Wein, den der Egon immer trinkt". Wenige Minuten später stand sie mit der Flasche Rotwein wieder im Büro. Egon Bahr kam, wir tranken die erste Hälfte der Flasche – noch vor dem Interview. Dabei besprachen wir auch das politische Thema. Nach dem Interview tranken wir dann den Rest – ich ein bisschen weniger. Das Interview war im Kasten.

Ria Peters übrigens war ein Bonner Urgestein, mit Leib und Seele eine echte Bonnerin aus dem Stadtteil Lengstorf. Beim rheinischen Karneval mitzumachen, war für sie selbstverständlich. Gearbeitet haben an den Karnevalstagen nur die Kolleginnen und Kollegen, die über den Karneval berichteten, alle anderen feierten. Da gab es für Ria Peters keine Kompromisse. Den Saarbrücker Kollegen war das nicht immer so bewusst. So rief einmal an Weiberfastnacht morgens der „Aktuelle Dienst" der Europawelle Saar aus dem Funkhaus an. Man wolle gern einen ernsten politischen Beitrag von Franz Jansen. Da hatten die Saarbrücker allerdings die Rechnung ohne Ria Peters gemacht: „Der Jansen ist total betrunken, der kann keinen Beitrag machen, und merken sich mal da in Saarbrücken, hier ist Karneval." Tatsächlich hatte ich noch keinen Tropfen getrunken, aber an solchen Tagen führte Ria das Kommando. Und zwar recht barsch, wenn es galt, den Karneval zu verteidigen. Mir blieb nichts anderes übrig, als nach diesem Gespräch mit ihr in den Bundestag zu gehen. Da trat die Bonner Prinzengarde auf, und wir zwei machten, wie so viele andere Bonner Kolleginnen und Kollegen, mit beim „Stippefötche-Tanz" der Garde.

Der SPD-Vorsitzende Willy Brandt im Interview mit Hans Bursig (r.) und Harald Klyk; l. Fahrer Hans Thamerus. *Abb.: SR*

La Radio Sarroise à Paris: der erste eigene SR-Korrespondent in Frankreich

Von Norbert Carius

Aus seiner Nachkriegsgeschichte als Radio Saarbrücken in einem erst französisch besetzten und dann von Frankreich dominierten Saarland heraus hatte der Sender an der Saar stets Korrespondenten in Paris. Teilweise mehrere gleichzeitig – und noch bevor er in der provisorischen bundesdeutschen Hauptstadt Bonn vertreten war. Ein eigenes Korrespondentenbüro in der französischen Hauptstadt bekam er allerdings erst als öffentlich-rechtlicher Saarländischer Rundfunk.

Norbert Carius, noch Korrespondent in Bonn (1992).
Abb.: Press Service Int./F. Ossenbrink

Frühjahr 1995. Ich war seit gut drei Jahren Korrespondent des Saarländischen Rundfunks in Bonn, als mich der damalige Programmdirektor Hörfunk Hans-Harro Schmidt in sein Büro einbestellte. Ob ich mir zutrauen würde, den Korrespondentenplatz in Paris zu übernehmen, wollte er wissen. Aber klar doch!

Eine tiefgreifende Änderung der südwestdeutschen Rundfunklandschaft stand bevor: Die Politik hatte die Fusion von Südwestfunk (SWF) und Süddeutschem Rundfunk (SDR) zum SWR beschlossen. Der Frankreich-Korrespondent des SDR, Klaus Huwe, hatte gleichzeitig auch für den SR gearbeitet. Er war runde 40 Jahre in

Klaus Huwe, langjähriger Frankreich-Korrespondent für den SDR und auch den SR. Abb.: SR

Paris und berichtete schon 1963 über die Unterzeichnung des Élysée-Vertrags durch Adenauer und de Gaulle. Nun aber würde sich Klaus Huwe Ende des Jahres in den Ruhestand verabschieden. Deshalb hatte die SDR-Geschäftsführung beschlossen, das eigene Büro zu schließen und sich im Hinblick auf die bevorstehende Fusion vom SWF mit versorgen zu lassen. Die kleinen Sender Ostdeutscher Rundfunk Brandenburg, Sender Freies Berlin (seit 2003 sind beide zusammen der Rundfunk Berlin-Brandenburg, rbb), Radio Bremen und auch der Saarländische Rundfunk waren somit „heimatlos".

In dieser Situation hatte SR-Intendant Manfred Buchwald zusammen mit Hans-Harro Schmidt die Idee, die Frankreich-Kompetenz des SR zu stärken und in Paris ein eigenes Korrespondenten-Büro zu eröffnen. Dass dabei die Wahl auf mich fiel, hatte ich meinen vorherigen Frankreich-Aktivitäten zu verdanken. An der Pariser Journalistenschule CFPJ hatte ich einen Drei-Monats-Kurs absolviert. Aus Frankreich berichtete ich häufig als Reporter, unter anderem für die „Französische Woche", die es damals alljährlich im SR-Programm gab. Darin wurde jeweils eine französische Region ausführlich vorgestellt. Schließlich war ich über Jahre der Leiter von Radio-Seminaren für junge Leute in Montpellier und Saarbrücken, die in Zusammenarbeit mit dem Deutsch-Französischen Jugendwerk stattfanden. Auch das Büro in Paris kannte ich von etlichen Produktionen, die ich dort aufgenommen hatte.

Hörfunk-Direktor Hans-Harro Schmidt, Intendant Manfred Buchwald und Fernseh-Direktor Werner Zimmer. Abb.: R. Oettinger/SR

Mein Auftrag lautete, das Studio in Paris komplett neu aufzubauen. Erste

Frage: Übernehmen wir die Räume des SDR, der Untermieter beim WDR unweit der Champs Élysées war? Ich entschied mich bald dagegen: Zwei kleine Büroräume (für den Korrespondenten und die Sekretärin) und eine Besenkammer mit Mikrofon und Tonbandgerät entsprachen nicht meinen Vorstellungen eines modernen „Alleinkämpfer"-Arbeitsplatzes. Eine Sekretärin würde ich nicht haben, stattdessen Platz brauchen für mehr Technik. Und die (wenn ich es recht erinnere) gut 6 000 D-Mark Monatsmiete beim WDR waren damals selbst für Pariser Verhältnisse exorbitant.

Das SR-Studio im Pariser Vorort Villeneuve-la-Garenne.
Abb.: SR

Also suchte ich eine andere Lösung. Vom London-Korrespondenten des Deutschlandfunks (und früheren SR-Kollegen) Burkhard Birke wusste ich von den Vorteilen des Wohnens und Arbeitens unter einem Dach. Man war stets erreichbar und sofort einsatzfähig. Das Archiv (das noch aus Zeitungsausschnitten bestand) und die Agenturen standen rund um die Uhr zur Verfügung. Schließlich gab es damals noch kein Internet oder Wikipedia, und ein ISDN-Sendeanschluss kostete ein Vermögen. Fündig wurde ich im Pariser Vorort Villeneuve-la-Garenne: ein Haus mit geräumigem Rez-de-jardin (Gartengeschoss) für Büro und Studio – direkt am Seine-Ufer und mit guter Verkehrsanbindung ins „centre ville".

Norbert Carius mit Klaus Huwe im Pariser Studio (1997).
Abb.: N. Carius/SR

Revolutionär war damals die Technik, die der SR seinem ersten Auslandsstudio verpasste. Produziert wurde am PC mit dem gerade marktreifen DIGAS-Schnittprogramm. Bandmaschine und Kassettenrecorder dienten nur noch als Zuspielgeräte. Französische afp-Agenturmeldungen kamen per Satellitenan-

Norbert Carius vor dem Café an der Ecke.
Abb.: N. Carius/SR

tenne und Computer ins Haus. Auch deutsches und französisches Fernsehen wurden via Satellit empfangen und konnten direkt mitgeschnitten werden. Der SR hatte in Paris das erste digitale Auslandsstudio der ARD.

Dass der Korrespondent aufgrund der Einheit von Wohnung und Büro praktisch rund um die Uhr verfügbar war, sprach sich in den Redaktionen schnell herum. Bei dramatischen Ereignissen war ich meist der Erste, der etwas senden konnte: Wenn mich früh morgens ein Anruf vom Aktuellen Dienst des SR oder vom SFB-Inforadio aus dem Bett scheuchte, brauchte ich 30 Sekunden bis zum Schreibtisch, auf dem auch das Mikrofon für die Live-Gespräche stand. Der Agentur-Computer lief sowieso, Radio France Info und der TV-Nachrichtensender LCI wurden automatisch aufgezeichnet und lieferten Infos und O-Töne frei Haus.

Und aktuelle Themen gab es genug. Auch damals erschütterte ein Attentat Paris: eine Bombe im RER, dem Netz der Regionalbahnen. Die Täter wurden nie gefunden. Es gab Regierungskrisen, Flugzeugabstürze, Bauerndemos und LKW-Streiks. Ich (der ich immer gesagt hatte, ich mache alles außer Kirche, Kunst und Sport) berichtete über den Papstbesuch, die große Picasso-Ausstellung und die Fußball-Weltmeisterschaft. Das spektakulärste Ereignis allerdings habe ich verpasst: Als Lady Di (Prinzessin Diana von Wales) in einem Pariser Straßentunnel zu Tode kam, war ich auf Korsika – da musste meine Vertreterin rund um die Uhr ran.

Der Alltag des Paris-Korrespondenten sah in der Regel so aus: morgens zwischen 6 und 8 Uhr im Studio für Live-Gespräche mit den Frühsendungen, danach Frühstück (und Spaziergang mit dem Hund), ab 10 Uhr wieder am Schreibtisch, um die Beiträge für die Mittags- und Nachmittags-Magazine zu produzieren. Das war dann so gegen 17 Uhr erledigt und es war Zeit für ein bisschen Pariser Leben, bevor ich am Abend nochmal ins Studio runterging, um mir die Fernseh-Nachrichten anzusehen und die Kurzbeiträge für den nächsten Morgen zu schreiben. An eine tarifliche Arbeitszeit von 38,5 Stunden war dabei natürlich überhaupt nicht zu denken. Als ich Jahre später vorübergehend auf den Halberg ins Saarbrücker Funkhaus zurückkehrte, wollte mir mein Programmdirektor ein Arbeitszeit-Konto einrichten, um seinen umtriebigen Mitarbeiter Carius besser kontrollieren zu können. Ich habe ihm dann vorgerechnet, dass ich die nächsten zwei Jahre gar nicht kommen könne, weil ich erst meine Überstunden abfeiern müsse. Er hat das Vorhaben ganz schnell beerdigt.

Was habe ich in meiner Korrespondentenzeit von Paris gesehen, was ist mir in Erinnerung geblieben? Vor allem das Alltägliche: Café au lait und tartine (Baguette mit Butter) im Café an der Ecke, der marché in meinem Vorort, Spaziergänge am Seine-Ufer und im Parc des Buttes Chaumont, shoppen im Samaritaine (dessen wunderbare Aussichtsterrasse leider seit Jahren geschlossen ist), die unzähligen kleinen Restaurants, in denen selbst vietnamesische Gerichte so viel leckerer schmecken als zu Hause in Deutschland. Und eine Pressereise zu einem Raketen-

Norbert Carius am Seine-Ufer: Paris bei Nacht mit illuminiertem Eiffelturm.

Abb.: N. Carius/SR

Norbert Carius am „Place de la Concorde" (im Hintergrund der Obelisk von Luxor).

Abb.: N. Carius/SR

start in Kourou im französischen Übersee-Département Französisch-Guayana, der dann wegen eines technischen Defekts verschoben werden musste. Stattdessen konnten wir im Startturm rumkrabbeln und alles genau ansehen. Die touristischen Hotspots von Paris besucht man als résident eher selten, auf dem Eiffelturm war ich nur zwei Mal, einmal mit Gästen, ein weiteres Mal zu Dreharbeiten für einen Fernseh-Film.

Drei Jahre habe ich aus Frankreich berichtet und in dieser Zeit geschätzte tausend Beiträge zum SR, dem SFB, dem ORB (heute zusammen mit dem SFB der rbb) und zu RB überspielt – von der Nachrichtenminute bis zum 60-Minuten-Feature. Das Pariser SR-Studio war ein Gruppenstudio dieser Sender. Dann bot mir SR-Intendant Fritz Raff eine neue Herausforderung an: Er schickte mich 1998 als Fernseh-Korrespondent ins neue ARD-Hauptstadtstudio nach Berlin, wo ich dann – mit kurzer Pause – 18 Jahre bleiben sollte.

Die französische Stimme des Saarländischen Rundfunks

Von Daniel Mollard

„Der letzte deutsche Sender vor der Grenze" heißt es manchmal im Scherz über den SR. In Wirklichkeit verstand sich der gesamte SR schon seit jeher als eine „Europawelle" zwischen Deutschland, Luxemburg und Frankreich. Auch schon Ende der fünfziger/Anfang der sechziger Jahre, als es die Schlagbäume an den Grenzen tatsächlich noch gab. Und ebenso die in so manchen Köpfen. Einer der entscheidend dabei mithalf, sie einzureißen, ist der Journalist Daniel Mollard.

Daniel Mollard *Abb.: R. Oettinger/SR*

Wie ich als Franzose 1963 zum Saarländischen Rundfunk gekommen bin? Der Universität des Saarlandes habe ich es zu verdanken – und einer jungen Kommilitonin. An der Uni studierte ich Anfang der sechziger Jahre Deutsch, weil ich ein Stipendium bekommen hatte und die Prüfungen zum Teil in Frankreich anerkannt wurden. Der jungen Mitstudentin gefiel meine Stimme – einfach so, ganz ohne Mikrofon. Deshalb empfahl sie mich 1964 dem SR. Sicher wollte sie dem Sender etwas Gutes tun. Der suchte damals nämlich einen französischen Moderator für das „Westmagazin". Das war eine zweisprachige Fernseh-Sendung mit Beiträgen in Deutsch und Französisch und auch einer zweisprachigen Doppelmoderation. Die Sendung war von 1963 bis 1965 im Programm. So wurde der Student und Fernseh-Neuling Daniel Mollard Ko-Moderator neben der bereits erfahrenen und damals auch als SR-Fernseh-Moderatorin tätigen Schauspielerin Gertrud Roll, die auf vielen Bühnen und z. B. auch noch 2016 in einem „Tatort" zu sehen war.

Schauspielerin und SR-Moderatorin Gertrud Roll mit Maskenbildnerin Eleonore Meißner (Lore Kappeler).
Abb.: K. P. Weber/SR

Mit den ersten Wünschen nach Autogrammkarten (die ich nie haben wollte) kam weiterer Erfolg: Ich wurde der Moderator der zehn Minuten langen Fernseh-Sendung „Bonjour voisins", die vom 10. September 1965 bis zum 19. Juli 1968 ausgestrahlt wurde. Sie war Teil des Mittagsprogramms für Schichtarbeiter „Im Dreieck" (auch: „Im Industrie-Dreieck"), das erstmals am 5. Oktober 1964 gesendet wurde und 1968 auslief.

Nach meinem Studienabschluss in Straßburg und dem französischen Militärdienst hätte ich nun in Frankreich als Deutschlehrer arbeiten können. Stattdessen kam ich 1969 wieder zum SR zurück. Der Journalismus hatte es mir inzwischen angetan. Und tatsächlich ging es nun „coup sur coup". Das „Westmagazin" gab's zwar nicht mehr und auch nicht die „Bonjours voisins"– dafür aber Arbeit als Fernseh-Reporter.

Charmanter Besuch aus Frankreich: die Sängerin Mireille Mathieu bei Daniel Mollard im SR-Studio.
Abb.: SR

Jede Woche einmal zum Beispiel präsentierte ich den „Brief aus Lothringen" mit mehreren kurzen Beiträgen. Im Hörfunk kamen erst die Nachrichten in Französisch hinzu (ab 7. Juli 1969 bis zum 30. Dezember 2004), dann Einsätze als Reporter für aktuelle Sendungen, später auch die Moderation des Mittagsjournals auf der Europawelle und des Zeitfunks auf der Saarlandwelle.

Als „Radio France Provence-Côte d'Azur" SR-Partnersender wurde, moderierte ich im Wechsel mit SR-Kollegen Mitte der siebziger Jahre aus Marseille die gemeinsame Feriensendung für deutschsprachige Urlauber.

Daniel Mollard: noch Student und schon Moderator.
Abb.: R. Oettinger/SR

Zu Beginn der sechziger Jahre hatte ich noch mit den tausend Tücken der deutschen Sprache zu kämpfen und es kam noch ein Problem hinzu - ganz und gar unerwartet. Bei meiner Reporterarbeit in Lothringen wurde ich mit im wahrsten Sinne des Wortes „Eigenartigem" überrascht. War es deutsches Französisch? Französisches Deutsch? Deutschfranzösisches? Verstanden haben wir uns trotzdem. Meist zumindest. Beispielsweise, als wir eines Tages in der Grenzgemeinde Stiring-Wendel drehten. Dort waren wir mit dem Gewerkschafter Jean K. verabredet. An der Tür seines Hauses begrüßte mich eine ältere Dame in nettem Französisch, drehte sich um und sagte mit lauter Stimme: „Schang, komm runner, do iss der Môssieur von der Télévision." Wie gesagt - kein Problem...

Oft war mir eine Äußerung eines lothringischen Gesprächspartners aber auch völlig rätselhaft. So bei einem Besuch im Saargemünder Rathaus. Mitten im Gespräch rief plötzlich Bürgermeister Robert Pax an die Adresse seiner Vorzimmerfrau: „Satire!!". Wieso daraufhin die Dame wortlos erschien und die Tür schloss? Bei mir hinterließ das ein riesengroßes Fragezeichen. Also traute ich mich, bei der Verabschiedung die Sekretärin vorsichtig zu fragen, was zuvor so satirisch gewesen wäre. Sie lachte so laut, dass der Bürgermeister wieder zu uns stieß und nach ihrer kurzen Erklärung ebenfalls zu lachen anfing. Der Grund: Nicht „Satire" hatte er gerufen, sondern „ça

Daniel Mollard: als Reporter meist in Frankreich unterwegs. *Abb.: G. Heisler/SR*

tire!". Der übersetzte Begriff – wie ich erfuhr – für „Es zieht!". Nur, dass ein Franzose aus dem inneren Land (ein „Français de l'intérieur", wie Lothringer die Landsleute aus grenzfernen Regionen nennen und ich es einer war) den Hinweis auf einen störenden Luftzug ganz anders formuliert...

Weil ich nun mal in der 500 Kilometer entfernten Stadt Lyon geboren und groß geworden bin, waren mir diese und andere typisch lothringische Redensarten ganz und gar unbekannt. „Ach Du Lyoner" war übrigens ein Lieblingsgruß etlicher SR-Kollegen... Nicht ganz schmeichelhaft für einen „Lyonais". Immerhin aber sind die Lyoner die Lieblingswürste der Saarländer.

Für die damals neu gewonnenen Freunde und Gesprächspartner aus dem dialektsprachigen Grenzraum war ich dagegen ein „Rucksackfranzos" – eine Bezeichnung für die französischen Soldaten, die in vergangenen Jahrhunderten hin und her auf Kriegsfuß durch die Region marschierten. Dazu kam bei der Begrüßung oft der Spruch „Alles klar – Europawelle Saar!". Das starke Mittelwellenprogramm des SR war in diesem von den französischen Medien noch stark vernachlässigten Raum bekannt und beliebt. Dazu beigetragen haben sicherlich die moderne, jugendliche Musik der Europawelle ebenso wie der sonntägliche Chansonabend „von und mit Pierre Séguy" und die täglich in der Mittagszeit ausgestrahlten Nachrichten in französischer Sprache mit kurzem Wetterbericht. Der übrigens wurde von lothringischen Hörern besonders geschätzt, weil er eher zutreffend war als die Infos aus Metz oder Nancy.

Dies alles fand allerdings nicht immer die Akzeptanz bestimmter Kreise in der Nachbarregion. Die Besetzung Lothringens im Krieg und die Zwangsgermanisierung mit massenhaften Umsiedlungen waren schließlich längst noch nicht vergessen. Ressentiments waren das aus alter Zeit vermischt mit aktueller Kritik bis hin zu Feindseligkeit – auf Grund der lothringischen Geschichte aber durchaus nachvollziehbar.

So sprach mal ein hoher Beamter der Metzer Präfektur vor einer Journalistenrunde mit Hinweis auf die SR-Präsenz in der Region von einem „Versuch der Neugermanisierung Lothringens". Für mich ein schockierender Vorwurf, der allerdings sofort ironische Anmerkungen lothringischer Zeitungskollegen nach sich zog. Sie fragten laut, ob ausgerechnet ein französischer Journalist der geeignete Macher bei dieser angeblichen Germanisierung sei... Ihnen bin ich bis heute dankbar. Ich selbst nämlich war so verdutzt, dass ich nicht mal reagieren konnte.

Pierre Messmer, von 1972 bis 74 dreimal französischer Premierminister; Abgeordneter des gaullistischen RPR in der Nationalversammlung für das Département Moselle. Abb.: R. Oettinger/SR

Solche Äußerungen oder ähnlich geartete Andeutungen, die von Verschlossenheit oder gar von Ablehnung zeugten, waren bis in die 80er Jahre zu hören oder wahrzunehmen - nicht so oft, aber immer wieder. So durfte das aktuelle SR-Fernseh-Team den Sitzungssaal des Forbacher Rathauses zunächst nicht betreten, als dort die Regionaldelegierten der gaullistischen Partei RPR unter Vorsitz des damaligen Pariser Premierministers, Pierre Messmer, zusammengekommen waren. Deutsche Medien hätten hier nichts zu suchen, hieß es lediglich. Erst ein knappes persönliches Gespräch mit Regierungschef Messmer und dessen anschließende Worte vor den Tagungsteilnehmern über „die europäische Öffnung Frankreichs" und „die Bedeutung der grenzüberschreitenden Beziehungen" entspannten die Lage - und öffneten dem SR-Team die Tür.

Dann kam die Zeit, in der alles leichter und gar selbstverständlich wurde. Manchmal kippte die begrenzte, aber spürbare Antipathie geradezu ins Umgekehrte. Als der Journalist, Autor, Intellektuelle und Politiker Jean-Jacques Servan-Schreiber, da-

Daniel Mollard *Abb.: R. Oettinger/SR*

mals in Frankreich ein Medienstar, in Lothringen eine politische Karriere startete, war sein Haus in Nancy für ausländische Presseleute ganz weit geöffnet. Und ich durfte dort mit als Erster für den SR ein Interview aufzeichnen, während französische Kollegen noch immer auf einen Termin warten mussten...

Seit jeher war der Blick nach Frankreich in der Programmstruktur und der Berichterstattung des SR fest verankert. Dem Haus war das ein besonderes Anliegen – wie in dieser Zeit Intendant Dr. Franz Mai und Chefredakteur Karl-Heinz Reintgen immer wieder betonten. Und das war ganz im Sinne des im Januar 1963 von Staatspräsident Charles de Gaulle und Bundeskanzler Konrad Adenauer abgeschlossenen Élysée-Vertrages zur deutsch-französischen Aussöhnung und zur Pflege freundschaftlicher Beziehungen auf allen möglichen Ebenen.

In den SR-Redaktionen wurde dies nicht etwa als Auflage oder gar als Weisung empfunden, sondern als gern umgesetzter Auftrag für den letzten Sender vor der Grenze – eine Grenze, die bald immer weniger eine war. Wie sonst hätte sonst ein französischer Mitarbeiter trotz anfänglich starker sprachlicher Defizite so viel freundschaftliche Unterstützung der damaligen Ressortleiter und Redakteure in Hörfunk und Fernsehen erfahren können und sich dabei in seiner alltäglichen Arbeit nicht als „Vorzeigefranzose" verstehen und empfinden müssen?!

Peter Scholl-Latour: „Der Saarländische Rundfunk war mein Heimatsender"

Von Axel Buchholz

Sein journalistisches Handwerk hat er im Saarland gelernt, ausgeübt hat es der welt-erfahrene Welterklärer fast überall. Kaum ein Land, das Dr. Peter Roman Scholl-Latour (9. März 1924 – 16. August 2014) nicht bereist hätte. Und kaum ein größerer Krieg oder Konflikt, über den er nicht aus eigener Erfahrung berichtet hätte. So wurde er in über 65 Berufsjahren zu einem der renommiertesten deutschen Journalisten und erfolgreichsten Sachbuchautoren. Seine familiären und beruflichen Wurzeln im Saarland vergaß der gebürtige Bochumer nie. Trotz seiner Wohnsitze in Paris, Südfrankreich, Berlin und Bad Godesberg.

Nach Kriegsende 1945 hatte Scholl-Latour als Beruf eher „Abenteurer" im Sinn. An Journalismus jedenfalls dachte er noch nicht. Als Freiwilliger bei der regulären französischen Fernostarmee nahm er am Indochina-Krieg teil. In einem Fallschirmjäger-Kommando zählte er zu den Elitesoldaten. Bei der Fremdenlegion war er nie, auch wenn das immer wieder geschrieben wurde. Zurück in Europa, bekam er zu seiner deutschen auch die französische Staatsbürgerschaft und ging ins Saarland. Daher stammte seine Familie väterlicherseits. Also erhielt er auch die damalige saarländische Staatsbürgerschaft und den „roten Pass" des teilautonomen Landes. Seine Mutter war eine Jüdin aus dem Elsass.

Das Buch „Das Saarland im Wandel der Zeiten" erschien 1948. Den Text schrieb der saarländische Schriftsteller Johannes Kirschweng, zu dem Scholl-Latour damals Kontakt hatte.

Abb.: Presse-Verlag/SR

An der Saar nahm der nun ehemalige „Lieutenant Pierre Latour" gleich Kontakt zur französischen Besatzungsmacht auf. Er ließ sich vom französischen Geheimdienst für eine Erkundungsreise in die sowjetisch besetzte Zone

Deutschlands (SBZ, die spätere DDR) engagieren. Danach begann er mit einem Stipendium der französischen Militärregierung an der Saar ein Studium der Politischen Wissenschaften in Paris. Weil er dabei „knapp bei Kasse war", schrieb er auf, was er in Ostdeutschland erfahren hatte – und was ihm dort widerfahren war. Mehreren Zeitungsredaktionen in Paris bot er den Text erfolglos an. Die wohl angesehenste französische Tageszeitung „Le Monde" aber fand sein journalistisches Erstlingswerk „très intéressant" und machte daraus eine kleine Serie. Sie begann mit einem Artikel „in großer Aufmachung auf der ersten Seite", erinnert sich Scholl-Latour in seiner Autobiografie („Peter Scholl-Latour. Mein Leben", erschienen 2015 – ein Jahr nach seinem Tod).

Cover von Scholl-Latours Autobiografie.
Abb.: C. Bertelsmann/SR

Mit dem „Le-Monde"-Artikel, schreibt er, habe sich seine „berufliche Ausrichtung auf Lebenszeit entschieden". Und mit dieser Serie in der Hand sei es ihm nicht schwergefallen, dann bei der Saarbrücker Zeitung eine Anstellung als Volontär zu finden.

Die Zeitung gehörte damals mehrheitlich (über ihre Anteile an der Verlagsgesellschaft) den Franzosen. Neben diesem französischen Einfluss unterlag sie – wie alle Saar-Zeitungen – der Nachzensur durch das saarländische Innenministerium. Wegen der Papierknappheit erschien die SZ nur dreimal in der Woche. Zudem gab es zu wenige fähige und demokratisch zuverlässige Journalisten, die auch auf der Linie der französischen Saar-Politik lagen. „Geeigneten" journalistischen Nachwuchs zu finden, war deshalb ein wichtiges Anliegen der Pressepolitik der französischen Militärregierung. Die Bewerbung des frankreichaffinen Peter Scholl-Latour dürfte ihnen deshalb sehr gelegen gekommen sein.

Am dritten Tag seines Volontariats (wohl ab 1. August 1948) habe er bereits seinen „ersten Leitartikel über irgendeine Krise in Indonesien" verfasst, heißt es in seiner Autobiografie. Dem damaligen Chefredakteur, Albrecht Graf Montgelas, verdanke er seine „dauerhafte Bindung an das ... Regionalblatt".

Dass er trotz solcher Erfolge nach der wohl zweijährigen Ausbildung dort nicht als Redakteur geblieben ist, lag offenbar an einem Chefredakteurswechsel. Der neue, ein Luxemburger, habe in ihm „trotz meiner Jugend – wohl einen eventuellen Ri-

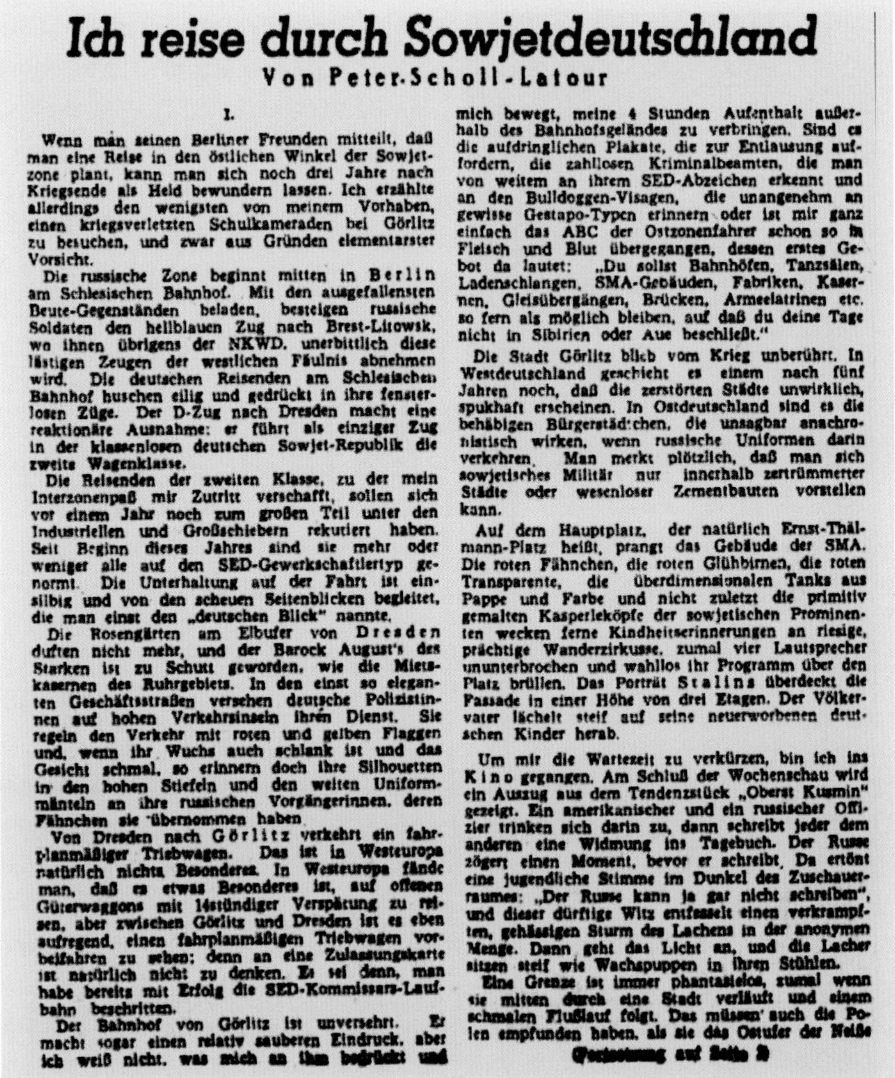

Ich reise durch Sowjetdeutschland

Von Peter-Scholl-Latour

I.

Wenn man seinen Berliner Freunden mitteilt, daß man eine Reise in den östlichen Winkel der Sowjetzone plant, kann man sich noch drei Jahre nach Kriegsende als Held bewundern lassen. Ich erzählte allerdings den wenigsten von meinem Vorhaben, einen kriegsverletzten Schulkameraden bei Görlitz zu besuchen, und zwar aus Gründen elementarster Vorsicht.

Die russische Zone beginnt mitten in Berlin am Schlesischen Bahnhof. Mit den ausgefallensten Beute-Gegenständen beladen, besteigen russische Soldaten den hellblauen Zug nach Brest-Litowsk, wo ihnen übrigens der NKWD. unerbittlich diese lästigen Zeugen der westlichen Fäulnis abnehmen wird. Die deutschen Reisenden am Schlesischen Bahnhof huschen eilig und gedrückt in ihre fensterlosen Züge. Der D-Zug nach Dresden macht eine reaktionäre Ausnahme: er führt als einziger Zug in der klassenlosen deutschen Sowjet-Republik die zweite Wagenklasse.

Die Reisenden der zweiten Klasse, zu der mein Interzonenpaß mir Zutritt verschafft, sollen sich vor einem Jahr noch zum großen Teil unter den Industriellen und Großschiebern rekutiert haben. Seit Beginn dieses Jahres sind sie mehr oder weniger alle auf den SED-Gewerkschaftlertyp genormt. Die Unterhaltung auf der Fahrt ist einsilbig und von den scheuen Seitenblicken begleitet, die man einst den „deutschen Blick" nannte.

Die Rosengärten am Elbufer von Dresden duften nicht mehr, und der Barock August's des Starken ist zu Schutt geworden, wie die Mietskasernen des Ruhrgebiets. In den einst so eleganten Geschäftsstraßen versehen deutsche Polizistinnen auf hohen Verkehrsinseln ihren Dienst. Sie regeln den Verkehr mit roten und gelben Flaggen und, wenn ihr Wuchs auch schlank ist und das Gesicht schmal, so erinnern doch ihre Silhouetten in den hohen Stiefeln und den weiten Uniformmänteln an ihre russischen Vorgängerinnen, deren Fähnchen sie übernommen haben.

Von Dresden nach Görlitz verkehrt ein fahrplanmäßiger Triebwagen. Das ist in Westeuropa natürlich nichts Besonderes. In Westeuropa fände man, daß es etwas Besonderes ist, auf offenen Güterwaggons mit 14stündiger Verspätung zu reisen, aber zwischen Görlitz und Dresden ist es eben aufregend, einen fahrplanmäßigen Triebwagen vorbeifahren zu sehen; denn an eine Zulassungskarte ist natürlich nicht zu denken. Es sei denn, man habe bereits mit Erfolg die SED-Kommissars-Laufbahn beschritten.

Der Bahnhof von Görlitz ist unversehrt. Er macht sogar einen relativ sauberen Eindruck, aber ich weiß nicht, was mich an ihm bedrückt und mich bewegt, meine 4 Stunden Aufenthalt außerhalb des Bahnhofsgeländes zu verbringen. Sind es die aufdringlichen Plakate, die zur Entlausung auffordern, die zahllosen Kriminalbeamten, die man von weitem an ihrem SED-Abzeichen erkennt und an den Bulldoggen-Visagen, die unangenehm an gewisse Gestapo-Typen erinnern oder ist mir ganz einfach das ABC der Ostzonenfahrer schon so in Fleisch und Blut übergegangen, dessen erstes Gebot da lautet: „Du sollst Bahnhöfen, Tanzsälen, Ladenschlangen, SMA-Gebäuden, Fabriken, Kasernen, Gleisübergängen, Brücken, Armeelatrinen etc. so fern als möglich bleiben, auf daß du deine Tage nicht in Sibirien oder Aue beschließt."

Die Stadt Görlitz blieb vom Krieg unberührt. In Westdeutschland geschieht es einem nach fünf Jahren noch, daß die zerstörten Städte unwirklich, spukhaft erscheinen. In Ostdeutschland sind es die behäbigen Bürgerstädtchen, die unsagbar anachronistisch wirken, wenn russische Uniformen darin verkehren. Man merkt plötzlich, daß man sich sowjetisches Militär nur innerhalb zertrümmerter Städte oder wesenloser Zementbauten vorstellen kann.

Auf dem Hauptplatz, der natürlich Ernst-Thälmann-Platz heißt, prangt das Gebäude der SMA. Die roten Fähnchen, die roten Glühbirnen, die roten Transparente, die überdimensionalen Tanks aus Pappe und Farbe und nicht zuletzt die primitiv gemalten Kasperleköpfe der sowjetischen Prominenten wecken ferne Kindheitserinnerungen an riesige, prächtige Wanderzirkusse, zumal vier Lautsprecher ununterbrochen und wahllos ihr Programm über den Platz brüllen. Das Porträt Stalins überdeckt die Passade in einer Höhe von drei Etagen. Der Völkervater lächelt steif auf seine neuerworbenen deutschen Kinder herab.

Um mir die Wartezeit zu verkürzen, bin ich ins Kino gegangen. Am Schluß der Wochenschau wird ein Auszug aus dem Tendenzstück „Oberst Kusmin" gezeigt. Ein amerikanischer und ein russischer Offizier trinken sich darin zu, dann schreibt jeder dem anderen eine Widmung ins Tagebuch. Der Russe zögert einen Moment, bevor er schreibt. Da ertönt eine jugendliche Stimme im Dunkel des Zuschauerraumes: „Der Russe kann ja gar nicht schreiben", und dieser dürftige Witz entfesselt einen verkrampften, gehässigen Sturm des Lachens in der anonymen Menge. Dann geht das Licht an, und die Lacher sitzen steif wie Wachspuppen in ihren Stühlen.

Eine Grenze ist immer phantasielos, zumal wenn sie mitten durch eine Stadt verläuft und einem schmalen Flußlauf folgt. Das müssen auch die Polen empfunden haben, als sie das Ostufer der Neiße

(Fortsetzung auf Seite 2)

Erst „Le Monde", dann Saarbrücker Zeitung: Am 9. August 1948 brachte die Saarbrücker Zeitung den Bericht ihres Volontärs Peter Scholl-Latour über dessen Geheimdienst-Recherchen in der sowjetischen Besatzungszone. *Abb.: SR*

valen" gesehen. „Diesem Mißtrauen", schreibt Scholl-Latour in seiner Autobiografie etwas vage, „verdanke ich in dem folgenden Jahrzehnt, dass ich fast ununterbrochen zu weltweiten Auslandsreportagen aufbrechen konnte – von Mexiko bis Usbekistan." Der SZ-Justitiar Mussfeld habe ihm dabei geholfen, einen „Bauchladen" von Zeitungen (darunter der Berliner „Tagesspiegel", die „Stuttgarter Zeitung" und

Erinnerte an seine beruflichen Anfänge bei SZ und SR: Peter Scholl-Latour bei der Verleihung des Siebenpfeiffer-Preises 2003 in Homburg/Saar durch Landrat Clemens Lindemann. Abb.: SR

das „Heidelberger Tageblatt") aufzubauen, um „spärlich aber ausreichend meine unermüdlichen Expeditionen zu finanzieren". „Die Grundlage meines Schaffens", sagte er bei der Verleihung des Siebenpfeiffer-Preises 2003 in Homburg/Saar sei aber „zunächst einmal die Saarbrücker Zeitung gewesen", die ihm auch die ersten Reisen ermöglicht habe.

Schon während seines Volontariats und neben der anschließenden Arbeit als freier Korrespondent war Scholl-Latour auch für das Informationsamt der Regierung des Saarlandes tätig. Der langjährige Redakteur und Auslandskorrespondent der „Süddeutschen Zeitung" Klaus Brill schrieb in der Zeitschrift „saargeschichte/n" (3/2014), dass Scholl-Latour am 23. September 1948 eine Namens- und Anschriftenliste der 20 hauptberuflichen Redakteure und Mitarbeiter der „Saarbrücker Zeitung" angefertigt habe.

Außerdem recherchierte Brill im Landesarchiv Saarbrücken: Während eines siebenmonatigen Aufenthalts 1952/53 in den USA und in Südamerika hat sich Scholl-Latour „offenbar nicht nur als Journalist, sondern auch als Diplomat und Lobbyist für das Saarland" betätigt.

Dabei habe er sehr eng mit der französischen Botschaft in Washington zusammengearbeitet und über seine Aktivitäten „jede Woche an die ‚Mission Diplomatique Française en Sarre' berichtet", also an die von Gilbert Grandval geleitete französische Botschaft in Saarbrücken. Brill vermutet, dass die Mission Scholl-Latour „möglicherweise entsandt" haben könnte. In Scholls Autobiografie findet sich dazu nichts.

Neben seiner beruflichen Tätigkeit als angestellter Volontär, die er „bald als außenpolitischer Redakteur ausübte" (Zitat Autobiografie), und den dann folgenden Aktivitäten, hatte Scholl-Latour sein Studium in Paris fortgesetzt. Er schloss es im

Der letzte Sitz der „Mission Diplomatique Française en Sarre" in Saarbrücken.
Abb.: E. Oettinger/SR

Januar 1954 mit einer Promotion über den deutschen Schriftsteller Rudolf G. Binding ab. Zuvor hatte er die „Licence ès lettres" an der Sorbonne und das Diplôme des Sciences Politiques am „Sciences Po" erworben.

Ab 1. Januar 1954 arbeitete Scholl-Latour dann für zwei Jahre hauptberuflich als Pressereferent für das „Amt für Europäische und Auswärtige Angelegenheiten" der Saar-Regierung. Brill schreibt, dass dies „wohl auf Betreiben von Gilbert Grandval, dem Statthalter Frankreichs an der Saar" geschehen sei. Grandval war nach 1945 an der Saar erst Militärgouverneur, dann Hoher Kommissar und ab 1952 Botschafter. Dazu passt, dass der Zeitzeuge und Saar-Historiker Klaus Altmeyer Scholl-Latour für einen Vertrauten von Gilbert Grandval hält. Altmeyer war zeitweise Mitstudent von Scholl-Latour, von 1957 bis 1961 Saar-Regierungs-

Klaus Altmeyer (vorne rechts) begrüßt als Pressesprecher der Saar-Regierung am 19. Dezember 1957 den Trierer Bischof Matthias Wehr in Saarbrücken.
Abb.: Saarländisches Landesarchiv/E. Oettinger

Botschafter Gilbert Grandval (r.) wird bei der Rückkehr von Verhandlungen in Paris von Arbeits- und Sozialminister Richard Kirn begrüßt. Im Hintergrund (Mitte): Peter Scholl-Latour.

Abb.: Saarländisches Landesarchiv/E. Oettinger

Im SR Fernseh-Feature „Der geplatzte Traum von Europa" stellte Peter Scholl-Latour die europäischen Visionen der Saarpolitik vor 1955 dar.

Abb.: SR

sprecher und ab 1961 langjähriger SR-Pressechef.

In seiner Autobiografie schreibt Scholl-Latour allerdings, dass sich seine Kontakte zur französischen Protektoratsbehörde „im Wesentlichen" auf Beamte des französischen Außenministeriums an der Saar beschränkt hätten. Gilbert Grandval beurteilt er eher skeptisch, nennt ihn einmal auch „selbstherrlich".

Beim Saarländischen Rundfunk lernte Scholl-Latour erst die Arbeit für den Hörfunk, später auch die fürs Fernsehen.

Die älteste von Scholl-Latour beim SR archivierte Hörfunk-Aufnahme stammt vom 4. Mai 1954. Da nahm er, als einer von mehreren Gesprächspartnern, an der Sendung „Europa hat viele Gesichter" teil. Eingeladen war er als Journalist und Lehrbeauftragter am Europa-Institut der Universität des Saarlandes. Hauptberuflich arbeitete Scholl-Latour damals allerdings noch als Pressereferent im „Amt für europäische und auswärtige Angelegenheiten" der Saar-Regierung. Dort war es seine Aufgabe, für die europäische Lösung der Saar-Frage zu werben.

Ab wann Peter Scholl-Latour als freier Journalist für den Saarländischen Rundfunk gearbeitet hat, lässt sich aufgrund bisher gefundener Quellen nicht ganz genau sagen. Zuerst tat er dies jedenfalls als Hörfunk-Auslandskorrespondent neben der Berichterstattung für die SZ und seine übrigen Zeitungen. Anfangs war der SR sein einziger Sender. Nach und nach übernahmen aber immer mehr Rundfunkanstalten seine Beiträge. Klaus Altmeyer ist überzeugt davon, dass Scholl-Latour 1956, nach seiner Zeit als Pressesprecher in Regierungsdiensten, die Mitarbeit beim SR begann. Mit Sicherheit war dies jedenfalls schon 1957 der Fall. Denn 1958 war er bereits, wie es in seiner Autobiografie heißt, „zunehmend auch für diverse Radio-Sender der ARD" tätig. In den Hörfunk-Winterprogramm-Heften der Jahre 1959/60 und 1960/61 wird er als Korrespondent für „Nah-Ost und Afrika" des Saarländischen Rundfunks aufgeführt. Der SR bot seine Radio-Beiträge allen anderen bundesdeutschen Sendern zur Übernahme an.

Im „Weißen Haus", dem Amtssitz des Saar-Ministerpräsidenten im teilautonomen Saarland, war auch das „Amt für europäische und auswärtige Angelegenheiten" der Saar-Regierung untergebracht.
Abb.: Saarländisches Landesarchiv/E. Oettinger

„Die Berichterstattung aus dem Schwarzen Erdteil" habe ihm „beruflich zum Durchbruch verholfen", schreibt er in seiner Autobiografie. Seine Zeitungstexte schickte er zuerst per Einschreiben mit der Post (später per Telex/Fernschreiben) zur „Saarbrücker Zeitung" – was eine Woche dauerte. Von Saarbrücken aus wurden sie an die übrigen Blätter seines „Bauchladens" verteilt.

Auch den SR erreichten seine Manuskripte zuerst per Post oder Telefax. Dort wurden sie dann von Sprechern gelesen, wie der damalige SR-Hörfunk-Techniker Ernst Becker erzählt. Je mehr Scholl-Latour aber zur „Hörfunktätigkeit überging", musste er sich „anderen Methoden" anpassen: „Eine Art Koffer, „Maihak" genannt, schwer wie ein Eimer Wasser, wurde mir zum Aufnehmen meiner Stimme mitgegeben." Dazu habe eine Kurbel gehört, mit der das Gerät „aufgeladen" worden sei, erinnert er sich nicht ganz richtig. Denn mit einem Federwerk wurden nur die Spulen bewegt. Zusätzlich gab es Batterien für die Schall-Aufzeichnung. „Nach und nach" habe sich zudem die Möglichkeit geboten, von „Radio-Stationen eine direkte Leitung zu den deutschen Sendern herzustellen".

Peter Scholl-Latour 1960 im Kongo.

Abb.: SR

Leitungsverbindungen nach Afrika, noch dazu in Bürgerkriegsländer, waren Ende der 50er/Anfang der 60er Jahre allerdings ein kleines technisches Kunststück. In afrikanischen Krisengebieten gab es zu wenige dafür geeignete Rundfunksender. In seinem Buch „Mord am großen Fluß" (1986, DVA) gibt Scholl-Latour dafür ein Beispiel. In Elisabethville (heute: Lubumbashi), der Hauptstadt der abtrünnigen kongolesischen Provinz Katanga, seien die Gebäude der Post- und Radio-Station von Granat- und Raketeneinschlägen gezeichnet gewesen. „Von hier zu telexen oder gar eine Hörfunk-Leitung nach Europa herzustellen, war ein langwieriges und meist vergebliches Bemühen." Deshalb habe er es vorgezogen, zweimal in der Woche mit seinem klapprigen Auto auf immer neuen Schleichwegen in drei Stunden nach Kitwe in Nordrhodesien (heute: Sambia) zu fahren. Stets mit dem Risiko, dabei unter Beschuss durch Katangesen oder schwedische Uno-Posten zu geraten, die gleichermaßen „trigger-happy" (schießwütig) gewesen seien. In Kitwe habe es nie Pannen oder Verzögerungen bei der Überspielung seiner Hörfunk-Reportagen aus dem Studio der „Rhodesian Broadcasting" gegeben.

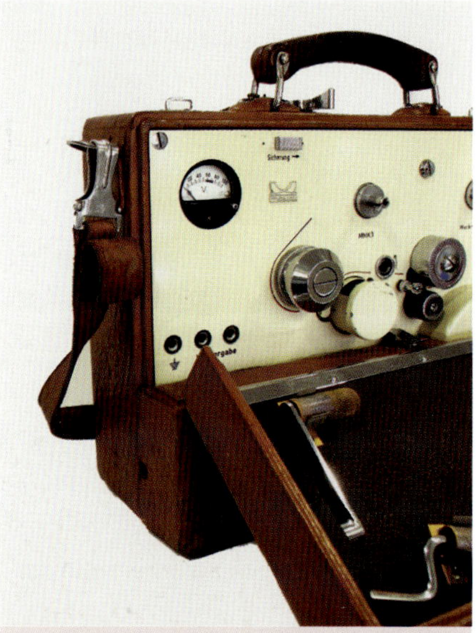

„Schwer wie ein Eimer Wasser": das „Gondi" genannte tragbare Reportergerät der Firma Maihak.

Abb.: Deutsches Rundfunkarchiv

Vom 14. Februar 1961 stammt das älteste (und einzige) Korrespondentenstück von Peter Scholl-Latour im SR-Hörfunk-Archiv. Darin berichtet er aus Léopoldville (heute Kinshasa), der Hauptstadt der Demokratischen Republik Kongo, über die Ermordung Patrice Lumumbas, des ersten Premierministers der seit 1960 unabhängigen ehemaligen belgischen Kolonie. „Als die Kongo-Krise die Welt erregte", erinnert er sich in seiner Autobiografie, hätten „die diversen Radio-Stationen der ARD... jeden Tag einen Bericht" angefordert.

Peter Scholl-Latour 1960 mit Patrice Lumumba, dem ersten Premierminister des unabhängigen Kongo. *Abb.: SR*

Auf die Texte seiner Rundfunkreportagen griff Scholl-Latour wiederholt auch für seine Bücher zurück. In „Mord am großen Fluß" schrieb er, dass er „bei der Schilderung der ersten Monate nach der Unabhängigkeit von Kongo-Zaire Notizen und Rundfunkreportagen" verwendet habe, „die unter dem Eindruck des turbulenten Tagesgeschehens entstanden und damals unter dem Titel „Matata am Kongo" zusammengefasst" worden seien. Dieses erste seiner mehr als 30 Bücher erschien 1961.

Durch den Hörfunk, heißt es in seiner Autobiografie, habe er – „man stelle sich das heute vor" – seinen „journalistischen Durchbruch endlich im Alter von sechsunddreißig Jahren erzielt" und sei „offiziell zum Afrikakorrespondenten sämtlicher ARD-Sender ernannt worden." Das war 1960. Und das hatte er dem Saarländischen Rundfunk zu verdanken. Der SR hatte als federführender Sender für die ARD mit ihm einen Vertrag als Afrika-Reisekorrespondent für Hörfunk und Fernsehen ausgehandelt. Am 6. Dezember 1960 war er von Intendant Dr. Franz Mai unterschrieben worden. Scholl-Latour war damit der einzige ARD-Korrespondent für den gesamten afrikanischen Kontinent. Als sein Dienstsitz wurden die sich am Kongo gegenüberliegenden Städte Leopoldville (Kinshasa) und Brazzaville festgelegt. Vertragsbeginn war der 1. Januar 1961.

Cover des Scholl-Latour-Buches „Mord am großen Fluß", für das er seine Radio-Reportagen verwendete. *Abb.: DVA/SR*

Wie es zu diesem ARD-Vertrag für Scholl-Latour gekommen war, daran erinnerte der spätere Intendant des Westdeutschen Rundfunks Friedrich Nowottny, der von 1962 bis 1967 beim SR Hauptabteilungsleiter Wirtschaft und Soziales und zeitweise stellvertretender Chefredakteur gewesen war. Dr.

Peter Scholl-Latour habe für verschiedene Zeitungen und für den SR aus dem Kongo berichtet, in dem nach dem Ende der belgischen Kolonialherrschaft 1960 Bürgerkrieg herrschte. Mit den Zeitungen habe Scholl-Latour Ärger bekommen, weil seine Berichte ja immer schon einen Tag zuvor im Radio zu hören waren. Der SR allein hatte aber nicht das Geld, um Scholl-Latour zu bezahlen. Was tat man? Man „sammelte das Geld in der ARD" für einen gemeinsamen Korrespondenten Scholl-Latour, dessen Beiträge andere ARD-Sender ohnehin schon gern übernommen hatten.

„Beim SR ging damals alles unkompliziert", hat Nowottny in Erinnerung. „Der Sender war im Aufbruch." Peter Scholl-Latour auch. Nach dem Durchbruch mit dem Radio kam die große Karriere im Fernsehen. Auch sie begann beim SR.

Peter Scholl-Latour als ARD-Fernseh-Korrespondent im Pariser WDR-Studio (wohl nach 1963).

Abb.: SR

Dem Saarländischen Rundfunk blieb Scholl-Latour sein Berufsleben lang als gelegentlicher Mitarbeiter eng verbunden. Immer wieder wies er auf seine SR-Vergangenheit hin.

Der SR habe ihn in die ARD eingebracht, sagte er 2003 bei der Verleihung des Siebenpfeiffer-Preises. Als er 2004 „Saarlandbotschafter" wurde, bezeichnete Scholl-Latour den SR als seinen „Heimatsender" – trotz seiner späteren steilen Karriere beim WDR und dem ZDF.

Roland Helm: als erster SR-Juniorkorrespondent in Washington

Von Roland Helm

Einmal als Auslandskorrespondent zu arbeiten – das ist der Wunschtraum vieler junger Journalisten. Und der kann auch beim Saarländischen Rundfunk in Erfüllung gehen. Obwohl der Sender als zweitkleinste ARD-Rundfunkanstalt seit jeher äußerst sparsam wirtschaften muss, ist der SR an einem Platz ständig mit einem eigenen Korrespondenten vertreten: in Paris, denn die Frankreich-Berichterstattung gehört zu den Kernaufgaben des Senders an der deutsch-französischen Grenze. Erstaunlich dagegen, dass SR-Korrespondenten seit über drei Jahrzehnten ebenfalls regelmäßig aus Washington berichten. Auch auf SR-Initiative hin wurde im dortigen Studio die Stelle eines „Juniorkorrespondenten" geschaffen. Sie wird im Wechsel mit anderen kleinen ARD-Anstalten besetzt. Der erste, den der SR an den Potomac River schickte, war Roland Helm.

Roland Helm, der erste „SR-Junior" in den USA.
Abb.: SR

Easyrider-Schnurrbart, Hippie-Haare, ein langer Ledermantel vom Flohmarkt und meine heiß geliebte Western-Gitarre – so kam ich Anfang 1983 in Washington an. Mein einziger Koffer war noch nicht richtig ausgepackt, da war ich schon in der Stadt unterwegs. Auf der Suche nach einem guten Mexikaner, der bald auch zu meinem Lieblingsrestaurant avancierte. Abends ging's dann gleich in einen der angesagtesten Jazzclubs. So begann meine Zeit als Juniorkorrespondent in der amerikanischen Hauptstadt vom 1. Januar 1983 bis zum 31. März 1984. Ich werde sie nie vergessen.

Es war mein zweiter Aufenthalt in den USA, seit ich nach dem Abitur 1969/70 in West Palm Beach, Florida, zunächst die High School und dann das Junior College besucht hatte.

Beim SR war ich kurz vor Ende meines Studiums der Volkswirtschaft im September 1979 freier Mitarbeiter geworden. Im „Aktuellen Dienst" bei Elke Herrmann lernte ich rasch ein paar Grundlagen des Radio-Machens. Unser Team war dafür zuständig, im laufenden Programm sofort zu berichten, wenn etwas besonders Wichtiges geschehen war. Mit diesen „Breaking News", wie sie im amerikanischen Journalismus genannt werden, war der SR damals Vorreiter in der ARD. Außerdem lieferte der „Aktuelle Dienst" den Nachrichten O-Töne zu, die wir meist von Korrespondenten oder aus dem Fernsehen besorgten.

Schon ein Jahr später wechselte ich ins „Journal am Nachmittag", in die Redaktion von Otto Deppe, der für Reise, Service und Auto zuständig war. Deppe war es auch, der mich ursprünglich fürs Radio „entdeckt" hatte. Von meinem Vater (langjähriger Pressechef bei SAARBERG) wusste er, dass ich als Student in Asien, Afrika und Lateinamerika viel auf Reisen war. Zweimal hatte er mich deshalb nach solch einem Abenteuer-Trip zum Interview eingeladen. Ihm gefielen – wie er mir später sagte – meine Art zu erzählen ebenso wie meine Stimme. Schnell avancierte ich 1981/82 auch deshalb im „Journal am Nachmittag" zum Moderator und konnte zudem weitere Erfahrungen in der „Kunst" des Interviews wie auch als Reporter sammeln.

Elke Herrmann und Otto Deppe: Bei ihnen lernte Roland Helm den Radio-Journalismus.

Abb.: F. Hartung

So vorbereitet, ohnehin vom Reisevirus infiziert und mit reichlich jugendlichem Selbstvertrauen ausgestattet, bewarb ich mich 1982 um die Stelle des „Juniorkorrespondenten" in Washington. Heute gibt es dort ein gemeinsames ARD-Studio. Damals hatten sich in der Hauptstadt der USA die Sender zu mehreren

„Gruppenstudios" zusammengeschlossen. Einen „Juniorkorrespondenten" gab es aber nur im Studio der HR-Gruppe. Ihr gehörten außer dem Hessischen Rundfunk noch der Bayerische Rundfunk, Radio Bremen, der Saarländische Rundfunk und die damaligen Sender Sender Freies Berlin (heute rbb) und Süddeutscher Rundfunk (heute SWR) an. Studioleiter (und einziger Korrespondent) war Ulrich Schiller. Beim SR war ich als Interessent für den Junior im fraglichen Jahr ohne Konkurrenz, da ich dank meines Jahres in Florida das beste Englisch sprach. Auch die Bewerber der anderen Sender hatten wegen meines „Vorsprungs" in „American English" keine Chance.

Roland Helm in den achtziger Jahren: in Deutschland Zeit heißer Nachrüstungsdebatten und Demos.
Abb.: R. Helm

So flog ich dann nach Washington, der zweite „Junior" überhaupt nach Ingolf Karnahl vom damaligen SFB. Viele sind inzwischen gefolgt. Ich zog in ein schönes, möbliertes Einzimmerapartment im historischen Stadtteil Georgetown, das mir das Studio besorgt hatte. Gleich eröffnete ich ein Konto (ohne das geht's in den USA kaum) und machte mich am ersten Werktag sofort an die Arbeit. Mein Englisch war aus der Collegezeit noch immer so, dass ich neben Alltagsgesprächen auch allen Infos und Interviews in Radio und Fernsehen bestens folgen konnte. Auch die tägliche Pflichtlektüre der Zeitungen erwies sich als völlig problemlos.

Ulrich Schiller, mein Chef, war ein erfahrener Auslandskorrespondent mit Stationen in Moskau und Hongkong und etwa doppelt so alt wie ich mit meinen Anfang Dreißig. Wir verstanden uns prima und siezten uns höflich, er war ein fairer Partner und Boss. Die Arbeit teilten wir uns so gut es ging, und bald war ich in fast allen Themen ausreichend sattelfest. Neben Schiller gab es noch eine Sekretärin und eine Tontechnikerin, beides deutsche Ladys, die aber längst nicht mehr nach Hause wollten.

Meine Arbeit begann am Morgen ungewohnt früh: Gleich nach dem Aufstehen meist kurz vor sechs schaltete ich das Frühstücks-Fernsehen ein. Da gab es Sen-

Das „Weiße Haus" in Washington: Roland Helm – auch als Korrespondent viel öfter davor als drin. *Abb.: R. Helm/SR*

dungen, wie man sie damals in Deutschland noch nicht kannte. Für mich waren sie unverzichtbare und schnelle Quellen der Information. Meist war ich so mit den wichtigsten Themen in wenigen Minuten auf dem Laufenden. Gelegentlich klingelte zwischendurch das Telefon: Ein Sender aus Deutschland wollte ein Korrespondenten-Gespräch für sein Mittagsmagazin. Danach oder gleichzeitig: Frühstück, gegen halb acht Uhr Treff im Studio. Es lag nicht in Washington D.C., sondern außerhalb der amerikanischen Hauptstadt in Arlington, also bereits in Virginia. Dort gab es genügend Büroraum, da die Hochhäuser außerhalb Washingtons höher sein durften als das Capitol – das in der Hauptstadt selbst traditionell das höchste Gebäude ist. Nach der Lektüre der Tageszeitungen ein kurzes Telefonat mit dem diensthabenden Politikredakteur des Hessischen Rundfunks, der für die sechs Sender der HR-Gruppe „koordinierte". Anschließend entschied Ulrich Schiller, welche Beiträge oder Kommentare wir an diesem Tag schreiben würden. Meist waren es zwei, gelegentlich auch mehr.

Auf Schreibmaschinen (ohne PCs, man erinnert sich!) texteten wir dann ca. anderthalb Stunden, um die Stücke rasch aufzunehmen, damit sie von Versprechern gesäubert um 11.15 Uhr über eine verstärkte Telefonleitung nach Frankfurt überspielt werden konnten. Von dort gingen sie per Leitung an die anderen Sender, denen die Themen rechtzeitig vorher per Fernschreiben (man erinnert sich!) angekündigt worden waren. Selten waren bei diesen täglichen Berichten O-Töne dabei, denn wir hatten kaum Zeit, auf Pressekonferenzen zu gehen, es gab (man erinnert sich auch hier!) noch kein Internet. Und Politiker-Statements aus dem Fernsehen zu kopieren war damals noch nicht üblich.

So endete mein Washingtoner Vormittag im Hochhausbüro in Arlington meist gegen Mittag. Ich holte schon mal was zu essen vom Vietnamesen im Parterre, wenn ich noch im Büro weiter arbeiten wollte oder musste. Meist allerdings verließ ich um die Mittagszeit das Büro und lief zu Fuß über die Brücke zurück nach Georgetown, um dort zu Hause oder in einem der zahlreichen Restaurants etwas zu essen. Der Nachmittag war „Freizeit", denn spätestens ab 19 Uhr Washingtoner Zeit musste ich vor dem Fernseher sitzen, um analog zu unserer „Tageschau" die wichtigen News-Shows der „Majors" CBS, NBC und/oder ABC zu sehen. CNN hatte zwar schon 1980 seinen Betrieb aufgenommen, war in seiner Infodichte aber noch lange nicht mit späteren Glanzzeiten zu vergleichen.

Roland Helm als Korrespondent in Washington: mehr am Telefon im Büro als bei Recherchen vor Ort.
Abb.: SR

Im Auto hörte ich zur Information den Radio-Sender WTOP, der Nonstop Nachrichten brachte, die Schlagzeilen alle 15 Minuten aktualisierte. Für mich damals eine unerwartete und zunehmend unersetzliche Quelle der Aktualität. Selbst wenn es nur „Breaking News" waren oder das Wichtigste an der Oberfläche: Als Radio-Korrespondent musste ich ja schnell über sehr viele Themen Bescheid wissen.

Wichtig noch, um die Washingtoner Arbeit zu verstehen, ist die Zeitverschiebung. Wir in den USA lagen sechs Stunden gegenüber Deutschland zurück. Das heißt, wenn ich am Morgen um sechs aufstand, war es in Saarbrücken oder Frankfurt schon zwölf Uhr mittags und damit Zeit für die in den 80er Jahren wichtigen Mittagsmagazine.

War es zwölf Uhr Mittag in den USA, dann war es in Deutschland schon 18 Uhr, Zeit für die Tageszusammenfassungen der Sender. Deshalb überspielten wir auch unser tägliches „Angebot" um 11.15 Uhr Washingtoner Zeit, 17.15 Uhr in Deutschland. Damit hatten die angeschlossenen Sender genug Zeit, die Stücke zu hören und nach Belieben zu schneiden oder zu kürzen und dann ab 18 Uhr deutscher Zeit auf Antenne zu bringen.

Am „Feierabend", der meist kein richtiger wurde, war Alkohol ziemlich tabu. Denn erstens musste ich morgens früh raus und möglichst gleich top-fit sein. Und zweitens rief gegen Mitternacht noch so mancher Kollege aus Deutschland an, denn dort war schon früher Morgen und damit die Zeit der Morgenmagazine. Es war schließlich die Blütezeit der informationsreichen Magazinsendungen im deutschen Radio.

Das war der Alltag Montag bis Freitag. Wochenende war „dienstfrei" - im Prinzip. Denn auch ohne dass wir damals Handys hatten (man erinnert sich!), waren wir doch irgendwie immer im Dienst. Auch Samstag und Sonntag passierte in den USA irgendwo etwas Wichtiges, eine interessante Fernseh-Sendung war anzusehen und die wichtigen (und wuchtigen!) Sonntagszeitungen waren Pflichtlektüre.

Mit Journalisten im „Weißen Haus" – für Roland Helm und deutsche Korrespondenten-Kollegen damals ein seltenes „Vergnügen". *Abb.: R. Helm/SR*

Aus einem dieser sonntäglichen Zeitungsbrocken hatte ich das Thema AIDS gefischt, was damals gerade begann zum Thema zu werden. Wir schreiben das Jahr 1983! Als ich dann am darauffolgenden Montag in Saarbrücken in der Redaktion anrief, meinte die Kollegin, „kein Thema mehr, dazu hatten wir gerade 3'30" letzte Woche." Selten bekamen wir Aufträge für längere Stücke, was aber auch daran lag, dass kaum jemand zehn oder gar dreißig Minuten von einem Korrespondenten per Telefon Vorgelesenes anhören mochte.

Zu Presseterminen raus in die „Stadt" kam ich selten, denn Enttäuschung hin oder her, ich hatte schnell begriffen, dass man als Korrespondent meist der fixe Wiederkäuer der aktuellen Nachrichtenlage ist, (damals) per Telefon aus Übersee übermittelt und damit für den Hörer nah am Geschehen. Heute Thema Nr. 1 morgen Nr. 2 usw. - wie im Hamsterrad kaum in der Lage, selber zu recherchieren.

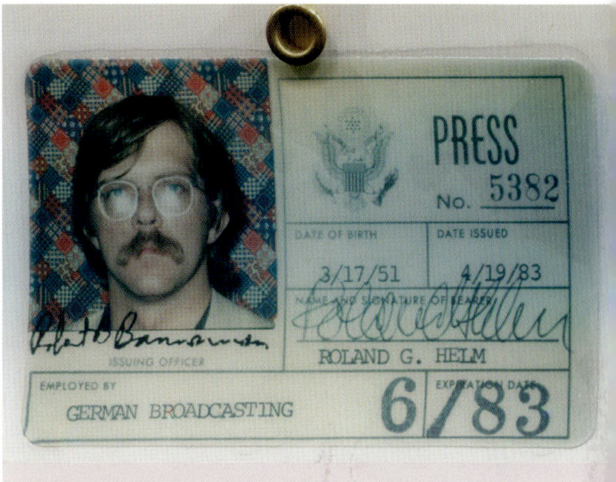

Der amerikanische Presseausweis von Roland Helm.

Abb.: SR

Vor-Ort-Recherche war mir außerhalb Washingtons insgesamt viermal vergönnt. Noch in den ersten Januartagen 1983, kaum dass ich angekommen war, schickte mich Ulrich Schiller nach Detroit, weil es dort im bitterkalten Winter in der darniederliegenden ehemaligen Auto-Metropole immer mehr Suppenküchen gab. Aus meinem Hotelzimmer heraus berichtete ich darüber per Telefon in die ganze ARD. Nach New Orleans fuhr ich ein Wochenende im Sommer 1983 zu einem Kongress der NAACP, der wichtigen Bürgerrechtsorganisation der Schwarzen.

Und auf die Karibikinsel Grenada folgte ich in einer vollbesetzten Transportmaschine neben schwerbewaffneten US-Marines den Spuren der US-Army. Die hatte auf Befehl des damaligen US-Präsidenten Ronald Reagan auf der Suche nach vermeintlichen Kommunisten die winzig kleine Republik überfallen. Dort kriegte ich auch mal ausschnittsweise mit, wie erfahrene amerikanische Kriegsreporter arbeiten.

Roland Helm: als Moderator von SR 1 Europawelle Saar oft am Mikrofon. *Abb.: E. Röder/SR*

Den amerikanischen Präsidenten bekam ich meist nur im Fernsehen zu sehen und hatte nur ein einziges Mal das Vergnügen, ihm im legendären Presseraum des Weißen Hauses mit einem Abstand von rund 20 Metern gegenüberzustehen. Als deutscher Reporter bist du ohnehin in der Hackordnung ziemlich weit hinter den Stars der US-Networks und Zeitungen. Immerhin waren wir im gleichen Raum! So nah kam ich dem amerikanischen Präsidenten dann nur noch ein zweites Mal, als ich ihm mit der Washingtoner Pressemeute in seinem Flugzeug „Airforce One" in den Vorwahlkampf zur zweiten Amtszeit nach Iowa folgte.

Selbst wenn ich in Washington, auch dank Zeitverschiebung, quasi sieben Tage die Woche im Dienst war, habe ich dennoch die knapp anderthalb Jahre privat sehr genossen. Dabei insgesamt viel über Amerika gelernt und mein American English weiter verbessert. Von beidem habe ich bei meiner Arbeit beim Saarländischen Rundfunk in den Jahren und Jahrzehnten danach immer wieder profitiert.

Nach meiner Zeit in Washington, zurück in Saarbrücken, wurde dann auch in Deutschland die Politik-Berichterstattung mein Arbeitsgebiet. Axel Buchholz holte mich in sein Moderatoren-Team für das „Journal am Morgen" und „Zwischen heute und morgen, das aktuelle Abendmagazin mit Berichten aus Politik, Wirtschaft und Zeitgeschehen".

Die SR-Juniorkorrespondenten in Washington über ihre Erfahrungen und den Wandel der Korri-Arbeit

Von Burkhard Birke, Martin Ganslmeier, Christoph Grabenheinrich, Simone Mir Haschemi, Timo Fuchs und Axel Buchholz

Seit fast 35 Jahren ist der Saarländische Rundfunk regelmäßig mit einem Juniorkorrespondenten in Washington vertreten. Begonnen hatte es in einem Gruppenstudio unter Federführung des Hessischen Rundfunks. Der Platz für einen Junior-Korrespondenten wurde dort Anfang der 80er Jahre auch auf SR-Initiative hin geschaffen. Damit sollte jüngeren Journalistinnen und Journalisten der kleineren ARD-Sender die Chance gegeben werden, Auslandserfahrungen als Korrespondent in der Hauptstadt der USA zu sammeln.

Martin Ganslmeier im Korrepondentenstudio. Abb.: SR

Daneben sprach noch ein weiteres wichtiges Argument für diese in der ARD einmalige Einrichtung: Im Studio der Gruppe des Hessischen Rundfunks (HR) gab es nur einen Korrespondenten. Er brauchte dringend Unterstützung bei seiner Arbeit für die sechs Sender der Gruppe. Das waren der Bayerische Rundfunk, Radio Bremen, der HR, der Saarländische Rundfunk, der damalige Sender Freies Berlin (heute rbb) und der damalige Süddeutsche Rundfunk (heute SWR).

Roland Helm, der erste SR-Junior in Washington, machte sich auch als Musiker einen Namen: hier beim Saarbrücker Altstadtfest 2008. *Abb.: D. Guldner*

Für die „Juniors" wurden von den beteiligten Sendern besondere Regelungen vereinbart – anders als die sonst in der ARD für Korrespondenten üblichen. So werden sie abwechselnd nur von den beteiligten Sendern entsandt. Sie bleiben jeweils ein Jahr lang in Washington – und nicht fünf, wie sonst üblich.

Roland Helm war 1983/84 der erste SR-Junior in Washington. Nach seiner Tätigkeit als „Junior" in den USA wurde auch in Deutschland die Politik-Berichterstattung Roland Helms Arbeitsgebiet. Er war auf SR 1 Europawelle Saar im Moderatoren-Team für das „Journal am Morgen" und „Zwischen heute und morgen" tätig, das aktuelle Abendmagazin mit Berichten aus Politik, Wirtschaft und Zeitgeschehen. Später machte er sein Hobby Musik auch zu seinem beruflichen Arbeitsgebiet.

Roland Helm ging 2016 in den Ruhestand. Zuletzt war er SR 1-Programmgruppenleiter Produktion/Sounddesign sowie Redakteur und Moderator des SR 1-Kulturmagazins „Abendrot". Über seine Korri-Arbeit in der Hauptstadt der USA hat er in einem gesonderten Beitrag dieses Buches berichtet.

Burkhard Birke war vom 1. April 1988 bis zum 31. März 1989 als zweiter SR-Junior in Washington. Seine Erinnerungen an diese Zeit beginnt er mit vier Erkenntnissen als Fazit: „Die Erkenntnis,

... dass man mit drei bis vier Stunden Schlaf auskommen kann (muss).
... dass auch die großen amerikanischen Akteure und Politiker nur mit Wasser kochen.
... dass es einen gigantischen Graben zwischen der offiziellen Politik in den USA und dem Volk, den einfachen Leuten gibt, die in ihrer Naivität die hehren Ziele der Politik teilweise blind glauben.
... dass man als deutscher Reporter in einem kleinen Land wie Kanada viel willkommener ist als in den großen USA.

Als Reporter war für mich fantastisch, dass im Januar 1989 bei der Amtseinführung von Präsident George Bush Amerika genau eineinhalb Minuten ohne Präsident war – was es mir ermöglichte, live für den SR und mehrere andere ARD Sender zu berichten. Bei minus 20 Grad stand ich auf einer Holztribüne und schaltete genau um 18:01:30 MEZ/12:01:30 Eastern Standard Time auf den Amtseid.

Unvergesslich wird mir auch immer der Moment des Starts der Raumfähre Discovery bleiben. Es war der erste Start eines Space Shuttle nachdem 29 Monate zuvor am 28. Januar 1986 die Challenger verunglückt war. ZDF- Newsanchor Claus Kleber, damals Juniorkorrespondent für SWR und DLF, saß neben mir auf der Tribüne, fünf Kilometer von der Startrampe entfernt. Wir haben beide über den Start wegen des Lärms schreiend berichtet. Aufgrund der großen Sicherheitsentfernung kam der Knall vom Start mit etlichen Sekunden Verzögerung bei uns an. Der kritische Moment 70 Sekunden nach Start, zu dem zuvor die Challenger explodiert war, löste bei der Discovery unglaubliche Jubelstürme aus: Es war einfach ein ergreifender Moment.

Burkhard Birke, heute Redakteur und Moderator beim Deutschlandradio Kultur in Berlin. *Abb.: DLF*

Für meine Karriere bedeutete der USA-Job in Analogie zum Shuttle das Durchstarten: Schließlich hatte ich mich entschlossen, anschließend als Freier in den USA zu bleiben, um für RIAS TV, die ARD und vor allem den Deutschlandfunk, zu arbeiten.

Mit dem Mauerfall verlagerte sich der Schwerpunkt der Berichterstattung nach Europa und ich bekam das Angebot, für den DLF aus Brüssel zu berichten. Auf Brüssel folgte London, dann im Funkhaus in Köln die Tätigkeit als Aktuell-Chef, danach Paris und jetzt Berlin!"

Martin Ganslmeier war der dritte in der Reihe der SR-Juniorkorrespondenten in Washington: von Juli 1998 bis Ende Juni 1999. Er schreibt: „Für mich war die Arbeit als Juniorkor-

Martin Ganslmeier vor dem Kapitol, dem Sitz des Kongresses, in Washington, D.C.
Abb.: M. Ganslmeier/SR

respondent in Washington 1998/99 eine sehr prägende Erfahrung. Amerika in all seinen Facetten in den Hörfunk-Programmen der ARD zu vermitteln, fand ich so abwechslungsreich und spannend, dass für mich feststand: irgendwann musst du da noch mal hin. Und dann möglichst länger als nur ein Jahr...

Besonders beeindruckt hat mich damals der erste Start einer Raumfähre zur Internationalen Raumstation, über den ich von Cape Caneveral aus berichtet habe. Trotz des großen Sicherheitsabstandes, den wir beim Countdown einhalten mussten, bebte beim Lift-off die Erde unter meinen Füßen.

In das Weiße Haus kam ich vor knapp 20 Jahren als Juniorkorrespondent übrigens leichter als heute. Nach dem Terroranschlag auf das World Trade Center am elften September 2001 bekommen ausländische Journalisten nur noch in Ausnahmefällen Zugang ins Weiße Haus. Während der Obama-Präsidentschaft war das zum Beispiel der Fall, wenn die Bundeskanzlerin Angela Merkel zu Besuch war oder First Lady Michelle Obama im Gemüsegarten des Weißen Hauses erntete und Journalisten aus aller Welt zeigen wollte: Amerikaner können sich auch gesund ernähren!

Seit Anfang des Jahres 2015 sind alle früheren Gruppenkorrespondent/innen ins WDR/NDR-Studio (für das ich zuvor gearbeitet habe) umgezogen: unter ein Dach mit dem Fernsehen, was gut ist für die trimediale Zusammenarbeit. Auch da hat sich viel geändert: während vor zwei Jahrzehnten die Fernseh-Kollegen Claus Kleber und Tom Buhrow „weit weg" waren, tauschen sich Hörfunk- und Fernseh-Korrespondenten heute fast täglich aus. Dabei hilft, dass es im Sommer 2016 einen Wanddurchbruch zwischen dem Hörfunk- und dem Fernseh-Gebäude gab.

Die „Bandbreite" der Berichterstattung aus Washington ist im Vergleich zu 1998/99 noch breiter geworden. Es gilt, 60 Hörfunk-Programme in der ARD und ihre unterschiedlichen Themen- und Format-Wünsche zu bedienen. Viele junge Wellen senden den klassischen Beitrag mit O-Tönen kaum mehr, sondern wollen lieber talken (also Moderatorengespäche führen). Noch immer gibt es Programme, die Wert auf den differenzierten Drei-Minuten-Kommentar legen. Aber zum selben Thema wünschen die populären Programme einen zugespitzten Standpunkt von höchstens 90 Sekunden. Einige Kulturprogramme schätzen eine feuilletonistische Mischung aus Bericht und Meinung, während die Info-Programme streng Bericht und Meinung trennen.

Und thematisch bieten die USA ohnehin Stoff für alle Redaktionen: nicht nur Politik und Zeitgeschehen, sondern auch Wirtschaft, Sport, Kirchenfunk, Medien- und Wissenschaftssendungen, Feature und und und. Als Korrespondent in Washington muss man Allrounder sein. Jeder muss sich mit Trump und Raumfahrt auskennen. Was nicht bedeutet, dass unsere Korrespondenten nicht auch Spezialgebiete und ‚Hobbys' haben. Das ist sogar gewünscht. Und im Idealfall ergänzen sie sich."

Nach Ende seiner Junior-Zeit in Washington arbeitete Martin Ganslmeier weiter als Reporter, Moderator und redaktioneller Mitarbeiter im Bereich Politik- und Zeitgeschehen von SR 1 Europawelle Saar. Er war Mitglied von ARD-Pools, u. a. für die Berichterstattung vom IWF-Weltbank-Gipfel 2000 in Prag. Als Zeitfunk-Reporter für die ARD berichtete er von den Leichtathletik-Weltmeisterschaften 1995 in Göteborg und 2001 in Edmonton. Für die Vorberichterstattung von den Olympischen Spielen in Atlanta wurde er 1996 eingesetzt. Mehrfach vertrat er den SR-Hauptstadtkorrespondenten Franz Jansen in Berlin.

Von 2003 bis 2007 war Ganslmeier Leiter der Intendanz des Saarländischen Rundfunks, bis 2012 dann Leiter der Intendanz des Norddeutschen Rundfunks.

Juniorkorrespondent Martin Ganslmeier auf der Wiese vor dem Kapitol.

Abb.: M. Ganslmeier/SR

Im Juli 2012 ging er als Hörfunk-Korrespondent ins NDR/WDR-Gruppenstudio in Washington, leitete das Studio ab Juli 2014 und wurde Anfang 2015 der erste Leiter des aus der Fusion der drei Gruppenstudios entstandenen ARD-Hörfunk-Studios in Washington.

Christoph Grabenheinrich, SR-Juniorkorrespondent in Washington von Juni 2003 bis August 2004, erinnert sich so an seine Arbeit in der Hauptstadt der USA:

„Gefragt war tatsächlich alles. Vom kurzen, bunten Beitrag über tanzende Hunde, die normale politische Berichterstattung in all ihren Facetten und Formen, bis hin zu 5-minütigen Kommentaren für den Deutschlandfunk. Dank der Zeitverschiebung war ich so gut wie dauerhaft on-air. Ich habe nicht die geringste Ahnung, wie viele Live-Gespräche ich quasi von der Bettkante aus zu Hause gemacht habe, um die Frühprogramme zu bedienen. Kaum im Bett musste ich wieder raus, die Mittags- und Abendstrecken waren schließlich auch zu versorgen. Alles in allem eine recht schlaflose Zeit…

Christoph Grabenheinrich: „Journalistisch spannender hätte es nicht sein können." *Abb.: HSB/R. Freese*

14 Monate Washington – im politischen Zentrum der „mächtigsten Nation", die weltpolitische Berichterstattung durch die US-Brille als Daueraufgabe. Zweiter Irak-Krieg, inklusive dem vermeintlichen „mission accomplished", zweiter Wahlkampf und -sieg von George W. Bush – journalistisch spannender hätte es nicht sein können.

Ein wahrhaft USA-typisches Ereignis durfte ich im Sommer 2003 genießen. Kurz vor dem großen Blackout in New York fiel nämlich schon im Großraum Washington der Strom aus. Zwar waren da nicht über 50 Millionen Menschen wie kurz darauf betroffen, ich dafür umso länger. Ganze 10 Tage ohne Strom sind schon ein Erlebnis. Das anfängliche Amüsement über Lesen bei Kerzenlicht wich irgendwann einem Kopfschütteln und schließlich der Fassungslosigkeit. Aber auch das taugte für viele Beiträge, das Studio war im Gegensatz zu meiner Wohnung nämlich nur zwei Tage stromlos.

Außerdem kann ich mich noch sehr gut an die regelrechte Hysterie der deutschen Sender erinnern, als ich mich für eine Woche zu einer Wirtschaftsrecherche in Kalifornien aufhielt. Perfektes Timing: Ich war kaum in der Hauptstadt Sacramento angekommen, da verkündete ein Österreicher seine politischen Ambitionen. Arnold Schwarzenegger wurde später tatsächlich Gouverneur. Ich konnte allerdings meine ursprünglich geplante Recherche angesichts permanenter aktueller Anfragen aus der ganzen ARD nur noch sehr bedingt weiter betreiben. Wiedergetroffen habe ich Schwarzenegger dann viele Jahre später zusammen mit dem Presse-Tross von Außenminister Steinmeier.

Christoph Grabenheinrich als Juniorkorrespondent im Hörfunk-Studio in Washington.

Abb.: C. Grabenheinrich/SR

Und dann war da noch die improvisierte Pressekonferenz in einem düsteren Kellerraum bei der Weltbank. Mal gerade eine Handvoll Journalisten war anwesend, als ein gewisser Horst Köhler – weit weg von Berlin – auf die bundespolitische Bühne trat, indem er seine Kandidatur zum Bundespräsidenten verkündete. Beim Verlassen des Raums fragte mich dann im Flur ein Amerikaner: Who is he? Die gleiche Frage stellten sich kurz darauf Millionen Bundesbürger.

Was blieb, ist die große Lust zur politischen Berichterstattung und der immer noch sehr interessierte Blick über den großen Teich. Dank meiner Zeit in Washington konnte ich dem politischen Journalismus auch im Anschluss treu bleiben. Nach einem kurzen Zwischenstopp beim SR in Saarbrücken ging es von 2006 bis 2014 für fast 9 Jahre in die Bundeshauptstadt Berlin. Mittlerweile bin ich erneut zurück in Saarbrücken, schaue der Regionalpolitik auf die Finger."

Simone Mir Haschemi war SR-Juniorkorrespondentin in Washington von Juli 2007 bis Juni 2008. Über ihre Erfahrungen als „Junior" schreibt sie:

„In meiner Zeit im Studio Washington habe ich viel darüber gelernt, wie auch Redaktionen in anderen ARD-Funkhäusern arbeiten und was sie in ihren Sendungen

Simone Mir Haschemi hat in Washington das „Lampenfieber verlernt".

Abb.: S. Mir Haschemi/SR

für Zugänge zu Themen suchen. Davon konnte ich nach meiner Rückkehr sehr profitieren. Nach unzähligen Korrespondentengesprächen habe ich außerdem eine solche Routine in - teilweise auch sehr überraschenden - Live-Situationen, dass mir Lampenfieber seitdem fremd ist. Und natürlich lernt man durch das Leben, die Politik, die Gesellschaft in den USA im Abgleich sehr viel auch darüber, wie Deutschland funktioniert und was uns ausmacht.

Ein besonderes (wenn auch nicht witziges) Erlebnis war für mich, Barack Obama, damals noch nicht Präsident, live reden zu hören und zu sehen. Er ist einfach ein begnadeter Rhetoriker und sicher der beste Redner, den ich je gehört habe. Schon damals hat er ganze Hallen in wenigen Minuten für sich gewonnen - und kurz danach ja auch die Wahl."

Nach ihrer Korrespondentenzeit arbeitete Simone Mir Haschemi als freie Journalistin bei SR 2 KulturRadio und bei SR 3 Saarlandwelle, seit 1. Juni 2015 ist sie Redakteurin bei SR 3 Saarlandwelle.

Timo Fuchs berichtete vom März 2012 bis einschließlich April 2013 als SR-Juniorkorrespondent aus den USA. Was nimmt Timo Fuchs mit aus seiner US-Zeit? „In meine Zeit in den USA fiel die heiß umkämpfte Phase des Präsidentschaftswahlkampfes Obama gegen Romney, der Obama seine zweite Amtszeit bescherte. Besonders gravierende Ereignisse waren der Amoklauf in der Batman-Premiere in Denver und der Terror-Anschlag in Boston. Beim Amoklauf an der Grundschule in Newtown berichtete ich als einziger Hörfunk-Korrespondent der ARD von vor Ort.

Vielleicht gibt es keine Kultur wie die amerikanische, die wir Deutschen so sehr zu kennen glauben, weil wir die Filme der Amerikaner, ihre Musik, ihr Essen seit

Jahrzehnten konsumieren und weil ihre außenpolitischen Entscheidungen immer eine Orientierungsmarke für uns sind, an der oder gegen die wir uns ausrichten. Wenn man dann allerdings im Land die Städte an den Küsten, die im Süden sowie die mitten im Land und im Westen kennenlernt, wird klar, wie viele unterschiedliche Lebenswirklichkeiten es tatsächlich in den USA gibt. Diese komplexen Bausteine in einer Gesellschaft sichtbar zu machen, ist etwas, das mich als journalistisches Ziel seitdem begleitet. Und ich habe ein neues Verständnis für die Bedeutung der freien Presse bekommen, als ich bei Recherchen zur Ölpest am Golf von Mexiko Schrimps mit ölverklebten Kiemen und ohne Augen sah – zwei Jahre nach der Katastrophe. Längst haben die Behörden die Meerestiere aus dem Golf wieder zum Verzehr freigegeben. Eine Frage der Wirtschaft.

Timo Fuchs vor dem „Weißen Haus" in Washington.
Abb.: T. Fuchs/SR

Damit kritische Informationen wirklich ihren Weg an die Öffentlichkeit finden, braucht es eine besondere Infrastruktur, und ich habe den Eindruck, dass sie fast überall auf dem Rückzug ist.

Ein US-typisches Erlebnis hatte ich bereits an meinem ersten Tag in Washington: Ich entschloss mich, als Allererstes mal ein Fahrrad zu kaufen. Eine U-Bahn brachte mich zu einem abgelegenen Supermarkt auf der anderen Seite des Potomac-Flusses. Ich kaufte und radelte zurück Richtung Washington, als plötzlich die Frage aufkam, ob es überhaupt einen Radweg über den Fluss gab... Ich kannte jedenfalls keinen. Weil es bereits dunkel wurde und zu stürmen anfing, wandte ich mich an einen Polizisten, der in seinem schwarz-weißen Wagen Pause machte – aber einen Radweg? ‚So was gibt's hier nicht. Nimm doch die nächste Autobahn und fahr auf der Standspur über den Fluss.'

Ich war einigermaßen skeptisch, dass mich nicht gleich der nächste Kollege des Cops bei dieser Aktion verhaften würde. Trotzdem radelte ich in den Sturm hinein, die breite Autobahnauffahrt hoch und musste direkt zwei vollbefahrene Highway-

Spuren überqueren, um die Standspur erreichen zu können. Es wurde eine entsprechend adrenalinreiche Fahrt auf der mit Glassplittern und alten Schuhen übersäten Bahn. Aber wie schon der Cop hatten zumindest die vorbeidonnernden Trucks und SUVs die Ruhe weg.

Nachdem ich zum Ende noch mein Fahrrad über eine Böschung gezerrt hatte, um die Autobahn wieder verlassen zu können, war wieder an Durchatmen zu denken. Und ich sah auf dem Stadtplan, dass es nur eine Brücke weiter einen Radweg gegeben hätte, der mit wunderbarem Ausblick auf das Waterloo Hotel über den Potomac führt."

Nach seiner Zeit als SR-Junior in Washington wechselte Timo Fuchs zum SWR. Unter anderem moderiert er dort die Frühsendung „Journal am Morgen" auf SWR2 und die 45-minütige Diskussionssendung „SWR2 Forum" mit je drei Experten zu vielfältigen Themen, plant als Redakteur und schreibt als Autor Kommentare und Features.

Ein gemeinsames Washington-Studio aller ARD-Sender gibt es für den Hörfunk seit dem 1. Januar 2015. Die bis dahin getrennten drei Gruppenstudios von ARD-Sendern mit insgesamt acht Korrespondentinnen und Korrespondenten wurden aufgelöst. Im ARD-Studio sind nun für die mehr als 60 ARD-Radio-Programme nur noch sechs Korrespondenten vorgesehen, bei gleicher qualitativer und quantitativer Leistung.

Die Stelle des Junior-Korrespondenten wird es auch weiterhin geben. Bei der Besetzung wechseln sich jährlich der Hessische Rundfunk (HR), Radio Bremen (RB), der Rundfunk Berlin-Brandenburg (rbb) und der Saarländische Rundfunk (SR) ab. Ab Sommer 2017 konnte damit der Chronologie der SR-Juniors in Washington ein neuer Name hinzugefügt werden: Marc Hoffmann.

ARD-Studio, 3132 M Street NW, Washington, D.C.
Abb.: ARD German Radio & TV

68er Jahre: mit „Einzelheiten" den SR im Visier

Von Rainer Petto

Erbitterten politischen Streit um den Saarländischen Rundfunk gab es nie. In der gesellschaftlich bewegten Zeit der 68er Jahre schlugen allerdings auch beim SR die Wellen interner und externer Auseinandersetzungen etwas höher. So etwas wie eine „publizistische Plattform" fanden die internen Kontroversen in dem Studentenblättchen „Einzelheiten". Gegründet hatte es Rainer Petto, der - Ironie des Schicksals - sein späteres Berufsleben als (Kultur-)Redakteur beim SR verbrachte.

Der Student Rainer Petto 1974: übte SR-Kritik in „Einzelheiten".
Abb.: R. Petto/SR

Anfang 1971 war ich 20 Jahre alt, Student und irgendwie unausgelastet. Mir fehlte etwas, ich spürte den unüberwindbaren Drang zum Schreiben und Publizieren. Zwar hatte mich SZ-Feuilletonchef Dr. Heinz Mudrich (1925 - 2016) eingeladen, für die „Saarbrücker Zeitung" zu schreiben, seit ich ihm als Oberprimaner einen Text zugeschickt hatte, aber ich wollte mehr als Glossen und Buchbesprechungen verfassen. Und so entschloss ich mich, ein eigenes Blättchen herauszubringen, nur mit meinen Texten in einem Spektrum von Gedichten bis Medienkritik.

Den letzten Anstoß hatte mir die Lektüre von Hans Magnus Enzensbergers Essays gegeben, die in der „edition suhrkamp" unter dem Titel „Einzelheiten" erschienen waren. Seine Kritik an der „FAZ", am „Spiegel" oder am Neckermann-Katalog war für mich wie eine Erleuchtung - so etwas wollte ich auch schreiben, und zwar bezogen aufs Saarland.

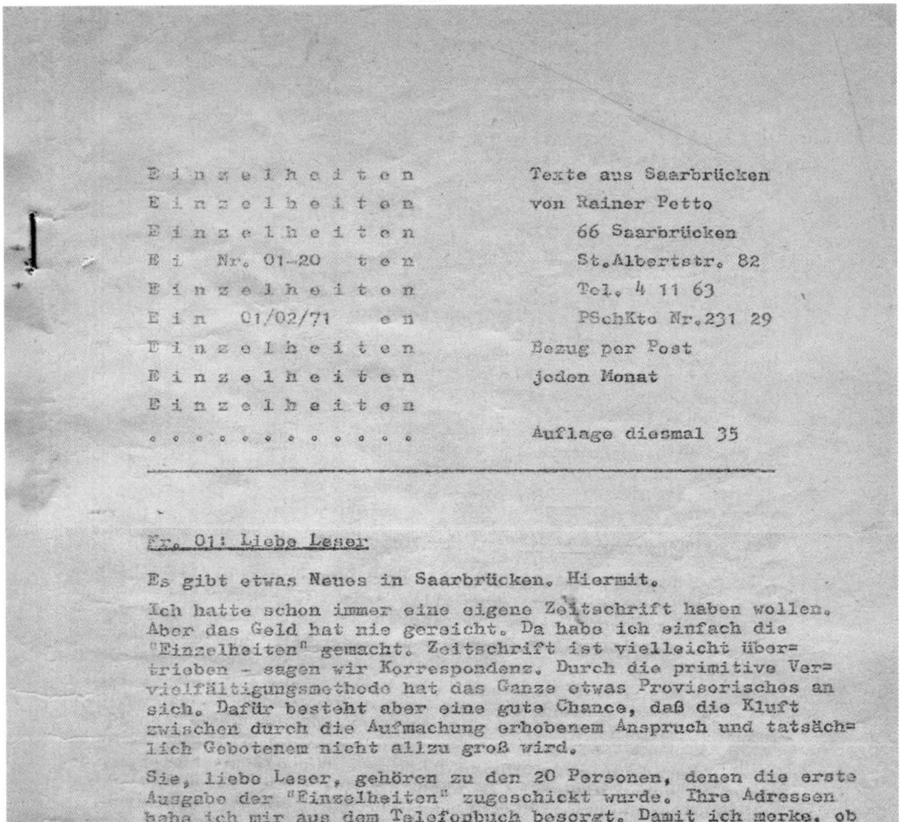

E i n z e l h e i t e n	Texte aus Saarbrücken
E i n z e l h e i t e n	von Rainer Petto
E i n z e l h e i t e n	66 Saarbrücken
E i Nr. 01–20 t e n	St. Albertstr. 82
E i n z e l h e i t e n	Tel. 4 11 63
E i n 01/02/71 e n	PSchKto Nr. 231 29
E i n z e l h e i t e n	Bezug per Post
E i n z e l h e i t e n	jeden Monat
E i n z e l h e i t e n	
. . . .	Auflage diesmal 35

Nr. 01: Liebe Leser

Es gibt etwas Neues in Saarbrücken. Hiermit.

Ich hatte schon immer eine eigene Zeitschrift haben wollen. Aber das Geld hat nie gereicht. Da habe ich einfach die "Einzelheiten" gemacht. Zeitschrift ist vielleicht über=trieben – sagen wir Korrespondenz. Durch die primitive Ver=vielfältigungsmethode hat das Ganze etwas Provisorisches an sich. Dafür besteht aber eine gute Chance, daß die Kluft zwischen durch die Aufmachung erhobenem Anspruch und tatsäch=lich Gebotenem nicht allzu groß wird.

Sie, liebe Leser, gehören zu den 20 Personen, denen die erste Ausgabe der "Einzelheiten" zugeschickt wurde. Ihre Adressen habe ich mir aus dem Telefonbuch besorgt. Damit ich merke, ob diese Texte aus Saarbrücken Ihr Interesse gefunden haben, bitte ich Sie um Folgendes: überweisen Sie entweder einen beliebigen Betrag (mindestens mein Porto) auf mein Postscheckkonto Nr. 231 29 oder schreiben Sie mir oder, noch besser, tun Sie beides. Damit haben Sie Anspruch auf ein Exemplar der nächsten Ausgabe. Gleichzeitig werde ich dann weitere Exemplare dieser zweiten Ausgabe an neu ausgesuchte Personen schicken, die ebenfalls um eine Zuschrift oder eine Überweisung gebeten werden. Analog weiter. Auf diese Weise hoffe ich, den Leser=kreis ganz langsam erweitern (er wird, der Vervielfältigungs=methode wegen, nie sehr groß werden können) und aus dem Erlös wenigstens Papier und Porto bestreiten zu können.

Haben die "Einzelheiten" ein Konzept? Im Prinzip ja; das Konzept bin ich als der Autor vorläufig aller Beiträge. Sie werden mich kennenlernen.

Lesen Sie mal.

Vielen Dank für Ihr Interesse

Rainer Petto

Bescheidenste Anfänge: „Liebe Leser" aus der ersten „Einzelheiten"-Ausgabe von 1971.

Abb.: SR

„Einzelheiten" nannte ich denn auch mein Blättchen, wegen Enzensberger und wegen meiner Vorliebe zum konkreten Detail und der Abneigung gegen alles Verschwurbelte. Medienkritik gehörte von Anfang an dazu. Das bot sich im Saarland quasi an. Wir hatten ein Zeitungsmonopol, eine Zeitung für ein Bundesland: die „Saarbrücker", nach 1957 zunächst in Landeseigentum und dann, begleitet von Korruptionsvorwürfen an die saarländische Politik, teils dem Holtzbrinck-Konzern, teils der Belegschaft, den Stiftungen der Landtagsparteien und drei Banken übereignet. Dabei war der zuletzt noch verbliebene Konkurrent, die „Landeszeitung", ein Blatt im Besitz des Bischofs von Trier, auch nicht gerade ein Oppositionsorgan gewesen.

Saarbrücker Alternativpresse
EIN ZEL HEI TEN
Nr.2/74 DM1.50
Kommunalwahl vom 5.Mai
PROGRAMME – INTERVIEWS – BERICHT
Der liebe Gott der SR-Intendant und die Ölinteressen
DIE AFFAIRE BLIESBOGEN
Neues Stück in der Sog. Theaterwerkstatt ▶

SR-Intendant Dr. Mai war öfter Zielscheibe der „Einzelheiten"-Kritik. Abb.: SR

Und dann war da der Saarländische Rundfunk, auch ein Monopolist in seinem Sendegebiet, autoritär geführt von Adenauers vormaligem Referenten Dr. Franz Mai. In der Person von Erich Voltmer waren die beiden Monopolisten auch noch miteinander verknüpft. Voltmer war nämlich Stellvertretender Chefredakteur der „SZ" und zugleich Rundfunkratsvorsitzender beim SR, und, um seine Position im regionalen Medienbetrieb abzurunden, auch noch Vorsitzender des Saarländischen Journalistenverbandes. Er und Mai waren CDU-Leute, und die unter ihnen arbeitenden Journalisten galten, spätestens nachdem der „Spiegel" das geschrieben hatte, als besonders zahm.

Grund genug also für jeglichen Versuch, dem etwas entgegenzusetzen. Die Medienkritik der „Einzelheiten" bestand zunächst eher in Inhaltsanalysen, sachlich vorgetragen, trotzdem schmerzlich für die Betroffenen. Die erste Nummer des anfangs monatlich erscheinenden Blättchens kam im Februar 1971 heraus. Schon mit der Juli-Ausgabe gab es eine Neupositionierung durch den Fall Astel.

Erich Voltmer: stellvertretender SZ-Chefredakteur, SR-Rundfunkratsvorsitzender und SJV-Vorsitzender. Abb.: SR

Mai hatte seinem linken Leitenden Literaturredakteur Arnfrid Astel mit Gründen, die sich vor dem Arbeitsgericht dann nicht halten ließen, fristlos gekündigt (Anmerkung der Redaktion: In drei Instanzen hat Astel vor Gericht recht bekommen, beim SR war er bis zur Pensionierung in Amt und Würden.). Hatten die „Einzelheiten" sich bis dahin im weitesten Sinne als Literaturblatt verstanden, so wurden sie jetzt politischer, die Medienkritik bekam mehr Raum und wurde schärfer im Ton.

Was den SR betraf, gab es Anlässe genug. Ein paar Beispiele: In der Neujahrsansprache des SR-Intendanten 1972 fällt das fatale Wort von der Kritik als ein „Zeichen pubertärer Geisteshaltung" – da muss man einfach widersprechen.

Im Herbst 1972 beschwört Mai einen Konflikt mit der evangelischen Kirche herauf, weil ihm ein Kommentar des evangelischen Rundfunkbeauftragten und Rund-

Intendant Dr. Franz Mai: Viele Erfolge für den SR, aber auch so manche Blessuren. V.l. Rundfunkratsvorsitzender Erich Voltmer, Justitiar Dietrich von Boecklin, Dr. Franz Mai, Personalratsvorsitzender Axel Buchholz. Abb.: SR

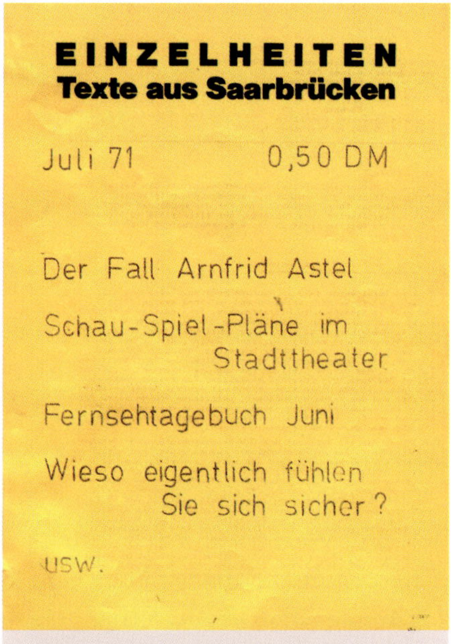

EINZELHEITEN
Texte aus Saarbrücken

Juli 71 0,50 DM

Der Fall Arnfrid Astel

Schau-Spiel-Pläne im Stadttheater

Fernsehtagebuch Juni

Wieso eigentlich fühlen Sie sich sicher?

usw.

Bundesweit ein Thema, nicht nur in den „Einzelheiten": der „Fall Astel". Abb.: SR funkratsmitglieds Pfarrer Hans-Dieter Osenberg zum Vietnam-Krieg nicht passt.

„Die Hörer für dumm verkauft" lautet im März 1973 die Überschrift meines Beitrags in den „Einzelheiten" zur neuen Programmstruktur der Europawelle.

Im August 1973 verbietet der Intendant die Ausstrahlung eines kirchlichen Kommentars zum Umgang der deutschen Politik mit ausländischen Diktatoren. 1974 kritisiert „Einzelheiten"-Autor Robert Strauß das Musikkonzept der Jugendsendung „Drugstore 1421" auf der Europawelle.

Der evangelische Rundfunkbeauftragte Pfarrer Hans-Dieter Osenberg sah den Vietnam-Krieg „Aus kirchlicher Sicht" anders als Intendant Mai.

Abb.: SR

Im gleichen Jahr erhält der SR eine neue Führungsstruktur, u. a. wird Werner Zimmer Leiter der Hauptabteilung Aktuelles Fernsehen und Sport. Zimmer war CDU-Mitglied, mein Kommentar zu dieser Personalie: „SR wird noch schwärzer".

Der Kirchenstreit beim SR

DER TATBESTAND

Am 9. August 1972 spricht der Beauftragte der evangelischen Kirche beim Saarländischen Rundfunk, Rundfunkratsmitglied Pfar= rer Hans Dieter Osenberg, in der Fernsehreihe "Aus kirchlicher Sicht" einen Kommentar zum Thema "Vietnam - und kein Ende", in dem er vor der Abstumpfung des Gewissens angesichts der Kriegs= greuel in Südostasien warnt.
Zum nächsten Termin der gleichen Sendereihe, nämlich am 17. Au= gust, wendet sich statt eines kirchlichen Sprechers der Inten= dant des Saarländischen Rundfunks, Dr. Franz Mai, an die Zu= schauer. Er bezeichnet Osenbergs Kommentar als ergänzungsbe= dürftig, da in ihm die Mitschuld der Sowjetunion und Chinas am Vietnamkrieg unerwähnt geblieben sei, und wirft dem Geistlichen nun seinerseits ein abgestumpftes, einäugiges und halbblindes Gewissen vor (Den Wortlaut von Kommentar und Gegenkommentar sollte man unbedingt gelesen haben; er ist in diesem Heft wie= dergegeben). Am 29. August liefert das Mitglied des Kreissyno= dalverstandes des Kirchenkreises Saarbrücken Landgerichtsrat Erwin Ruser bei der zuständigen Redaktion des SR seinen Kommen= tar "Aus kirchlicher Sicht" ab, in dem er den Gegenkommentar des Intendanten kritisiert. Als Ruser am nächsten Tag seinen Kom= mentar aufzeichnen lassen will, erhält er den Bescheid, die

Zum „Kirchenstreit" brachten die „Einzelheiten" einen Bericht und beide Texte im Wortlaut.

Abb.: SR

Die „Einzelheiten" hatten oft den Rundfunk im Visier (wie hier in Nr.3/74). *Abb.: SR*

Währenddessen schrieb ich zunächst weiter für die „SZ". Und auch in den Literatursendungen des SR war ich trotz meiner öffentlichen Kritik an dem Sender immer wieder präsent. Nach Erscheinen der ersten Nummer der „Einzelheiten" hatte Arnfrid Astel mich gleich eingeladen. Später aber wurde eine fest verabredete halbstündige Sendung gekippt – allerdings war die Berufung auf eine Anordnung des

Intendanten möglicherweise nur die Erfindung eines ängstlichen Mitarbeiters. Eine offizielle SR-Kritik an den „Einzelheiten" oder ein Gegendarstellungsbegehren vom SR gab es nie.

Währenddessen beschäftigte SZ-Feuilletonchef Dr. Heinz Mudrich mich unbeirrt weiter, auch nachdem in der Redaktionssitzung die Frage aufgeworfen worden war, ob jener fürs Feuilleton schreibende Autor derselbe sei, der in seiner Publikation mit Schmutz auf die „SZ" werfe. Der Leiter der Buchhandlung der „Saarbrücker Zeitung" in der Saarbrücker Eisenbahnstraße, Hans-Günther Römbell, legte das Blatt an der Bezahltheke aus. Von dort holte es sich auch die Chefredaktion, bis es ihm eines Tages verboten wurde und Verlagsleiter Dr. Hans Stiff mir im September 1974 schrieb, die Zeitung lasse sich nicht ihre „Existenz von anderen wehrlos infrage stellen".

Titelblatt der „Einzelheiten" Nr. 5/74 mit Kritik am Musikprogramm der beliebten Jugendsendung „Drugstore". *Abb.: SR*

Die „Einzelheiten" bedrohten die Existenz der „Saarbrücker Zeitung"? An dieser Dramatisierung sieht man, wie ungewohnt die etablierten Medien es damals waren, selber Zielscheibe von Kritik zu werden, und sei es von einem noch so unbedeutenden Organ. Der Saarbrücker Journalist Muhammad Salim Abdullah veröffentliche im Zentralorgan der IG Druck und Papier einen Artikel über die Auseinandersetzung mit der „SZ" unter der Überschrift: „Wenn die Ameise den Löwen tritt".

Denn was waren die „Einzelheiten"? Die per Alkoholmatrize vervielfältigten Blätter eines Studenten mit einer Auflage von 35 (!) Exemplaren, die dann auf 100 und schließlich, jetzt im Offset-Druck, auf 1 000 stieg. Aber die saarländische Medienlandschaft war in der ersten Hälfte der 70er Jahre so karg, dass ein Studenten-

Rainer Petto als SR-Redakteur. Abb.: SR

blättchen wie die „Einzelheiten" hier eine Rolle spielen konnte, wie sie später nicht mehr möglich gewesen wäre.

Längst machte ich die Zeitschrift nicht mehr alleine, viele wirkten mit als Herausgeber und Autoren. Alle bekannten saarländischen Schriftsteller gaben uns Texte, von Ludwig Harig über Felicitas Frischmuth oder Manfred Römbell bis zu Gerhard Bungert, der hier seine ersten regionalgeschichtlichen Texte veröffentlichte. Ihre ersten journalistischen Versuche unternahmen in den „Einzelheiten" auch Siegmund Grewenig, der spätere Programmbereichsleiter „Unterhaltung, Familie und Kinder" beim WDR, und der spätere EnBW-Vorstand Gerhard Jochum. Original-Titelbilder kamen vom saarländischen Kunstpreisträger Leo Kornbrust, von der Fotografin Hanne Garthe, von dem Grafiker Hans Husel und von dem Maler und Grafiker Heinz Diesel.

Nach ein paar Jahren zog ich mich Ende 1975 als Mitherausgeber zurück, teils wegen politischer Differenzen mit den anderen Herausgebern, teils, weil meine Lebenssituation sich verändert hatte. Die alten Frontstellungen hatten sich für mich verwischt. Später begann ich dann wieder für den SR zu arbeiten, zunächst für die Unterhaltung, den Kinderfunk, die Literatur. Zum aktuellen Journalismus kam ich über die Magazine von SR 3 Saarlandwelle.

Manchmal werde ich gefragt, wie ich in der „Einzelheiten"-Zeit den Widerspruch ausgehalten habe, einerseits gegen den Saarländischen Rundfunk zu schreiben und andererseits dort mitzuarbeiten. Es war für mich gar kein Widerspruch. Ich hatte es ja nicht mit „dem" Saarländischen Rundfunk, sondern mit manchen seiner Führungskräfte. So schwarz dort oben mancher war, so rot waren viele andere an der Basis, also die, die das Programm machten. Von dort bekam ich viele Informationen, dort war man froh, dass wenigstens von außen Kritik am Sender geübt wurde. Schließlich war es eine öffentlich-rechtliche Anstalt und nicht der Privatbetrieb von ein paar Leuten.

Halleluja, Herr Bischof – und andere Anekdoten vom SR

Von Friedrich Hatzenbühler

Warum eigentlich gibt es so viele SR-Anekdoten? Entstanden sie zum Ausgleich der Anspannung bei stressigen Radio- und Fernseh-Produktionen? Sind sie ein Überschussprodukt von Kreativen? Das Ergebnis des Zusammenwirkens von Verwaltungsleuten, Technikern, Journalisten und (Lebens)-Künstlern in einem Funkhaus? Waren sie Therapie zur Frust-Bewältigung? Oder kommt darin der jugendliche Übermut dynamischer Aufbaujahre zum Ausdruck?
Wann immer sich jedenfalls ehemalige SRler treffen und erzählen, scheinen sie aus einem schier unbegrenzten Vorrat von „SR-Familiengeschichten" zu schöpfen. Friedrich Hatzenbühler hat einige davon aufgeschrieben, gesammelt in knapp vier Jahrzehnten beim SR. Nicht wenige der Anekdoten gehen auch auf den schalk-geneigten ehemaligen SR 3-Moderator und Redakteur selbst zurück.

Wilhelm Diederich war Chefredakteur (ab 1952, gest. 1967) bei Radio Saarbrücken und anschließend beim SR. 1955 fährt er zusammen mit Techniker M. H. und dem Fahrer F. M. nach Trier zu Bischof Matthias Wehr, um dessen Stellungnahme zum Ausgang der Saarabstimmung 1955 aufzeichnen zu lassen. Man wollte dem Bischof nicht zumuten, sich dazu ins Funkhaus Wartburg nach Saarbrücken zu bemühen. Fahrer F. M. darf mit zum Bischof. Nachdem dessen Worte auf Tonband festgehalten sind, gibt Eminenz einen Schnaps aus. Aber wie einem Bischof zuprosten? F. M. rettet sich aus seiner Not mit einem „Halleluja, Herr Bischof". Wehr – begeistert über diesen für geistliche Herren zwar ungeübten aber doch irgendwie sinnigen Toast – antwortet ebenso.

Beim SR-Antrittsbesuch von Bischof Hermann Josef Spital 1981 bietet SR-Intendant Prof. Hubert Rhode einen guten Tropfen an. Anwesend ist auch der damalige Personalratsvorsitzende und Ex-Ministrant Friedrich Hatzenbühler (F. H.). Er prostet (wie zuvor mit dem Intendanten abgesprochen) dem Bischof mit einem

Der Trierer Bischof Matthias Wehr.

Abb.: SR

„Halleluja, Herr Bischof" zu. Spital darauf prompt: „Das ist ein inzwischen historisches Zitat". Und erzählt dann in munterer Runde Unterhaltsames aus dem Bischofsleben seiner Vorgänger Bernhard Stein und Matthias Wehr.

Miteinander - Aufeinander!

Die SR-Fernseh-Sendung „Im Dreieck" (eingestellt 1969) wurde mittags zwischen 12.30 und 14 Uhr ausgestrahlt. Sie war für Schichtarbeiter gedacht. Es muss etwa 1965 gewesen sein, während der Live-Nachrichten. Günter Stutz las die Nachrichten, seriös wie immer.

Das heißt, das wollte er. Denn beim Kamera-Rotlicht, also erst „auf Sendung", merkte er plötzlich auf seinem Kontroll-Monitor, dass er noch einen Meinungsbutton am Revers trug. Schlimmer noch: Er befürchtete, dass man als Fernseh-Zuschauer zuhause die Aufschrift „Miteinander-Aufeinander" eventuell lesen kann. Und obwohl für einen Spaß immer zu haben, dieser wäre ihm zu weit gegangen. Also hält er sich mit der Linken das Revers mit Button zu. Allein mit seiner rechten Hand kann er allerdings die Nachrichten nicht weiterblättern, weil nette Kollegen die oberen rechten Blattspitzen aneinandergeklebt hatten. Also fixiert er mit dem linken Ellenbogen das Papier auf dem Sprechertisch und versucht gleichzeitig, mit der rechten Hand die zusammengeklebten Nachrichtenblätter auseinander zu bekommen. Was nicht recht gelingen will. Die Kollegen empfanden es als groteske Slapstick-Komik live - die Reaktion von Günter Stutz ist nicht überliefert. Aber gut vorstellbar.

Nachrichtensprecher Günther Stutz im FS-Studio.

Abb.: R. Oettinger/SR

Ferdi Welters Glöckchen

Ferdi (schon ab 1935 beim Reichssender Saarbrücken, gest. 1974) hatte traditionell Frühmoderation auf der Europawelle. Er trank dabei seinen Kaffee, las seine „Saarbrücker Zeitung", zitierte zuweilen daraus, erfand auch manchen Artikel (den man später in der SZ vergeblich suchte). Hin und wieder nahm der außerordentlich populäre und beliebte „Wecker des Saarlands" sein kleines Glöckchen, klingelte zart und machte eine Zeitansage.

Der „Saarland-Wecker": Ferdi Welter.
Abb.: SR

H. G. B. war als redaktioneller Mitarbeiter zuständig für den „Aktuellen Dienst" an diesem Morgen. Brandheißes gab es aber nicht zu vermelden. Vielleicht kam er deshalb auf die Idee, den nicht mehr so ganz jungen Ferdi mit einem kleinen Spaß zu erfreuen. Tontechniker K. W. verwickelte Ferdi über die Kommandoanlage in ablenkende Gespräche. H. G. B. gelang es dadurch, sich ins Sprecherstudio von Ferdi zu schleichen und unter dem Sprechertisch zu verschwinden. Von dort aus war es nur ein sachter Griff zum Glöckchen, Watte ins Glöckchen und das Glöckchen wieder an seinen Platz gestellt.

Danach der Tontechniker: „Ei Ferdi, mach emol e Zeitansaach, hasch schun lang käänie mer gemacht."

Rotlicht-Mikro. Ferdi ergreift das Glöckchen, will klingeln, bekommt aber nur ein leichtes Scheppern zustande, versteht schnell und moderiert in seiner Manier die Zeitansage: „Meine Lieben, es ist fünf vor sibben (sibben!) – ei was issen jetzert bassiert: Mei Glöckche klingelt gar nimmie! ... Nää, das gebts doch net! Ei, do hammer die Saubuuwe doch watt ins Glöckche geschdoppd. Wann isch die verwitsche, do kenne die awwer was erlääwe, ihr kennt eich druff verlosse!"

Falscher Knopf

Er war Nachrichtensprecher, Moderator, Schauspieler und Spaßvogel in jeder Lebenslage: Klaus Greinke. Meisterlich verstand er es auch, seine Kolleginnen und Kollegen zu unterhalten, sie zu nerven und bei dem einen oder anderen den Klabautermann zu spielen. Bei all diesen witzigen Aktionen ist er sich einmal selbst in die Falle getappt.

Man stelle sich vor: Früher hatte der Nachrichtensprecher an seinem Sprechertisch drei Tasten. Mit der „Räuspertaste" konnte er kurz das Mikrofon abschalten. Über eine „Kommandotaste" hatte er Verbindung zur Technik. Mit der dritten Taste löste er den Gong zu Beginn der Nachrichten aus. Einmal versehentlich gedrückt, ertönte der allerdings nicht nur dann, sondern immer unerbittlich zur nächsten vollen Minute.

Nachrichtensprecher Klaus Greinke – immer für ein Späßchen gut.

Abb.: SR

Greinke konnte als politisch-kabarettistisch interessierter Mensch sein Talent manchmal auch beim Nachrichtenlesen nicht bremsen. Dann machte er zwischen den einzelnen Meldungen eine kurze Pause, drückte gleichzeitig die Räuspertaste und die Kommandotaste und ergänzte (nur für die Kollegen von Regie und Technik) die jeweilige Meldung mit einem trockenen Kurzkommentar. Der Hörer merkte von alldem nichts.

Nur an jenem Tag war es anders. Da gingen die kleinen Greinke-Gags über den Sender. Und zusätzlich ertönte wiederholt zur vollen Minute der Gong. Was war passiert? Klaus Greinke hatte die Räuspertaste mit der Gongtaste verwechselt. Nach dem dritten Gong innerhalb der Nachrichten bemerkte er sein Versehen dann doch und gab fortan ganz den seriösen Nachrichtensprecher. Jedenfalls erst einmal.

Der Klinkhammel

Otto Klinkhammer, Programmdirektor Hörfunk bis 1993, schenkte dem redaktionellen Mitarbeiter H. G. B. vom Aktuellen Dienst zum Geburtstag einen lebenden Laubfrosch - wohl wissend, dass der Kollege nun gar nichts mit einem solchen Tier anfangen konnte. H. G. B.: „An Ottos Geburtstag kriegt der eine Kuh!"

Chefredakteur und Direktor Otto Klinkhammer: selten um eine witzige Antwort verlegen. *Abb.: SR*

Es wurde keine Kuh, sondern nur ein Schaf. Abholung samstags in Zweibrücken, am Tag der Geburtstagseinladung beim Chef in Lockweiler. Der 2CV von Journalist H.-D. Z. war mit Plastikplane und demontiertem Rücksitz vorbereitet. Trotzdem wurde es eine abenteuerliche Fahrt, nach der einige Reinigungsarbeiten zu erledigen waren. Schafe reisen offenbar nicht gern in schaukelnden Autos. Auf dem Halberg angekommen, wurde das Tier zur Fotosession hinter Klinkhammers Chef-Schreibtisch verbracht und ein Polaroid-Foto mit Tischnamen „Klinkhammel" geschossen.

Auf der Weiterfahrt nach Lockweiler wären beinahe zwei junge Damen Opfer des Schafes geworden. Als der 2CV sie in ihrem Wagen überholte, hingen ihre Augen wohl etwas zu lange an dem blökenden Tier hinter dem Sitz. Die Leitplanken kamen bedenklich nahe.

In Lockweiler war der freigelassene Klinkhammel der absolute Star. Besonders wohl fühlte er sich in den frisch angelegten Rosenbeeten der Frau des Hauses. Dadurch wohl gelang dem Schaf die Rache an der Mannschaft des Aktuellen Dienstes. Niemals mehr wurden alle zusammen bei Klinkhammers eingeladen.

(Otto Klinkhammer im Dezember 2012 dazu: „Ich hatte dann ja ständig einen Hammel als Stellvertreter bei mir, brauchte also keinen von der Redaktion mehr einzuladen". Den „Klinkhammel" musste er allerdings nach einer Weile wegen nachbarschaftsfeindlichen Blökens in eine Hammelherde geben.)

ÄÄnfach vergeß

Samstagsnacht hatte der SR planmäßig ARD-Nachtversorgung, sorgte also für Musik, Nachrichten sowie Verkehrs- und Wettermeldungen bei vielen ARD-Radio-Programmen. Während der Zeit des Terrors der sogenannten „Rote Armee Fraktion" (RAF) geschah dies unter Polizei-Nacht-Bewachung.

An solchen Terminen war es Brauch, dass Nachrichtensprecher Walter Fürsattel für das leibliche Wohl des Teams sorgte. Er brachte dafür als Kochclub-Mitglied die Voraussetzungen und die nötige Liebe mit. Die beiden Bewacher vom Polizeidauerdienst legten bald ihre Dienstpistolen irgendwo hin und hängten ihre Heckler&Koch-Maschinenpistolen ordnungsgemäß an die Garderobe. Essen und Trinken halten nicht nur Leib und Seele, sondern offenbar auch Polizisten gut zusammen. Morgens – kein RAF-Angriff hatte in der Nacht den Bestand des SR beeinträchtigt – wurden die beiden Herren, die Gott sei Dank in kein Röhrchen blasen mussten, von Kollegen abgeholt und verschwanden. Zurück blieben lediglich am Kleiderhaken im Studio zwei schussbereite MPs. Mit äußerst diskreten Telefonaten wurde die Situation im Sinne gut nachbarlicher Beziehungen zwischen Kripo und SR bereinigt.

Wagenschlepp

Garagenmeister K.-H.M. bekam einen Anruf vom Zeitfunk: Wir brauchen einen Übertragungs-Wagen in die Innenstadt von Saarbrücken.

M.: „Isch han kään Ü-Waache, der ledschde kann net in Insatz, de Modor is ausgebaut."

Aber im Improvisieren war man beim SR immer gut. Der Ü-Wagen musste einfach irgendwie in die Stadt, wenn nicht mit Motor, dann halt ohne – im Wagen-Schlepp. Nach der erfolgreichen Live-Sendung musste der Ü-Wagen wieder abgeholt werden. M. fuhr mit einem Unimog in die Stadt, koppelte den Ü-Wagen mit Abschlepp-Stange an und zog langsam und gesittet den Ü-Wagen zurück zum Sender. Der wurde von einem zweiten Fahrer gelenkt. Eine rote Polizeikelle brachte Garagenmeister M. zum Anhalten.

Großer Hörfunk-Übertragungswagen des SR. *Abb.: SR*

„Ei, was mache Sie dann mit der Schleppstang hinnedran?"
„Herr Wachtmeischder, siehste net, ich schleppe ab!"
„Wenne oder was schleppe Sie dann ab?"
„Ei ääner vun unsere Ü-Wagen!"
„Steije Sie mol aus un zeije Sie mer emol denne Ü-Wagen!"

K.-H.M. steigt aus seinem Wagen und geht nach hinten, wo die Schleppstange ohne Ü-Wagen auf der Straße liegt, und sagt: „Sie kenne mers glaawe, grad vorhin war der Ü-Wage noch dran – isch wääß jetzt aach net wo er im Moment is!"

Holzvergaser

Es war die Zeit von Milva: „Non piangere più Argentina". Hörfunk-Live-Sendung auf der Saarlandwelle am Sonntagmorgen zwischen 10 und 12 Uhr vor Ort. Die Autobahnpolizei auf der A 61 in Emmelshausen stellt das Musikprogramm für zwei Stunden Sendung zusammen. Moderation in der Polizeibaracke: Klaus Groth. Ü-Techniker G. B. („Boss") sitzt in der Ü-Wagen-Regie und „fährt" die Sendung. Alles läuft gut. Darum hat Produktionsleiter und Regisseur F. H. Zeit, sich mit Ü-Wagen-

Fahrer H. L. um das Programm nach der Sendung zu kümmern. Dafür hatte er auf der Herfahrt kurz Stopp in Eppelborn gemacht und bei Metzger Kurt Sturm eine kleine Wanne mit eingelegten Grillsteaks eingekauft. H. L. hatte das trockene Grillholz geschichtet, dahinter das Grillstativ und den Grillrost verstaut. Dazu nutzte er die Sprecher-Kabine aus den Urzeiten des nahezu historischen Ü-Wagens.

Moderator Klaus Groth.

Abb.: SR

Ab und zu kam einer der Polizeibeamten vorbei und bestaunte den alten Wagen. F. H. machte sich gerade hinter dem Grillholz in der Reporterkabine zu schaffen, als einer der Polizisten meinte: „Wozu braucht Ihr denn das viele Holz?" „Ach, das sollten Sie eigentlich gar nicht sehen, es ist uns ein bisschen peinlich! Unser Ü-Wagen hat noch einen Holz-Vergaser!"

Von da an nahm der Besucherstrom im Ü-Wagen dramatisch zu. F. H. langte tief in die Märchenkiste und erzählte die dramatische Geschichte des armen Senders mit seinem motorisierten Relikt aus der Nachkriegszeit... Er erntete Staunen, Schmunzeln, Bewunderung der Sparfähigkeit des letzten Senders vor der Grenze – aber auch ungläubiges Kopfschütteln. Bis schließlich H. L. damit begann, schmunzelnd den Grillrost aufzubauen.

Den arg veräppelten Polizisten hatte der Spaß den Appetit nicht verschlagen. Sie ließen sich nach der Sendung die saftigen Grillsteaks gut schmecken.

Lebt er noch?

Die erste saarländische Sommerschlittenbahn am Peterberg oberhalb Braunshausen wurde eingeweiht. Es muss in den ersten Jahren unseres SR 3-Hörfunk-Programms gewesen sein, also nach 1980. Toningenieur A. G. hat eine Live-Verbindung vom Peterberg nach Saarbrücken geschaltet. Mit einem Ü-Wagen steht er oben am Beginn der mehrkurvigen Schalen-Bob-Bahn.

Spaß muss sein: SR-Moderator und -Redakteur Friedrich Hatzenbühler.

Abb.: SR

Reporter F. H., ausgestattet mit Mikro und einem kleinen Sender, nimmt auf einem Schlitten Platz. Auf seinen Knien liegt das Sender-Set für die drahtlose Verbindung, in einer Hand hält er das Mikro, in der anderen den Bremsgriff. A. G. gibt das Signal: „Wir sind live drauf". F. H., von Hause aus Sportsmann und Abenteurer, lässt den Schlitten laufen und reportiert lautstark und begeistert die rasante Fahrt durch eine schöne Landschaft. Allerdings nur bis etwa zur Hälfte der Bob-Bahn, denn dort hätte er besser an einer engeren Kurve etwas abbremsen sollen: Mitsamt dem Sender und seinem Mikro fliegt er – halb auf, halb neben seinem Schlitten – aus der Kurve und verteilt sich mit knirschendem Krachen in die herrliche Landschaft des nördlichen Saarlandes. Mikrofonkabel gerissen, Ende der Übertragung. A. G. im Ü-Wagen kann sich vor Lachen kaum halten, die Hörer sind besorgter. Sie rufen im Funkhaus an: „Lebt der Hatzenbühler noch?"

Werbeplakat für das Rundfunk-Sinfonieorchester von 2001.
Grafikerin: Susanna Weiland.

Abb.: SR

Ludwig Harig: Für mich begann „die Zeit des Radios" beim SR

Von Ludwig Harig

Trotz aller jahrzehntelanger Verbundenheit mit dem Saarländischen Rundfunk: Auftritte vor Mikrofon und Kamera muss der Schriftsteller Ludwig Harig (geb. 18. Juli 1927) aus Gesundheitsgründen seit Längerem dankend ablehnen. An die Schreibmaschine hat sich der SR-Autor jedoch 2011 noch gern gesetzt, um Erinnerungen an seine Anfangszeit als Radio-Autor aufzuschreiben.

Ludwig Harig (1994).
Abb.: R. Oettinger/SR

Wenn ich mich recht erinnere, reichen meine Kontakte zum Rundfunk in die fünfziger Jahre zurück. Noch bevor ich meine ersten Verbindungen zum Radio knüpfte, war es Max Bense, der Stuttgarter Philosoph und Mitbegründer der experimentellen Poesie, der erste Texte von mir in seiner Zeitschrift „augenblick" veröffentlichte. Er machte mich mit Helmut Heißenbüttel bekannt, der beim Süddeutschen Rundfunk (heute: SWR) die Literaturabteilung (Redaktion Radio Essay) leitete. 1960 sendete der Süddeutsche Rundfunk meinen ersten Radio-Essay „Komödie der Sprache - Die Stilübungen des Schriftstellers Raymond Queneau"; 1963 produzierten dort Oskar Nitschke und Manfred Esser mein Hörspiel „Das Geräusch".

Als dann Heinz Hostnig (mein erster Hörspielchef beim SR) und „Hans" Kamps (Johann M. Kamps wechselte 1965 als Hörspiel-Dramaturg vom SR zum WDR) 1966 in Gemeinschaftsproduktion des Saarländischen Rundfunks mit dem Südwestfunk (heute SWR) „Das Fußballspiel" inszenierten, begann meine regelmäßige Arbeit für Rundfunk und Fernsehen in Saarbrücken, die redaktionell von Fred Oberhauser

Heinz Hostnig, Leiter der SR-Hörspielabteilung bis 1970. Abb.: W. Quiel/SR

(ab 1956 kommissarischer Literaturchef beim SR) betreut wurde.

Die Anregungen zu diesen Rundfunkarbeiten für Stuttgart und Saarbrücken gehen auf SR-Literaturredakteur Heinz Dieckmann zurück, der (seit 1950) bei Radio Saarbrücken arbeitete und als Rundfunk- und Fernseh-Redakteur (ab 1963 dann beim ZDF) in seinen mehr als hundert Sendungen und Filmen mit kuriosen Einfällen und witzigen Inszenierungen die Welt geradezu auf den Kopf und wieder auf die Füße gestellt hat. Dieckmann animierte mich, Gedichte und Glossen zu schreiben, die ich in einem Studio des Saarbrücker Senders auf Tonband sprach. Er regte mich schließlich zu bizarren poetischen Betrachtungen an; ich vollführte Seiltänze auf der „Narrenschaukel", wie der Titel eines seiner Bücher heißt.

Dieckmann, mit dem mich eine enge Freundschaft verband, war ein in Sprache und Sprechen sehr kluger und höchst feinfühliger Poet. Seine Bücher, kunstvoll ironische Lexika-Romane, gipfeln in seiner „Narrenschaukel", einem bizarren Globetrotter-Roman, der heute noch als Paradebeispiel ausgepichter Aufklärungsliteratur gelten kann. Nicht ohne Selbstironie hat er dem Saarländischen Rundfunk eine Spur zu befreiender Denk- und Urteilsweise bereitet. In diesem Sinne vorurteilsfreier Betrachtung möchte ich Heinz Dieckmanns Arbeit für den Saarländischen Rundfunk würdigen. Er hat dem jungen Nachkriegssender die Krone der unangepassten Ironie aufgesetzt – und mich selbst dabei an ein Medium herangeführt, das für mich einige Jahrzehnte ein unverzichtbarer Spiel- und Arbeitsraum gewesen ist. Für mich begann die Zeit des Radios, die sich von Saarbrücken aus auf die Sender der ARD und schließlich auf den französischen und italienischen Rundfunk ausweitete.

Der Philosoph und Wissenschaftstheoretiker Max Bense. Abb.: dpa

Der SR – die „Radio-Heimat" von Ludwig Harig

Von Benno Rech / Mitarbeit: Axel Buchholz

Dass der Saarländische Rundfunk die „Radio-Heimat" von Ludwig Harig ist, lässt sich mit Gewissheit sagen. Schwierig wird es, wenn man genau herausfinden will, wann die jahrzehntelange Zusammenarbeit des Saarbrücker Senders mit dem Schriftsteller begonnen hat. Da stößt wegen der lückenhaften Quellenlage sogar der Germanist und Harig-Experte Prof. Dr. Benno Rech an Grenzen, obwohl er einer der drei Herausgeber der kommentierten Harig-Werkausgabe ist und sich besonders mit Harigs Hörspielen befasst hat.

Die ersten Texte hat Ludwig Harig mit einiger Wahrscheinlichkeit schon für Radio Saarbrücken, die weitaus meisten dann aber ab 1957 für den Saarländischen Rundfunk geschrieben. Manuskripte oder Mitschnitte als Quellen für seine frühen Radio-Beiträge haben wir bis jetzt dafür aber nicht. Ludwig Harig erinnert sich nicht mehr genau. Entsprechend dem Interesse seines damaligen SR-Redakteurs Fred Oberhauser dürften es aber vor allem Texte über besondere Orte im Saarland, in Lothringen und im Elsass gewesen sein.

Im SR-Archiv ist als ältestes Harig-Tondokument registriert: „Stilübungen. Neunundneunzig Variationen über ein Thema". Die Sendung entstand zusammen mit dem als Übersetzer bekannten Eugen Helmlé. Gemeinsam hatten beide „Exercices de style" des französischen Schriftstellers und OULIPO-Mitgliedes Raymond Queneau übersetzt.

OULIPO war ein internationaler Arbeitskreis von Autoren, die sich mit Sprach-Experimenten befassten. Die Harig/Helmlé-Übersetzung von Queneau erschien 1961 als Buch bei Suhrkamp. Bereits vier Jahre zuvor stellten beide für den SR eine gekürzte Version von Queneaus Text mit einleitenden Informationen zum Autor zusammen, die SR-Oberspielleiter A. C. Weiland als Literatursendung mit Hörspiel-Elementen

Prof. Dr. Benno Rech (vorn) und Ludwig Harig.
Abb.: Benno Rech/SR

inszenierte. Gesendet wurde sie am 25. April 1957. Das ist nach heutigem Stand auch die erste dokumentierte Harig-Radio-Sendung überhaupt.

Diese SR-Sendung von Harig ist drei Jahre älter als ein Radio-Essay, der bisher in der „Bibliographie Ludwig Harig" von Werner Jung und Marianne Sitter (Aisthesis Verlag, 2002) als erster Radio-Beitrag Harigs aufgeführt wird. Er wurde beim damaligen Süddeutschen Rundfunk am 10.06.1960 gesendet. Darin ging es ebenfalls um Queneau. Der Titel: „Komödie der Sprache – Die Stilübungen des Schriftstellers Raymond Queneau".

Aber auch im SWR-Archiv gibt es eine noch ältere Sendung von Harig: „Auf den Notenlinien der Zeit: Gedichte von Ludwig Harig und Willy Atlante-Lima", eine SWF-Produktion mit Aufnahmedatum 1959. Das ist wohl die zweitälteste Radio-Sendung von Harig.

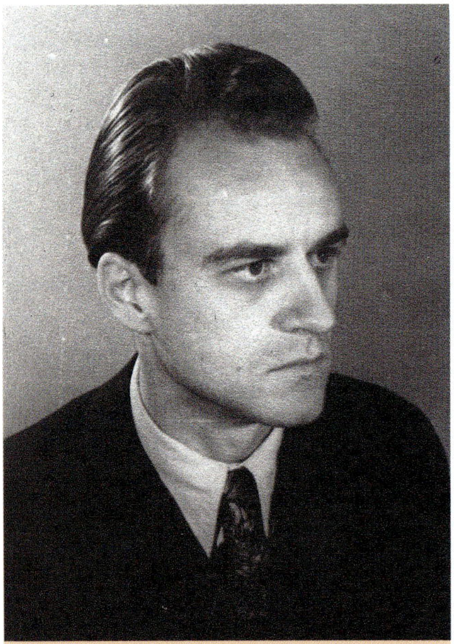

Literatur-Redakteur Heinz Dieckmann.
Abb.: Literaturarchiv Saar-Lor-Lux-Elsass

Beim SR hatte Harig den ersten sehr guten und ihn anregenden Kontakt mit Heinz Dieckmann. Erster Partner in der praktischen Zusammenarbeit war Fred Oberhauser. Beide arbeiteten als Redakteure der „Literarischen Abteilung" von Radio Saarbrücken bzw. ab 1957 dem Saarländischen Rundfunk. Im Hintergrund war Harigs Frau Brigitte erste Ansprechpartnerin.

Das erste Harig-Hörspiel hat nach der Harig-Bibliografie und bisheriger Quellenlage der Süddeutsche Rundfunk (jetzt: SWR) 1963 gesendet: „Das Geräusch". In dem Hörspiel war tatsächlich aber überhaupt kein Geräusch zu hören. Trotzdem geraten die Hausbewohner in einen heftigen Streit darüber. Sendetermin war der 20. März 1963. Für solche - fast absurden - Experimente mit dem Hörspiel engagierten sich beim SDR die leitenden Redakteure und Autoren des „Radio-Essay": Zuerst Alfred Andersch, dann Helmut Heißenbüttel. Ebenfalls die Schriftsteller Manfred Esser und Reinhard Döhl. Zu diesem Kreis der „Stuttgarter Schule" um den Philosophen und Schriftsteller Prof. Max Bense gehörte auch Harig.

Harig und der damalige SR-Hörspielchef Heinz Hostnig sprachen unter dem Titel „Mein erstes Hörspiel" 1965 im SR über „Das Geräusch" und „Das Fußballspiel".

„Das Fußballspiel" von 1966 ist Harigs erstes Hörspiel beim Saarländischen Rundfunk. Koproduzent war der SWF in Baden-Baden (jetzt: SWR). Es wurde beim SR am 11. April 1966 gesendet und war als erstes in Deutschland überhaupt für die Stereophonie (also eine räumliche Schallwirkung) konzipiert, wie Regisseur Heinz Hostnig in einem Vorspruch selbst sagt.

Harig befasste sich darin allerdings nicht mit dem Fußballspiel selbst, sondern mit der Sprache der Fußballreporter und der Fans. Da er selbst ein begeisterter Fußball-Fan ist, kennt er sich damit bestens aus.

Das Fußballspiel
von Ludwig Harig
Regie: Heinz Hostnig
Inhalt: Beim Verlassen des Sportstadions wird ein Besucher gegen das Absperrseil gedrückt und durch die nachdrängende Menschenmenge getötet.
Form: Die Texte sind streng stilisiert und rhythmisch gegliedert und eignen sich für ein stereophonisches Experiment.
Autor: Ludwig Harig ist als Lehrer im Saarland tätig. Seine schriftstellerische Nebenbeschäftigung zählt zu den interessantesten Beiträgen der avantgardistischen Literatur.

Programmhinweis aus dem Winterprogramm 1965/66.
Abb.: SR

Das Fußball-Hörspiel geht auf einen Prosatext zurück, den Harig 1961/62 unter demselben Titel verfasst hatte (erschienen in „Ein Tag in der Stadt. Sechs Autoren variieren ein Thema", hrsg. von Dieter Wellershoff; Kiepenheuer und Witsch, Köln, Berlin 1962). Es handelt sich bis in die Formulierung hinein um denselben Stoff wie im Hörspiel. An diesem Beispiel kann man wunderbar aufzeigen, welcher Verwandlung ein Prosa-Stoff unterzogen wird, wenn er in ein Hörspiel transferiert wird. SR-Hörspielchef Heinz Hostnig führte bei Harigs Fußball-Hörspiel nicht nur Regie, er war selbst auch der Redakteur. Für das experimentelle Spiel mit Wörtern, Tö-

Fred Oberhauser (vorn, vor dem Gutenberg-Museum) besuchte Harig in Mainz, als dieser 1987 dort Stadtschreiber war. *Abb.: Benno Rech/SR*

nen und Rhythmen war Hostnig ebenfalls sehr aufgeschlossen. Durch seine Zusammenarbeit mit Harig wurde der SR zu einer Hochburg des neuen experimentellen Hörspiels der sechziger Jahre. Nicht mehr nur die Sinnvermittlung durch das Wort zählte, sondern die gesamte Wahrnehmung durch alles akustisch Wahrnehmbare zusammen mit der sich aus dem Spiel mit den Wörtern entwickelnden Aussage.

Der Saarländische Rundfunk hat nach den Recherchen von Bert Lemmich, dem stellvertretenden Leiter des Sachgebiets SR-Archive, AudioWortdokumentation/ Ausbildung, acht Hörspiele von Ludwig Harig produziert. Bei einem davon war der SR alleiniger Produzent, bei den anderen war er Federführer der Produktion (Stand: März 2017). An weiteren sieben Harig-Hörspielen, die von anderen ARD-Sendern produziert wurden, hat sich der SR als Partner beteiligt. Insgesamt war der SR also Produzent oder Koproduzent von 15 Harig-Hörspielen.

Koproduktionspartner war besonders häufig der WDR. Dorthin war der SR-Redakteur und Dramaturg Johann M. Kamps gegangen, der als engagierter Hörspiel-Theoretiker das Wesen des Harig'schen Hörspiels am gründlichsten herausgearbeitet hat. Kamps setzte auch bei seinem neuen Sender weiterhin auf die Hörspielkunst Harigs. Dies tat auch Heinz Hostnig, der vom SR als Hörspielchef zum NDR gewechselt war.

Gemessen an der Zahl der Wiederholungen war das „Staatsbegräbnis" (SR/WDR 1969) Harigs erfolgreichstes Hörspiel. Es waren ca. 20. Das am meisten öffentlich beachtete und umstrittene war es ebenfalls, weil es wegen angeblicher Verunglimpfung des Andenkens des ersten Bundeskanzlers Konrad Adenauer (1876 bis 1967) zeitweise von SR und WDR gesperrt wurde. Es führte zu langen erbitterten Polemiken und Diskussionen in den Medien. Harig hatte darin das ihm hohl erscheinende Staatsbegräbnis-Pathos zum Thema gemacht. Er nutzte als Mittel der Entlarvung unter anderem die salopp-schnoddrigen und geradezu erleichterten Äußerungen der Reporter am Ende der Übertragung. Diese nur internen (aber auf Band mitgeschnittenen) Bemerkungen waren Harig versehentlich vom WDR mit zur Verfügung gestellt worden. Regisseur war Johann M. Kamps.

Das Radio hat für Harig einen außerordentlich hohen Stellenwert. Es konnte das vielsagend Spielerische Harigs im Umgang mit der Sprache nahezu perfekt umsetzen. Das Radio hat, anders als das Fernsehen, den Assoziationen im Kopf der Zuhörer den von Harig gewünschten Spielraum gelassen. Harigs Texte und Hörspiele sind bei vielen Radio-Stationen gesendet worden. Überaus wichtig war für ihn aber der SR.

Der Saarländische Rundfunk ist Harigs „Radio-Heimat". Beim SR hatte er Redakteure und Regisseure, mit denen sich Freundschaften entwickelten, die Jahrzehnte und Ortswechsel überdauerten. Beim SR wurden seine drei wichtigsten Hörspiele produziert. Neben den bereits genannten zählt für den Autor dieses Textes dazu vor allen anderen das KZ-Hörspiel „Ein Blumenstück". Ausgehend vom SR entwickelten sich

Fußball- und Frankreich-Fans: (von links) Die Freunde Benno Rech, Ludwig Harig und Johannes Kühn feiern 1998 Frankreichs Sieg bei der Fußball-WM.

Abb.: Benno Rech/SR

Sammelband mit Texten von Harig-Hörspielen. Abb.: Hanser/SR

Harigs Kontakte in die Redaktionen der ARD und auch zu ausländischen Radio-Sendern. Beide, der SR und Harig, spielten so auf dem Gebiet des Hörspiels in der ersten Liga der Rundfunkanstalten.

Das Radio nutzte Harig aber nicht nur sehr gern als akustische Bühne, er war selbst auch ein begeisterter Radio-Hörer. In verschiedenen Texten erwähnt er das Radio. Auch eines seiner Hörspiele für den WDR kreist um eine Radio-Sendung. Er hörte das „Rendez-vous à cinque heures" als junger Mann so gerne, dass er dann als 84-Jähriger aufgriff, womit ihn das Medium damals faszinierte.

„Der saarländischste Saarländer": SR-Hörspielchef Werner Klippert über Ludwig „Luckel" Harig

Von Axel Buchholz

Ludwig Harigs zweiter Hörspielchef beim Saarländischen Rundfunk nach Heinz Hostnig war Werner Klippert. Zwischen 1970 und 1986 arbeiteten sie beim SR zusammen. Aus dem beruflichen Miteinander ist eine Freundschaft geworden.

Werner Klippert, Leiter der SR-Hörspielabteilung bis 1986. Abb.: SR

Mit besonderer Freude erinnert sich Klippert (geb. 22. April 1923) an Harigs traditionelle Heringsessen im Frühjahr. Frau Brigitte sorgte für die köstlichen Fische und Harig selbst für ein kleines Programm. Meist las er dann aus neuen Texten geladener Literaten vor, seltener aus eigenen.

Als einen „freundlichen, lebenslustigen Menschen mit großem Engagement für die und viel Freude an der Literatur" schätzt der ehemalige SR-Hörspielchef Werner Klippert seinen Autor. Auch bei der gemeinsamen Arbeit sei Harig sehr fleißig und zuverlässig gewesen, ein Gerne-Schreiber. Es habe ihn morgens an den Schreibtisch gedrängt, sobald seine Frau das Haus verließ, um als Lehrerin zu unterrichten. „Er hat sich im Schreiben verwirklicht", sagt Klippert. Und deshalb sei es in den meisten seiner Texte auch nicht von ungefähr um ihn selbst gegangen.

Ludwig Harig mit Ehefrau Brigitte.
Abb.: Ludwig Harig/SR

Egal, ob es um seinen Vater, seine eigene Jugend oder um Reisen ging, Harig habe nie aus Distanz heraus ge- und beschrieben, sondern bezog immer eigene Erlebnisse, Gedanken und Erfahrungen mit ein. Besonders gelte das, wenn er seine Heimatstadt Sulzbach, das Saarland und die Saarländer schriftstellerisch reflektiert habe. „Harig ist der saarländischste Saarländer, den ich kenne", ist sich der Hesse Klippert sicher. „Er ist ein existenzieller Saarländer, der seine Heimat andichtet". Wobei ein wenig „anbetet" mitklingt, wenn Klippert das nach einigem Nachdenken so formuliert.

Als Klippert 1970 beim SR Hörspielchef wurde, war Harig bereits ein deutschlandweit akzeptierter Schriftsteller. „Er brauchte sich nicht zu sorgen, dass er keinen Abnehmer für seine Texte findet". Für die Hörspiele waren das meist die großen Sender wie NDR und WDR. Für sie zu arbeiten, war für den freien Schriftsteller viel lukrativer, als für den kleinen SR tätig zu werden. Der aber war häufig als Koproduzent (auch federführend) mit dabei. „Wir blieben für Harig der zweit- oder drittwichtigste Sender", ist Klippert überzeugt. Die besondere Rolle von NDR und WDR erklärt sich zudem aus persönlichen Beziehungen. Beim NDR war es Hörspielchef Heinz Hostnig, der Harig in gleicher Funktion zuvor beim SR schon zu seinen wichtigen Autoren zählte. Und beim WDR knüpfte er an seine Zusammenarbeit mit Johann M. Kamps an, der ebenfalls vorher schon als Dramaturg beim SR ein enger künstlerischer Weggefährte Harigs war.

Nach 1960 war Harig ein führender Protagonist des „Neuen Hörspiels" geworden, das sich weitgehend als Sprech- und Sprachspiel verstand. „Dass es im Wesentlichen beim SR aus der Taufe gehoben wurde", führt Klippert auf den Einfluss des Stuttgarter Ästheten Prof. Max Bense auf Harig und auf SR-Kontakte zu französischen Verfechtern dieser literarischen Strömung zurück. Sie „verfuhren quasi nach Rezept" und ließen sich Texte „nach mathematischen Methoden aus sich heraus entwickeln".

Später, in den 70er Jahren, begleitete Klippert dann einen Harig, der sich zunehmend zum erzählerischen Schreiben hin entwickelte. Geschichten und Gedanken wurden in Sprache „gegossen" und entstanden nicht mehr als Produkt des Spiels mit der Sprache. Trotzdem habe Harig in vielen Gesprächen immer wieder betont, wie wichtig und richtig seine Zeit als „experimenteller Autor" für ihn gewesen sei.

„Das Fußballspiel" war 1966 der Titel von Harigs erstem Hörspiel beim SR. Daran fühlte sich Klippert gelegentlich erinnert, wenn er nach seiner Zeit als Hörspielchef (bis 1986) dann im Programmbeirat des Saarländischen Rundfunks neben Harig saß. Manchmal stand der abrupt auf und ließ die Sitzung Sitzung sein. War das der Fall, wusste Klippert Bescheid. Sein Freund „Luckel" fürchtete, ein wichtiges Fußballspiel zu verpassen. Und das hätte der Fußball-Freak Harig bei allem sonstigen saarländischen Harmoniestreben sich denn doch nicht zumuten wollen.

Klipperts Standardwerk der Hörspieltheorie (1977).
Abb.: Reclam/SR

Cover des Schlüsselromans von Werner Klippert „Chefs – oder das Medium bin ich".
Abb.: pocul-Verlag/SR

Werner Klippert *Abb.: Roland Stigulinszky/SR*

Werner Klippert und das Radio in Deutschland wurden im selben Jahr geboren: 1923. Klippert in Offenbach am Main, der „Unterhaltungsrundfunk" in Berlin an der Spree. Als Lehrer brachte es Klippert bis zum Oberstudienrat. Seine Liebe zum Hörspiel entdeckte er bei den Hörspielabenden mit seinen Eltern und als Kritiker, der bei der Frankfurter Abendpost fürs Hörspiel zuständig war.

1965 wurde der studierte Historiker Hörspieldramaturg beim HR, dann Chefdramaturg beim NDR. Ab 1970 leitete Klippert die Hörspielabteilung des SR, der damals neben dem SFB über das erste Stereo-Studio verfügte. Etwa 25 bis 35 „abendfüllende" (wie es damals hieß) Hörspiele wurden pro Jahr produziert. Nach seiner Pensionierung 1986 gehörte Klippert noch 14 Jahre für den Schriftstellerverband dem SR-Rundfunkrat und seinem Ausschuss „Programmbeirat" an.

Klippert hat mehrere Sachbücher über das Hörspiel und einen dokumentarischen Roman über seine Zeit beim SR geschrieben.

Ich und Ludwig Harig – nein – Ludwig Harig und ich

Von Georg Bense

Der Filmemacher Georg Bense ist ein SR-Journalist, der Ludwig Harig seit über fünfzig Jahren kennt. Zu seinen zahlreichen Fernseh-Filmen zählen auch mehrere über Ludwig Harig.

Georg Bense *Abb.: SR*

Der erste Saarländer, den ich kennenlernte, war Ludwig Harig. Eine Bekanntschaft, die zumindest in beruflicher Hinsicht für mich weitreichende Folgen hatte. Es war Anfang der sechziger Jahre, als Ludwig Harig mit seinem Freund, dem Übersetzer Eugen Helmlé uns in Stuttgart besuchte. Mit meinem Vater, Max Bense, einem Philosophen und Publizisten – der damals die literarische Zeitschrift „augenblick" herausgab – trafen sie sich, sprachen und diskutierten über Raymond Queneau und Gertrude Stein, über konkrete Poesie. Sprachen über das Saarland. Das Land, in dem damals noch Kohle und Eisen den Takt vorgaben, war für mich eine große Unbekannte. Das änderte sich, als Harig sich nach meinem Berufswunsch erkundigte. Filmemacher, Kameramann, Regisseur. Genauer wusste ich es nicht. „In Saarbrücken wird das Fernsehen aufgebaut, man braucht junge Talente." Eine derart optimistische Perspektive begeisterte mich. Ich folgte der Verlockung.

Nach ersten Eindrücken ernüchtert, wollte ich den SR SR sein lassen, und – bin heute mehr als 50 Jahre Wahlsaarländer. Das wäre mir ohne Harig nicht passiert. Durch ihn und seine Freunde, vor allem den Maler Hans Dahlem, entdeckte ich die

Der Kunstmaler Hans Dahlem. *Abb.: R. Oettinger/SR*

Besonderheiten des Länderwinzlings im deutschen Südwesten. Den Charme einer internationalen Provinz mit nahen Wegen nach Luxemburg, Straßburg, Nancy, Metz. Und hinter dem Horizont - Paris, nicht allzu fern.

In diesem halben Jahrhundert bin ich Ludwig Harig immer wieder begegnet. Beruflich und privat lernte ich viel saarländische Freude kennen. Das fing beim Essen an. Bei einer der ersten Einladungen im Elternhaus seiner Frau Brigitte, Auf der Schmelz 19, in Sulzbach, wo es mit Schnecken kulinarisch zur Sache ging. Für einen Migranten aus dem Maultaschenland eine harte Herausforderung. Damals, Anfang der sechziger Jahre, begann Harigs Stern über den heimatlichen Grenzen empor zu steigen, was ihm die Aufmerksamkeit der einheimischen Medien sicherte. Als Kamerareporter des SR gehörte ich dazu.

Mit List und Übertreibung der Wichtigkeit Harigs gelang es mir, 1963 einen ersten Filmauftrag über ihn zu bekommen. In Stuttgart las er in Niedlichs Buchhandlung aus der TASCHENKOSMOGONIE von Raymond Queneau, einem Poem, das er aus dem Französischen übersetzt hatte. Ausgestellte Federzeichnungen seines Freundes Hans Dahlem zum selben Thema bildeten den Hintergrund. Mein Film, rabiat in den Kamerabewegungen, gewagt hart geschnitten und montiert, wurde vier Minuten lang. Ein Dokument früher „Fernsehkunst", wie ich dachte. Karl-Heinz Reintgen, damals Leiter des Regionalprogramms, schaute das Werk wortlos an. Dann: „Ja Harig – da müssen wir wohl neue Wege gehen". Und es ging weiter. Immer wieder hatte ich den großen Spaß an der Freude, Harig ins, meiner Meinung nach, richtige Bild zu setzen.

Immer war Harig ein williger, freundlicher, witziger und klar denkender Dichterkopf, ein prägnant formulierender Interviewpartner. „Wie lange soll ich sprechen? – Gut, zwei Minuten." Dem Fernsehen stand er interessiert und wohlwollend gegenüber. Nicht alle Dichter und Denker waren so genormt. Martin Walser soll sich geweigert haben, lesend auf einem Dachfirst Platz zu nehmen und Heinrich Böll wollte angeblich nicht im Interesse seiner Worte und Sätze durch einen Bach waten.

Derartiger Medienunfug wurde Harig von mir nie zugemutet. Dafür technische Pannen in Hülle und Fülle, wenn die Klappe nicht im Bild war, der Tontechniker mit Steckern und Kabeln haderte und die legendäre Kamera Arriflex 16 mm Filmsalat produzierte. Harig ertrug alles mit Gleichmut. Pfiff gut gelaunt vor sich hin. Einmal war es die Titelmelodie aus „Spiel mir das Lied vom Tod". Und er pfiff so westernlike, dass wir es vor der Kamera wiederholten und in den Film einschnitten.

Harigs Texte, z. B. „Das ABC von Fénétrange" waren Anlass für „Verfilmungen", die ich optische Interpretationen nannte und als Versuch wertete, Literatur für das Fernsehen umzusetzen. Die Ergebnisse der Verfilmungen hat er sich meistens genau angeschaut und ... geschwiegen. Ob aus Verblüffung über die Bildäquivalente oder die Verkennung seiner Literatur, ich bin nie dahintergekommen. So entstanden „Tief unten windet sich die Saar", gedreht und geschnitten nach einem von ihm entwickelten Permutationsschema, ein Experiment, das zu produzieren heute keinem Fernseh-Redakteur mehr in den Sinn käme. Harigs Text „Die Reise nach Bordeaux" setzte ich ähnlich in Bilder um („Bordeaux, Notation einer Stadt"). Der Film „Man kann nicht mehr auf allen Vieren gehen" entstand auf Grund seines Rousseau-Romans, anlässlich einer Reise auf dessen Spuren. Harig unternahm sie mit dem Fotografen Gerd Ludwig im Auftrag des Zeitmagazins. Das war ... – damals, zu einer Zeit, als die Kultur im Fernsehen noch in voller Blüte stand.

Ludwig Harigs „Rousseau" erschien erstmals 1978.
Abb.: Hanser/SR

Auszug aus Georg Benses Filmporträt „Bordeaux - Rousseau - Sulzbach und so" anlässlich Ludwig Harigs 60. Geburtstag (1987). *Abb.: SR*

Von 1963 bis 2003 arbeitete ich vorwiegend für den Saarländischen Rundfunk als Autor, Regisseur und Kameramann. Meinen Filmen zu Themen aus dem kulturellen Leben wurde häufig eine originelle Herangehensweise bescheinigt. Eine Beurteilung, die mich sehr freute, da ich immer bemüht war, experimentell und innovativ zu arbeiten. Außer einem über Ludwig Harig drehte ich Filmporträts über den Schriftsteller Gustav Regler aus Merzig und die in Saarbrücken geborenen Regisseure Max Ophüls und Frédéric Back. Für die Reihe „Reisewege" des SR habe ich mehrere Beiträge realisiert und ergänzend dazu die Reihe „Fahr mal hin" angeregt, in der kulturelle Ziele der Großregion Saar-Lor-Lux-Elsass vorgestellt wurden. Vielleicht haben auch meine ersten Filme über Ludwig Harig dazu beigetragen, dass ich die Möglichkeit bekam, so viele interessante Themen filmisch zu realisieren.

Der Schriftsteller Gustav Regler und der SR

Von Ralph Schock

„Mein Haus, Meister, ist das Ihre" – so überaus zuvorkommend soll Intendant Franz Mai den in Merzig geborenen Schriftsteller Gustav Regler beim Saarländischen Rundfunk begrüßt haben. Da war Regler (25. Mai 1898–14. Januar 1963) ein geschätzter Autor im Saarland und seit einigen Jahren Mitarbeiter des SR.

Gustav Regler *Abb.: SR*

Dennoch war die Reaktion geteilt, als Gustav Regler am 23. November 1960 der zum ersten Mal in der Sparte „Literatur" vergebene „Kunstpreis des Saarlandes" zugesprochen wurde.

Nicht wenige Autoren hätten mit dem Preis gerne einen aus ihrem Kreis ausgezeichnet gesehen, etwa Alfred Petto. Andere, wie Karl-Christian Müller, hatten sich selbst Hoffnungen auf die Auszeichnung gemacht. Nicht verwunderlich daher, dass die konservative, der Christlichen Volkspartei (CVP) nahestehende „Saarländische Landeszeitung (SLZ)" kühl und distanziert kommentierte: „Der am 27. Mai 1898 in Merzig geborene Schriftsteller lebt seit 1940 in Mexiko." Nicht nur war das Geburtsdatum falsch, die Zeitung fand es auch nicht für nötig zu erklären, weshalb der Autor gezwungen war, nach Mexiko zu emigrieren.

Als schließlich am 24. Februar 1961 im Kultusministerium der Preis überreicht wurde, ließ sich der zuständige Minister Dr. Franz-Josef Röder (in Personalunion Ministerpräsident, CDU) vertreten – vermutlich wegen der Brisanz der Entscheidung. Der Ablauf der Veranstaltung war ungewöhnlich. Zwar war Regler der höchste kulturelle Staatspreis des Landes zugesprochen worden, der Geehrte ergriff bei diesem Anlass allerdings nicht das Wort. „Ein wenig erstaunt" nahm der Reporter der „SLZ" zur Kenntnis, dass sich der Autor „seine Dankrede (...) für einen vom Saarländischen Rundfunk auf Schloss Halberg veranstalteten Empfang" am gleichen Abend vorbehalten hatte.

Denn anders als sein Parteifreund Röder schätzte Franz Mai, der Intendant des SR, den Autor sehr. Bei dieser Gelegenheit überreichte Regler Ministerialrat Arnold als Dank für die Auszeichnung ein ungewöhnliches Mitbringsel aus Mexiko, einen Pelikanschnabel als Symbol für Weisheit und Güte. Genauer erklärte Regler die Sache in seiner Rede: „Was man in Mexiko vom Saarland weiß". Leider ist die Fernseh-Aufzeichnung der Rede Reglers im Schloss Halberg nur noch teilweise im Archiv vorhanden.

Intendant Mai in seinem Büro. Abb.: SR

Es wird der ehemalige SR-Literaturredakteur Heinz Dieckmann gewesen sein, der den Autor einige Zeit zuvor zum Sender gebracht hatte. Die beiden kannten sich seit den späten 40er Jahren, als Dieckmann für den Saarbrücker „Saar-Verlag" als Lektor arbeitete. 1947 sollte dort Reglers erste saarländische Nachkriegsveröffentlichung erscheinen, die mexikanische Novelle „Amimitl". Zwar hatte die französische Militärverwaltung unter der Nummer 138 die Druckgenehmigung für das Werk erteilt, Kultusminister Emil Straus (CVP) verbot das Buch jedoch wegen einiger von ihm als anstößig empfundener Stellen. Kaum erstaunlich, dass der so umtriebige wie aufmüpfige Dieckmann bald einen anderen Job suchte - und beim Funk fand. Er wurde der zweite Redakteur der von Hans-Bernhard Schiff geleiteten Literaturabteilung des Senders. Wie Regler war Schiff 1933 nach Frankreich emigriert und hatte die Jahre der deutschen Besatzung als Landarbeiter überlebt.

Nach Schiffs erzwungenem Ausscheiden aus dem Sender infolge der Saarabstimmung 1955 wurde Fred Oberhauser kommissarischer Leiter der Abteilung. Er führte die Zusammenarbeit mit Regler bis zum Tod des Autors 1963 fort und setzte sich als Mitglied der Vorjury dafür ein, dass Regler den „Kunstpreis des Saarlandes" bekam.

Aufschlussreich und spannend ein 1958 entstandenes Doppelinterview von Oberhauser und Dieckmann mit Regler nach der Veröffentlichung von dessen Autobiografie „Das Ohr des Malchus". Im selben Jahr wurde in Paris ein weiteres Doppelinterview („Zwei Schriftsteller in Paris") aufgenommen: Wilhelm von Scholz befragte Georg K. Glaser, Silberschmied im Marais und Autor der Autobiografie „Geheimnis und Gewalt", Dieckmann interviewte Gustav Regler.

Der erste Beitrag von Gustav Regler ist im Schallarchiv des SR für das Jahr 1952 nachgewiesen, besonders viele sind es 1959, der letzte stammt von 1961. Es sind Reportagen, Essays und Rezensionen. Zahlreiche Folgen waren unter dem Titel „Aus dem Tagebuch des Gustav Regler" ausgestrahlt worden. Diese wurden, wenn möglich, vom Autor selbst gesprochen. Oft wurden die eingesandten Manuskripte aber auch von einem Sprecher verlesen. Die Sendungen Reglers, die seit Mitte der 50er Jahre regelmäßig zu hören waren, seien ein „solcher Erfolg" gewesen, schreibt Dieckmann in seinem Roman „Die Narrenschaukel", dass „selbst der Intendant Wind davon bekam, mich anrief und sagte, er wünsche diesen ‚großen Sohn seiner Heimat' unverzüglich kennenzulernen".

Stark satirisch überhöht zeichnet Dieckmann nun ein Doppelporträt Reglers und des Intendanten: „Dieser Intendant (Franz Mai) war ein Schöngeist, und die Schönheit seiner deutschen Seele leuchtete durch seine Schale. Er leuchtete eigentlich immer und nervte seine Redakteure, indem er „Jahresprogramme" ausgab, nach denen sie sich zu richten hatten, etwa „Der Mensch, das denkende Wesen" oder „Zeugen der Schönheit" oder „Mit Goethe durch das Jahr". Sein eigentlicher Tick aber war sein Haus. Dieses Haus - das Funkhaus - war ein feudaler schlossartiger Schuppen aus den Gründerjahren, den sich ein Industrieller für seine Auftritte hatte bauen lassen.

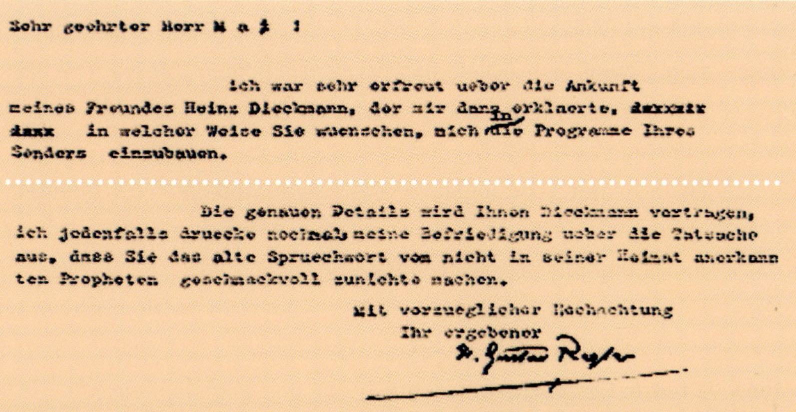
Sehr geehrter Herr M a i !

Ich war sehr erfreut ueber die Ankunft meines Freundes Heinz Dieckmann, der mir dann erklaerte, in welcher Weise Sie wuenschen, mich in die Programme Ihres Senders einzubauen.

Die genauen Details wird Ihnen Dieckmann vortragen, ich jedenfalls druecke nochmals meine Befriedigung ueber die Tatsache aus, dass Sie das alte Spruechwort vom nicht in seiner Heimat anerkannten Propheten geschmackvoll zunichte machen.

Mit vorzueglicher Hochachtung
Ihr ergebener
Dr. Gustav Regler

Zwei Auszüge aus dem Brief des Schriftstellers Dr. Gustv Regler vom 25. April 1959 an SR-Intendant Dr. Mai. *Abb.: SR*

Der Intendant hatte es mit Hilfe einer Innenarchitektin renovieren und einrichten lassen, so dass es aussah wie eine Konfektschachtel, mit Goldkordeln, kilometerlangen Vorhängen aus Goldbrokat, schweren Schreibtischen aus Teakholz und sparsamen, aber geschmackvollen Grafiken an den sanft getönten Wänden. Nur die unteren Korridore waren antik geblieben und glichen haargenau den Korridoren im Tannenbergdenkmal. Durch diese Korridore schritt der Intendant mit großem Gefolge seiner „leitenden Herren" Gustav entgegen, der klein, hässlich angezogen und mit einer Baskenmütze auf dem runden Katerkopf von der anderen Seite kam.

Heinz Dieckmann und Gustav Regler. *Abb.: SR*

Der Intendant, der eine Schwäche für alles Französische hatte und unter der Krankheit der gehobenen Rede litt, umarmte den Verblüfften und sagte mit Wärme: „Mein Haus, Meister, ist das Ihre", worauf Gustav um Erhöhung seines Honorars bat. Die Antwort des Intendanten vergällte ihm das Essen, das erlesen war. Er bekam fünf Mark mehr für die halbe Stunde. Schon damals war die Literatur nur das Feigenblatt, das sich die Sender vor ihre schwachen Stellen banden, Sender, die sich im übrigen dem politischen Proporz widmeten, das heißt, sich bis zu den Lokusfrauen politisierten. Als einer der Redakteure gefeuert wurde, weil er eine satirische Montage über Adenauers fixe Idee, Atombomben an der Zonengrenze zu vergraben, gemacht hatte, schrieb Gustav eine brillante und bittere Betrachtung darüber, worauf seine weiteren Sendungen zensiert wurden. Trotzdem schrieb er weiter. Er war auf die Honorare angewiesen." Soweit Heinz Dieckmann in seinem Roman „Die Narrenschaukel" (S. 179 f) über das Zusammentreffen von SR-Intendant Dr. Franz Mai und Gustav Regler.

Regler schrieb nicht nur Sendungen für die Literaturredaktion, er arbeitete beim SR auch für das noch junge Medium Fernsehen. Möglicherweise wurde er dazu von Dieckmann ermuntert, der nach seinem Weggang vom SR bis zu seiner Pensionierung als Dokumentarfilmer beim ZDF tätig war. Regler drehte Porträts über den Holzschneider HAP Grieshaber („Besuch auf der Achalm") und den Surrealisten Max Ernst; er führte Gespräche mit Heinrich Böll und Eugène Ionesco.

Der Büchernarr Fred Oberhauser: belesen, begeistert und begeisternd

Von Rainer Petto

Fred Oberhauser war, man kann es nicht anders sagen, ein Phänomen, ja fast eine Legende.
Geboren wurde er am 15. Juli 1923, zwei Monate bevor das Radio in Deutschland regelmäßig zu senden begann. Ab 1949 hat er für Radio Saarbrücken als Freier gearbeitet. Als Redaktionsassistent in der „Chefredaktion" wurde er erstmals fest angestellt. Das war kurz vor dem saarländischen Volksentscheid vom 23. Oktober 1955. Mitte 1956 wurde er Kommissarischer Leiter der Abteilung „Kulturelles Wort". Das blieb er bis 1969. Ab dann war er zweiter Redakteur in der Literaturabteilung. Im Alter von 92 Jahren starb Fred Oberhauser am 7. Februar 2016.

Soweit die Fakten. Wenn ich an Fred Oberhauser denke, denke ich an einen Mann in seinen Widersprüchen. Für mich steht fest, dass er eine bedeutende Persönlichkeit war, die Großes geleistet und auch entsprechende Anerkennung erfahren hat. Aber er hatte überhaupt nicht das entsprechende Auftreten. Vergleicht man ihn mit seinen drei Chefs, dann fehlten ihm der moralische Rigorismus von Arnfrid Astel, das Grandseigneurale von Dr. Franz-Josef Reichert und der scharfe Intellektualismus von Dr. Peter Brugger. Und trotzdem wussten sie alle, ob sie es zugaben oder nicht, was sie an ihm hatten.

Ja, er hatte beim SR drei Chefs, nicht hintereinander, sondern gleichzeitig, und so wie er drei Chefs hatte, hatte er nach seinem Ausscheiden auch drei Nachfolger. Seine Planstelle lag in der Literaturabteilung unter Arnfrid Astel, aber Oberhauser tummelte sich auch in der Regionalen Kultur Hörfunk von Franz-Josef Reichert, und im Fernsehen hatte Peter Brugger ihm Redaktion und Moderation des Magazins „Kulturspiegel" anvertraut. Später, als Rentner, verkündete Fred gern, dass er drei Nachfolger habe: Dr. Ralph Schock in der Literatur, Stefan Miller in der Regionalen Kultur und mich beim „Kulturspiegel". Wir hörten das mit gemischten Gefühlen; einerseits fühlten wir uns geadelt,

Drei SR-Literaturredakteure. (V. l.): Ralph Schock, Fred Oberhauser, Arnfrid Astel (2010).
Abb.: R. Petto/SR

andererseits empfanden wir es als Herabsetzung unserer Arbeit, die ja ganz andere Dimensionen angenommen hatte als zu Freds Zeiten.

Natürlich haben sich auch die drei Chefs oft über ihn geärgert, weil keiner ihn ganz in den Griff bekam; wenn er an einem seiner Arbeitsplätze vermisst wurde, konnte er immer sagen, er sei gerade in anderem Auftrag unterwegs. Grenzüberschreitend zu denken war für ihn selbstverständlich, nicht nur das kleine Saarland im Auge zu haben, sondern mindestens auch Lothringen und das Elsass, die Pfalz und die Wallonie mitzudenken. Über seine Exkursionen nach Lothringen werden von denen, die dabei sein durften, heute noch die tollsten Geschichten erzählt, die alle darauf hinauslaufen, dass man nach einem Tag voller geistiger und kulinarischer Genüsse am Ende beinahe vergessen hätte, irgendetwas auf Band aufzunehmen. Aber es kam immer eine Sendung zustande.

Fred Oberhauser hatte das große Glück, dass er sein – um es mal so zu nennen – Hobby zum Beruf machen konnte. Fürs Radio hat er die legendäre Reihe „Fahren Sie uns nach" entwickelt, aus der später im Fernsehen „Fahr mal hin" wurde. Im

Fernsehen entsprach der Mann im Glencheck-Jackett vielleicht nicht dem Idealbild eines Moderators, aber Oberhauser hatte eine Art, mit seiner Begeisterung und Mitteilungsfreude durch den Fernsehapparat hindurch ins Wohnzimmer des Zuschauers zu gelangen, wie es keinem smarten Typen je gelungen wäre.

Begegnet bin ich Fred Oberhauser zum ersten Mal 1971. Ich war ein zwanzigjähriger Autor, der noch so gut wie nichts veröffentlicht hatte, und hatte gerade mit Astel meine erste Hörfunk-Sendung verabredet. Nun stand ich bei Veronika Zapp, die im Sekretariat auf neutralem Terrain zwischen den beiden Redakteuren saß. Da winkte der Mann, von dem ich wusste, es war Oberhauser, mich zu sich ins Zimmer und schloss, wie zuvor Astel, konspirativ die Tür hinter sich. Ich merkte, die beiden Redakteure waren einander nicht grün. Weil ich gerade einen Aufsatz mit Erwähnungen Saarbrückens in der Literatur veröffentlicht hatte, die Oberhauser noch nicht kannte, fanden wir schnell zueinander, daraus wurde eine lebenslange Freundschaft. Der Altersunterschied spielte dabei keine Rolle.

Die Herausgeber Rainer Petto und Fred Oberhauser stellen ihre Anthologie „Ein Saarländisches Lesebuch" vor (1980). *Abb.: R. Oettinger/SR*

Oberhauser war nie der Typ Redakteur, der in seinen Mitarbeitern ständig Konkurrenten wittert und junge Leute nicht hochkommen lässt. Er nahm alle mit offenen Armen auf, kannte keine hierarchischen Unterschiede. Wenn nur das gemeinsame Interesse an der Kultur und am Regionalen da war, konnte man mit ihm von gleich zu gleich verkehren. Viele aus meiner Generation nahm er unter seine Fittiche, gab ihnen Aufträge, eröffnete ihnen Arbeitsmöglichkeiten – da denke ich außer an Stefan Miller an Wolfgang Felk, an Gaby Riedschy und an manch andere. Von Fred Oberhauser kam der Ratschlag, ich solle mich aufs Regionale konzentrieren, weil das bleiben werde, wenn alles andere vielleicht schon abgeschafft wäre. Und kurz bevor er in Rente ging, hat er mich gedrängt, jetzt auch das Fernsehmachen zu lernen.

Fred Oberhauser und seine Frau und Co-Autorin Dr. Gabriele Oberhauser. *Abb.: Oberhauser/SR*

Es war nicht immer leicht, mit Fred befreundet zu sein. Er war oft zu laut, in der Kantine hörte man von weitem, wo er saß; er war undiszipliniert, unterbrach andere beim Reden; Lob, das ihm widerfahren war, trug er ungeniert weiter; er redete Platt, wo Hochdeutsch angebracht gewesen wäre; er benahm sich wie ein Süchtiger, wenn es um Bücher ging; und er konnte so sentimental sein, dass er auf der Beerdigung von völlig fremden Leuten in Tränen ausbrach. Leute wie ich schämten sich dann ein bisschen für ihn.

Aber er hatte auch ganz andere Seiten. Wenn man mit ihm allein war, war er ein aufmerksamer und einfühlsamer Zuhörer. So wuselig er auftrat – bei seinen Recherchen war er fleißig und unheimlich genau. Wenn er schrieb, formulierte er dicht und präzise. Aber ob überschäumender öffentlicher Auftritt oder stille Arbeit, alles war Ausfluss einer großen Leidenschaft. Freds nie versiegende Leidenschaft, Wissen zu sammeln und weiterzugeben, kann ich mir nur dadurch erklären, dass er in einer Zeit aufgewachsen ist, in der Deutschland sich geistig total verriegelt hatte. Was Oberhauser in seiner Jugend entbehren musste, hat er sein Leben lang nachgeholt, ohne seinen Wissenshunger (oder sollte man nicht besser sagen: Wissensdurst?) jemals stillen zu können. Das war bei ihm nicht nur eine intellektuelle Angelegenheit, dazu gehörte auch der materielle Besitz von Büchern. 16 000 hat er im Keller seines Hauses in St. Ingbert angesammelt, dabei war er nicht auf Erstausgaben fixiert, ihm kam es auf den Inhalt an, den er verfügbar haben wollte. Er hat die Bücher oder zumindest in den Büchern tatsächlich gelesen, hat sie intensiv genutzt und wusste dank seines phänomenalen Gedächtnisses immer, was wo stand.

Fred Oberhauser, Mitinitiator des St. Ingberter Literatur-Forums, mit Verleger Manfred Queißer (1981). Abb.: R. Oettinger/SR

Oberhausers besonderes Interesse galt der so genannten Literarischen Topographie. Das ist die Methode, zwischen der Literatur und dem Ort, an dem sie entstand oder an dem sie spielt, Beziehungen zu erkennen. Literarische Topographie klingt nach einer wissenschaftlichen Disziplin, aber Oberhauser hat keinen großen theoretischen Überbau gebraucht, um im Hin und Her zwischen Dichtung und Landschaft die Funken sprühen zu lassen, so wie nur er es konnte.

Gewiss, es gibt auch die Bücher aus Freds Feder, vor allem den Literarischen Führer Deutschland, von Insidern schlicht „der Oberhauser" genannt, aber als bloße Lektüre, ohne Freds Temperament, sind sie doch nur der lexikalische Abklatsch eines lebendigen Erkenntnisprozesses. Mit seinen Arbeiten hat er sich hohes Ansehen erworben, er gilt als Pionier der Literarischen Topographie in Deutschland. Bahnbrechend war auch sein Saarland-Buch bei DuMont, bei dem erstmalig in einem Kunst-Reiseführer auch die Industriekultur berücksichtigt wurde.

Seine Veröffentlichungen haben ihm die renommierte Carl-Zuckmayer-Medaille des Landes Rheinland-Pfalz eingebracht, und im Saarland machte ihn die Uni zum

„Der Oberhauser" – Erstauflage des literarischen Insel-Reiselexikons für die Bundesrepublik Deutschland und Berlin (1983).
Abb.: Insel Verlag/SR

Ehrendoktor und schließlich die Regierung zum Professor. Fred Oberhauser pflegte Kontakte und Freundschaften mit bedeutenden Schriftstellern, er bekam sogar einmal einen Lehrauftrag in Sibirien.

Ein Buch mit Stimmen von Autoren, Kollegen, Weggefährten, das sein Sohn Stephan 2017 herausgibt, zeigt eindrucksvoll, wem alles er etwas bedeutet hat. Auch beim SR wusste jeder: Bei dem Mann, der mit jedermann per Du ist, handelt es sich um einen ungewöhnlich klugen, beschlagenen Kopf, den man jederzeit zu Rate ziehen konnte.

Heute frage ich mich, warum ich ihn manchmal als peinlich empfand. Fred Oberhauser umgab sich nicht mit einem Nimbus, bei ihm war deutlich mehr Sein als Schein. Er war eben so, wie er war, und er hat sich uns so zugemutet, nicht als Image, sondern als ganzer Mensch. Heute weiß ich, dass seine Authentizität, neben seiner Leistung als Redakteur und Literaturtopograph, die andere Seite seiner Größe war.

Die erste katholische Frau im „Wort zum Sonntag" kam vom SR

Von Irmgard Rech

Seit 1954 gibt es das „Wort zum Sonntag" im ARD-Fernsehen. Und doch konnte sich noch 30 Jahre später die Lebacher Gymnasiallehrerin Irmgard Rech beim Saarländischen Rundfunk als Avantgardistin fühlen. Sie wurde im April 1984 die erste katholische Sprecherin dieser kirchlichen Verkündigungssendung. Und sie war nicht nur eine Frau, sondern eine Laiin noch dazu.

Irmgard Rech *Abb.: I. Rech/SR*

Als zweite folgte ihr beim Norddeutschen Rundfunk am 10. November desselben Jahres die als „fröhliche Nonne" populär gewordene Isa Vermehren. Sie war eine katholische Ordensschwester, die sich früher als Kabarettistin und Filmschauspielerin einen Namen gemacht hatte.

Die Protestanten schickten zwar schon vor 1969 die erste Frau und Laiin für das „Wort zum Sonntag" auf den Schirm, Irmgard Rech bekam 15 Jahre später trotzdem ihre Vorreiter-Rolle noch zu spüren. Wurde die Kritik mal zu heftig, half ihr der katholische Rundfunkbeauftragte für den SR, Pfarrer Karl-Heinz Pfeiffer. Und der Bischof von Trier Hermann Josef Spital mahnte, dass „einseitige Überzeichnungen" nicht hilfreich seien, auch wenn Irmgard Rech in der Sache recht habe.

Mit einem Text über eine erquickend witzige und nachdenklich machende Straßenkomödiantin hatte ich als katholische Frau und Mutter das Casting beim Saarländischen Rundfunk 1983 gewonnen – und nicht einer der drei Priester-Kandidaten. Das aber sollte möglichst nicht in der kirchlichen und sonstigen Presse verbreitet werden. Erst 1986 war es die „Bunte", die mich in Freizeitkleidung mit meinem Mann auf dem Sofa sitzend als „die Auserwählte" vorstellte. Das Titelbild der Nummer war ein Foto vom polnischen Papst Johannes Paul II. Dieser sich so menschlich gebende Heilige Vater duldete weder die Laienpredigt noch sollten je Frauen Priester werden. Auch in der Politik und im Journalismus waren die Männer noch übermächtig. Die katholische Kirche drängte in die Medien und ins Fernsehen, wollte aber auch dort die priesterlich-männliche Predigthoheit gewahrt wissen. Sogar im öffentlichen Raum erhob man den Anspruch, dass allein die Priester den Laien sagen können, wie sie in der Welt zu leben hätten.

Im Glauben glücklich: Irmgard Rech mit ihrem Mann Benno (51)

ARD, 22.45

Die Auserwählte

Warum eine Frau im Namen der Katholischen Kirche im Fernsehen sprechen darf

Irmgard Rech, Oberstudienrätin am Realgymnasium von Lebach, ist die einzige katholische Frau, die bislang das „Wort zum Sonntag" sprechen darf. Die 48jährige (verheiratet, Mutter von zwei Kindern) hat sich für heute das Thema „Leid und Sorge der Witwen" gewählt, wobei sie auch auf deren finanzielle Nöte eingehen wird. Irmgard Rech studierte bei Karl Rahner Theologie und fiel dem Saarländischen Rundfunk vor Jahren durch Beiträge in christlichen Schriften auf. Der SWF Baden-Baden stellte ihr nunmehr im dritten Jahr seine „Wort zum Sonntag"-Termine zur Verfügung.

BUNTE 85

„Die Auserwählte" Irmgard Rech und ihr Mann Benno in der „Bunten" (1986).

Eine Frau, die beim Westdeutschen Rundfunk auch das Casting gewonnen hatte, aber nie das „Wort zum Sonntag" sprechen durfte, gratulierte: „Alle Achtung auch dem Gremium, das Sie sprechen ließ!" Tatsächlich wäre es einer katholischen Laiin kaum bei einem andern ARD-Sender möglich gewesen. Denn wo sonst gab es wohl keinen so mutigen Katholischen Rundfunkbeauftragten wie Pfarrer Karl-Heinz Pfeiffer und keinen so frei denkenden Kirchenfunkleiter wie Norbert Sommer. Sie traten am Saarländischen Rundfunk für eine neuzeitliche Glaubensverkündigung ein. Und ich wollte ein Glaubenswort anbieten, das aus meinem eigenen Gewissen kommt und das ich aus meinen eigenen Erfahrungen heraus spreche.

In meinem ersten „Wort zum Sonntag" – es war am 3. April 1984 am Vorabend des Fastnachtssonntags – sprach ich über den religiösen Ursprung des Tanzes. Ich forderte die Zuschauer auf, selber zum Tanzen zu gehen. Denn wenn nach dem Kirchenvater Clemens von Alexandrien die Seligen mit den Engeln tanzen, dann könnten eigentlich nur die in den Himmel kommen, die auf Erden das Tanzen gelernt haben. Mein letzter Satz hieß: „Stellen Sie also den Fernseher ruhig einmal ab, und gehen Sie dorthin, wo sie sich einhaken und mittanzen und mitschunkeln können!" Aus Polen hatte ich mir dazu ein Plakat mit einem sich lustvoll herumwirbelnden Tanzpaar mitgebracht.

Irmgard Rech spricht „Das Wort zum Sonntag" (1984). Abb.: SR

Das war natürlich nicht mehr die Glaubensverkündigung eines Amtsträgers. Die Wirkung war enorm. Das polarisierte. „Sie gaben der Freude Raum, dadurch vermittelten Sie etwas von der Freude eines Christen, die wir ja eigentlich ausstrahlen sollten." Das etwa war der Tenor der zustimmenden Briefe. Schläge bekam ich von den Strenggläubigen, besonders auch von fastnachtsfeindlichen Protestanten, die mich für eine spirituell total entgleiste evangelische Pfarrerin hielten. „Die Grenze des Blasphemischen ist erreicht. Das werden Sie vor Gott verantworten müssen."

Von den Priestern meiner katholischen Kirche, die alles beim Alten lassen wollten, kam die Frage: „Woher hat eine Frau die Berechtigung, das Evangelium in der Öffentlichkeit zu verkünden? Das ist allein die Aufgabe der geweihten Priester!" Und in Anrufen und Briefen an kirchliche Stellen, an Pfarrer Pfeiffer und die ARD verlangten sie meine Absetzung. Solchen unsolidarischen Stimmen aus Priestermund fühlte ich mich nicht verpflichtet, sondern denen, die mir signalisierten: „Ihr ‚Wort zum Sonntag' fiel Gott sei Dank endlich einmal aus dem gewohnten langweiligen Rahmen!" Es machte mir Mut und bekräftigte mich, dass ich mit meiner Art, ein religiöses Thema anzupacken, bei den Zuschauern angekommen war. Meine Predigten sollten lebenstauglich sein und auch Kirchen- und Religionsferne interessieren. Inhaltlich und thematisch gab es keine Einschränkungen. Der Bischöfliche Beauftragte Pfarrer Karl-Heinz Pfeiffer ermutigte mich sogar, das eingespielte Rollenbild der Frau in Kirche und Gesellschaft zu hinterfragen. Obwohl mir ja noch jede Professionalität fehlte, stützten mich Pfeiffer und Sommer, schliffen an meinen Texten und standen mir bei den Aufnahmen beratend zur Seite.

Kirchenfunk-Redakteur Norbert Sommer stellt seinen von ihm herausgegebenen Sammelband vor.
Abb.: R. Oettinger/SR

Ich wählte Themen, bei denen sich aus der Sicht einer Frau neue Perspektiven ergaben. Ich sprach über die Begeisterung in der Liebe, über die Verpflichtung der Eltern, ihre Kinder zu ehren, über die Sorgen und die Not der Witwen, über Maria als revolutionär gesinnte Frau und Anwältin der Entrechteten, über die Begegnung mit ihrem kreuztragenden Sohn und die Mütter der Verschleppten und Hingerichteten im damaligen Chile. Am Dreikönigstag machte ich das friedliche Miteinander der Rassen zum Thema und an Pfingsten 1988 die Herabkunft des Heiligen Geistes auf alle und nicht nur auf die Männer der Kirche. Immer suchte ich den Kern meiner Predigt durch ein Bild oder Plakat auch zu veranschaulichen.

Pfarrer Karl-Heinz Pfeiffer, katholischer Rundfunkbeauftragter. Abb.: SR

Die Aufnahme war jedes Mal ein aufregendes Abenteuer. Meine Sprechzeit betrug vier Minuten, die Aufnahme dauerte Stunden mit Kleiderauswahl und Schminken. Die Technik war noch sehr umständlich. Ich sprach in einem schwarzen Raum voller Apparaturen und grell-heißen Scheinwerfern, ich musste mir Gesichter vorstellen, um mich nicht verlassen und verloren wie in einem dunklen Universum zu fühlen. „Da war ein Schmatzer drin, der nicht hineingehört. Fangen Sie noch einmal an!", hieß es. Ein andermal: „Sie waren gut, aber wir hatten ein technisches Problem, bitte das Ganze noch einmal!" Inzwischen lief mir die Schminke in die Augen. Die Maskenbildnerin tupfte und raunte: „Ihr Text ist wunderbar!" Das half mir, mich wieder konzentrieren zu können.

Anfangs las ich noch vom Blatt, später sprach ich meinen Text frei ohne Teleprompter. Bei einer Außenaufnahme in der Wallfahrtskapelle Gräfinthal wurde ich auf einen hochbeinigen Blumenhocker gehievt, dessen Festigkeit niemand garantieren konnte. Ich sollte mit der Muttergottesfigur zusammen im Bild zu sehen sein. Durch die offene Tür flötete eine Nachtigall, aber die durfte nicht zu hören sein. Also Türe zu und das Ganze von vorne!

Zufrieden mit mir nach den Aufnahmen war ich selten. Aber ich verstand es allmählich, besser mit der Flut der Reaktionen umzugehen. Die Konservativen, die sich im Besitz der göttlichen Wahrheit wussten, schlugen jedes Mal verbal kräftig in dem Ton zu: „Das werden Sie vor Gott verantworten müssen!" Am allergiftigsten reagierten zwei Frauen, die an höchster Stelle die Gefährdung für den Glauben beschworen, die von meinen Worten ausginge. Doch ich ließ mich nicht irremachen, sondern freute mich über die vielen anerkennenden und dankbaren Briefe und Anrufe, darunter auch von Frauen, die bedauerten, „dass viele Frauen ihre Aufgabe noch gar nicht begriffen haben, Dinge auszusprechen und auf Veränderung zu drängen". Und es gab männliche Verehrer, zwei Heiratsanträge, Blumen und andere rührende Geschenke wie Christbaumschmuck aus dem Erzgebirge. Zu schaffen machten mir die Bettelbriefe mit bescheidenen und anspruchsvollen Wünschen, auch mit Bitten um Geld. Aus der DDR wurde um Handarbeitswolle gebeten, doch auch um Lederjacke und Lackstiefel. Frauen der evangelischen Gemeinde in Lebach halfen mir, Hilfspakete nach Ostdeutschland zu schicken. Weil ich ja für eine Pastorin gehalten wurde, klingelten auch dort die Telefone.

Nicht vergessen kann ich bis heute die Hilferufe von Menschen, die in seelischer Not waren. Ich erfuhr in erschütternden Briefen, wie verzweifelt Menschen waren.

Aber wie sollte ich den Verzweifelten und Schwermütigen helfen? Ich konnte gar nicht so viele tröstende Briefe schreiben. Eine Frau, deren Sohn im eigenen Dachdeckerbetrieb ums Leben gekommen war und deren Mann darauf stumm geworden ist, habe ich bis zu ihrem frühen Tod brieflich aufzurichten versucht. Sie hat sich sterbend in einem letzten Brief von mir verabschiedet. Ich weiß, dass manche oder mancher umsonst auf eine Antwort gewartet hat. Aus einem schon fast vergilbten Brief ist mir viel später noch ein Fünfmarkschein herausgefallen. Es tut mir heute noch leid, ihn nicht beantwortet zu haben.

Ich weiß aber, dass meine Worte manchen aufgeholfen haben. Unvergesslich ist mir der Dank einer 26-jährigen Frau, deren Mann kurz zuvor gestorben war. Sie hatte nach Wochen tiefer Trauer zum ersten mal wieder den Fernseher angestellt. Da hörte sie mein „Wort zum Sonntag" über die erforderliche Sensibilität in unserm Verhalten zu den Witwen. „Sie haben mich wieder ins Leben zurückgeholt!", versicherte sie mir dankbar am Telefon. Da war auch ich dankbar.

Seit vier Jahrzehnten mache ich nun Verkündigungssendungen beim Saarländischen Rundfunk, manchmal auch zusammen mit meinem Mann Benno Rech. Lebendig, das heißt sensibel und beherzt zu machen und die jesuanische Freude zu wecken, darin sehe ich die Aufgabe von Religion und Kirche. Die katholische Kirche versteht es leider nicht, die fehlenden Priester durch engagierte Laien zu ersetzen, die Menschen begeistern können. Ich habe beim „Wort zum Sonntag" von 1984 bis 1990 erfahren dürfen, wie viel Begeisterung zurückkommt: „Hätte die Kirche mehr wie Sie, wir wären nicht gespalten. Ich tanze mit ihnen. Danke!"

Kirchenfunk- und Kultur-Redakteurin Erika Ahlbrecht-Meditz: Gespräche waren Abenteuer mit ungewissem Ausgang

Von Norbert Klein

Ob zum Altwerden oder zu ihrer katholischen Kirche, ob bei Vorträgen, im SWR, im Österreichischen Rundfunk oder als Märchenerzählerin für die Kinder der Pfarrgemeinde: Dr. Erika Ahlbrecht-Meditz hat etwas zu sagen. Auch heute noch, mit fast 85 Jahren – zwei Jahrzehnte nachdem sie beim SR in den Ruhestand ging.

Dr. Erika Ahlbrecht-Meditz Abb.: SR

Und zornig kann sie werden, die ehemalige SR-Kirchenfunk-Chefin und Leiterin der Abteilung „Bildung und Erziehung". Wenn's sein muss, auch über die Kirche. „Anmaßend" nennt sie deren Haltung zur Schwangerenberatung. Und „skandalös" die Kosten des Besuches von Papst Benedikt in Deutschland. Als Chefin beim SR sei sie sehr tolerant gewesen, sagt SR-Chefredakteur Norbert Klein. Er arbeitete bei Erika Ahlbrecht-Meditz als Jugendfunk-Redakteur.

Den Start in den Journalismus hatte die Österreicherin Erika Ahlbrecht-Meditz, geboren am 24. Juli 1933, sich sicherlich anders vorgestellt. Der Chefredakteur des „Linzer Volksblatts" schickte sie am ersten Arbeitstag zum Feuerwehrjubiläum. Da

Gesprächspartner aus dem Saarbrücker Langwiedstift in der „Altenrunde" mit Erika Ahlbrecht-Meditz (1987). *Abb.: SR*

hatte die junge Juristin schon ihre Promotion hinter sich, in Bologna ein Auslandsstudium absolviert, ein Jahr am Gericht gearbeitet und einen Vertrag in einer Wiener Anwaltskanzlei in der Tasche. Aber Feuerwehrfest hin oder her - die Arbeit bei der drittältesten Tageszeitung Österreichs war spannender. „G'schmackige G'schichtln" sollte sie in die Redaktion und ins Blatt bringen.

„G'schichtln" weiß Erika Ahlbrecht-Meditz heute noch zu erzählen, rund um die zahlreichen Interviews, die sie mit vielen prominenten Geistesgrößen geführt hat. Mit dem Zoologen Konrad Lorenz zum Beispiel. Der Verhaltensbiologe erzählte ihr beim Interview-Termin in seinem Heimatort Altenberg, dass „der Karli beim Indianerspielen immer an den Marterpfahl musste". Der Karli, erläutert Erika Ahlbrecht-Meditz, das war sein Kinderfreund Karl Popper. Kein Wunder, ergänzt sie lakonisch, dass der Karli später lieber am Schreibtisch seine philosophischen Theorien entwickelte, während der Rabauke Konrad seine Kampffische hätschelte. Irgendwie sei der Karli seelisch immer am Marterpfahl geblieben, zu einem offenen Gespräch im Studio sei er nie bereit gewesen, höchstens einen Essay vorzutragen, und dann habe er auch noch über das Honorar gemeckert...

Die Lust am Konkreten hat Erika Ahlbrecht-Meditz in den Journalismus gelockt. Diesem Erkenntnisinteresse ist sie ein Berufsleben lang treu geblieben, auch darüber hinaus. Mit Stift und Notizblock reiste sie für das „Linzer Volksblatt" zum Zweiten Vatikanischen Konzil nach Rom. Einen jungen, 35-jährigen Theologen hat sie dort interviewt: Joseph Ratzinger. „Es war ein interessantes Gespräch", erinnert sie sich an dies erste Zusammentreffen mit dem späteren deutschen Papst Benedikt XVI. Auch viele weitere Interviews führte sie mit Bischöfen und Erzbischöfen der Weltkirche, die angereist waren, um neue Ideen in die Ihres Erachtens „erstarrte katholische Amtskirche" zu bringen. Abends zog sie sich in ihr möbliertes Zimmer am Petersplatz zurück, schrieb ihre Notizen ins Reine und telefonierte ihre Berichte in die Heimatredaktion nach Österreich durch.

Die Reise nach Rom hat Erika Ahlbrecht-Meditz indirekt auch zum Saarländischen Rundfunk geführt. Programmdirektor Dr. Wilhelm Zilius hatte sie auf Empfehlung des Saarbrücker Theologie-Professors und Rundfunkratsmitglieds Dr. Heinz Schuster zu einem Bewerbungsgespräch ins Funkhaus auf dem Halberg eingeladen. Er fragte sie, ob sie sich die Leitung der Kirchenfunkredaktion vorstellen könne. Dass sie „Ja" sagte, wird er erwartet haben. Etwas überrascht dagegen habe ihn aber ihre Antwort auf die Frage, zu welcher Person sie eine gute Verbindung für ihre Arbeit als besonders wichtig ansehe. „Die zu meiner Sekretärin", habe sie da geantwortet. Der Intendant, Dr. Franz Mai, lud sie persönlich zu einem Kennenlern-Abendessen ein. Des Intendanten Eindruck ist nicht überliefert. Ihren eigenen hat sie in Erinnerung: „Ich glaube, er hielt mich wegen meines gemütlichen österreichischen Dialekts für sehr verbindlich und konfliktscheu." Etwas Stolz klingt mit in der Stimme von Erika Ahlbrecht-Meditz, wenn sie hinzufügt: „Da hat er sich sehr geirrt. Wegen eines mir nachgesagten Linksdralls haben wir später so manchen Strauß miteinander ausgefochten." Damals jedenfalls erreichte sie schon einen Tag danach der Anruf des Programmdirektors: „Wir haben uns für Sie entschieden." Der 1. September 1970 war dann ihr erster Arbeitstag als Leiterin des Kirchenfunks.

Wenige Jahre und einige Veränderungen in Organisation und Programm spä-

„Abendstudio"-Aufnahme in Saarbrücken mit dem Psychotherapeuten, Soziologen und Philosophen Paul Watzlawik.

Abb.: E. Ahlbrecht-Meditz/SR

ter übernahm sie 1978 die Abteilung „Bildung und Erziehung" im SR-Hörfunk. Zu der gehörten der Schul-, Kinder-, Jugend- und der Frauenfunk sowie die Sprachkurse.

Erika Ahlbrecht-Meditz war es wichtig, neben ihrer Leitungsfunktion immer auch als Programmmacherin tätig zu sein. So produzierte sie weiterhin ihre Interviewsendungen im „Abendstudio" auf SR 2 Studiowelle Saar und später auf SR 2 KulturRadio, realisierte aber auch für SR 1 Europawelle Saar die „Elternrunde" mit der Beantwortung von Hörerfragen und für SR 3 Saarlandwelle Ratgeberbeiträge in den „Bunten Funkminuten". Alles jeweils „dem Format angepasst", versteht sich.

> *„Es gibt eben neben einer programmprägenden Musikfarbe auch eine entsprechende Sprachfarbe. Und damit ist in diesem Falle nicht nur der österreichische Akzent gemeint, sondern auch die inhaltliche Akzentsetzung."* – So der ehemalige Kirchenfunkleiter Norbert Sommer über seine Vorgängerin Dr. Erika Ahlbrecht-Meditz.

Beliebt war auch ihre Sendung „Darüber reden". Das war ein Familienmagazin auf SR 2 am Samstagvormittag, in dem u. a. regelmäßig eine Gesprächsrunde mit alten Menschen stattfand. Sie erzählten von ihren Erfahrungen und aus ihrem Wissen. Viele Junge haben es gern gehört.

Die journalistische Leidenschaft von Erika Ahlbrecht-Meditz galt zweifellos den Gesprächssendungen. Die Sendung mit der Psychoanalytikerin und Kindheitsforscherin Alice Miller sei am häufigsten bei verschiedenen Sendern wiederholt worden, sagt sie. Die meisten Hörerbriefe und Anrufe habe es nach dem Gespräch mit Viktor Frankl gegeben, dem österreichischen Neurologen und Psychiater und Begründer der Logotherapie.

„Ein Gespräch", sagt Erika Ahlbrecht-Meditz, „ist immer ein Abenteuer mit ungewissem Ausgang". Die Hörerinnen und Hörer des Saarländischen Rundfunks haben sich stets gerne auf dieses Abenteuer eingelassen.

In Wien im SR-Gespräch mit Erika Ahlbrecht-Meditz: Sophie Freud (r.), die Enkelin des Begründers der Psychoanalyse, Sigmund Freud.

Abb.: Fotostudio Haslinger Wien

Norbert Sommer: Kirchenfunk-Chef bei einem „gottlosen SR"?

Von Erika Ahlbrecht-Meditz

Baskenmütze, Aktentasche unterm Arm, trifft der oberste Glaubenshüter Kardinal Ratzinger auf dem Petersplatz Norbert Sommer, den Kirchenfunkmann vom SR. Ein Redakteur von Radio Vatikan stellt ihn vor. Darauf der Kardinal in bekannt näselndem Ton „So? Sie sind also von diesem gottlosen Sender?" Dieses Urteil verhinderte jedoch nicht, dass Sommer Ratzingers Chef, den polnischen Papst auf elf Reisen in 28 Länder rund um den Globus begleiten durfte. Nicht „embeded", sondern ohne verbale Handküsse, aus kritischer Distanz berichtend.

Kirchenfunk-Redakteur Norbert Sommer: Abb.: R. Oettinger/SR

So hielt er es übrigens auch die 27 Jahre hindurch, in denen der Katholik Norbert Sommer die Abteilung Kirche und Gesellschaft leitete: loyal, aber kritisch. Das galt manchem Bedenkenträger als unvereinbar: Kritik war für sie Gegnerschaft. Und daher vom Bösen. Das Konzil war erst seit wenigen Jahren zu Ende gegangen – aber schon formierten sich die Gegenkräfte. Und die forderten: Den „Linken" Sommer an die kirchliche Kandare.

Auf den Saarbrücker Halberg (dort hat der SR sein Funkhaus) kam Norbert Sommer gewissermaßen über die Chinesische Mauer. Das war 1978. Ich – damals noch Leiterin des Kirchenfunks – hatte in der „Herder-Korrespondenz" überaus kundige Beiträge zur Situation der christlichen Kirchen in der kommunistischen Volksrepu-

Schrieb als Theologie-Professor einen Beitrag für den SR: Kardinal Joseph Ratzinger, später Papst Benedikt XVI.
Abb.: dpa

blik China entdeckt. Der Autor hieß Norbert Sommer. Er wurde am 5. Mai 1940 in Schneidemühl (Westpreußen/Posen) geboren, dem heutigen Pila (Polen). Aufgewachsen war er im Ruhrgebiet. Sommer hatte Sinologie studiert. Diese Kompetenz war selten. Ihm waren dadurch besondere Quellen zugänglich. Die sollte er auch für den Kirchenfunk des SR nutzen. Und so wurde er bald mein wichtigster und bester freier Mitarbeiter. Den Chinakenner entdeckte übrigens schon vor dem SR das Bundesministerium für wirtschaftliche Zusammenarbeit und verschaffte ihm die Ehre, Bundeskanzler Helmut Schmidt auf seine erste China-Reise zu begleiten. Schmidt hatte 1975 noch den Staatsgründer und kommunistischen Diktator Mao Zedong (Mao Tse-tung) persönlich kennengelernt. Sommers damals noch kleiner Sohn Christian: „Papa, wer ist denn der Onkel, den du nach China mitgenommen hast?"

Als ich zu Beginn 1978 das Ressort wechselte, war klar, wen ich mir als Nachfolger wünschte. Wir waren uns schnell einig. Sommer hatte ohnedies gerade an einen beruflichen Wechsel gedacht. Er kam, wurde gesehen und angenommen. Intendant Prof. Dr. Hubert Rohde mochte ihn gleich.

Und bald zeigte dieser eher verhaltenstille Mann mit seinem glucksenden Lachen, dass er sich nicht nur chinesische, sondern auch professionell andere, ebenso schwer zugängliche Quellen zu erschließen verstand. Etwa im Vatikan – dem Gegenstück zu Pekings Verbotener Stadt.

KIRCHEN IN CHINA

Angespannte Ruhe

Evangelische und katholische Kirche reagierten unterschiedlich auf die Studentenproteste – Angst vor den Folgen

Auch für „Publik-Forum" (Ausschnitt vom 7. Juli 1989) schrieb der Sinologe Norbert Sommer. *Abb.: SR*

Das Zweite Vatikanische Konzil (1962-1965) war erst wenige Jahre vorbei. Längst schon formierte sich heimlich und offen die Front der Gegner der von Johannes XXIII. dabei angestoßenen Neuerungen: die Abkehr von der ängstlichen Sorge um den eigenen Bestand, der Verzicht auf die alte dogmenfixierte Rechthaberei, die vertrauensvolle Öffnung zur „Welt" zu den anderen christlichen Kirchen und den anderen Weltreligionen, die Wahrnehmung der Schöpfung als eines zu pflegenden Geschenks und nicht als Objekt schrankenloser Ausbeutung.

Vom Vatikan ausgestellter Akkreditierungsausweis.
Abb.: N. Sommer/SR

Alte Ängste vor der Relativierung festbetonierter Lehrtraditionen, vor Veränderungen des Altgewohnten etwa in der Liturgie und in den patriarchalischen Strukturen, ballten sich da oft zu feindseliger Kritik. Und die richtete sich natürlich auch an diesen „linken" Meinungsmacher Norbert Sommer, der diese katholische Zeitenwende im Kirchenfunk positiv begleitete. Da sollten die Kirchen-Oberen mal ein Machtwort sprechen! Da war dann immer wieder zu klären, dass der Kirchenfunk keine Agentur der Kirchen war, dass er nicht an der Leine der Kirchen ging, sondern als eigenständige Abteilung des öffentlich-rechtlichen Rundfunks ihr kritisches Gegenüber war.

Die Folgen dieses verbreiteten Missverständnisses über Zuständigkeit und Verantwortung des Kirchenfunks hatte ich als Sommers Vorgängerin selber oft genug durchzustehen. Und das war zu meiner Zeit um so schwieriger, als der damalige Intendant Franz Mai die Kirche - so wörtlich - als eine Art Schutzhütte für die Schwachen verstand, die es in alter Tradition zu erhalten galt. Das sah ich anders - und Norbert Sommer ebenso. Hatte doch der Konzilspapst Johannes eben mit seiner Aufforderung zur Erneuerung der Kirche einen gewaltigen Steinschlag auf die Mai'sche Schutzhütte herunterdonnern lassen. Das gefiel aber außer Mai auch vielen katholischen Bedenkenträgern nicht. Und so hagelte es auch oft Protest gegen ein Kirchenfunkprogramm, das sich ganz und gar dem Konzil verpflichtet wusste.

Unterwegs in Asien: Norbert Sommer als Berichterstatter.
Abb.: N. Sommer/SR

Aber Sommer blieb unangreifbar, seine Arbeit war viel zu solide, was er kritisierte, konnte er belegen. Ein spektakuläres Beispiel ist mir in Erinnerung: Als Sommer aufdeckte, dass die von den deutschen Bischöfen zugunsten der Hungernden in der Sahelzone eingesammelte Kollekte nicht dort landete, sondern ihr Ergebnis einfach umgewidmet und gewinnbringend angelegt worden war, da wurde er massiv angegriffen – aber widerlegen konnte man ihn nicht.

Mehrsprachig und reiselustig, war Norbert Sommer der gegebene Begleiter des ebenso reiselustigen Papstes aus Polen Johannes Paul II.. Mit ihm war er für die ARD auf elf Reisen in 28 Ländern auf vier Erdteilen unterwegs. Und seine ARD-Kollegen wussten: Er würde sich nicht in den Hofstaat einfügen – „embeded" nennt man das heute – sondern als distanzierter Reisebegleiter ohne verbale Ringküsse

Ein Kniefall oder keiner? Norbert Sommer beim „polnischen Papst" Johannes Paul II.
Abb.: SR

berichten. Dass das vatikanische Zeremoniell ihn dann doch noch zu einem Kniefall genötigt haben soll, als er sein Buch „Fliegender Fels" dem Papst überreichte, hat die Kollegenschaft später sehr amüsiert, wurde aber von Sommer selber immer bestritten. Er habe aufrecht vor dem Pontifex gestanden, sagte er. Dieses Foto sei einfach aus einer falschen Perspektive der Kamera zustande gekommen.

Dass beim Saarländischen Rundfunk einer ohne allzu viel Respekt vor den roten Bauchbinden die Baustelle der nachkonziliaren Kirche auf ihre Fortschritte, ihre Tragfähigkeit, ihr Personal in seiner Euphorie aber auch in seinem Widerstand kritisch begleitete, hatte sich offenbar bis Rom herumgesprochen. Schmunzelnd hat Norbert Sommer mir die oben wiedergegebene Begegnung erzählt, bei der der Chef der Glaubenskongregation Joseph Ratzinger (der spätere deutsche Papst Benedikt XVI.) ihn als den „Mann von diesem gottlosen Sender" angesprochen habe.

Wie gut, dass die oberste Glaubensbehörde nicht mehr über die Züchtigungsmittel ihrer Vorgängerin, der (un)heiligen Inquisition verfügte! Die Stapel von Sommers „gottlosen" Manuskripten hätten ein ganz schönes Feuerchen ergeben... Mit dem Urteil des bayerischen Kardinals hätten sich sicher noch andere Leute einig erklärt, die zum Beispiel Sommers Medienporträt von Papst Johannes Paul II. ein hasserfülltes „Schmierenstück" nannten, weil es auch kritischen Stimmen Raum gab. Sommers Film über den polnischen Papst wurde übrigens in sechs Dritten Programmen ausgestrahlt, bei Phoenix sowie im Schweizer Fernsehen und überwiegend positiv aufgenommen.

„Fliegender Fels" war das erfolgreichste der zehn Bücher, in denen Sommer als Herausgeber wichtige SR-Sendereihen mit prominenten Autoren veröffentlichte – und mit denen der Sender sich bei ihrer Präsentation in der Öffentlichkeit gerne schmückte. „Nennt uns nicht Brüder", ein Buch über die Stellung der Frau in der Kirche, ist mir in besonderer Erinnerung – da dürfte wohl Johanna, Sommers Frau und journalistisch arbeitende Theologin als Anstoßgeberin mit beteiligt gewesen sein.

„Die zornigen alten Männer in der Kirche" – so hieß ein anderes seiner Bücher, in dem eine kirchentreue Elite ihren Un-

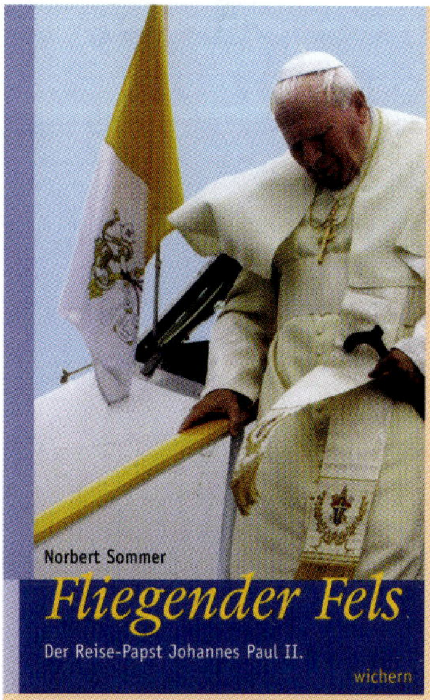

„Fliegender Fels" hieß Sommers Buch über die Reisen von Papst Johannes Paul II.

Abb.: Wichern/SR

Norbert Sommer im Gespräch mit dem damaligen Weihbischof Aloysius Jin Lu-Xian in Shanghai (1987) *Abb.: N. Sommer/SR*

Norbert Sommer

Konfuzius und Maos „Neuer Mensch"

Ursprung, Verlauf und Motive der chinesischen Konfuzius-Kritik

Im August des vorigen Jahres hat in China eine Kampagne gegen Konfuzius begonnen, die bis heute andauert. Diese Kritik kam unerwartet, ist aber eine folgerichtige Fortsetzung ähnlicher Vorgänge in der Vergangenheit. Falsch ist der Eindruck, die Kommunistische Partei der Volksrepublik China habe jetzt plötzlich mit der Zerstörung des Bilds dieses Gelehrten und Lehrers begonnen, der jahrhundertelang alle Chinesen prägte. Die augenblickliche Phase der ideologischen Auseinandersetzung mit dem historischen Erbe führt vielmehr die bisherige Diskussion weiter. Sie entwickelt sich offensichtlich zur entscheidenden Auseinandersetzung zwischen Tradition und Fortschritt. Dabei geht es um mehr als um einzelne Personen und Gruppen oder um Einzelerfolge in Bereichen der Emanzipation oder der Produktion. Im Grund steht das

Abb.: „Stimmen der Zeit" (8/1974)/SR

mut über die gegenläufige Entwicklung in der nachkonziliaren Kirche äußerte. In ihre Reihe hätte Norbert Sommer, gealtert, aber immer noch streitbar, gut gepasst. Diesen besonderen Zorn beschreibt einer der Autoren, der Münsteraner Theologe Johann Baptist Metz, so: Es ist ein „Zorn ... als leidenschaftlicher Ausdruck der Treue und Liebe zur Kirche. Das Gegenteil also sowohl von Resignation wie von pausbäckigem Optimismus, die es sich beide im Verhältnis zur gegenwärtigen Situation der Kirche leichter machen, als dieser zuweilen schwermütige, immer auch geradezu zärtliche Zorn, der die kämpferische Kritik der zornigen alten Männer in den Kirchen begleitet."

Buchvorstellung: Norbert Sommer (li.), Intendant Prof. Dr. Hubert Rohde und Programmdirektor Dr. Heinz Garber. *Abb.: R. Oettinger/SR*

Was nun das Schmunzeln angeht: Norbert Sommer hatte auch einen begnadeten Sinn für das Komische. Und ja: auch für das meist unfreiwillig Komische im Kirchenbetrieb. Unvergessen sein Artikel mit dem Titel „Das Blasen des Heiligen Geistes – Was Medien und kirchliche Würdenträger so von sich geben". Er hatte die Gabe, das Komische hinter weihrauchdampfenden Wortschwaden aufzudecken, auch den giftigen Geifer neuer selbsternannter Klein- und Großinquisitoren auszumachen und mit Vergnügen aufzuspießen.

Dass er ein großer Kabarettfan war, dass er keinen „SR-Gesellschaftsabend" mit Hanns Dieter Hüsch ausgelassen hat, passt ins Bild. Und auch, dass er den Kabarettisten Hüsch – den „kaputten Christen, der auf die Bergpredigt schwört", so Hüsch über Hüsch – immer wieder mal in seinem Programm auftreten ließ.

Abschiedsfeier für SR-Kirchenfunkleiter Norbert Sommer (2005)
v.l.n.r.: Barbara Lessel (Leiterin PG Kirche, Religion u. Gesellschaft), Norbert Sommer (Leiter SR-Kirchenfunk); Dr. Erika Ahlbrecht-Meditz (Leiterin der Abteilung Bildung und Erziehung bei SR 2), Dr. Franz-Josef Reichert (SR-Hörfunk-Direktor). *Abb.: R. Oettinger/SR*

Als Norbert Sommer 2005 mit 65 Jahren in den Ruhestand treten musste, wussten alle, die ihn kannten und mochten: Das wird ihm sehr schwer fallen. Sicher hätte er noch gerne weitergemacht. Aber da gab es glücklicherweise ja noch viele Foren, die an seiner Mitarbeit interessiert waren: Zeitschriften wie die „Orientierung", „Imprimatur" und „Publik-Forum".

Sommer gehörte zu den Ersten, die den sich anbahnenden Großskandal in der Diözese Limburg an die Öffentlichkeit brachten. Und da waren ja auch noch die alten Kollegen in der ARD, die seine besessene Lust an der kritischen Arbeit für ihre Programme nutzten. Er wollte, er konnte einfach nicht aufhören. Wen wundert's, dass er selbst in seinen letzten Lebensstunden seinem Sohn Martin noch einen Beitrag für „Publik-Forum" in den Computer diktierte, der dann posthum erschienen ist. Norbert Sommer starb am 15. April 2012 in Saarbrücken.

Hoppelpoppel und Hase Langbein machten Kinderfunk

Von Christine Rupp-Kuhl

Eine junge Musik-Studentin des Konservatoriums auf dem Saarbrücker Rotenbühl kommt 1954 zu Radio Saarbrücken ins Funkhaus Wartburg. Es ist Christa Frischkorn (später Heimrich-Frischkorn). Sie entwickelt in den nächsten 20 Jahren bei Radio Saarbrücken und im SR eine besondere und vielseitige Kinder- und Musik-Kultur. Für eine ganze Generation von Funkkindern war es eine einmalige Chance.

Christa Heimrich-Frischkorn
Abb.: P. D'Angiolillo/SR

Es war ein Zufall, aber für Christa Heimrich-Frischkorns (geb. 29. September 1931) Lebensweg von großer Bedeutung: Anfang der 50er Jahre unterrichtet die Musikhochschülerin einmal in der Woche die Tochter von SR-Zeitfunkchef Dr. Heinz Dützmann. Er war als Moderator der überaus beliebten Sonntagssendung „Der Bunte Teller" im Saarland sehr bekannt. Durch diesen Kontakt bekommt Christa Heimrich-Frischkorn die Möglichkeit, eine Probesendung für den Kinderfunk zu produzieren. Das Ergebnis: Sie löst bald die bisherige „Tante Hilde" ab und moderiert fortan die Kinderstunde gemeinsam mit dem Märchenonkel Werner Jakobi. Am Neujahrstag 1954 geht sie zum ersten Mal als „Tante Christa" bei Radio Saarbrücken auf Sendung. „Die Spannung war groß, wie die Sendung bei den Hörerkindern ankommen

Funkkinderschar mit „Tante Christa" (oben). Autorin Christine Rupp-Kuhl (beim SR „Ruppchen" genannt, obere Reihe, 3. v. r.). Abb.: SR

würde", erinnert sie sich heute. „Aber die Resonanz war dann positiv. Und es gab ja nix außer uns..."

Es muss 1954 in einer von Tante Christas ersten Sendungen gewesen sein, als der Märchenonkel – ich stellte ihn mir mit langem Bart und uralt vor – mit tiefer Stimme aus dem Lautsprecher Kinder aufforderte, mitzumachen und ins Sendestudio zu kommen. Ich wohnte nicht weit entfernt und lief spontan zum Funkhaus Wartburg. Beim Pförtner erkundigte ich mich nach dem „Märchenonkel und der Tante". Ich wartete geduldig bis zum grünen Lichtzeichen neben der Studiotür und trat dann ein. Ab sofort war ich ein Funkkind. Ich war glücklich, so schnell ein Teil der Gruppe geworden zu sein, mit allen zu singen, zu sprechen oder zu tanzen. Nun erlebte ich endlich Werner Jakobi ganz persönlich, wenn auch ein wenig enttäuscht, weil er keinen Bart hatte. Vor allem: Kinder waren um mich herum. Hier war ich nicht mehr einsam, denn als Nachkriegs- und Einzelkind fühlte ich mich oft allein gelassen. Ja, es schien mir ein Schritt ins Paradies gelungen zu sein.

Meine Eltern waren jung, von den Kriegserlebnissen noch geprägt und mit dem Aufbau ihrer Existenz und mit sich selbst beschäftigt. Ich glaube, sie waren glücklich darüber, dass ich in Christa Heimrich-Frischkorn eine Persönlichkeit gefunden hatte, der sie ihr Kind anvertrauen konnten.

„Tante Christa" gestaltete die Kinderstunde neu. Unterstützt wurde sie dabei von dem innovativen Chef des Kinder-, Jugend- und Schulfunks, Heinrich Kalbfuss, und von Werner Jakobi. Sie verstand es, uns Kinder zu motivieren und zum Sprechen zu bringen. Eine Manuskriptvorlage gab es nicht mehr. Die Kinderfunk-Sendungen wurden meist in Studio II oder III der Wartburg vorproduziert. In Studio III wurde auch für die Weihnachtsaufführungen geprobt. Live-Sendungen gab es nur selten. Vor Aufnahmebeginn machte uns Christa Heimrich-Frischkorn „sende-fit". Es erscheint mir wie ein Stück Kinderfunkgeschichte, die Christa Heimrich-Frischkorn da mit Ihrer Kindergruppe geschrieben hat.

Auf dem Szenenbild unten sind zu sehen in den oberen Reihen stehend, von l.: Helga Jakobi (Tochter von Werner Jakobi), (r. davor) Christine Rupp-Kuhl als Dornröschen, Poulette Schneider, Märchenonkel Werner Jakobi, (r. davor) Gisela Zick (Kühn), Christa Heimrich-Frischkorn, Jutta Eckler, Wiltrud Födisch; vordere Reihe: kniend Christel Brand (Prinz), weitere unbekannt.

Szenenbild aus Christa Heimrich-Frischkorns (oben, 3. v. r.) Märchenspiel „Dornröschen". Rechts neben Tante Christa „Funkkind" Jutta Eckler, links daneben „Märchenonkel" Werner Jakobi. *Abb.: C. Frischkorn/SR*

Kinder der ersten Stunde waren u. a. außerdem: Michael Faust, Claudia Hermann, Ute Kammerl, Monika Pitz und neben noch vielen anderen Kindern auch ich – Christel Rupp, das „Ruppchen". Zunächst stellten wir Funkkinder uns noch mit Hasennamen wie Naseweis, Mümmelchen, Springinsfeld, Langohr, Hoppelpoppel oder Wackelbein vor, später waren wir „die Funkkinder". Meinen Hasennamen habe ich vergessen, wahrscheinlich wurde ich Hoppelpoppel oder Wackelbein genannt.

Die Kinderstunde hatte in den 50er Jahren dank Heinrich Kalbfuss einen gut platzierten Sendeplatz am Sonntagnachmittag. Entsprechend groß war die Zuhörerzahl. Viele saarländische Kinder hörten Kinderfunk und es gab eine Menge Hörerpost.

Für mich wurde der Kinderfunk bald zu meinem zweiten Zuhause. Und „Tante Christa" so etwas wie eine Ersatzmutter und später meine Mentorin. Bis heute treffen wir uns von Zeit zu Zeit. Beim gemeinsamen Kramen in Erinnerungen fanden sich kürzlich in Christas großer Tonband-Sammlung Aufzeichnungen zweier Kinderfunksendungen aus dem Jahr 1958. Sie geben beispielhaft ein interessantes Bild von der Art, wie damals die Sendungen strukturiert und inhaltlich gestaltet waren und machen den Unterschied zu entsprechenden Programmen heute deutlich.

Die Sendungen dauerten jeweils 30 Minuten und waren relativ klar gegliedert. Hier ein Beispiel von 1956: Zuerst erklingt der Kinderchor mit dem Lied „Jeder Spatz auf

Kinderfunk

Die Sendezeiten unseres Kinderfunks umfassen die sonntäglichen Kinder- oder Märchenstunden (30 Minuten), die jeweils donnerstags auf UKW wiederholt werden, und die tägl. Abendsendung „Gute Nacht, liebe Kinder". Die Abendsendung bringt dreimal wöchentlich ein Kurzmärchen des Märchenonkels und dreimal einen Gute-Nacht-Gruß mit einem Kinderlied.

In den Kinderstunden (14-tägig) singen und spielen unsere Funkkinder unter Leitung von Tante Christa und dem Märchenonkel ohne Manuskript und werden versuchen, ihre zahlreiche Hörergemeinde weiter so gut zu unterhalten wie im letzten Jahr.

In den Märchensendungen (14-tägig) legen wir wieder besonderen Wert auf Originalhörspiele und bringen außerdem die Reihe „Märchen der Völker" mit Bearbeitungen französischer, englischer, indischer und russischer Stoffe. Ab Januar läuft außerdem eine fünfteilige Hörfolge nach R. L. Stevenson „Die Schatzinsel" von Kurt E. Heyne.

So wurde im Winterprogrammheft von 1956 der SR-Kinderfunk beschrieben.

seinen Platz... ein jeder kennt ein Instrument... und so wird musiziert". Es folgte die Begrüßung durch ein Funkkind mit den Worten: „Hier ist der Saarländische Rundfunk mit seiner Kinderstunde". Danach setzt der Chor wieder ein mit „da da damdamda..." Dann begrüßt Christa Frischkorn: „Liebe Hörerkinder, zum letzten Mal in den großen Ferien sagen wir euch recht schönen guten Tag auch... und wenn ich wir sage, meine ich damit die Funkhasen, den Märchenonkel, Kathrin und die Singkinder."

Einband der 1948 von Werner Jakobi (dem „Märchenonkel") herausgegebenen Märchen-Anthologie „Gute Nacht, liebe Kinder!".
Abb.: Saar-Verlag/SR

Funkkind Gisela beglückwünscht die September-Geburtstagskinder mit folgendem Wunsch: „Gesundheit, Glück und Sonnenschein soll immer euch beschieden sein." Nun folgt ein Ständchen, das Kathrin ausgesucht hat: „Heute lasst uns lustig sein..."

Themen der Sendungen waren z. B. die Jahreszeiten, die Ferien, Feiertage, aber auch Persönliches der Funkkinder wie Geburtstage und Belehrendes wie z. B. Pilze im Wald und ihre Gefahren. Dazu wurden die Kinder von „Tante Christa" oder dem „Märchenonkel" nach ihren persönlichen Erlebnissen befragt. Es ist deutlich zu hören, dass die Kinder frei und spontan sprachen und nicht von einem Manuskript ablasen. Die Fragetechnik war allerdings oft etwas „dirigistisch", so dass die Kinder kaum Chancen hatten, spontane Einfälle zu äußern oder Gefühlen und eigenen Gedanken weiter nachzugehen. Manchmal merkte man ihr Bemühen, eine erwartete Antwort zu finden. Gespräche der Kinder untereinander kamen in den beiden Beispielen nicht vor. Oft wirkten die Dialoge auch wie unter Zeitdruck. Offensichtlich waren klare Zeitbegrenzungen vorgesehen. Belehrende Ausführungen der Moderatorin und des Moderators – im Unterton mit moralisch erhobenem Zeigefinger – waren nicht selten, auch mal mit drastischen Beispielen. O-Ton vom Märchenonkel: „... und dann kommen solche Fälle vor, wie man sie oft in der Pilzzeit in der Zeitung liest, wo manchmal ganze Familien an Pilzvergiftung sterben... und nicht nur das Sterben ist sehr schlimm, sondern vor allem die wahnsinnigen Schmerzen vorweg... da können auch Lähmungserscheinungen auftreten... also Vorsicht!, wie die Christa eben gesagt hat..."

Sehr viel Platz nahm die Musik ein. Zu jedem Thema und Themenwechsel wurden Lieder angestimmt – a cappella oder mit Klavierbegleitung. Es gab auch Flötenbegleitung oder Instrumentalbegleitung als Playback. Die Kinder waren sehr musikalisch, sangen mit schönen Stimmen und sauberer Intonation. Vor allem strahlten sie eine große Fröhlichkeit aus. Alles in allem war die Kinderstunde eine abwechslungsreiche und ansprechende Sendung. Rund ein halbes Jahrhundert danach klingt sie „etwas brav": Aber zu ihrer Zeit war sie modern und innovativ – trotz der klaren Abgrenzung zwischen Kindern und dirigierend-belehrender Leitung. Ja, so war das damals. Und sehr schön war's.

Dank Christa Heimrich-Frischkorns „Pionierarbeit" als Filmerin entstand eine Reihe von privaten Dokumentationen. Es sind fünf Minuten-Sequenzen von Ballettproben, die sie auf der großen Terrasse des Funkhauses in der Wartburg hobbymäßig gedreht hat. Zu sehen sind posierende Funkkinder mit ihren Ballettübungen am Fenstersims. Das diente als Stütze für die Aufwärmübungen und zur Vorbereitung der Schrittfolge. Eva Schmidt, eine Freundin von Christa, gab Hilfestellung bei der Beinführung. Es folgten Pirouetten, kleine und schnelle Sprünge und die von mir gefürchteten Spagate.

Wir Funkkinder der ersten Jahre waren oft unterwegs, tourten durch das Saarland, spielten Theater, tanzten, musizierten und sangen. Besonders zu Weihnachten

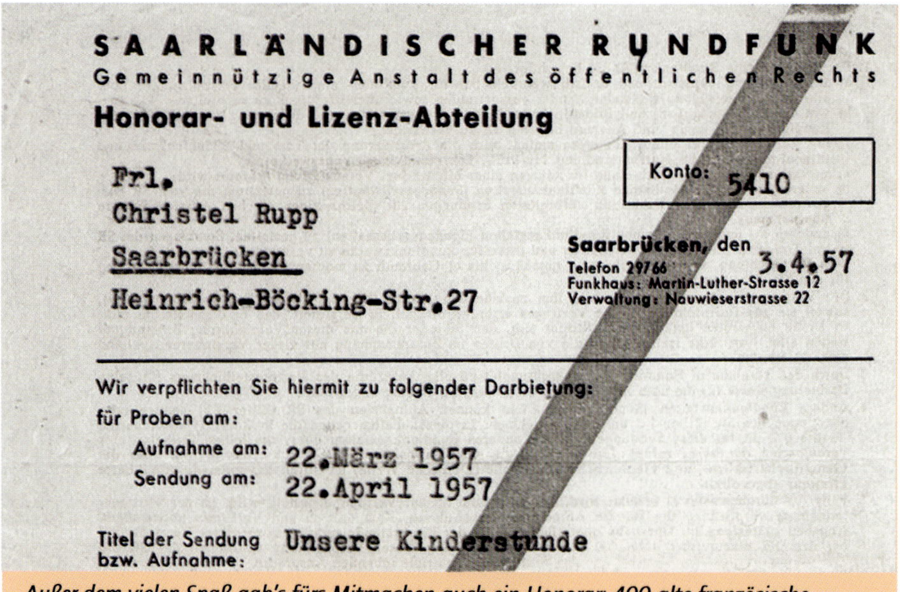
SAARLÄNDISCHER RUNDFUNK
Gemeinnützige Anstalt des öffentlichen Rechts
Honorar- und Lizenz-Abteilung

Konto: 5410

Frl.
Christel Rupp
Saarbrücken
Heinrich-Böcking-Str.27

Saarbrücken, den 3.4.57
Telefon 29766
Funkhaus: Martin-Luther-Strasse 12
Verwaltung: Nauwieserstrasse 22

Wir verpflichten Sie hiermit zu folgender Darbietung:
für Proben am:
Aufnahme am: 22.März 1957
Sendung am: 22.April 1957
Titel der Sendung bzw. Aufnahme: Unsere Kinderstunde

Außer dem vielen Spaß gab's fürs Mitmachen auch ein Honorar: 400 alte französische Franken. Abb.: C. Rupp-Kuhl/SR

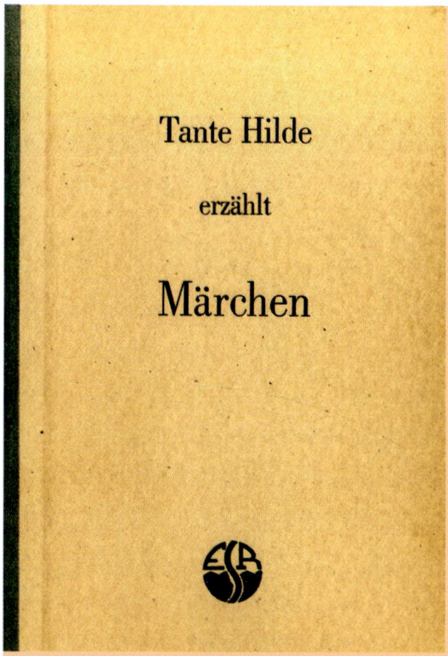

Einband und Einführungsfoto zu Frischkorn-Vorgängerin Hilde Moers' (Bildmitte) 1948 erschienenem Märchenbuch.
Abb.: Éditions du Rhin/SR

waren unsere Auftritte sehr begehrt. Vor allem Vereine baten um Termine. Ob Johannishof oder Kreiskulturhaus im Saarbrücker Schloss, alle Spielorte hatten volles Haus. Die Bergwerksdirektion stellte für die Anreise zu den weiter entfernten Auftritten ein „Familienauto" zur Verfügung. Wir nannten es die „Prairie-Familienkarre". Zum Gepäck gehörten die Requisiten und ein Koffer voller Kostüme, von Christa Heimrich-Frischkorn eigenhändig genäht. Sie begleitete ihre Aufführungen selbst am Klavier.

Manche von uns bekamen sogar kleine Gesangsrollen am Staatstheater Saarbrücken (damals Stadttheater) oder Sprechrollen in Hörspielproduktionen des Saarländischen Rundfunks.

In einem Artikel der „Saarbrücker Allgemeinen Zeitung" vom 6. Dezember 1957 wurde von einer besonderen Märchenprobe in Studio III der Wartburg berichtet: Der später als Bass-Bariton international sehr erfolgreiche Sänger Siegmund Nimsgern,

Christine Rupp-Kuhl: erst Kinderfunk-Kind, dann Kindertheater-Macherin. *Abb.: C. Rupp-Kuhl/SR*

damals Gymnasiast und 17 Jahre alt, hatte die Musik zu Christa Heimrich-Frischkorns Märchen „Vom Kasperle, dem Mond und dem verlorenen König" komponiert und die Probe live am Klavier begleitet.

Wir Kinder waren also viel beschäftigt. Kein Wunder, dass die Schule manchmal zu kurz kam. Aber auch bei Schulproblemen wusste „Tante Christa" Rat. Sie gab Nachhilfeunterricht in der Wohnung ihrer Eltern.

Die anfangs kleine Gruppe von Kindern zwischen sieben und dreizehn Jahren wurde bald größer. Älter geworden, erlernten die ehemaligen Funkkinder Berufe oder studierten. Von Christa Heimrich-Frischkorns kreativem Einfluss geprägt, zog es einige Funkkinder in den Schul- und Medienbereich. Jutta Eckler zum Beispiel wurde Zeitungsjournalistin und arbeitete später als Redakteurin und Moderatorin beim Saarländischen Rundfunk. Gisela Kühn-Zick bekam einen Ausbildungsplatz in den Fernseh-Schneideräumen des SR und ist als freie Cutterin gefragt. Michael Faust wurde Kameramann und Regisseur, Claudia Hermann-Caspari wurde Opernsängerin. Ich, das Ruppchen, wurde Lehrerin und Theaterpädagogin.

In ihren Erinnerungen staunt Christa Heimrich-Frischkorn noch heute über das Vertrauen, das ihr auch die Eltern entgegengebracht haben. Ich wundere mich nicht darüber. So viel pädagogisches Geschick und so viel Förderung unserer Talente und Entwicklung, das war ja nicht nur für uns Kinder ein Glücksfall.

SR-Kinderfunk: Kichern in Live-Sendungen streng verboten

Von Gisela Zick

Ich war „Naseweis" – jedenfalls wurde ich, Gisela Zick (damals Kühn), so genannt beim Kinderfunk von Radio Saarbrücken und später beim Saarländischen Rundfunk. Warum ich diesen Radio-Namen bekam? Nun, vielleicht hing das ja auch damit zusammen, wie ich überhaupt ein Funkkind wurde. Denn mein „Bewerbungslied" war zwar mächtig „in" anfangs der 50er Jahre und überdies korrekt vorgetragen – aber wirklich alles andere als passend.

Gisela Zick als junge Film-Cutterin beim Saarländischen Rundfunk. Abb.: G. Zick/SR

Es muss 1953 gewesen sein. Helga Jakobi, die Tochter des „Märchenonkels" von „Radio Saarbrücken", und ich gingen in dieselbe Klasse der „Volksschule", wie sie damals hieß. Als Kind konnte ich ziemlich schön singen. Deshalb fragte mich Helga, ob ich nicht Lust hätte, im Radio in der neuen Gruppe der „Funkkinder" mitzumachen. Ich hatte und wurde bald in die „Wartburg" bestellt, damals das Rundfunkgebäude in Saarbrücken. Dort sollte ich in einem Studio ein Lied singen. Also sang ich: „Blaue Nacht, oh blaue Nacht am Hafen". Man sah sich etwas betreten an: Ich war gerade mal acht Jahre alt. Und sang vom Seemann, der seine Hafen-Liebe zärtlich in die Arme nahm. Es war ein Schlager von Lale Andersen. Aber ein Kinderlied konnte ich nicht.

Wer zu den Begutachtenden gehörte, das weiß ich nicht mehr. Aber „Tante Christa" war wohl dabei, denn sie suchte 1953 neue Funkkinder für ihre erste Sendung

„Tante Christa" (Heimrich-Frischkorn) betreute den SR-Kinderfunk.
Abb.: C. Heimrich-Frischkorn/SR

Gisela Zick (Kühn) 1954 als Funkkind im Hof des Funkhauses in der Saarbrücker Wartburg. *Abb.: Gisela Zick/SR*

am Neujahrstag 1954. Alle jedenfalls waren wohlwollend und gaben mir eine zweite Chance. Mir wurde aufgetragen, zwei Kinderlieder zu lernen und dann nochmal wiederzukommen. Das machte ich und war danach einer von Tante Christas „Funkhasen". Es war aufregend. Wir probten oft. Und Christa eröffnete uns dabei musische Bereiche, die ich sonst nie kennengelernt hätte: Flöte spielen, Ballett tanzen, Theater spielen. Unter ihrer Anleitung probierten wir alles aus, wurden gefördert.

Bald war „der Funk" mein zweites Zuhause.

Das Funkhaus benutzten wir als Abenteuerspielplatz. So schlichen Mit-Funkkind Michael Faust, der sich später beim SR und anderswo einen guten Namen als Kameramann machte, und ich durch den dunklen Sendesaal, spielten verstecken. Ich erinnere mich, wie wir im Funkhaus Wartburg die Krönung von Elisabeth II. im Fernsehen anschauten. Das war sensationell, denn damals hatte kaum jemand einen Fernseher zu Hause. Die Krönung am 2. Juni 1953 in der Westminster Abbey war die erste, die im Fernsehen übertragen wurde.

An die Sendungen selbst habe ich nicht so viele Erinnerungen, außer, dass wir bei Live-Sendungen viel Quatsch gemacht haben und natürlich nicht kichern durften. An die öffentlichen Auftritte erinnere ich mich dagegen gut. Zu Weihnachten wurde ja immer Theater gespielt, mir hat das großen Spaß gemacht und uns meist viel Applaus eingebracht. Lange Zeit wollte ich auch Schauspielerin werden. Der Applaus kann einem schon den Kopf verdrehen. Jahrelang traten wir bei Weihnachtsfeiern der Saarbergwerke auf. Wir sangen, sagten Gedichte auf und bekamen dafür Weihnachtstüten gefüllt mit den schönsten Leckereien. Welcher Luxus in dieser Zeit!

Eine Zeitlang hat der später berühmte saarländische Opernsänger Siegmund Nimsgern mit uns Theater gespielt. Ich war schon ein Teenager, damals so 14 oder 15 Jahre alt. Er war vier Jahre älter. Und natürlich schwärmte ich für ihn. Während der Proben durfte ich mit ihm zusammen im Duett singen: „Bei Männern, welche Liebe fühlen ...", Zauberflöte, unvergesslich.

Auf dem Bild unten vom Weihnachts-Theaterstück von 1957 ist Siegmund Nimsgern hinten links zu sehen. Außerdem in der vorderen Reihe v. l. n. r.: außen Annerose Decker, die beiden folgenden unbekannt (die drei Sternchen im Tutu), dann Karin Franke und Jutta Eckler (die beiden größten Mädchen), danach Claudia Hermann und unbekannt. Hintere Reihe: Siegmund Nimsgern als Mond, Christa Heimrich-Frischkorn als Teufel, Gisela Zick (als Kasper) und Christel Brand.

„Das Märchen vom verlorenen König" mit Siegmund Nimsgern (obere Reihe, l.), Weihnachten 1957. *Abb.: G. Zick/SR*

TELESAAR-Ansagerin Hedy Ballier. *Abb. SR*

Und früh schon sprach ich in Hörspielen und im Schulfunk kleine Rollen: als Kind zwischen Schauspielern, die so anders redeten und lebten, als ich es von zu Hause kannte. Die Welt öffnete sich – ich hörte zu und saugte alles auf. Dann gab es noch die Sendung: „Für unsere kranken Hörerkinder". Die machten einige von uns zusammen mit dem Märchenonkel.

Auch einen frühen Ausflug ins Fernsehen zu TELESAAR (dem ersten Fernsehen an der Saar, von 1953 bis 1958 ausgestrahlt) habe ich in Erinnerung. Dort wurden die Fernseh-Spiele live gesendet – also ohne vorherige Aufzeichnung und Schnitte, alles in einem „Rutsch". Über andere Möglichkeiten verfügte der kleine Privatsender noch nicht. Wir Funkkinder durften mit den Schauspielern in den Kulissen herumstehen. Ich erinnere mich an eine Situation, in der eine Kulissentür klemmte und damit ein Auftritt verhindert wurde. Man kann sich vorstellen, was für Schimpfkaskaden da hinter den Kulissen losgingen, bis eine Improvisation gefunden wurde, alles live.

„Märchenonkel" Werner Jakobi machte auch die Sendung „Für unsere kranken Hörerkinder", hier im Hof des Funkhauses Wartburg mit den Funkkindern v. l.: Christel Brand, Karin Franke, Gisela Zick (Kühn) (ca. 1954). *Abb. G. Zick/SR*

Oder: Es gab eine tolle Ansagerin bei TELESAAR: Hedy Ballier. Sie wurde später eine der ersten Lottofeen beim HR in Frankfurt. Zu uns Kindern war sie besonders nett. Es gab zu der Zeit bunte Abende als öffentliche Veranstaltungen im Saarbrücker „Johannishof". Hedy Ballier nahm uns immer schon nachmittags mit in die Proben, wo wir den aktuellen Schlagerstars begegneten.

Am Abend selbst wurden wir als „Heinzelmännchen" verkleidet ins Publikum geschickt, um „Bohnerwachsdosen" zu verteilen. Wir gingen durch den Mittelgang im Publikum und warfen die Dosen in die Reihen. Mir passierte es einmal, dass ich die Dose jemandem an den Kopf warf. Die Dose ging auf, der Getroffene war darüber äußerst erbost. Er drohte mir Prügel an, wollte mich verfolgen - die Dosen waren nämlich ziemlich groß, so wie Gebäckdosen ungefähr. Mein „Treffer" war also schmerzhaft. Alles andere jedenfalls als die beabsichtigte Bohnerwachs-Werbung! Ich konnte mich nur durch schnelle Flucht retten.

Tja, was habe ich mit meinem Honorar gemacht? Ich durfte das Geld behalten. Da kam schon einiges zusammen. Wie viel, weiß ich nicht mehr. Aber ich konnte mir viele Wünsche erfüllen, zum Beispiel mir Kleider nähen lassen bei unserer Familien-Schneiderin (das machte man damals so), ich konnte mir Schallplatten leisten und Bücher, und ich hatte immer Geld, um in der neu eröffneten Eisdiele „Venezia" an der Wilhelm-Heinrich-Brücke in Saarbrücken Eis essen zu gehen.

Auch beim Übergang ins Gymnasium half uns Christa. Sie übte mit uns, damit wir die Aufnahmeprüfung bestanden und war dann stolz auf uns. So blieb das viele Jahre. Lehrer und Mitschüler standen der Arbeit beim Funk positiv gegenüber. Es bürgerte sich ein, dass man mich früher aus der Schule entließ, wenn ich sagte: „Ich muss heute früher gehen, ich habe Funk." Ich gebe zu, dass ich das auch manchmal ausgenutzt habe.

Christa war immer an meiner Seite, wenn ich sie brauchte, eher unmerklich. Erst mit 16 Jahren hörte ich mit dem Kinderfunk auf.

Nach der Mittleren Reife folgte ein Semester in der Saarbrücker „Schule für Kunst und Handwerk" mit der Grundlehre „Schule des Sehens" bei Oskar Holweck, wovon ich heute noch profitiere. Mit Christa Heimrich-Frischkorns Hilfe bekam ich danach eine Ausbildung als Toncutterin beim Hörfunk des Saarländischen Rundfunks. Anschließend lernte ich beim SR Fernsehen Filmcutterin (bei Chefcutterin Ursula Keese-Ehmke im Bereich Dokumentation).

Film-Cutterin Gisela Zick mit Regisseur und Filmemacher Andreas Kleinert 2014 im Schneideraum in Berlin.

Abb.: G. Zick/SR

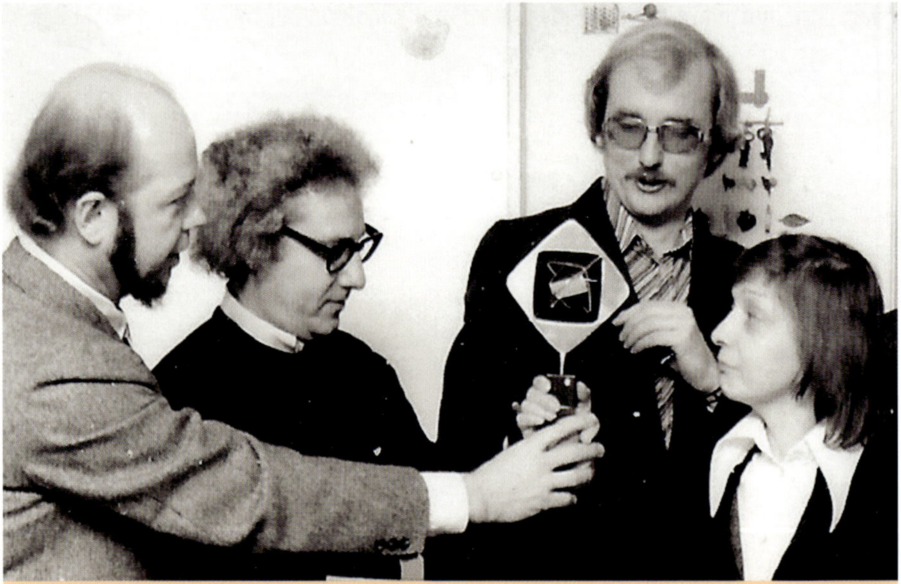

SR-Fernseh-Direktor Karl Schnelting, Autor Dr. Hans Emmerling, Kameramann K. P. Weber und Cutterin Gisela Zick mit dem ADOLF-GRIMME-PREIS 1975. *Abb.: SR*

Ein paar Jahre später, ich war schon Mutter, vertiefte ich freiberuflich die Ausbildung in Richtung Fernseh-Spiel bei Ilse Voigt (Telefilm Saar, Saarbrücken). Daraus ergaben sich Skript und Regieassistenz, u. a. bei den Regisseuren oder Filmemachern H. B. Theopold, Frank Strecker, Hark Bohm und Martin Graff. Auch eigene Filme für das Jugendprogramm konnte ich realisieren. Mit dem Umzug nach München 1980 begann dann meine Zeit beim Bayerischen Rundfunk. Anschließend ging ich nach Berlin.

Stolz bin ich auf viele Produktionen, an denen ich beteiligt war. Aus der Saarbrücker Zeit sind es z. B. der Film (1974) über den österreichisch-französischen Schriftsteller, Sozialpsychologen und Philosophen Manès Sperber (der einen Grimme-Preis bekam) und Telemack mit Hans Emmerling.

Ich verdanke dem SR-Kinderfunk alles! Mehr kann man sich als junger Mensch nicht wünschen. Ich fand ein Gegengewicht zu meinem Elternhaus, das mir den Mut gab, meinen eigenen Weg zu gehen.

Hanns Dieter Hüsch: Hagenbuch auf dem Halberg

Von Karl-Heinz Schmieding

Der Name des Kabarettisten Hanns Dieter Hüsch ist bei den Hörerinnen und Hörern des SR vor allem mit dem „Gesellschaftsabend" verbunden. Schließlich gab er dieser Sendung des Saarländischen Rundfunks fast dreißig Jahre lang ihre Strahlkraft. Dadurch könnte allerdings leicht in Vergessenheit geraten, was Hüsch darüber hinaus noch zu den Programmen im Hörfunk und Fernsehen des SR beigesteuert hat. Ungezählt sind die Einzelsendungen und Serienbeiträge von und mit ihm, die im Laufe von fast viereinhalb Jahrzehnten in Saarbrücken produziert wurden. Es begann mit einer ersten Chansonsendung im Jahre 1957.

Hanns Dieter Hüsch – nahm den Spaß ziemlich ernst. Abb.: SR

Die älteste noch erhaltene SR-Aufnahme mit Hanns Dieter Hüsch entstand am 9. Dezember 1957 im ehemaligen SR-Funkhaus „Wartburg". Redakteur Guy Walter vom damaligen SWF in Baden-Baden hatte Hüsch für den Funk entdeckt und ihn seinem Saarbrücker Kollegen A. C. Weiland empfohlen. Er förderte ihn auch sonst nach Kräften und *„... zog auch mit den Aufnahmen, die er mit mir gemacht hatte, im Köfferchen von Sender zu Sender und sagte überall, jetzt müsst ihr für den Jungen auch mal was tun. Und sie taten, und ich machte plötzlich meine ersten Aufnahmen bei A. C. Weiland im Saarländischen Rundfunk..."* schreibt Hüsch.*

Einen Titel aus der 1957er Aufnahme, einer Halbstundensendung mit Chansons, findet man auf der 1995 vom SR herausgegebenen CD „Radio an der Saar 1935 – 1995", zusammengestellt und produziert von Frank Rainer Huck und Bert Lemmich. Das Chanson „Sogenannte Intellektuelle" beschreibt satirisch den „kulturellen Smalltalk" auf einer Party in der Zeit des Wirtschaftswunders. Musikalisch-stilistisch – Hüsch damals noch am Klavier – ist der Peter Igelhoff-Einfluss deutlich zu spüren.

Zu den frühen „Wartburg"-Aufnahmen gehört auch ein kurioses „französisches" Nonsens-Chanson, ebenfalls aus Hüschs „Igelhoff-Phase". Es heißt „Madeleine" und wartet mit einer ungewöhnlichen Refrainzeile auf: „Madelei-lei-lei-lei-leine – die hat Bei-Bei-Bei-Bei-Beine."

1962 produzierte A.C. Weiland, seit 1961 SR-Hauptabteilungsleiter Unterhaltung Hörfunk und Fernsehen, die erste größere TV-Solo-Sendung mit Hanns Dieter Hüsch: „Niemandsland des Lächelns". Sie war eine der ersten Eigenproduktionen des SR für das Abendprogramm der ARD. Weiland, zugleich Regisseur und Redakteur, gelang damit ein beeindruckendes literarisch-kabarettistisches Dokument in der Zeit des Schwarz-Weiß-Fernsehens. Aufgezeichnet wurde die Sendung im sogenannten „Pferdestall-Studio" auf dem Halberg. Während der Arbeit in diesem Studio-Provisorium kam es nicht selten zu unfreiwillig komischen Situationen. Die Erzählungen der Be-

Standfoto aus „Niemandsland des Lächelns" – Hüschs erster großer Fernseh-Sendung.

Abb.: SR

teiligten von damals ranken sich dabei vor allem um die Aufnahme des bekannten Hüsch-Gedichts „Bedenkt". So habe genau in dem Moment ein Platzregen auf das nur unzureichend schallgedämmte Studiodach zu trommeln begonnen, so erinnerte sich Hüsch für die SR-INFO 5/85, als er die Zeile „Bedenkt auch, dass ihr Wasser habt und Brot" mit großem Ernst in die Kamera gesprochen habe: *„Und alle, die im Studio standen, konnten sich nur mit Mühe das Prusten verkneifen, und ich auch."*

Weitere SR-TV-Produktionen mit H. D. Hüsch aus dieser Zeit hießen „Am Rande des Parketts" und „... wenn die Hähne krähen" (Regie: Tilo Philipp). Zu diesen und anderen von A. C. Weiland und Emil Zalud redaktionell betreuten TV-Sendungen des SR aus den 60er und 70er Jahren gehört auch die von Hüsch synchronisierte Zeichentrickserie „Plem-Plem-Brothers", die von Gottfried Hensel gezeichnet wurde. Fernseh-Aufnahmen davon existieren leider nicht mehr.

Im SR-Hörfunk hatte Wolfgang Drescher inzwischen die Kabarettredaktion übernommen. Unter seiner Leitung entstanden u. a. mit Hüsch Sendungen wie z. B. die Reihe „Kabarett im Studio" und öffentliche Kabarett- und Chansonabende erstmals auch im Großen Sendesaal des neuen Hörfunk-Gebäudes auf dem Halberg.

Ein weiteres Programmprojekt war die Reihe „Lyrik und Jazz". Zur Musik von Fritz Maldener sprach Hüsch u. a. Lyrik von Gottfried Benn (1965). Maldener war damals noch U(nterhaltungs)-Musik-Redakteur beim SR. Später dann – als freier Komponist und Musiker auch musikalischer Leiter des Düsseldorfer „Kom(m)ödchen" – schrieb und produzierte er die Musik zu zahlreichen U-Wort- und Kabarettsendungen des SR.

So komponierte Fritz Maldener auch die Musik zu Hüschs „Protest-Oratorium" mit dem Titel „Carmina Urana – vier Gesänge gegen die Bombe", das Drescher 1965 produzierte. Hüsch hatte dieses Programm bereits 1958 für den SWF geschrieben. Dort war es auch produziert, aber *„nicht gesendet, sondern auf Eis ge-*

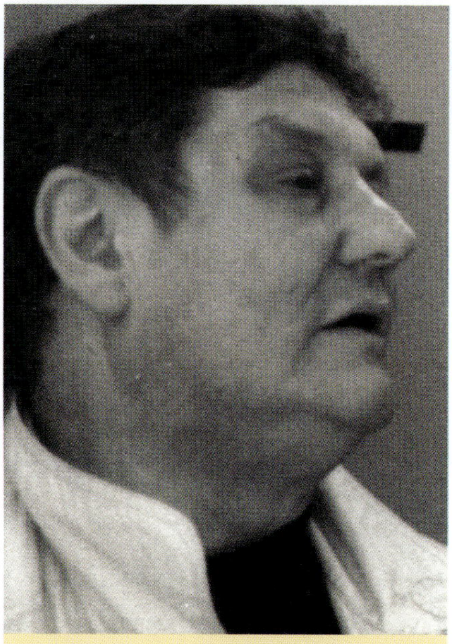

Fritz Maldener jazzte bei „Lyrik und Jazz".
Abb.: Ch. Ohnesorg/SR

Das Fritz Maldener Trio – Maldener (ganz rechts) komponierte die Musik zu „Lyrik und Jazz".
Abb.: J. Schmidt/SR

legt" worden *„weil es wohl doch zu kritisch, zu ‚einseitig' ausgefallen war"*, so Hüsch. Den Mut des SR, das für die damalige Zeit politisch heikle Stück sieben Jahre später als Neuaufnahme dann doch zu senden, kommentiert er allerdings mit der Bemerkung *„... inzwischen war das nicht mehr so gefährlich, will sagen, die Programmdirektionen wurden großzügiger, und eigentlich war für sie das Thema schon verjährt."*

Wolfgang Dreschers wohl spektakulärste Produktion war das legendäre „Quartett 67", ein Gemeinschaftsprogramm von Hanns Dieter Hüsch, Franz Josef Degenhardt, Wolfgang Neuss und Dieter Süverkrüp. Es spiegelt satirisch die politische und gesellschaftliche Wirklichkeit der Bundesrepublik in der zweiten Hälfte der 60er Jahre wider. Hüsch schreibt dazu: *„Wolfgang Drescher... hat ja dann auch die einmalige Leistung vollbracht, vier ganz verschiedene Menschen und Künstler zu einem Quartett zusammenzuspannen. Er hatte diese Idee und wir machten mit... Wir stellten aus unserem Repertoire ein Programm zusammen, das durchaus so aussah, als hätte es einer komponiert..."*

Nach dem Erfolg der Uraufführung vom 20. März 1967 im Sendesaal auf dem Halberg sollten die vier ein Jahr später eigentlich als „Quartett 68" auf Tournee gehen.

Doch daraus wurde nichts. Die Termine der Beteiligten, aber auch unterschiedliche Konzeptionen waren letztlich nicht unter einen Hut zu bringen. So blieb die Veranstaltung beim SR die einzige Aufführung dieses Programms in Quartett-Besetzung. *„... wir haben nur zu dritt, Süverkrüp, Degenhardt und ich in Bielefeld zweimal gespielt...“*, schreibt Hüsch. Die SR-Aufnahme von „Quartett 67“ ist 1996 bei CONTRÄR Musik als Doppel-CD erschienen.

CD-Cover der SR-Produktion „Quartett 67“, CONTRÄR Musik, 1996 mit (v. l.) Franz Josef Degenhardt, Wolfgang Neuss, Dieter Süverkrüp und Hanns Dieter Hüsch. Abb: SR

„Quartett 67“ war nach meiner Erinnerung Wolfgang Dreschers letzte große Produktion beim SR, bevor er im selben Jahr zum SWF ging. Danach arbeitete er als Regisseur für den WDR und für das ZDF, wo er viele Jahre lang zum Redaktions- und Produktionsteam der Sendung „Kennzeichen D“ gehörte.

Ich selbst wurde im Januar 1968 Dreschers Nachfolger und zugleich auch der von Emil Zalud, von dem ich die Abteilung Unterhaltung Wort übernahm. Zalud wurde von seinen Aufgaben in der Fernseh-Unterhaltung voll in Anspruch genommen und musste daher den Hörfunk abgeben. Als ich begann, mit Hanns Dieter Hüsch zusammenzuarbeiten, konnte ich nicht ahnen, dass diese Kooperation eine Konstante meines gesamten Berufslebens werden würde.

Unter den vielen Sendungen und öffentlichen Veranstaltungen, die meine Kollegen und ich in Fortsetzung der Arbeit Dreschers in den ersten Jahren mit Hüsch produzierten – einige auch im kleinen Saal der Kongresshalle –, war wohl das ungewöhnlichste Projekt die „Meier-Suche“ auf der Europawelle.

Mehr als vier Jahre lang, vom Frühjahr 1969 bis Herbst 1973, konnte man Hanns Dieter Hüsch täglich außer sonntags pünktlich um 13.30 Uhr ins Studio stürmen hören – immer auf der vergeblichen Suche nach seinem mysteriösen Freund Meier und immer

Hanns Dieter Hüsch hat Meier gefunden! *Abb.: H. Garthe/SR*

mit einer kuriosen Geschichte, die er seinem Gegenüber am Mikrofon unbedingt erzählen musste. Dass die Stimme des sympathisch-chaotischen Störenfrieds mitsamt dem Studiotürenschlagen fast immer vom Band kam, dass die wechselnden Live-Moderatoren der Sendung – Brita Maria Carell, Dieter Thomas Heck, Alf Wolf, Martin Arnhold u.a. – in Wirklichkeit jeweils mit einem Tonband sprachen, wussten damals die wenigsten.

Dabei hatten Helmut Peter als Aufnahmeleiter und ich selbst anfangs nicht geglaubt, dass dies klappen könnte. Doch es funktionierte dank der typischen immer ein wenig hektischen Sprechweise Hüschs in der Rolle des Meier-Suchers. Es war verblüffend zu hören, wie die Europawellen-Moderatoren sich geschickt live in den Hüsch'schen Redeschwall auf ihrem Kopfhörer einklinkten. Kritisch wurde es allerdings, wenn der aus der Tonkonserve kommende Hüsch die kurzfristig für einen männlichen Kollegen eingesprungene Moderatorin Brita Maria Carell mit „mein Herr" anredete. Die rettete jedoch die Situation, indem sie geistesgegenwärtig mit der Bemerkung parierte „Sie haben wohl Ihre Brille vergessen".

Hüsch kam alle zwei bis drei Wochen zur Vorproduktion nach Saarbrücken. Und nur an einem solchen Tag war der Meier-Sucher auch wirklich live im Studio. Bei bevorstehenden wichtigen Ereignissen wie z.B. Spielen der Fußballnationalmannschaft, nahmen wir drei verschiedene Versionen der jeweiligen Meier-Geschichte auf, damit Hüsch am Tag nach dem Spiel je nach Ausgang der Partie auf Sieg, Niederlage oder Unentschieden „aktuell" eingehen konnte. Übrigens stammten nicht alle der von Hüsch gesprochenen Texte von ihm selbst. Als Co-Autor lieferte Friedrich Papenzin gelegentlich Manuskripte zu, die Hüsch sich mund- bzw. „Meier"-gerecht machte. Bei den Hörern der Europawelle wurde der Meier-Sucher durch seinen täglichen Auftritt schon bald sehr populär. Es war eine Art Radio-Comedy, ein frühes Beispiel dieses bald sehr erfolgreichen kurzen Unterhaltungsformats im Hörfunk. Nur der eine oder andere Freund des traditionellen Kabaretts runzelte die Stirn, weil er Hüsch auf Abwegen wähnte in einem allzu leichten Genre.

Hanns Dieter Hüsch (l.) und Karl-Heinz Schmieding: Aus der Zusammenarbeit wurde eine Freundschaft. Abb.: SR

Im Dezember 1970 gab es anlässlich der 500. Meier-Folge einen großen Solo-Kabarettabend mit Hanns Dieter Hüsch unter dem Titel „Mensch Meier", wobei wir das Thema „Meier-Suche" als Running Gag ins Programm eingebaut hatten. Darunter auch eine Live-Schaltung von der Bühne im Großen Sendesaal ins Abendmagazin „Zwischen heute und morgen" der Europawelle. Reporter war Axel Buchholz, und Karl-Heinz Send moderierte das Magazin.

Die Bänder mit rund 1 400 Meier-Glossen aus viereinhalb Jahren sind übrigens erhalten. Sie haben allerdings ein „dramaturgisches" Manko: Es handelt sich um die vorproduzierten Aufnahmen, auf denen nur Hüsch solo zu hören ist. Die „Live"-Dialog-Version wurde leider nie mitgeschnitten.

Solo-Kabarettabend von Hanns Dieter Hüsch zur 500. Meier-Folge (1970).

Abb.: K. L. Hildebrandt/SR

Als die Meier-Glosse Ende September 1973 im Rahmen einer Programmreform der Europawelle eingestellt wurde, standen meine Kollegen und ich bereits kurz vor dem Start eines neuen Projekts mit Hanns Dieter Hüsch: „Hanns Dieter Hüschs Gesellschaftsabend". Am 20. Oktober 1973 hatte dieser im Großen Sendesaal Premiere. Bis 2001 hat Hanns Dieter Hüsch den „Gesellschaftsabend" 28 Jahre lang

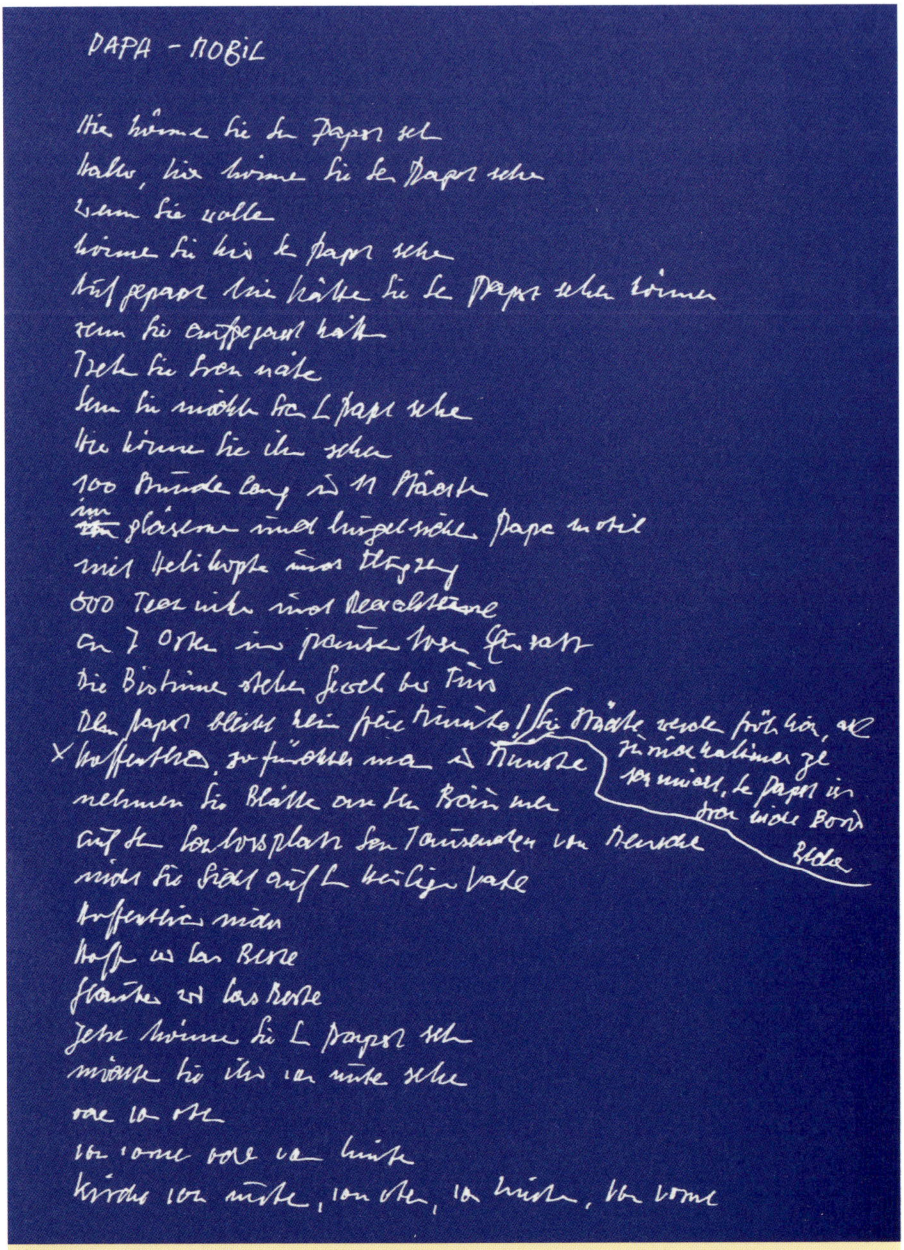
PAPA – MOBIL

Text-Auszug der Hüsch-Glosse „Papa Mobil" auf den Umschlag-Innenseiten des Papst-Buches „Fliegender Fels". *Abb.: SR*

moderiert. Die Geschichte dieses „Kabarett-Klassikers" in Hörfunk und Fernsehen des SR ist in einem gesonderten Beitrag dargestellt.

Neben diesen traditionellen Kabarettprogrammen des SR gab es noch eine ganze Reihe Sendungen anderer Redaktionen, in denen Hüsch aktiv war. Am ungewöhnlichsten war seine Zusammenarbeit mit dem Kirchenfunk und dessen kabarettbegeistertem Chef Norbert Sommer. Für ihn schrieb und sprach Hüsch 1987 u. a. einen satirischen Beitrag über den zweiten Deutschland-Besuch des reisefreudigen Papstes Johannes Paul II, den Sommer als ARD-Korrespondent auf den meisten Reisen begleitet hat. Auf den Umschlag-Innenseiten von Sommers Papst-Buch „Fliegender Fels" (Wichern-Verlag) ist Hüschs handgeschriebener Text mit dem Titel „Papa Mobil" abgedruckt.

Die Fernseh-Unterhaltung des SR realisierte mit Hüsch viel beachtete Einzelprogramme: Das Hüsch-Porträt von Georg Bense aus der Reihe „Lieder zum Nichtmitsingen" (1971, Redaktion: A. C. Weiland), die Sendung „Fast 'ne Solo-Oper" zu Hüschs 60. Geburtstag von Christel Priemer (1985, Redaktion Hans-Bernhard Theopold) und den SR-Beitrag zur nächtlichen ARD-Satire-Reihe „Nachschlag" (1991, Redaktion Michael Beckert).

Hörspielchef Werner Klippert beschäftigte den Kabarettisten, der ja auch ein exzellenter Sprecher war, gern in Hörspielproduktionen, wobei Hüsch gelegentlich auch Regie führte. Für den Jugendfunk von Hermann Stümpert und dessen Sendung „Drugstore 1421" produzierte Hüsch eine Zeit lang eine heitere Kurzbeitragsserie unter dem Titel „Was sagt denn der Vater dazu?" Immerhin war Hüsch damals schon Mitte 50 und insofern für junge Leute nicht nur eine kabarettistische „Autorität". Raimund Hess, Leiter der damaligen Abteilung Unterhaltungs- und Tanzmusik, hatte 1971 die Idee, Hüsch-Texte vertonen zu lassen und die Songs mit Hüsch als Gesangssolisten fürs Musikprogramm der Europawelle zu produzieren.

Fritz Maldener schrieb die Musik zu diesen schlagerhaften Chansontiteln, bei denen Hüsch vom Großen Unterhaltungsorchester des SR unter der Leitung von Hans Hammerschmid begleitet wurde. An einen dieser Titel in einem musikalischen Gewand, das typischen Grand Prix-Schlagern von damals ähnelt, kann ich mich noch gut erinnern, weil er jahreszeitlich bedingt relativ häufig auf der Europawelle gespielt wurde: „Oh Mister Herbst".

In seinem eigenen Lebensherbst investierte Hüsch seine künstlerische Schaffenskraft beim SR vor allem in den Gesellschaftsabend. Mit ihm feierte er in Hörfunk

Haben gut und gerne zusammengearbeitet: Hanns Dieter Hüsch und Karl-Heinz-Schmieding. *Abb.: SR*

und Fernsehen große Erfolge. Und der SR ebenso mit Hüsch. Über 28 Jahre hinweg.

Seiner saarländischen „Hüsch-Gemeinde", den SR-Kollegen und mir, der ich ihn fast mein ganzes Berufsleben lang begleiten durfte, ist er unvergessen geblieben als liebenswerter Freund und kabarettistischer „Seelsorger", als faszinierender Poet und Geschichtenerzähler - nach eigener Aussage „immer ein Prediger und ein Zweifler, mal mit der Fackel in der Hand, mal mit der Narrenkappe auf dem Gehirn, mal als Kind und mal als Komiker."

In seinem letzten größeren literarischen Werk - *„Wir sehen uns wieder - Geschichten zwischen Himmel und Erde"* - schildert Hüsch seinen Besuch beim Akkordeon spielenden lieben Gott im Himmel. Angenommen, es stimmt, was der leidenschaftliche Fabulierer geschrieben hat - dann sitzt er dort vermutlich im Café „Pilatus" und liest dem lieben Gott „zur Erheiterung" typische Hüsch-Geschichten vor. Vielleicht ja auch einige, die er für den SR geschrieben hat.

** Die kursiv gesetzten Hüsch-Zitate sind, soweit nicht anders angegeben, Hüschs Autobiografie „Du kommst auch drin vor - Gedankengänge eines fahrenden Poeten" entnommen (Kindler-Verlag München 1990. Neuauflage Klartext-Verlag Essen 2008). Beide Ausgaben sind vergriffen, allerdings antiquarisch erhältlich. Der Titel ist zudem wieder aktuell auf dem Buchmarkt: als Bestandteil der neuen siebenbändigen E-Book-Ausgabe des literarischen Werks von Hanns Dieter Hüsch, herausgegeben von Helmut Lotz , Edition diá).*

Hanns Dieter Hüschs Gesellschafts-abend – ein Markenzeichen des SR

Von Karl-Heinz Schmieding

Ob im Hörfunk oder im Fernsehen, ob beim Hörspiel oder im Kirchenfunk – Hanns Dieter Hüsch war in den verschiedensten Redaktionen des Saarländischen Rundfunks ein geschätzter Mitarbeiter. So gut wie zuhause aber war er in der SR-Kabarettredaktion. Und dort besonders als Gastgeber seines „Gesellschaftsabends." In fast 30 Jahren moderierte er 161 Folgen. Kabarettredakteur Karl-Heinz Schmieding schrieb die Erfolgsgeschichte dieser Sendung auf.

Hanns Dieter Hüsch – ein Kabarettist leiser Töne und sparsamer Gesten. Abb.: SR

Die sehr populäre Meier-Glosse von und mit Hanns Dieter Hüsch wurde nach viereinhalb Jahren im Rahmen einer Programmreform der Europawelle Saar Ende September 1973 eingestellt. Warum eigentlich, konnte später niemand mehr sagen. Zu diesem Zeitpunkt standen meine Kollegen und ich aber bereits kurz vor dem Start eines neuen Projekts. Es sollte eine weitere kontinuierliche Zusammenarbeit mit Hüsch garantieren. Zu meiner großen Freude hatte Hüsch sofort zugestimmt, als ich ihm von meiner Idee einer Art „Hanns Dieter Hüsch-Show" erzählte und ihn fragte, ob er sich vorstellen könne, die Rolle des Moderators und Gastgebers zu übernehmen. Der natürlich ironisch gemeinte Titel „Gesellschaftsabend", auf den wir uns, in Verbindung mit dem Namen des Gastgebers, verständigten, lag damals gewissermaßen in der Luft. Die „gesellschaftliche Relevanz" der Kunst – ein Schlagwort, das aus der Studentenbewegung kam – war ein beliebtes Diskussions-

Hanns Dieter Hüsch (um 1973) an der Philicorda-Orgel – gezeichnet vom Karikaturisten J. v. Tomei.
Abb.: J. v. Tomei

thema. Auch die Kleinkunst hatte den Anspruch, „gesellschaftlich relevant" zu sein.

In seiner Biografie „Du kommst auch drin vor" schrieb H. D. Hüsch 1990 über seine Gesellschaftsabende beim SR: „Der Gesellschaftsabend ist eine Erfindung von Karl-Heinz Schmieding, und ich bin der Gastgeber, Moderator und Präsentator, ich stelle die Kollegen Kabarettisten, Liedermacher und Instrumentalisten vor und umrahme den Abend mit eigenen Texten, und bis jetzt waren die Gesellschaftsabende immer ausverkauft und sind in der deutschsprachigen Hörfunkl-Lndschaft in ihrer Kontinuität auch einmalig und in Saarbrücken schon fast ein gesellschaftliches Ereignis."

Premiere hatte „Hanns Dieter Hüschs Gesellschaftsabend" am 20. Oktober 1973 im Großen Sendesaal. Man kann sich die Aufnahme in voller Länge anhören. Der SR hat die gesamte Sendung in der SR 2-Mediathek eingestellt.

Dem Trend der Zeit entsprechend dominierten die Liedermacher zahlenmäßig im Programm: Joana Emetz, Walter Hedemann und Lothar von Versen. Einziger Vertreter des kabarettistisch-satirischen Worts neben Hüsch war der bis dato weitgehend unbekannte Heino Jaeger, der sich überraschend als Star des Abends entpuppte.

Musikalisch umrahmt wurde der Abend vom Kai Rautenberg-Jazztrio. Ein Türglocken-ähnliches Klingelzeichen kündigte den Auftritt der Gäste an. Aus dem Fundus der SR-Tochterfirma „Telefilm" hatten wir uns für die Talk-Runden mit den Künstlern auf der Bühne eine Art Sitzecke zusammenstellen lassen – mit Wiener Caféhaus-

Stühlen und entsprechenden Tischchen. Die Sitzecke wurde jedoch schon bald wieder abgeschafft, weil nicht alle Gäste, wie eigentlich geplant, während des gesamten Programms auf der Bühne sitzen bleiben wollten. Das Motiv der Wiener Caféhaus-Stühle, entworfen vom damaligen SR-Grafiker Karl Lothar Hildebrand, blieb aber als Logo fürs Plakat erhalten und wurde zum Erkennungszeichen für den „Gesellschaftsabend" des SR.

Hüsch selbst saß während des Auftritts seiner Gäste immer auf der Bühne. Von seinem Platz an der Seite verfolgte er aufmerksam das Programm seiner Kolleginnen und Kollegen und spendete vor allem den Newcomern aufmunternden Applaus.

Von den zahlreichen prominenten Künstlern, die Hüsch im Laufe der Jahrzehnte im „Gesellschaftsabend" und vor allem bei den Jubiläumsveranstaltungen begrüßt hat, waren nicht wenige sozusagen „Stammgäste" – wie z. B. Dieter Hildebrandt, Mathias Richling, Konstantin Wecker, Franz Hohler und Helmut Ruge. Richling und Wecker waren zum Beispiel bereits Mitte der 70er Jahre zum ersten Mal bei Hüsch aufgetreten, als sie noch keine Stars in der Szene waren – und haben damit den „Gesellschaftsabend" fast genauso lange begleitet wie Hüsch selbst. In einer Hüsch-Laudatio im „Hagenbuch"-Stil schreibt Wecker „... er denke voll Dankbarkeit / an den ersten Gesellschaftsabend im SR, als ihn Hüsch in die Gesellschaft der Kleinkünstler und Gaukler einführte / der Wortverdreher und Musikakrobaten / und ihm sozusagen den Ritterschlag gab / mit den Großen der Zunft auftreten zu dürfen ..."

Die berühmte Kunstfigur Hagenbuch, sicher so etwas wie Hüschs Alter Ego, steht in einer ganz besonderen Beziehung zur Stadt Saarbrücken und zum „Gesellschaftsabend" des SR. Hüsch hatte die Figur, die ohne seine grenzenlose Begeisterung für den Stil des

Die Plakate für den SR-Gesellschaftsabend mit Hanns Dieter Hüsch gab es in zwei Versionen, beide entworfen von SR-Grafiker K. Lothar Hildebrand. *Abb.: SR*

Hildebrand-Plakat, Sieben Stühle zum siebten Gesellschaftsabend. *Abb.: SR*

österreichischen Schriftstellers Thomas Bernhard nicht denkbar gewesen wäre, schon länger im Hinterkopf. Die erste Hagenbuch-Geschichte schrieb er am 7. November 1975 im Saarbrücker Hotel „Meran". In Zimmer 502, das immer für ihn reserviert war, brachte Hüsch neben anderen Kabarettnummern noch zahlreiche weitere Hagenbuch-Geschichten zu Papier – jeweils in der Nacht vor ihrer Uraufführung im „Gesellschaftsabend". Sie sind daher, so ihr Autor, „fast schon Saarbrücker Geschichten".

Die erste Episode dieser Reihe mit dem Titel „Hagenbuch und die Erziehung" wurde im 11. „Gesellschaftsabend" am 8. November 1975 uraufgeführt. Sie begann mit der bei Hüsch-Fans bestens bekannten Anfangszeile „Hagenbuch hat jetzt zugegeben, dass die Erziehung seiner Kinder eine völlig verfahrene war". Am selben Abend gab es eine weitere Uraufführung: die außerordentlich komische „Folklore"-Parodie „Es ritten drei Reiter...", die schon kurze Zeit später ein absoluter Hüsch-Hit wurde. In Zimmer 502 des Hotels „Meran" erinnert ein Foto an den langjährigen Stammgast.

Schon 1970 hatte Hüsch eine ganz andere „Saarbrücker Geschichte" geschrieben. Sie bezog sich auf seine Erfahrungen mit bestimmten Lebensgewohnheiten der Saarländer, insbesondere der Künstler- und Rundfunkkollegen von damals – zu einer Zeit, als das Saarland kulinarisch noch nicht so angesagt war wie heute. Der Text parodiert die Lieblingsbeschäftigung Saarbrücker Gourmets von damals und derer, die sich dafür hielten: „Nach Frankreich essen gehen." Er beginnt mit dem verblüffenden Satz: „Wenn ich in Saarbrücken bin, dann steh ich morgens auf und dann weiß ich schon, dass ich abends in Frankreich essen gehe." Die Geschichte verrät überraschende kulinarische Vorlieben ihres Autors, die man bisher doch eher bei

„Spinat mit Kartoffeln und Soß' durcheinander" angesiedelt sah: „Alle vier Wochen, da brauch ich was Flambiertes" und z. B. „liquidierte Eichhörnchenohren in feiner Weinsauce". Das sei halt „wie ein Zwang – dieses Essen wie Gott in Frankreich ..."

Anfang der 80er Jahre hat sich Hüsch in seinen Kabarettnummern auch kritisch-satirisch mit den Popmusik-Programmen der ARD und der privaten Sender beschäftigt. Eine dieser Satiren – sie heißt „Fröhlicher Wecker" – nimmt gleichzeitig Bezug auf RTL Radio und die Europawelle, ohne dass dies aber direkt ausgesprochen würde. Bei näherem Hinhören entdeckt man allerdings: die sehr komisch wirkende Nummer ist ein Mix aus Sendungstiteln des damaligen Tagesprogrammschemas von RTL einerseits und den Werbeslogans für den 80er Relaunch von SR 1 Europawelle Saar andererseits, d. h. die Nummer besteht ausschließlich aus Textbausteinen, die nicht von Hüsch selbst stammen. Folglich lautet seine Schlussbilanz: „Weil Parodie und Wirklichkeit sich hier verteufelt küssen, hab' ich bei diesem Text kein eignes Wort verwenden müssen." Das Stück ist nachzuhören auf WDR/Intercord DLP/DCD „Das neue Programm" 1981/1994.

Ich hatte die Nummer schon fast vergessen, als ich 25 Jahre später das Textbuch von „Das neue Programm" in einem Online-Antiquariat entdeckte – ein mit handschrift-

5 Uhr 3o
Fröhlicher Wecker mit Axel
8 Uhr 3o
Der Radiomann ist da ! Mit Jochen
1o Uhr 3o
Da capo. Mit Helga
Damit man Ihnen auch beim Autofahren ansieht
Beim Autofahren usw. ansieht
Dass Sie ein aufgeschlossener fröhlicher Zeitgenosse sind
Hier die neue Devise
Als Autoaufkleber:
Ich hab den Dreh
Zum Happy Day!
11 Uhr
Heimatmelodie. Mit Eddy
12 Uhr
12 Uhr mittags. Mit Hugo und Jochen
14 Uhr
Gefragt,gespielt mit Christa
16 Uhr
Die blaue Stunde. Mit Rolf
17 Uhr
Die schlaue Stunde. Mit Karl
Damit Sie zu jeder Stunde genau wissen
Wie Sie richtig in Schwung kommen -
Einfach diese Folie abziehen
auf Küchenkacheln Kühlschrank oder Schranktüren
Aussen oder innen kleben
So machen wir ihren Tag fröhlicher!
18 Uhr
Ihr Feierabend. Mit Martin
18 Uhr 5o
Die-Zehn-vor-Sieben-Sache mit George und Désirée
19 Uhr
Hits mit Witz. Mit Felix
2o Uhr
Sie wünschen- wir spielen mit Thomas
~~Und hier die neue~~ Devise
Als Autoaufkleber:
Ich hab den Dreh
Zum Happy Day!

Ausschnitt aus der Nummer „Fröhlicher Wecker" im Textbuch zu „Das neue Programm" von H.D. Hüsch (1981). *Abb.: SR*

lichen Korrekturen versehenes Typoskript des gleichnamigen Bühnenprogramms von 1981, das Hüsch im Eigenverlag herausgebracht hatte. Darin auch der Text der Nummer „Fröhlicher Wecker". Zu meiner großen Überraschung stellte ich fest, dass Hüsch die SR 1-Handzettel und Aufkleber, denen die Werbeslogans entnommen waren, als „Beleg" in den Text hineinkopiert hatte. Er hatte die Anfang 1980 im Funkhaus-Foyer zur Information und zum Mitnehmen ausliegenden Werbe-Aufkleber tatsächlich nach Hause mitgenommen und offensichtlich gut aufgehoben.

Egal ob Kleinkunst-Prominenz oder Newcomer – zu Hanns Dieter Hüsch kamen alle immer gern, weil sie ihn als uneigennützigen Freund und Kollegen schätzten und weil sie ihm als künstlerischer Autorität Respekt und hohe Anerkennung zollten. Vielleicht war das ja das Geheimnis des Erfolgs dieser Sendung.

Ganz sicher aber wäre der Erfolg nicht möglich gewesen ohne das kabarettbegeisterte Produktionsteam des SR, zu dem im Laufe der vielen Jahre wechselnd eine ganze Reihe von Kolleginnen und Kollegen gehörten: die Toningenieure Helmut David, Erich Heigold, Werner Klein, Winfried Götzinger und Ralf Schnellbach sowie die für die Aufnahmeleitung verantwortlichen Kollegen Gerd Arend, Bernhard Stigulinszky, Manfred Spoo und Steffen Kolodziej. Sie seien stellvertretend für alle anderen genannt, die ebenfalls wesentlich zum Erfolg der Reihe beigetragen haben.

28 Jahre lang, bis zu seinem offiziellen Abschied vom SR im Jahre 2001, hat Hüsch den „Gesellschaftsabend" moderiert. Seit der 100. Folge im Jahre 1991 war das Fernsehen dabei – zunächst 1Plus live bei der Jubiläumsveranstaltung. Schon bald danach brachte auch das SR/SWR Fernsehen als Pendant zur HF-Ausgabe eine Halbstundensendung unter dem Titel „Der kleine Gesellschaftsabend". Dank der Initiative von Fernseh-Unterhaltungschef Michael Beckert wurde die Sendezeit wenig später aber auf 60 Minuten verlängert. Zudem bekam die Sendung ein neues größeres Studio und einen neuen Titel: „Hüsch & Co". Redaktionell wurde die TV-Fassung des „Gesellschaftsabends" von Andrea Etspüler und mir gemeinsam betreut. Für die Regie zeichnete Hannelore Willié verantwortlich.

Denkwürdig waren die von Hörfunk (SR 2) und Fernsehen (1Plus bzw. 3sat) gemeinsam übertragenen Jubiläumsveranstaltungen, vor allem anlässlich runder Hüsch-Geburtstage, zu denen der „Gesellschaftsabend" jeweils in die Saarbrücker Kongresshalle umzog.

Neben dem bereits erwähnten 100. „Gesellschaftsabend" feierten wir dort den 70. (1995) und den 75. Geburtstag (2000) von Hanns Dieter Hüsch. Jeweils 1 200 Kabarettfans waren ein begeistertes Publikum im Saal. Und auf der Bühne viele prominente Gäste aus der Kabarettszene als Gratulanten.

Hüschs 60. Geburtstag hatten wir 1985 noch im Sendesaal als reine Hörfunk-Veranstaltung ohne TV-Übertragung gefeiert. Der „aktuelle bericht" war aber dabei, als Intendant Hubert Rohde dem Jubilar das erste Exemplar einer vom SR produzierten „Gesellschaftsabend"-LP überreichte und Dieter Hildebrandt seinem Kollegen Hüsch eine heiter-ironische Geburtstags-„Laudatio" hielt.

Bei diesem „Gesellschaftsabend" hatten wir erst um 21 Uhr begonnen und in Hüschs 60. Geburtstag hineingefeiert. Als um Mitternacht die „Gratulationscour" mit Intendant Hubert Rohde an der Spitze begann, bekamen alle 400 Gäste im Sendesaal aus der Hand von 20 studentischen Aushilfskellnern ein kleines Probierglas Wein, damit sie auf Hüschs Wohl anstoßen konnten. Das Gläschen war eine Spezialanfertigung, versehen mit SR- und „Gesellschaftsabend"-Logo und Hüsch-Geburtstagsdatum.

Die Idee zu einem solchen „Geburtstagsglas" hatte Rolf Dieter Ganz von der Pressestelle. Er war es auch, der dafür sorgte, dass die Gläschen binnen kürzester Zeit hergestellt und geliefert werden konnten. Unter den Saarbrücker Hüsch-Fans war das Glas schon bald ein begehrtes Sammlerstück.

Parallel zum Haupt-„Gesellschaftsabend" gab es ebenfalls mit Hanns Dieter Hüsch seit Februar 1983 einen regionalen Ableger. Es war eine Zusammenarbeit mit der Saarbrücker Zeitung und deren erfolgreicher Kleinkunstveranstaltungsreihe „Saarbrettl", die SZ-Redakteur Wolfgang Weber redaktionell betreute. Das gemeinsame SR-SZ-Projekt nannten wir „Hanns Dieter Hüschs Gesellschaftsabend EXTRA – Saarbrettl". Der damals dafür verantwortliche SR-Redakteur war

Ein Geschenk fürs Publikum: das Hüsch-Geburtstagsglas. *Abb.: SR*

mein Kollege Lutz Hahn. Er wurde 2001 auch mein Nachfolger als Redakteur des Haupt-„Gesellschaftsabends" mit Matthias Beltz als Hüsch-Nachfolger.

Lutz Hahn, ab 2001 verantwortlicher Redakteur für den „Gesellschaftsabend".
Abb.: R. Oettinger/SR

Nach dem plötzlichem Tod von Beltz übernahm Lisa Fitz 2003 die Moderation. Da sich der SR wegen ihrer Mitwirkung im RTL-Dschungel-Camp schon bald wieder von ihr trennte, wurde Richard Rogler 2004 der neue Moderator des „Gesellschaftsabends". In dieser Zeit gab es auch einen Wechsel in der Redaktion: auf Lutz Hahn folgte Steffen Kolodziej, der zwischenzeitlich auch als Moderator einsprang. Und im Jahre 2008 übernahm Emmanuel Peterfalvi alias ALFONS die Moderation des „Gesellschaftsabends" im Hörfunk und der SR Fernseh-Sendung „ALFONS und Gäste".

Anlässlich des 25-jährigen „Gesellschaftsabend"-Jubiläums, das wegen einer schweren Erkrankung Hüschs um ein halbes Jahr hatte verschoben werden müssen, wurde der Jubilar am 10. April 1999 vom damaligen Ministerpräsidenten Reinhard Klimmt mit dem Saarländischen Verdienstorden ausgezeichnet.

In seiner Dankesrede auf Klimmts Laudatio, nachzulesen in der SR-Info 5/99, sagte Hüsch schmunzelnd, „... er wünsche sich, sein Vater, ein preußischer Beamter, hätte die Ordensverleihung noch erleben können, um wieder einmal festzustellen, dass aus seinem ‚merkwürdigen' Sohn ja doch noch etwas geworden sei. Neben den von Klimmt erwähnten ‚verdienten' Hüsch-Aktivitäten an der Saar sei vor allem aber auch die landsmannschaftliche Mentalitätsverwandtschaft zwischen den Saarländern und ihm selbst als typischem Niederrheiner von entscheidender Bedeutung für seinen Erfolg im Saarland".

Wie hier, so hat Hüsch auch bei anderer Gelegenheit die Mentalitätsverwandtschaft von Saarländern und Niederrheinern immer wieder zum Thema gemacht –

Ministerpräsident Reinhard Klimmt verlieh Hanns Dieter Hüsch (l., auf dem Foto mit seiner Frau Christiane) 1999 den Saarländischen Verdienstorden. *Abb.: SR*

mal augenzwinkernd und ein wenig wehmütig, wie bei seiner Abschiedsrede, mal mit unbändigem Witz und parodistischer Power in seiner Parade-Nummer „Der Niederrheiner" in sozusagen „Saarländer-affiner" Spezialfassung.

Der Klimmt'schen Laudatio folgte am Abend desselben Tages im „Gesellschaftsabend" die kabarettistische „Laudatio" von Detlev Schönauer mit „Acht goldenen Regeln" für den „Ehrensaarländer" Hanns Dieter Hüsch. Von „Hauptsach gudd gess, geschafft hann mir schnell" (Regel 1) über „Du muschd eener kenne, wo eener kennt" (Regel 3) bis „Schwätze muss mer mit de Leit" (Regel 8) machte Schönauer seinen Kollegen mit den Geheimnissen saarländischen Lebens vertraut und empfahl Hüsch am Schluss seines saarländischen „Sprachkurses", zur Bekräftigung und Verstärkung seiner verbalen Äußerungen einfach immer eine „Wutz" an selbige anzuhängen. Und er schloss unter dem Beifall des Publikums im Sendesaal mit einer entsprechenden Liebeserklärung: „Hanns Dieter, mir hann Disch sau-geer."

Mit dem 161. „Gesellschaftsabend", einem Duo-Programm gemeinsam mit seinem Freund und Kollegen Konstantin Wecker, nahm Hanns Dieter Hüsch am 9. Juni 2001 Abschied von seinem Publikum im Großen Sendesaal des Saarländischen

Rundfunks. Am Vorabend war er bereits nach seiner letzten „Hüsch & Co"-Sendung im TV-Studio von Programmdirektor Werner Zimmer gebührend gewürdigt worden.

Als im Sendesaal der Beifall für Hüsch nach der bewegenden Dankesrede von Intendant Fritz Raff und den wehmütig-humorigen Abschiedsworten des Geehrten nicht enden wollte, verabschiedeten sich Hüsch und Wecker gemeinsam mit einem literarisch-musikalischen Akzent. An dessen Ende standen zwei Texte, die sich wie ein Leitmotiv durch Hüschs Leben und Werk ziehen:

„Ich habe immer versucht
Die Erhabenheit der Bäume
Die Unverwundbarkeit der Steine
Die Vorurteilslosigkeit der Flüsse
Und die Gelassenheit der Tiere
Zu erreichen
Aber es ist mir nicht gelungen."

Hüschs letzter Gesellschaftsabend – ein bewegender Abschied: (v. l.) Intendant Fritz Raff, Redakteur Karl-Heinz Schmieding und Hanns Dieter Hüsch. *Abb.: R. Oettinger/SR*

„Ich bin gekommen Euch zum Spaß
Und gehe hin, wo Leides ist
Und Freude und wo beides ist
Zu lernen Mensch und Maß."

Hüschs Gesundheitszustand verschlechterte sich in Folge eines Schlaganfalls im Herbst 2001 erheblich. Ein Wiedersehen mit ihm bei gelegentlichen Gastauftritten im „Gesellschaftsabend", wie von uns erhofft, sollte es deshalb leider nicht mehr geben. Nach langer schwerer Krankheit starb Hanns Dieter Hüsch im Alter von 80 Jahren am 6. Dezember 2005 in Windeck/Sieg, wohin er sich in den letzten Lebensjahren zusammen mit seiner Frau Christiane zurückgezogen hatte. In seiner Heimatstadt Moers am Niederrhein bekam er ein Ehrengrab. Auf einer schlichten schlanken Grabstele sind die beiden Texte zu lesen, die er schon an den Schluss seines letzten „Gesellschaftsabends" gesetzt hatte.

Die Erfolgsgeschichte dieser Sendung als älteste Kabarettreihe der ARD schreibt der Saarländische Rundfunk fort – mit Steffen Kolodziej und Anette Kührmeyer

Konstantin Wecker und Hanns Dieter Hüsch. *Abb.: R. Oettinger/SR*

Alfons (Emmanuel Peterfalvi) setzt mit „Alfons und Gäste" die Tradition der Gesellschaftsabende fort. *Abb.: P. D'Angiolillo/SR*

(Hörfunk) sowie Andrea Etspüler (Fernsehen). Der Gesellschaftsabend wird damit im Hörfunk inzwischen von der „dritten Redakteurs-Generation" betreut. Unter dem Titel „SR-Gesellschaftsabend" (HF) und dem moderneren Titel „ALFONS und Gäste" (TV) hat ALFONS (Emmanuel Peterfalvi) den Kabarett-Klassiker zu einem neuen Markenzeichen für den SR gemacht.

Der Kabarettist Heino Jaeger: Kult bei Komik-Kennern

Von Karl-Heinz Schmieding

„Wie konnte es geschehen, dass Heino Jaeger 25 Jahre ein Geheimtipp blieb? Wir haben ihn wohl nicht verdient." Diese Worte von Loriot bestätigen, dass Heino Jaeger – nach einem vom SR ausgelösten kurzzeitigen Jaeger-Boom in den ARD-Radio-Programmen der 70er Jahre – leider nur Komik-Kennern ein Begriff geblieben ist. Die Kult-Sendereihen „Fragen Sie Dr. Jaeger" und „Das aktuelle Jaegermagazin" entstanden beim Saarländischen Rundfunk, der Radio-Heimat des Hamburgers. Regisseur war der langjährige Kabarettredakteur und spätere SR-Unterhaltungschef Karl-Heinz Schmieding. Er erzählt die bisweilen recht kuriose Geschichte der Zusammenarbeit mit Heino Jaeger.

Heino Jaeger bei H. D. Hüsch im „Gesellschaftsabend".
Abb.: J. Schmidt/SR

Unter denen, die mir den „Geheimtipp" Heino Jaeger als Gast für den ersten „Gesellschaftsabend" ans Herz legten, war, neben Hanns Dieter Hüsch und dem Basler Jaeger-Kenner Jürgen von Tomei, auch mein WDR-Kollege Wolfgang Pahde. Er verband seine Empfehlung allerdings mit der Einschränkung „Vorsicht bei Live-Auftritten!" Schließlich hatte er erleben müssen, wie Jaeger in einer Live-Sendung aus dem Kölner Sendesaal die Nervenstärke besaß, das Publikum, das keinerlei Reaktion auf die Geschichten zeigte, ungerührt mit „Restsendezeit-Ansagen" zu traktieren: „Jetzt müssen Sie noch zehn Minuten durchhalten. Jetzt nur noch fünf, und nun endlich nur noch drei Minuten". In der Jaeger-Biografie von Joska Pintschovius kann man es nachlesen.

Jaegers erster Auftritt im „Gesellschaftsabend" des Saarländischen Rundfunks am 20. Oktober 1973 verlief aber ohne solche Zwischenfälle. Der „Geheimtipp" entpuppte sich mit seinen scheinbar emotionslos vorgetragenen satirischen und grotesk-komischen Alltagsszenen als der eigentliche Star des Abends. Dass er uns aber im Laufe unserer Zusammenarbeit noch ganz andere Überraschungen bereiten sollte, davon später.

Ich war so fasziniert, dass ich Jaeger gleich nach seinem Auftritt fragte, ob er sich vorstellen könne, eine Kurzbeitragsreihe für das von Manfred Sexauer produzierte Satire-und Nonsense-Magazin „Spätvorstellung" der Europawelle Saar zu entwickeln. Da in diesem Magazin alle möglichen Sendeformen parodiert und persifliert wurden, vereinbarten wir konkret eine satirische Radio-Ratgeber-Reihe unter dem Titel „Fragen Sie Dr. Jaeger".

Einschlägige Erfahrungen als ratgebender „medizinischer Doktor" hatte er mit einer satirischen Kolumne bereits bei einer Schweizer Zeitschrift gesammelt. Der „Dr. Jaeger" des SR sollte aber, so vereinbarten wir, kein „Mediziner" sein. Jaeger nahm den Auftrag an und sagte zu, bald Demo-Aufnahmen auf Tonkassette zu liefern. Allerdings mit Vorbehalt. Es könne durchaus auch passieren, dass er zwischenzeitlich „nach Guatemala auswandern" werde.

Karikatur Heino Jaegers von Jürgen von Tomei.
Abb.: J. von Tomei

Dass Jaeger bei der Entwicklung seiner Ratgeber-Figur die Sendung des NDR-Lebensberaters Walther von Hollander und seines Nachfolgers Erwin Marcus im Ohr hatte, liegt nahe. Schließlich hörte der Hamburger oft tagelang ununterbrochen Radio. Kuriosität am Rande: Als ich Heino Jaeger den Titel „Fragen Sie Dr. Jaeger" vorschlug, hatte ich die „HÖRZU"-Ratgeber-Kolumne „Fragen Sie Frau Irene" im Hinterkopf. Erst viel später habe ich erfahren, dass

„Frau Irene" in Wirklichkeit Walther von Hollander war.

Cover der CD „Lebensberatungspraxis Dr. Jaeger".
Abb.: H. Jaeger/Kein & Aber Records

Im Frühsommer 1974 kam Heino Jaeger zur Aufnahme der ersten „Dr. Jaeger"-Folgen nach Saarbrücken. Für die SR-Technik zeichneten Ernst und Rosel Becker verantwortlich, in deren Hörspielstudio auch die meisten anderen Jaeger-Aufnahmen entstanden. Unterstützt von Gerd Arend, kümmerte ich mich um die Aufnahmeleitung bei dieser denkwürdigen Premiere der Jaeger'schen „Lebensberatungspraxis". Technisch lief die Aufnahme so ab: Jaeger, der sich an seinem von Hand geschriebenen Manuskript orientierte, sprach zunächst die Stimme des Anrufers bzw. der Anruferin über Telefon aufs Band. Anschließend bekam er die Telefonstimme auf den Kopfhörer gespielt – und sprach dazu nun auch noch die Rolle des „Dr. Jaeger". Beide Aufnahmen zusammen ergaben dann das „Live-Gespräch".

Am 6. Juli 1974 startete die Reihe „Fragen Sie Dr. Jaeger" in der „Spätvorstellung". Unter den ersten Folgen, die von nun an in wöchentlichem Turnus liefen, war auch die inzwischen legendäre „Passkontrolle".

Das ist die Geschichte von dem Mann, der früher bei der Passabfertigung tätig war und der es auch im Ruhestand nicht lassen kann, die Pässe zu kontrollieren – im konkreten Fall die Pässe seiner Familienangehörigen, wenn er ihnen beim Betreten der Wohnung u. a. „Aufenthaltsgenehmigungen zum Aufenthalt im Wohnzimmer bis 21 Uhr" ausstellt. Dass „Dr. Jaeger" das Verhalten dieses Mannes jedoch absolut nicht seltsam findet, zeigt seine Stellungnahme gegenüber der ratsuchenden verzweifelten Ehefrau: ihr Mann handele völlig korrekt. Nach dem neuen Passgesetz sei er sogar verpflichet, die Pässe zu kontrollieren.

Der Originalton der Nummer ist einer beim SR entstandenen Passage der Filmdokumentation „Heino Jaeger – Look before you kuck" unterlegt. Der Kino-Start dieses

Kinoplakat zur Filmdokumentation „Look before you kuck" mit Aufkleber „Kinostart Saarbrücken 1. November 2012". *Abb.: Sammlung K.-H. Schmieding*

Films von Gerd Kroske fand am 1. November 2012 im Saarbrücker Filmhaus statt. Noch im selben Jahr wurde der Film beim Internationalen Leipziger Festival für Dokumentar- und Animationsfilm uraufgeführt und mit der „Goldenen Taube" ausgezeichnet. In der Reihe der Zeitzeugen, die in der Dokumentation auf ihre Begegnung mit Heino Jaeger zurückblicken, berichtet der Autor dieser Zeilen von den gelegentlich ziemlich ungewöhnlichen Umständen der Zusammenarbeit mit ihm beim SR.

Bei der Jahrestagung der Unterhaltungsabteilungen deutschsprachiger Sender, an der ich im Herbst 1974 in Vertretung des SR-Unterhaltungschefs A. C. Weiland teilnahm, hatte ich ein unerwartetes Erfolgserlebnis. Als ich den versammelten Unterhaltungsredakteuren einige Folgen von „Fragen Sie Dr. Jaeger" vorspielte, herrschte einhellige Begeisterung über diesen Künstler, der den meisten Kollegen bis dahin völlig unbekannt gewesen war. Mehrere ARD-Sender, anfangs auch ORF und SRG, übernahmen daraufhin eine Zeit lang regelmäßig die vom SR produzierte Reihe und sorgten damit für einen kurzzeitigen Jaeger-Boom im Radio.

Jaeger selbst schien das jedoch nicht gerade mit Begeisterung aufzunehmen. Er war ja eigentlich Maler und Grafiker, ein Absolvent der Hochschule für Bildende Künste in Hamburg und Schüler von Prof. Alfred Mahlau. Aus dessen Schule waren auch Künstler wie Loriot und Horst Janssen hervorgegangen. „Hätt' nie gedacht, dass so was ankommt", meinte Jaeger zu seinem Erfolg. Das sei doch „einfach irgend so'n Stuss", was er sich da ausdenke, erklärte er einem überraschten HÖRZU-Reporter und verunsicherte ihn schließlich vollends mit der Antwort auf die Frage nach seinen Hobbys: „Es macht mir irrsinnig Spaß, in Autos hineinzulaufen oder in der U-Bahn Leute zu ärgern." Obwohl Jaeger privat freundlich-zurückhaltend und eher wortkarg war, fiel er uns doch immer wieder auf durch seine offensichtliche Freude an der spöttischen Provokation. Seine Fähigkeit, die Menschen seiner Umgebung, z. B. Hanns Dieter Hüsch und mich, in Tonfall und Argumentationsweise noch während eines laufenden Gesprächs zu imitieren, war in der Tat verblüffend. „Er macht uns alle nach, damit wir uns nichts vormachen", hat Hanns Dieter Hüsch gesagt. Er sah in Heino Jaeger den „erbarmungslosesten Ohrenzeugen unserer Zeit". Ein glänzender Beleg für Jaegers ironische Imitationskunst ist die Nummer „Die Kündigung": Ein zwischen unfreiwillig komischer Jovialität und kalter Geschäftsmäßigkeit lavierender Personalchef eröffnet einem „Herrn Kaiser", dass der entlassen ist.

Was Heino Jaegers Bühnenpräsenz anging, so hat Hanns Dieter Hüsch anschaulich erzählt, wie er Jaeger bei dessen höchst unkonventionellem Auftritt vor einem ziemlich irritierten Publikum im Mainzer Forumtheater „Unterhaus" erlebte. Jaeger habe sein Programm beendet, wobei er dies allerdings dem Publikum in keiner Weise deutlich gemacht habe. Er sei nach Schluss der letzten Nummer einfach auf der Bühne sitzen geblieben und habe in seinen Texten geblättert, ohne sich weiter um die Zuschauer im Saal zu kümmern. Erst als diese, ratlos, nach mehr als zwei Minuten begonnen hätten unruhig zu werden, habe er kurz von seinen Texten aufgeblickt und den Leuten freundlich empfohlen, nach Hause zu gehen. Es gäbe ja eventuell noch einen sehenswerten Krimi im Spätprogramm des Fernsehens.

„Unkonventionelle" Auftritte liebte Jaeger nicht nur auf der Bühne: Ich werde so leicht nicht vergessen, wie er ganz unbekümmert und ungerührt den Ober eines Restaurants der gehobenen Klasse zum Entsetzen von Hanns Dieter Hüsch und mir „fachmännisch" über die hygienischen Zustände in Restaurant-Küchen „aufzuklären" versuchte.

1977 starteten wir in der „Spätvorstellung" eine neue Kurzbeitragsreihe von und mit Heino Jaeger, bei der mich auch Lutz Hahn als Aufnahmeleiter unterstützte: „Das aktuelle Jaegermagazin". Es nutzte die reichen Erfahrungen des Dauer-Radio-Hörers und seine unnachahmliche Gabe, die verschiedensten Sendeformen (ob aktueller Zeitfunk, Kultur- oder Sportberichterstattung) wie ganz normale Sendungen erscheinen zu lassen und sie zugleich ins Groteske zu drehen. Hanns Dieter Hüsch sah in dieser speziellen Jaeger'schen Imitationskunst so etwas wie eine „Ironie dritten Grades".

Cover der CD „Alkoholprobleme in Dänemark".
Abb.: H. Jaeger/Kein & Aber Records

Jaegers Nummer „Sport-Reportage" mit ihrem betulichen Reporter aus den 70er Jahren klingt trotz ihres geradezu surrealen und grotesken Inhalts – und das ist die große Kunst der Jaeger'schen Ironie – dennoch wie eine echte Live-Reportage von einem typischen Sport-Großereignis mit dem üblichen „Einzug der Gladiatoren".

Ende der 70er Jahre wurde die Zusammenarbeit mit Heino Jaeger zunehmend schwieriger. Immer häufiger warteten wir zu vereinbarten Produktionsterminen auf dem Halberg vergeblich auf ihn. Einen Telefonanschluss

Dem Redakteur zum Dank für Hilfe in Not: ein Bild des studierten Grafikers Heino Jaeger.
Abb.: H. Jaeger/K.- H. Schmieding

hatte er nicht. Es dauerte oft Wochen, bis er sich wieder meldete. Hinzu kamen andere Überraschungen: Einmal sei er, wie er uns später schmunzelnd und in aller Unschuld berichtete, zwar zum vereinbarten Termin mit der Bahn in Saarbrücken angekommen, sei aber dann, der Empfehlung eines Tourismuswerbeplakats folgend, gleich in den nächsten Zug nach Paris umgestiegen. Was wir normalerweise niemandem geglaubt hätten – bei Heino Jaeger sahen wir keinen Grund, dies anzuzweifeln.

Ein anderes Mal hatte ich Jaeger, wie so oft, am späten Nachmittag nach der Aufnahme zum Bahnhof gebracht. Ich nahm an, er werde über Mannheim zurück nach Hamburg fahren. Am nächsten Vormittag erhielt ich jedoch einen Anruf von der Bahnpolizei Lauda (Mainfranken). Ich erfuhr, dass man einen Mann ohne Papiere, ohne Geld und ohne gültigen Fahrausweis in Gewahrsam genommen habe, der behaupte, „Dr. Jaeger" zu heißen und der sich auf den SR und den Redakteur Schmieding berufe. Ob das denn seine Richtigkeit habe ...? Jaeger kam umgehend wieder frei, nachdem ich, wie von der Bahnpolizei gefordert, das Geld für die Fahrkarte zurück nach Hamburg telegrafisch überwiesen hatte. Was genau geschehen war, habe ich nie richtig er-

„Stern der Satire" für Heino Jaeger beim Deutschen Kabarettarchiv in Mainz.
Abb.: Deutsches Kabarettarchiv

fahren. Bei Joska Pintschovius kann man übrigens nachlesen, dass Jaeger gern in Züge einstieg, ohne sich vorher darüber zu informieren, wohin sie fuhren. Zum Dank für die „Auslösung" aus Bahnpolizeigewahrsam schenkte mir Jaeger ein Bild, das ich in Ehren halte.

Anfang der 80er Jahre brach der Kontakt zu Heino Jaeger schließlich ganz ab. Jaegers persönliche Situation war unterdessen immer bedrohlicher geworden. Wegen seiner psychischen Probleme und Alkoholmissbrauchs hatte er sich mehrfach in die Psychiatrie einweisen lassen müssen. Einmal wurde er sogar, nach einem Streit mit seiner Nachbarin, mit der er häufig in Fehde lag, in eine geschlossene Anstalt eingeliefert. Nach Interventionen von vielen Künstlerkollegen und von uns Funkleuten kam er schließlich wieder frei. Letztlich verursachte Jaeger aus Unachtsamkeit einen verheerenden Brand in seiner Wohnung und unternahm nichts, um das Feuer zu löschen. Die meisten seiner Bilder und Manuskripte wurden ein Raub der Flammen. Es folgte die Einweisung in ein psychiatrisches Pflegeheim in Bad Oldesloe.

Den letzten persönlichen Kontakt zu Heino Jaeger hatte ich im September 1996. Als ich ihn am Telefon fragte, ob er denn noch künstlerisch tätig sei, erzählte er mir, er werde demnächst nach Amerika reisen. Er habe dort größere Filmprojekte in Planung. Bei diesen Worten war ich mir fast sicher, am anderen Ende der Leitung Jaegers altbekanntes freundlich-spöttisches Lächeln wahrzunehmen ...

Auf dem „Walk of Fame des Kabaretts" im Park beim Deutschen Kabarettarchiv in Mainz sind die Namen bedeutender Satiriker und Kabarettisten verewigt, darunter Dichter und Schriftsteller wie Christian Morgenstern und Kurt Tucholsky und Kabarettisten wie Hanns Dieter Hüsch und Matthias Beltz. Auch Heino Jaeger wurde dort, am 6. Mai 2008, mit dem bronzenen „Stern der Satire" geehrt. Stifter des Sterns war der Saarländische Rundfunk, der damit nicht ohne Stolz seine besondere Verbundenheit mit einem großen Künstler zum Ausdruck brachte.

„Kannten Sie Hildebrand?" Auf Spurensuche nach dem SR-Chefgrafiker K. Lothar Hildebrand

Von Roland Schmitt

Wer dem Saarländischen Rundfunk (s)ein Gesicht gibt, ist in aller Regel selbst bald ein bekanntes Fernseh-Gesicht: als Moderator/in, Sprecher/in oder als Reporter/in. Auf seine Weise hat auch K. Lothar Hildebrand dem SR über zwei Jahrzehnte „ein Gesicht gegeben" – ihn ansehenswert gemacht. Dabei blieb der Grafiker selbst aber meist ungenannt. Nur seine Plakate verrieten etwas versteckt den Nachnamen des Urhebers, handschriftlich oder in Druckschrift: Hildebrand oder HILDEBRAND. Eine Werkauswahl zeigte der SR anlässlich seines sechzigsten Sendergeburtstages im Rahmen einer Ausstellung im Deutschen Zeitungsmuseum Wadgassen. SR-Bibliothekar Roland Schmitt und SR-Kommunikationschef Peter Meyer haben dafür die SR-Plakate ausgewählt.

Ein vergnügter Hildebrand bei der Grafik-Party 1974, mit den Kolleginnen Elisabeth Nellessen, Erika Mahan und Annelie Fischer (v.l.n.r.). Abb.: A. Fischer/SR

Als Ressortleiter des SR-Printarchivs wusste ich in etwa, was an Hunderten von SR-Plakaten so in Magazinschränken oder auch nur lose vorhanden war bzw. vorhanden sein könnte. Das Gros des Bestandes war noch nicht erschlossen, aber „greifbar". Besonders aufgefallen waren mir die im wahrsten Sinne des Wortes „ins

Eines der ersten von Hildebrand gestalteten SR-Plakate (1963).

Abb. L. Hildebrand/SR

Hildebrands Einbandgrafik zur SR-Jubiläumsbroschüre von 1972. *Abb.: L. Hildebrand/SR*

Auge springenden", auch in puncto Farbgestaltung sehr individuell gestalteten Hildebrand-Plakate aus den 60er und 70er Jahren. Wer war dieser längst in Vergessenheit geratene Künstler und Grafiker, fragte ich mich.

Schnell fand ich heraus, dass Hildebrand am 14. Mai 1928 in Wussecken/Pommern geboren wurde. Und dass er am 1. Oktober 1962 als Grafiker beim SR einstieg und zum 1. Januar 1969 als Sachgebietsleiter mit der Leitung des grafischen Ateliers betraut wurde. Wann genau Hildebrand beim SR ausschied, war nicht ganz zu klären. Sein Vertrag endete zum 30. Juni1982, doch bereits im Sommer 1981 hatte er sich in seinem saarländischen Wohnort Riegelsberg abgemeldet und war nach Berlin-Charlottenburg verzogen.

Weitergehende Informationen über den Grafiker konnte ich allerdings nicht finden, nicht einen einzigen Text.

„Kannten Sie Hildebrand?" war also fortan meine Frage an ehemalige Kolleginnen und Kollegen. So wurde klar, dass Hildebrand vornehmlich im Auftrag der SR-Pressestelle (Vorläuferabteilung der SR-Unternehmenskommunikation) und verschiedener Fachredaktionen in Hörfunk und Fernsehen tätig war.

In der Rückschau lässt sich auch beschreiben, welche Tätigkeitsfelder Hildebrand beim SR zu „beackern" hatte: Ihm oblag die Gestaltung der Titel von Fernseh-Filmen, Illustrationen, Diagrammen, Dias und Schriften aller Art. Auch bei der Entwicklung von Bühnenbildern für Fernseh-Produktionen konnte er mitwirken. Wie es heißt, entwickelte Hildebrand „aus eigener Initiative… in den ersten Jahren seiner Tätigkeit Zeichenfilme für das Kinderprogramm". Hildebrand gestaltete außerdem Plakate und Programmankündigungen für öffentliche Veranstaltungen sowie Schallplattenhüllen für vom SR herausgegebene Sonderpressungen.

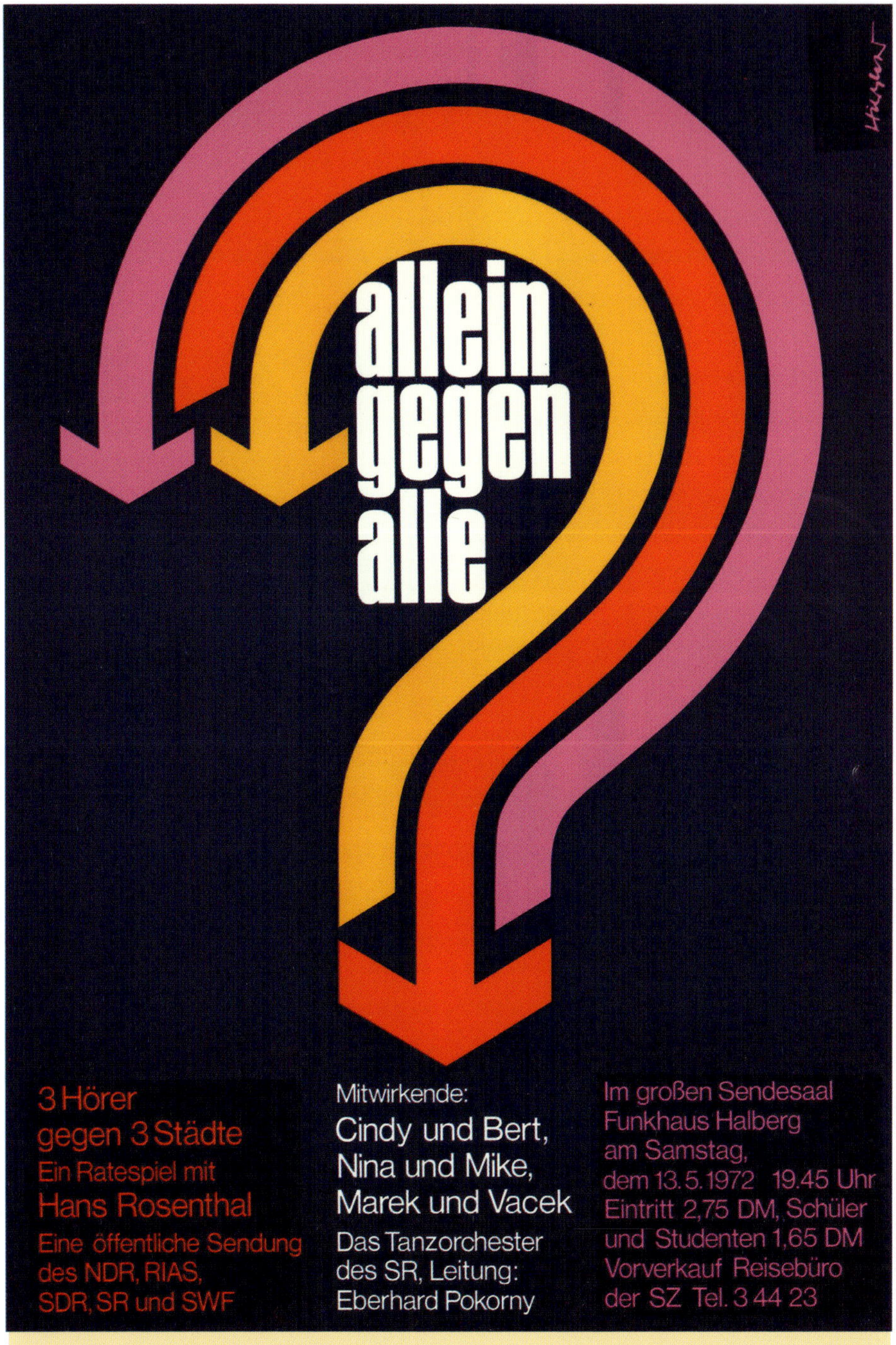

Ein Radio-Ratespiel von und mit Hans Rosenthal.

Abb.: L. Hildebrand/SR

K. Lothar Hildebrand und Kollegin Margit Wagner (Unterhaltung Fernsehen). Abb.: H. Schwarz/SR

Über sein Arbeitsleben vor seinem SR-Engagement war fast nichts bekannt. Einem Infoblatt, dass vom SR anlässlich einer Ausstellung auf dem Halberg mit einer Auswahl seiner betont künstlerischen Werke 1979 erstellt wurde, konnte ich entnehmen, dass Hildebrand in Berlin an der traditionsreichen „Meisterschule für das Kunsthandwerk" (1971 in die Hochschule für Bildende Künste eingegliedert) Gebrauchsgrafik studierte. Sein Studium dürfte er relativ zeitig nach Ende des 2. Weltkrieges begonnen haben. Anschließend war er – wie es sehr unpräzise heißt – „als Grafiker/ Designer in Berlin und verschiedenen Orten in der Bundesrepublik tätig". C'est tout – mehr Informationen ließen sich zu Hildebrands Leben erst einmal nicht ermitteln. Auch nicht, ob er noch lebt.

Also fragte ich weiter: „Kannten Sie Hildebrand?" – „Aber klar", waren die eindeutigen und einhelligen Antworten der ehemaligen Leiter der SR-Pressestelle Klaus Altmeyer und Rolf-Dieter Ganz sowie Hannelore Schwarz (Grafikerin im Ruhestand) sowie Karl-Heinz Schmieding, ehemaliger SR-Kabarett-Redakteur und Hörfunk-Unterhaltungschef.

Klaus Altmeyer erinnerte sich als Auftraggeber auch an eine Nische für den Grafiker Hildebrand: das Gestalten von Post-Sonderstempeln, die für besondere Anlässe angefertigt wurden. Ein über das kollegiale Verhältnis hinausgehender Kontakt bescherte Rolf-Dieter Ganz einen Mallorca-Urlaub der besonderen und kunstbeflissenen Art beim Ehepaar Hildebrand. Hannelore Schwarz profitierte als junge angehende Grafikerin vom Können und der langjährigen Berufserfahrung ihres damaligen Chefs. Karl-Heinz Schmieding, der wie Wolfgang Drescher (sein Vorgänger als Kabarett-Redakteur) zu den Hauptauftraggebern Hildebrands gehörte, erinnert sich, dass mindestens ein Plakat wohl 1970 bei einem Grafikwettbewerb in Polen eine hohe Auszeichnung erhielt – vermutlich jenes, das für einen Auftritt des Kabarett-Ensembles „Die Hammersänger" angefertigt wurde:

Plakat für die Veranstaltung mit dem Kabarett-Ensemble „Die Hammersänger".

Abb. L. Hildebrand/SR

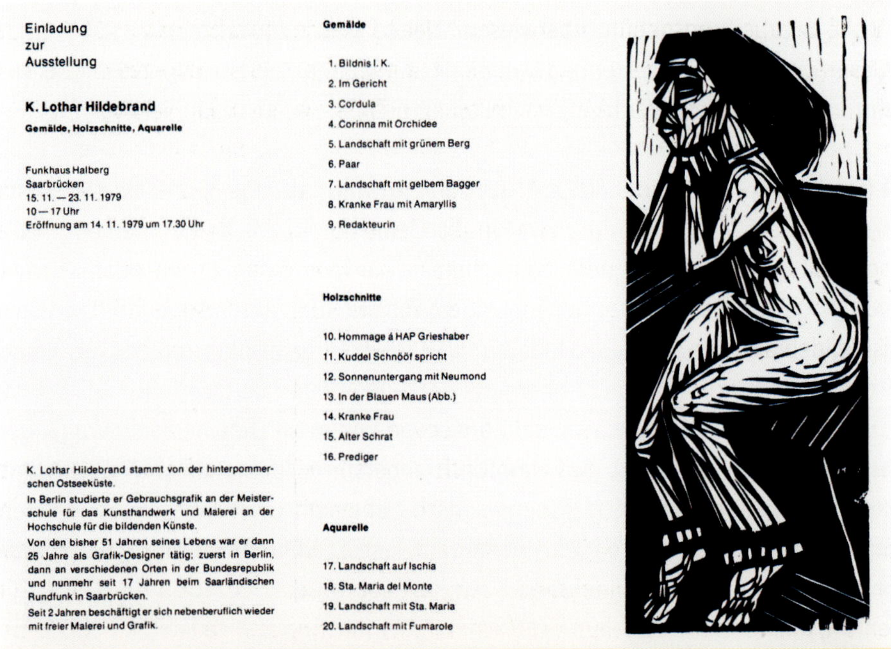
Einladung
zur
Ausstellung

K. Lothar Hildebrand

Gemälde, Holzschnitte, Aquarelle

Funkhaus Halberg
Saarbrücken
15. 11. — 23. 11. 1979
10 — 17 Uhr
Eröffnung am 14. 11. 1979 um 17.30 Uhr

K. Lothar Hildebrand stammt von der hinterpommerschen Ostseeküste.

In Berlin studierte er Gebrauchsgrafik an der Meisterschule für das Kunsthandwerk und Malerei an der Hochschule für die bildenden Künste.

Von den bisher 51 Jahren seines Lebens war er dann 25 Jahre als Grafik-Designer tätig; zuerst in Berlin, dann an verschiedenen Orten in der Bundesrepublik und nunmehr seit 17 Jahren beim Saarländischen Rundfunk in Saarbrücken.

Seit 2 Jahren beschäftigt er sich nebenberuflich wieder mit freier Malerei und Grafik.

Gemälde

1. Bildnis I. K.
2. Im Gericht
3. Cordula
4. Corinna mit Orchidee
5. Landschaft mit grünem Berg
6. Paar
7. Landschaft mit gelbem Bagger
8. Kranke Frau mit Amaryllis
9. Redakteurin

Holzschnitte

10. Hommage á HAP Grieshaber
11. Kuddel Schnööf spricht
12. Sonnenuntergang mit Neumond
13. In der Blauen Maus (Abb.)
14. Kranke Frau
15. Alter Schrat
16. Prediger

Aquarelle

17. Landschaft auf Ischia
18. Sta. Maria del Monte
19. Landschaft mit Sta. Maria
20. Landschaft mit Fumarole

Infoblatt zur Ausstellung im Foyer des Funkhauses (1979). *Abb. L. Hildebrand/SR*

Klapp-Cover zur Begleit-LP der TV-Serie „Aus fernen Tagen" – Layout und Fotos von K. Lothar Hildebrand.
Abb.: L. Hildebrand/SR

Aber alle hatten „seit langem" keinen Kontakt mehr zu Hildebrand. Auch ob er noch lebt, konnte niemand beantworten. Recherchen im Internet gaben praktisch gar keine Hinweise auf K. Lothar Hildebrand.

Also gehe ich auf direkte Personensuche über Einwohnermeldebehörden. Laut Bürgeramt Riegelsberg war Hildebrand, wie bereits erwähnt, im Juni 1981 von dort nach Berlin umgezogen. Dort wäre er wohl als selbstständiger Grafik/Designer tätig. Nachfragen im Pressearchiv unseres ARD-Partnersenders RBB bleiben ergebnislos. Anfang Februar 2017 schreibe ich einen Brief (mit offiziellem SR-Briefpapier!) an das Bürgeramt Berlin-Charlottenburg. Keine Reaktion! Nach drei Wochen versuche ich telefonisch dort „zu landen". Bleibe immer wieder in Call-center-Warteschleifen hängen, bis ich dann doch „durchkomme": Eine resolute Dame am anderen Ende: „Haben Sie denn die 10.- € Bearbeitungsgebühr überwiesen? Nee? Ja dann läuft bei uns nix!" Weitere Gespräche führen (vorerst) nicht weiter. Man sagt mir, dass Auskünfte dieser Art eh mehrere Monate Wartezeit in Anspruch nehmen würden. Ein verzweifelter Anruf bei der zuständigen Pressestelle hilft weiter. Eine freundliche Dame kann beim Bürgeramt (sic!) ermitteln, dass Hildebrand 1993 in den sog. (nördlichen) Berliner Speckgürtel verzogen ist, und zwar in die Gemeinde Mühlenbecker Land. Ich faxe sogleich meine Anfrage ins dortige Rathaus – vier Tage später bekomme ich ein Antwortschreiben (nebst Überweisungsschein für die Bearbeitungsgebühr). Demnach ist Hildebrand am 3. Dezember 2008 auf Mallorca in Sineu verstorben.

Dass er und seine Frau seit Jahrzehnten schon eng mit Mallorca verbunden waren, ein Haus in Sineu hatten, dies wusste ich ja bereits von ehemaligen Kollegen und Kolleginnen. Der Hinweis auf die malerische Gemeinde in der Inselmitte animiert mich, im Internet zu recherchieren. Nur ein Treffer, aber mit entscheidender Information. Demnach hat Hildebrand noch kurz vor seinem Tod 2008 das Plakat für eine gemeinsame Ausstellung („Matrimonio") mit anderen regionalen Künstlern

Eines der letzten von Hildebrand entworfenen Plakate.

Abb.: L. Hildebrand/Biblioteca Municipal de Sineu

gestaltet. Wie schon Rolf-Dieter Ganz erwähnt hatte, war Hildebrand also auch dort noch künstlerisch aktiv gewesen.

Auf der Website von Sineu finde ich einen Link zur Gemeindebibliothek. In Englisch schreibe ich meine Kollegin, Antònia Real Noguera, an, frage nach Lothar Hildebrand - eine Stunde später bekomme ich bereits Antwort - in Englisch: „Ich hatte das Vergnügen, Mr. Lothar und seine Frau in Sineu zu begegnen. Beide kamen in unsere Bibliothek, um in einem Kurs Katalanisch zu lernen. Mr. Lothar nahm an mehreren Ausstellungen lokaler Künstler teil. In der Tat gestaltete er hierfür auch Plakate." Schon wenige Tage später legt Frau Noguera nach, vermittelt weitere Details, u. a. dass Hildebrand gemeinsam mit dem Kulturamtsleiter von Sineu die Ausstellungen organisierte.

Weitere Recherchen ergeben: In seiner Saarbrücker Zeit hatte K. Lothar Hildebrand auch für das Staatstheater Plakate entworfen. Kurz danach gestaltete er ab 1981 auch Bucheinbände für den Verlag de Gruyter. Beim SR hatte Hildebrands langjähriger Kollege Richard Kirst (1930 - 2004) derweil den Bereich „Grafik und Design" übernommen.

Grafikerkollege Richard Kirst bei der Arbeit.
Abb.: H. Schwarz/SR

Die Sichtung und Katalogisierung der Hildebrand-Plakate für den SR hat derweil ergeben: In den 60er und 70er Jahren ist er der herausragende Gestalter. Ein Teil seiner frühen Arbeiten für den SR liegt allerdings nicht mehr im Original vor. Aber es gibt sie noch auf Fotos, die auf Initiative von Karl-Heinz Schmieding in einen kleinen Katalog - vermutlich in den 70er Jahren - aufgenommen wurden. Prof. Dr. Rolf Sachsse, Prorektor für Lehre und Wissenschaft an der HBK (Hochschule der Bildenden Künste Saar) und Professor für Designgeschichte und -theorie hat sich für die Ausstelllung von SR-Plakaten mit Hildebrands Arbeiten befasst. So würdigt er diese Plakate und ihren künstlerischen Gestalter, der dem SR zu „Ansehen" verholfen hat:

K. Lothar Hildebrand vor einem seiner Exponate.

Abb.: SR

„K. Lothar Hildebrand repräsentiert mit seinen Plakaten für den Saarländischen Rundfunk genau die Sentenz von Franz Mon: ‚Ein Plakat ist eine Fläche, die ins Auge springt'. Dazu bedarf es eines guten Gefühls für die Wirkung von Schrift – nicht unbedingt Typografie –, die er von seinem Berliner Lehrer Willem Hölter, einem Plakatmaler mitbekommen hat. Für seine Arbeit beim SR hat Hildebrand die zeitgenössische Szene, insbesondere die französische Schule mit Roger Platiel und die später so genannte Kasseler Schule mit Hans Hillmann und Christian Chruxin genau beobachtet – diese Einflüsse sind unverkennbar. Das gilt für die großen, meist handgezeichneten Schriften genauso wie für die sparsam gesetzten, aber genau deshalb unverkennbaren Akzente in der Illustration aus Zeichnungen, Collagen und Fotografiken.

Die Plakate von K. Lothar Hildebrand für den Saarländischen Rundfunk können als die großartige Entdeckung dieser Ausstellung gewertet werden. Auch wenn er jeden Entwurf vollkommen neu gesetzt hat, bleibt doch eine einzigartige Handschrift erkennbar, die weit über jede Zeitgenossenschaft hinausragt: ein sicherer Umgang mit Schrift und Typografie, eine stark kontrastierte und immer ins Auge fallende Farbigkeit, eine präzise Mischung aus motivischem Eye Catcher und genauer Information auf jedem einzelnen Plakat. Genau zwei Jahrzehnte dauerte seine Arbeit für den SR, bevor er sich für den Rest seines Lebens mit Buchgestaltung und Druckgrafik beschäftigte – aber in diesen zwei Jahrzehnten hat er nicht nur dem SR eine grafische Identität verschafft, sondern sich selbst in den Olymp der deutschen Plakatkunst gehoben."

A. C. Weiland: Radio-Dauererfolg mit den „Damenkrimis"

Von Karl-Heinz Schmieding

Mehr als vollgepackt waren die über 40 Rundfunkjahre von Albert Carl Weiland bei Radio Saarbrücken und beim Saarländischen Rundfunk: Er komponierte, schrieb Hörspiele und Chansons, arbeitete als Schauspieler und Sprecher, inszenierte in Hörfunk und Fernsehen, war Hauptabteilungsleiter und stellvertretender Hörfunk-Direktor. Egal ob beim Hörspiel oder Kabarett, ob mit der großen Radio-Unterhaltung oder mit spektakulären Fernseh-Shows - A.C. Weiland hatte den Erfolg auf seiner Seite. Und das ebenso als einer der Gründungsväter der „Europawelle Saar."

A. C. Weiland: vom Rundfunksprecher zum stellvertretenden Hörfunk-Direktor. Abb.: R. Oettinger/SR

Den Hörspiel- und speziell den Krimifans, die sich von der erstaunlichen Popularität und „Nachhaltigkeit" einer Erfolgsproduktion des SR aus den fünfziger Jahren überzeugen möchten, empfehle ich, bei Google einfach mal die Namen „Weiland" und „Damenkrimi" einzugeben. Das Echo auf die Hörbuch-Veröffentlichung der von A.C. Weiland seit 1956 bei Radio Saarbrücken und dann beim SR produzierten und zur Legende gewordenen „Damenkrimi"-Serie ist immer noch beeindruckend. „Die Hörspiele von Albert C. Weiland sind sensationell", twitterte Jan Schmidt u.a. im Juni 2015. Und darauf der Schauspieler und Komiker Bastian Pastewka: „Jawohl, die „Damenkrimis" des SR..." In einer Kundenrezension des

Hörbuchs „Die Dame mit den grauen Löckchen" bei Amazon liest man: „Besonders ‚charming' der Detektiv Philip Odell alias Albert Carl Weiland, er weiß die Damenwelt um den Finger zu wickeln ..."

Die Krimi-Liebhaber im Internet schwärmen von diesen Hörspielserien aus der Feder des britischen Autors Lester Powell. Absolute „Straßenfeger" damals – und in den Jahrzehnten danach immer noch so erfolgreich, dass sie bis heute als die im deutschen Sprachraum meist übernommenen Hörspiele gelten. Weiland selbst war nicht nur der Regisseur, er spielte gleichzeitig auch die Rolle der Hauptfigur des Detektivs Philip Odell und die des Erzählers – neben Brigitte Dryander in der Rolle seiner Partnerin Heather.

A. C. Weilands Damenkrimis: seit 60 Jahren gern gehört.
Abb.: SR

Verglichen mit den heutigen technischen Standards waren die Produktionsbedingungen im Funkhaus „Wartburg", dem ehemaligen evangelischen Gemeindehaus in der Saarbrücker Martin-Luther-Straße, ziemlich bescheiden. Kaum zu glauben, dass alles, wie Weiland erzählte, mit nur einem Mikrofon aufgenommen wurde: „Ja, mit einem Mikrofon. Ich war der Erzähler und die Hauptfigur. Ich war auch der Regisseur und erzählte also nah am Mikrofon. Sobald es szenisch wurde, hielt ich das weg, gab's einem anderen in die Hand. Und jetzt entstand auch die Räumlichkeit." Umso überraschender ist es, dass diese Krimiserien auch nach mehr als sechzig Jahren von ihrem heiteren Charme, ihrer Leichtigkeit und Frische nichts eingebüßt haben. Sogar als Download sind sie verfügbar. Für Weiland selbst hatten die Krimiproduktionen einen ganz besonderen emotionalen Stellenwert: „Diese Serien, die mit großem Engagement gemacht waren, und bei denen aus der Primitivität der technischen Verhältnisse eben besondere Motivationseffekte herkamen – das waren die schönsten Sachen, an die ich mich im Hörfunk erinnern kann", bekannte er 1988 anlässlich seines Abschieds vom SR bei einem Round-Table-Gespräch mit seinen ARD-Hörfunk-Kollegen und erinnerte sich an ein rührendes Erlebnis mit einem sehr jungen Fan des „Damenkrimi"-Helden. Hier das Gesprächsprotokoll:

„Vor drei Jahren lief das wiederum im NDR. Da ruft mich ein Junge an. Ich schätze, dass er so zwölf, dreizehn war. Ich wusste gar nicht, woher der anruft. „Hallo, ist dort Weiland?" „Hier ist Weiland" ... „Sind Sie Philip Odell?" Ich wusste gar nicht, dass das da oben läuft. „Ja, das bin ich." „Können wir Freunde werden?" „Ja." KLICK. Da stand der Junge in einer Telefonzelle. Der hatte zuerst beim NDR angerufen. Da haben die gesagt, hier nicht, Du musst in Saarbrücken anrufen. Er rief noch dreimal an, und ich überlegte, was mach' ich denn, wenn der Junge sich als Anhalter in ein Auto setzt und will nun seinen Freund, seinen Helden kennenlernen. Der hört einen jungen Mann von fünfundzwanzig, sechsundzwanzig – und dann steht ein Opa von fünfundsechzig vor ihm. Dem bricht ja die Welt zusammen. Ich muss einen Doppelgänger finden, ja. Er kam zum Glück nicht."

In den sechziger und siebziger Jahren lag der Schwerpunkt von Weilands Arbeit vor allem beim Fernsehen. Da entstanden in seiner Verantwortung als Hauptabteilungsleiter Hörfunk und Fernsehen TV-Markenzeichen des SR wie z. B. die Sendereihen „Meine Melodie", „Hitjournal" und „Im Krug zum grünen Kranze", die von ihm erfunden wurden. Aber auch in dieser Zeit ist Weiland seiner Leidenschaft fürs Radio-Machen treu geblieben.

Ich erinnere mich noch gut an die von ihm mit professionellem Understatement gelesenen „Mitternachtskrimis" auf der Europawelle Saar oder an die heiter-ironische Europawellen-Serie „Szenen einer Ehe", die er gemeinsam mit der bekannten Schauspielerin Johanna von Koczian spielte.

Dass er mir spontan grünes Licht und freie Hand gab, als ich ihm im Frühjahr 1973 das Projekt eines kabarettistischen „Gesellschaftsabends" mit Hanns Dieter Hüsch vorschlug, dafür bin ich A. C. Weiland dankbar.

A. C. Weiland porträtiert vom Saarbrücker Karikaturisten und Schriftsteller Roland Stigulinszky – ein Mitarbeiter-Geschenk zu seinem SR-Abschied 1988.

Abb.: R. Stigulinszky/SR

Die erste SR-Sendung mit Hüsch-Chansons und Sprechgesängen entstand im Herbst 1957 unter Weilands Regie, in der „Wartburg" produziert.

Auch im Medium Fernsehen wurde die Hüsch-Tradition für den SR von A. C. Weiland begründet. Nachdem er 1961 zum Hauptabteilungsleiter Unterhaltung Hörfunk und Fernsehen ernannt worden war, inszenierte er 1962 die erste größere TV-Sendung mit Hanns Dieter Hüsch: „Niemandsland des Lächelns". Sie war auch eine der ersten Eigenproduktionen des SR für das Abendprogramm der ARD. Weiland gelang damit ein beeindruckendes literarisch-kabarettistisches Dokument aus der Zeit des Schwarz-Weiß-Fernsehens.

A. C. Weiland erzählt in der SR-Chronik die kuriose Geschichte von den zwei Tieren, die den Ablauf der Produktion im „Pferdestall" erheblich störten: der „Garagenhund Struppi" und eine Motte, die sich „in der Wärme der Scheinwerfer sonnte". Den bellenden Hund habe man schließlich zum Schweigen gebracht, die ungebetene Motte sei geblieben, was aber letztlich dem Erfolg der Sendung keinen Abbruch getan habe.

Die Liste der Erfolgsprogramme, die wiederholt auch Fernseh-Preise gewinnen konnten, und der Markenzeichen des SR, die mit dem Namen Weiland verbunden sind, ist damit noch lange nicht vollständig. Vor allem fiel in seine Amtszeit auch Anfang der sechziger Jahre die Einführung der Europawelle Saar, die zu einem legendären Erfolg wurde. Auch der Schlagerpreis „Goldene Europa" und dessen Verleihung in einer glamourösen ARD-Fernseh-Show sind mit Weilands Namen eng verbunden.

Über fast fünf Jahrzehnte habe ich meine erste Begegnung mit A. C. Weiland nicht vergessen. Als ich mich im Herbst 1967 bei ihm um die frei gewordene Stelle des Kabarettredakteurs bewarb, hatte ich meinen Bewerbungsunterlagen als zusätzlichen „Qualifikationsnachweis" auch ein privat aufgenommenes Tonband mit eigenen kabarettistischen Songs aus meiner Studentenzeit in Münster beigefügt. Ich hatte mit diesen politischen und gesellschaftskritischen Songs, zu denen ich mich selbst am Flügel begleitete, immerhin einigen Erfolg bei studentischen Festen gehabt und hoffte nun auch auf den entsprechenden Beifall des SR-Unterhaltungschefs. Er hörte sich in meinem Beisein einige meiner Songs an und meinte, das sei ja ganz nett, was ich da gemachte hätte, um schließlich in Bezug auf meine relativ bescheidenen Klavierkünste trocken hinzuzufügen: „Sagen Sie mal, können Sie eigentlich nur C- und F-Dur?"

Der Schlagerpreis „Goldene Europa". Hier die Verleihung im Jahr 1970. *Abb.: SR*

Weilands sarkastische Spitzen, seine Art, Kritik deutlich und unverblümt zu äußern, speziell auch in scharfzüngig formulierten Aktennotizen, die bisweilen mit passenden lateinischen Zitaten versehen waren – diese Form der dienstlichen Kommunikation war das Salz in der Suppe unserer sehr vertrauensvollen und kollegialen Zusammenarbeit über gut zwei Jahrzehnte.

> „Tingeltangel ist Unterhaltung,
> aber Unterhaltung ist nicht Tingeltangel".
>
> (A. C. Weiland-Bonmot aus einem Aufsatz über Unterhaltungsmusik in der Festschrift „Rundfunk als kulturelle Aufgabe", herausgegeben vom Saarländischen Rundfunk 1988 anlässlich des 60. Geburtstags von Intendant Prof. Dr. Hubert Rohde.)

Ich habe A. C. Weiland (24. April 1924 – 7. Juli 2015) in Erinnerung als leidenschaftlichen Rundfunkmann mit einer exzellenten Begabung fürs Künstlerisch-Kreative in Wort, Musik und Realisation. Ihm ging es in seinen – freilich nicht immer mit

A. C. Weiland im Gespräch mit den amerikanischen Starsängern Felicia Weathers und William Ray (1967). *Abb.: A. C. Weiland/SR*

Beifall aufgenommenen – kritischen Kommentaren zu Sendungen und deren Machern vor allem um die Einhaltung professioneller Standards und damit letztlich um die Qualität des Programms. Schließlich hatte er als Radio-und Fernseh-Pionier, als Schauspieler, Regisseur und Autor und nicht zuletzt auch als Komponist und Musiker bereits in den fünfziger Jahren Qualitätsmaßstäbe gesetzt und in seiner vierzig Jahre währenden Tätigkeit beim SR herausragende Sendungen in Hörfunk und Fernsehen geschaffen, die mit seinem Namen verbunden bleiben werden.

Was mich selbst und meine musikalischen „Künste" betrifft, so habe ich mich während unserer zwanzigjährigen Zusammenarbeit selbstverständlich davor gehütet, in A. C. Weilands Gegenwart jemals wieder ans Klavier zu gehen.

Mit „Hallo Twen" mischte Manfred Sexauer das deutsche Radio auf

Von Michael Beckert

Bei Manfred Sexauer, da sind sich alle Printmedien einig: Egal ob überregional wie Spiegel oder Focus, stern oder BILD, FAZ oder Süddeutsche oder ob große Regionalzeitungen von der Augsburger Allgemeinen über die Saarbrücker Zeitung bis zum Weserkurier – sie würdigten den am 21. Juli 2014 gestorbenen Radio- und Fernsehmoderator des Saarländischen Rundfunks übereinstimmend als einen Pionier der Pop-Musik im öffentlich-rechtlichen Rundfunk.

Autogrammkarte von Manfred Sexauer.
Abb.: SR

„Manfred Sexauer hat Radio-Geschichte geschrieben." Auch diese Formulierung ist in fast allen Texten zu finden. Meistens noch ergänzt durch den kleinen Zusatz: „Mit Hallo Twen".

Es verwundert deshalb nicht, wenn sich die meisten Nachrufe auf den beliebtesten Moderator des SR gleichzeitig auch wie Nachrufe auf eine Sendung lesen, die immerhin bereits vor mehr als 40 Jahren wieder eingestellt wurde. In der Erinnerung der Autoren wird der 4. Oktober 1965 – der Tag, an dem „Hallo Twen" zum ersten Mal auf Sendung ging – zu einer Art Initialzündung für Musikprogramme, für die sich auch junge Radio-Hörer begeistern konnten. Und für den Beginn des Einzugs der Popmusik (mit Beat, Folk, Rhythm&Blues und Rock'n'Roll) ins bundesdeutsche Radio.

Am anschaulichsten hat diesen Anfang vielleicht Hans Hoff, Medienkritiker der „Süddeutschen Zeitung", beschrieben: „Wenn man die Bedeutung einkreisen möchte, die Manfred Sexauer für das deutsche Radio hatte, dann muss man erst einmal vom Mangel reden. Wer als junger Mensch Mitte der Sechzigerjahre das deutsche Radio einschaltete, landete fast nur in gediegenen Gefilden. Es dominierten Orchester und angepasste Einzelinterpreten. Ein bisschen Jazz war das Äußerste, was Intendanten damals zuließen. Wer die Beatles oder die Stones wollte, bekam nichts auf die Ohren. Glücklich konnte sich da schätzen, wer den Saarländischen Rundfunk empfing. In Saarbrücken moderierte Sexauer eine Sendung namens „Hallo Twen", die über Mittelwelle bundesweite Beliebtheit erlangte. Der gebürtige Baden-Badener, der damals die Haare ein bisschen länger zu tragen wagte, als es schicklich war, hatte jene Songs im Angebot, die Eltern Schrecken einjagten und jungen Menschen Begeisterungsschreie entlockten."

CD-Cover zu Sexauers „Hallo Twen"-Hörbuch.
Abb.: Palm Records

Ehemalige Redakteure in der Unterhaltungsabteilung im SR-Hörfunk wie Rosemarie Jungk oder Gerd Arend können das musikalische Angebot der Europawelle Saar (so hieß das neue Mittelwellen-Programm des SR, als es am 2. Januar 1964 auf Sendung ging) etwas präziser beschreiben als Hans Hoff: Von Klassik und deutschem Schlager über Chansons bis hin zu Tanzorchester- und Akkordeonmusik war praktisch jede Musikfarbe mit eigenen Sendungen vertreten. Bis Unterhaltungschef A. C. Weiland seine Mitarbeiter aufforderte, eine Musiksendung für junge Leute zu entwickeln. Wer letztlich die Idee zu „Hallo Twen" hatte, weiß heute niemand mehr ganz genau. Dennoch ist davon auszugehen, dass es Manfred Sexauer selbst war, der die Sendung ja dann auch von Anfang an moderierte und die Single-Scheiben zum Teil noch selbst von zuhause mit ins Studio brachte.

Auch nach dem Start von „Hallo Twen" änderte sich am Musikprogramm der Europawelle im Grundsatz zunächst einmal nichts. Mit dem Beat war nur das musikalische Spektrum (zu dem auch viele reine Instrumentaltitel gehörten) mit einer eigenen Sendung erweitert worden. Deutsche Schlager machten weiterhin die musikalische Grundfarbe aus. Dieter Thomas Heck war ihr besonders prominenter und erfolgreicher Moderator (Discjockey oder DJ wie es damals hieß) auf der Europawelle – und damit der musikalische Gegenpol zu Sexauer. Die Schlager aber hatten mit der Pop-Musik eine ernsthafte Konkurrenz bekommen – eine Konkurrenz, die beflügelt vom Hallo-Twen-Erfolg nach und nach das gesamte Programm eroberte. Der Saarländische Rundfunk wurde damit zum Vorreiter einer Entwicklung, die sich später bei vielen Radio-Programmen in der Bundesrepublik ähnlich vollzog.

Dieter Thomas Heck im Studio (mit Peggy March und Gavin du Porter). Abb.: R. Oettinger/SR

Roland Schmitt, Leiter der SR-Bibliothek und kenntnisreicher Archivar der Sender-Geschichte, weiß darüber mehr zu erzählen. In seinem Nachruf für das Musik-Magazin „Good Times" schreibt er u. a.: „Neben der Charts-Ausgabe am Freitag war der Mittwoch der wichtigste Sendetag. Da stellte Sexauer die aktuellsten Scheiben vor, insbesondere aus dem United Kingdom. Ein in London studierender Deutscher sorgte per Expresslieferung für stetigen Nachschub. Damals einmalig innerhalb der ARD!"

Aber es gab auch weniger erfreuliche Begleitumstände. Dem saarländischen Wochenmagazin Forum erzählte Manfred Sexauer ein halbes Jahr vor seinem Tod: „Es gab einen ‚Spiegel'-Artikel über die ‚Amerikanisierung der Musik' im deutschen Radio. Ein Leser schrieb dazu, wenn man sich darüber informieren wolle, dann müsse man sich nur mal die Sendung „‚Hallo Twen"' im SR anhören. Da treibe ein gewisser Manfred Sexauer sein Unwesen. Das sorgte bei den leitenden Herren natürlich für

Stirnrunzeln. Der damalige SR-Intendant Dr. Franz Mai ließ nachforschen, ob es denn auch positive Briefe für die Sendung gäbe. Wir haben ihm wirklich einen Waschkorb voll ins Büro geschickt, und als die Briefe an uns zurückkamen, stand auf dem obersten der Vermerk: „Wenn das so ist, dann weiter so."

Dem Gegenwind, der „Hallo Twen" anfänglich in Form von Hörerpost und Beschwerde-Anrufen in nicht unerheblicher Stärke entgegenblies, hielten Intendant und Programmdirektor damals stand. Dazu noch einmal Roland Schmitt: „Zu Anfang moderierte Sexauer testweise die Radio-Sendung ‚Der Schlagerkoffer'. Die Programmverantwortlichen wollten aber – mit Blick auf die harte Konkurrenz aus Luxemburg – gezielt ‚junge Leute' ansprechen, und so entwickelte der Newcomer ein werktägliches Programm mit ‚Beat-Musik'. Die Reaktionen auf „Hallo Twen" waren gemischt, wie Berge an Hörerpost belegten: einerseits schroffe Ablehnung seitens der (Groß-)Elterngeneration, die mit dieser ‚Negermusik' nichts anfangen konnte, andrerseits helle Begeisterung bei den Kids, demnach die Sendung eigentlich Hallo Teens hätte heißen müssen. Der konservative Intendant hielt schützend die Hand über Sexauer, in Anbetracht des Erfolges kein Wunder. Die Europawelle galt als stärkster Rundfunksender der Bundesrepublik Deutschland mit einer seinem Namen alle Ehre machenden Reichweite."

Ausschnitt aus dem Videoclip der St. Wendeler Band „The Starfighters". *Abb. SR*

Die Akzeptanz von „Hallo Twen" war in der Tat sensationell – nicht nur bei den Hörern in ganz Europa, sondern auch bei den Künstlern, insbesondere bei deutschen Bands diesseits und jenseits des Eisernen Vorhangs. Roland Schmitt: „Schon bald gaben sich die Stars bei Sexauer die Klinke in die Hand. Freundschaftliche Kontakte entwickelten sich nicht nur zu den deutschen Bands wie den ‚Lords' oder den ‚Rattles', später auch zu ‚Karat' und den ‚Puhdys'." Kontakte, die Jahrzehnte über das Ende von „Hallo Twen" hinaus noch Bestand hatten. So überreichte „Sexi", wie ihn seine Freunde gerne nannten, noch im Sommer 2003 in Bremen bei der letzten Verleihung der „Goldenen Europa", die er zwischen 1984 und 1991 moderierte, den ältesten deutschen Fernseh-Preis an die „Puhdys".

Überhaupt: die DDR. Die Hörer dort waren „für dieses Fenster in den freien Westen überaus dankbar" (Roland Schmitt). Und wie ernst die Sendung sogar von der Staatssicherheit genommen wurde, zeigte sich zuletzt in der abenteuerlichen Odyssee einer Postkarte, die 1969 im mecklenburgischen Waren an der Müritz abgeschickt wurde und 2013 in Saarbrücken ankam. Damals wollte sich der 18-jährige Oberschüler Günter Zettl an einem Preisausschreiben von „Hallo Twen" beteiligen. Die Postkarte mit der richtigen Antwort wurde von der Stasi abgefangen, ihr Absender erhielt später als Lehrer Berufsverbot. Am 14. Januar 2014 dann das Happy End: Zum 50. Geburtstag der Europawelle trifft Günter Zettl im Weltkulturerbe

Manfred Sexauer und sein Team (Rita Kessler und Hagen Wittig) sichten eingegangene Hörerpost. *Abb.: J. C. Schmidt/SR*

Völklingen sein Idol von einst – der letzte große öffentliche Auftritt von Manfred Sexauer.

Gerade auch viele regionale Künstlerinnen und Künstler haben es Manfred Sexauer zu verdanken, dass sie ins Musikgeschäft fanden oder dort vorankamen. So ging es u. a. der Band „Starfighters" aus St. Wendel. Sie wurden in „Hallo Twen" zur „Beliebtesten Beatband des Saarlandes 1968" gewählt. Leadsänger Klaus Lambert schrieb dazu, die „Starfighters" hätten damals auch seines Wissens nach „mit Hilfe von Manfred Sexauer und des SR das erste in Deutschland gedrehte Musikvideo produziert. So wurden die „Starfighters" über die Grenzen hinaus bekannt." Im Video spielt die Band einen ihrer Titel auf einem amerikanischen Militärflughafen in der Pfalz an echten Starfighters als Kulisse.

Die Sendung „Hallo Twen" wurde Opfer ihres eigenen Erfolges. Schon 1973 wurde sie im Rahmen einer Programmreform gestrichen. Ihre spezielle Musik war zur Musikfarbe im gesamten Europawellen-Programm geworden. Erstaunlich aber: Ein Radio-Programm, das nur sieben Jahre auf Sendung war, erfreut sich mehr als 40 Jahre nach seiner Absetzung immer noch größter Beliebtheit. Ein weiterer Beweis dafür ist die folgende Entdeckung, die ich im Internet gemacht habe. Da berichtet Horst Maibach aus dem rheinland-pfälzischen Kruft, der sich seit seinem 9. Lebensjahr für die Chart-Listen von Radio-Hitparaden interessiert, auf seiner Chart-Webseite Folgendes:

Manfred Sexauer 2014 und Günter Zettl, früher ein begeisterter „Hallo Twen"-Hörer in der DDR. Hinter Sexauer: Andreas Weber, Wellenchef Europawelle von 1997–2006, heute DLF-Programmdirektor. *Abb.: SR*

„Am 4. Oktober 1965 startete die erste Hallo-Twen-Sendung mit Manfred Sexauer als Moderator, exakt um 18:05 Uhr nach den Nachrichten, beim Saarländischen Rundfunk auf der Europawelle Saar. Bis 1973 sollte die Sendung ausgestrahlt werden. Die ‚Hallo Twen' ‚Top Twelve' gab es bis Ende 1966 am Montagabend, ab 1967 immer freitagabends. Paul Breitbach aus Polch war einer der engagiertesten Hörer. Ab der Hitparade 53 am 10. Oktober 1966 schrieb er alle Charts fein säuberlich mit und es ist ihm zu verdanken, dass ich diese Charts jetzt Folge für Folge, mit dem entsprechenden Cover garniert, servieren kann.

Nachdem Ende 2008 die ersten „Hallo Twen" Charts ab Ausgabe SR 53 auf dieser Webseite veröffentlicht wurden, erreichten mich zahlreiche Anfragen mit der Bitte, die ersten 52 Charts (die ich leider nicht besaß) nachzureichen. Alle hörten damals zu, schrieben oftmals mit, aber keiner hatte Unterlagen.

Im Sommer 2012 kam dann die Wende. Heinz Hoffmann, Exilsaarländer, jetzt wohnhaft nahe Karlsruhe, gelang der Clou. Er schreibt dazu: ‚Über einen privaten Kanal konnte ich Verbindung zur Redaktion des SR herstellen. Dort schaut Herr Sexauer gelegentlich vorbei und wurde gefragt, ob er ggf. solche alte Listen noch hätte, denn der Sender hat das alles schon lange weggeworfen, wie ich erfuhr. Ja, das hatte er und zwar einen Kalender, den ihm ein Fan mal geschenkt hatte mit eben diesen Einträgen. Der Kalender wurde prompt ausgeliehen, alles wurde fein säuberlich gescannt, dann ging das Original wieder an MS zurück.' Unser besonderer Dank geht damit auch an Manfred Sexauer." Soweit „Hallo Twen"-Fan Horst Maibach.

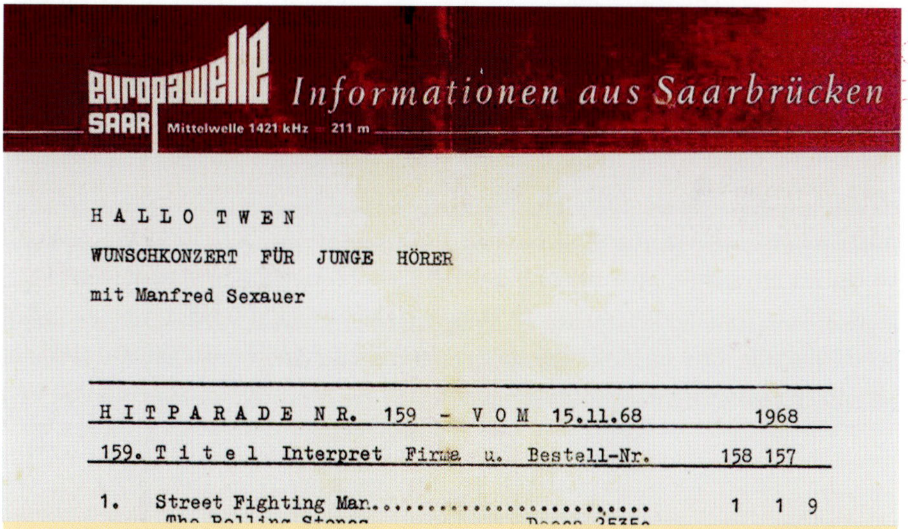
europawelle SAAR Informationen aus Saarbrücken
Mittelwelle 1421 kHz 211 m

HALLO TWEN
WUNSCHKONZERT FÜR JUNGE HÖRER
mit Manfred Sexauer

HITPARADE NR. 159 - VOM 15.11.68 1968

159. Titel	Interpret	Firma u. Bestell-Nr.	158	157
1. Street Fighting Man........................			1	1 9

Das Programm der Hitparade in der Sendung „Hallo Twen" vom 15. November 1968.

Abb.: Chart-Website von Horst Maibach

Das SR 1-Team auf der Berliner Funkausstellung 1981 (v. l.) : Gerd Arend, Manfred Sexauer, Hermann Stümpert, Bernd Duszynski, Ilona Christen-Kleitz und Wolfgang Hellmann.
Abb.: SFB

Geschichten wie diese sind es, die „Hallo Twen" nach wie vor am Leben erhalten. Eine Sendung, die der Türöffner für weitere Radio-Formate im öffentlich-rechtlichen Rundfunk war. Ohne sie gäbe es womöglich den ebenso legendären und heute noch von den Machern gehegten und gepflegten Pop Shop von SWR 3 nicht, der am 1. Januar 1970 erstmals vom damaligen Südwestfunk Baden-Baden ausgestrahlt wurde.

So unbestritten die Bedeutung von „Hallo Twen" für die Hörgewohnheiten junger Radio-Hörer gewesen ist, so wahr ist auch, dass es solche Formate im Zeitalter computergestützter Musikprogramme immer schwerer haben. Hans Hoff lässt in seinem lesenswerten Nachruf Manfred Sexauer noch einmal zu Wort kommen: „Damals waren wir uns sicher, dass unsere Musik die Welt ein wenig schneller drehen lässt." Und schließt kommentierend an: „Es klang ein klein wenig resigniert, weil ihm wohl schon klar war, dass die Welt inzwischen eine Fahrt aufgenommen hat, die es seiner Musik schwer macht, noch mitzukommen."

„Willem": der große Schwarze mit dem kleinen roten Mofa

Von Frank Rainer Huck

Fast wäre er nach Dr. Franz Mai der zweite Intendant des Saarländischen Rundfunks geworden. Aber eben nur fast. Und seine Bewerbung ist wohl auch nicht ganz ernst gemeint gewesen. Trotzdem: Wie aus einem Abstimmzettel zur Wahl des Intendanten 1977 hervorgeht, führte er beim zweiten Wahlgang noch immer die Liste der insgesamt 17 Kandidaten an. Die Rede ist von Wilken F. Dincklage, der sich als Sänger „Willem" nannte. Rund sieben Jahre lang prägte er mit viel Witz, Wissen und markanter Stimme diverse Musiksendungen auf der Studiowelle und der Europawelle Saar des Saarländischen Rundfunks.

Typisch „Willem": der große Schwarze mit Hut.
Abb.: Picasa/SR

Im Rahmen eines neuen Programmschemas gab es ab April 1972 auf der Studiowelle Saar in der Abendzeit von 19.45 bis 20.20 Uhr eine Reihe neuer Pop- und Jazzsendungen. Darunter montags, mittwochs und donnerstags die Sendung „Pop Corner", die ich redaktionell zu betreuen hatte. Neue LPs aus dem Rock- und Popbereich wurden darin kritisch besprochen, deutsche und internationale Gruppen vorgestellt, sowie Themen und Trends aus der Szene in redaktionellen Beiträgen behandelt. In Ergänzung zu Manfred Sexauers „Hallo Twen" auf der Europawelle, wo überwiegend Titel von „Singles" zu hören waren, spielten wir hier ausschließlich Musik von LPs, mitunter sogar längere Stücke von 15 bis 20 Minuten.

Auf der Suche nach guten Autoren für diese Sendung nannte mir ein Hamburger Kollege vom Jugendfunk des NDR den Namen: Wilken F. Müller, wohnhaft in Hamburg in der Willistraße. Der hatte gerade seine kaufmännischen Tätigkeiten (u.a. jobbte er als Teekoster) an den Nagel gehängt und begann eine Karriere als Musiker und Musikjournalist.

Zunächst schickte Wilken F. Müller mir die damals üblichen Tonbänder, die er beim NDR vorproduziert hatte. Seine erste Sendung für die „Pop Corner" ging am 27. April 1972 über den Äther. Es war ein Porträt der vom ehemaligen SR-Tontechniker Conny Plank produzierten deutschen Elektronik-Rockgruppe „NEU".

Ich war von Wilkens präziser Art, Interviews zu führen und dabei auch kritische Töne anzuschlagen, sehr angetan, und er wurde mein regelmäßiger freier Autor. Nach einigen Wochen kam er dann auch zum ersten Mal persönlich nach Saarbrücken und wir freundeten uns schnell an. Schwerpunkt seiner Porträts waren natürlich Gruppen und Musiker aus Hamburg. So stellte er zum Beispiel am 29. Juni 1972 die erste - noch englischsprachige - LP des damals 26-jährigen kaum bekannten Udo Lindenberg vor. Er befragte ihn dabei auch zu seinen Plänen für die Entwicklung einer deutschen Musikerszene. Wenig später entstand aus diesen Ideen die sogenannte „Hamburger Szene".

Wilken war inzwischen von der Willistraße ans Rondeel umgezogen, im gleichen Hamburger Stadtteil Winterhude. Dort hatte er zusammen mit Conny Plank eine idyllisch gelegene alte Villa mit Zugang zum Rondeelteich gemietet und mit ihm die „Aamok"-Musikproduktionsgesellschaft und den „Kraut Musikverlag" gegründet. Die Villa wurde bald bekannt als „Villa Kunterbunt", weil Wilken dort eine Wohngemeinschaft gegründet hatte. Darin wohnten zeitweise bis zu 14 Künstler, Produzenten und Journalisten. Das waren u.a. Udo Lindenberg, Gottfried Böttger und Lonzo Westphal, Marius Müller-Westernhagen, Otto Waalkes, dessen Manager Hans-Otto Mertens und der Journalist

Cover von Udo Lindenbergs erster LP.

Abb.: Telefunken

Günter Fink. Eine ganze Reihe von SR-Kollegen sind in dieser Villa später im Laufe der 70er Jahre zu Gast gewesen: Hermann Stümpert, Robert Hetkämper, Friedrich Hatzenbühler, Bernd Duszynski und ich selbst natürlich auch.

Als zum 1. Oktober 1973 eine große Programmreform auf den damals nur zwei Hörfunk-Wellen des Saarländischen Rundfunks durchgeführt wurde, schlug auch die Geburtsstunde eines neuen Jugendmagazins auf der Europawelle Saar: „Drugstore1421". Hermann Stümpert und Robert Hetkämper hatten die Redaktion dieser Sendung, und ich kam als verantwortlicher Musikredakteur in das Team. Bereits in der Planungsphase schlug ich Wilken F. Müller als „Discjockey" vor. Neben Bernd Duszynski und später auch Erich Werwie wurde Wilken so ein weiterer unverwechselbarer Musikmoderator dieser Sendung.

Den etwas „seriöseren" Tonfall des Musikjournalisten, der in der „Pop Corner" noch angebracht gewesen war, legte er im „Drugstore" sehr schnell ab und entwickelte mit seinen flotten Sprüchen und frechen Kommentaren zu den Wortbeiträgen der Jugendfunk-Redakteure seinen eigenen Stil. Er hatte inzwischen auch seinen Nachnamen ändern lassen. „Weil in Deutschland schon ein paar Leute Müller heißen", nannte er sich nach dem Mädchennamen seiner Mutter jetzt Dincklage.

Die „Villa Kunterbunt" in Hamburg-Winterhude – heute.
Abb.: R. Galczynski/SR

Auch als Musik-Moderator unverwechselbar: Wilken F. Dincklage alias „Willem"(r.), hier mit Hermann Stümpert und Sonja Winters. Abb.: F. Dincklage/SR

SR-Flyer mit Drugstore 1421-Logo. *Abb.: SR*

Der „Drugstore" wurde live moderiert, und daher lohnte es sich nicht, Wilken nur für einen Tag in der Woche aus Hamburg anreisen zu lassen. Also reservierten wir für ihn die zweite Wochenhälfte, und so kam er meistens am Donnerstag mit dem ersten Flug aus Hamburg nach Saarbrücken und flog erst am Samstagabend wieder zurück. Zu seinem Gepäck gehörte immer eine große Segeltuchtasche und darin... ein kleines rotes Klapp-Mofa. Es war ein Testmodell irgendeines großen Versandhauses. Wenn der große, gewichtige Schwarze morgens auf diesem kleinen Mofa auf den Halberg zum SR-Funkhaus knatterte, war das schon ein urkomischer Anblick. Und eben diese Selbstdarstellungs-Qualitäten nutzte der einfallsreiche Redakteur Hermann Stümpert auch zur Außenwerbung für den „Drugstore 1421". Es gab ein

Faltblatt - einen Flyer, wie man heute sagt - in dem die „Drugstore-Typen" vorgestellt wurden. Auf dessen Vorderseite prangte Wilken, auf seinem Mofa sitzend und ein kleines Kofferradio (das „mit der goldenen Europawellen-Taste") schwenkend.

Zu den folgenreichen Einfällen von Hermann Stümpert gehörte auch, die Sendungen des „Drugstore" mehr und mehr aus dem Studio „nach draußen" zu verlagern. Schon zwei Monate nach Eröffnung des „musikalischen Gemischtwarenladens" (wie es in einer Pressemitteilung hieß) fand eine Kurzreise mit Hörern nach London statt (30. November - 1. Dezember 1973). Sie war mit dem Besuch eines Konzertes von „Rod Stewart and the Faces" verbunden. Es folgten Live-Sendungen aus der „Fabrik" in Hamburg (19. Januar 1974) oder vom Interfolk-Festival in Osnabrück (6. April 1974). Und immer mit dabei: Wilken, im schwarzen Outfit, mit schwarzem Hut, inzwischen unter dem Namen „Willem" auch als Sänger bekannt geworden, denn seine erste Single war erschienen. Der Titel war eine Persiflage auf die vielen Seemannsschnulzen vom Typ „La Paloma", im typisch schnoddrigen Hamburger Tonfall: „Grüß mir den Herbert, Hein und Jan, und mach kein' Scheiß mit Fred".

Im Sommer 1974 tourte der „Drugstore" erstmals an die Ostsee. Am Weißenhäuser Strand und im dortigen Kursaal wur-

Und es hielt doch: Wilken F. Dincklage auf seinem Mofa. *Abb.: SR*

Plattencover von Willems erster Single 1973. *Abb.: Intercord*

Vor dem SR-Ü-Wagen am Weißenhäuser Strand. V. l.: Moderator Wilken F. Dincklage, Redakteur Hermann Stümpert und Musikredakteur Frank Rainer Huck.

Abb.: F. R. Huck/SR

den am 23. August zwei Sendungen aufgezeichnet und eine Woche später versetzt gesendet.

Auf der Rückfahrt machte der „Drugstore" noch Station auf dem Altstadtfest in Hannover, und Wilken hatte Gelegenheit, mit „Bruno's Salonband" ein paar heiße Bluestitel zu singen. Solche spontanen Auftritte machten ihm Spaß, wenn eine Band live bei Außenveranstaltungen spielte – am liebsten natürlich in gewohnter Umgebung, weshalb er den „Drugstore" immer wieder gerne nach Hamburg lockte. Eine Live-Sendung aus dem „Logo" in der Hamburger Grindelallee vom 25. Januar 1975 hat sich im Archiv erhalten. Heute spürt man dort wenig vom alten Glanz, aber damals, Mitte der 70er Jahre, tobte hier die „Hamburger Szene" und Wilken fühlte sich ganz in seinem Element.

Ab April 1976 gab es einige neue Sendungen im Programm der Europawelle Saar, darunter „Pop non stop", montags bis samstags von 18.15 bis 19 Uhr. In diese „Sendeschiene" wurde freitags die Hitparade „Die Europa-Elf" integriert, die bislang

Manfred Sexauer moderiert hatte. Diese „Europa-Elf" gehörte nun auch zu Wilkens ständigen Sendungen, ebenso wie „Pop non stop", das er meist donnerstags vor dem „Drugstore" moderierte.

Zuhause in Hamburg verfolgte er weiter seine Karriere als Musiker und produzierte unter seinem Künstlernamen „Willem" und zusammen mit der „Rentnerband" mehrere Langspielplatten und Singles. Mit der im Frühjahr 1977 veröffentlichten Single „Tarzan ist wieder da" kam er dann sogar in die Hitparaden. Als Texter und Kompo-

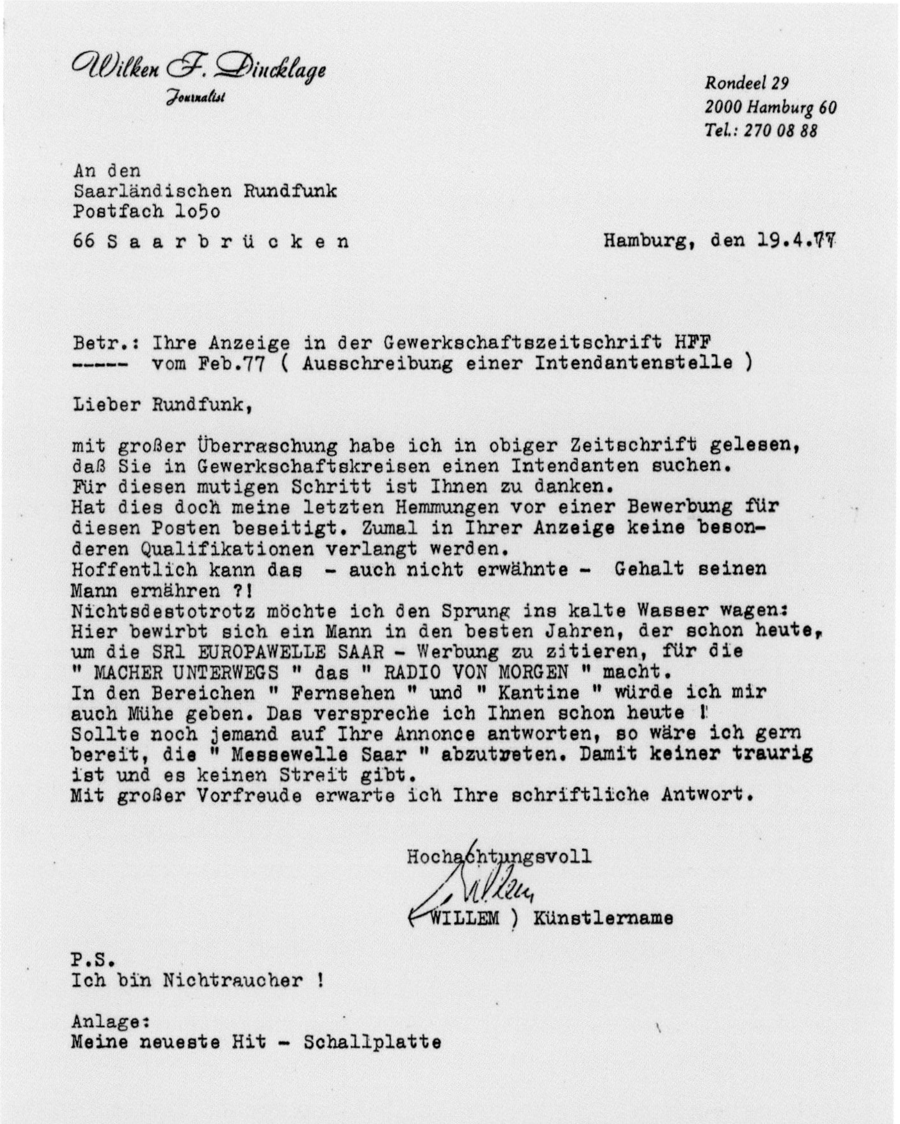

Wilken F. Dincklage
Journalist

Rondeel 29
2000 Hamburg 60
Tel.: 270 08 88

An den
Saarländischen Rundfunk
Postfach 1o5o
66 S a a r b r ü c k e n

Hamburg, den 19.4.77

Betr.: Ihre Anzeige in der Gewerkschaftszeitschrift HFF
----- vom Feb.77 (Ausschreibung einer Intendantenstelle)

Lieber Rundfunk,

mit großer Überraschung habe ich in obiger Zeitschrift gelesen, daß Sie in Gewerkschaftskreisen einen Intendanten suchen.
Für diesen mutigen Schritt ist Ihnen zu danken.
Hat dies doch meine letzten Hemmungen vor einer Bewerbung für diesen Posten beseitigt. Zumal in Ihrer Anzeige keine besonderen Qualifikationen verlangt werden.
Hoffentlich kann das - auch nicht erwähnte - Gehalt seinen Mann ernähren ?!
Nichtsdestotrotz möchte ich den Sprung ins kalte Wasser wagen:
Hier bewirbt sich ein Mann in den besten Jahren, der schon heute, um die SR1 EUROPAWELLE SAAR - Werbung zu zitieren, für die " MACHER UNTERWEGS " das " RADIO VON MORGEN " macht.
In den Bereichen " Fernsehen " und " Kantine " würde ich mir auch Mühe geben. Das verspreche ich Ihnen schon heute !
Sollte noch jemand auf Ihre Annonce antworten, so wäre ich gern bereit, die " Messewelle Saar " abzutreten. Damit keiner traurig ist und es keinen Streit gibt.
Mit großer Vorfreude erwarte ich Ihre schriftliche Antwort.

Hochachtungsvoll

(WILLEM) Künstlername

P.S.
Ich bin Nichtraucher !

Anlage:
Meine neueste Hit - Schallplatte

Bewerbungsschreiben vom 19. April 1977: „Willem" will SR-Intendant werden.

Abb.: E. Dincklage/SR

nist seiner Songs hatte er sich auch noch die für ihn typischen Pseudonyme „Helmut Lob" und „Lex Hudel" zugelegt – das Autorengespann war also „Lob & Hudel"!

1977 war das letzte Amtsjahr des Intendanten Dr. Franz Mai, und schon im Frühjahr begann das Verfahren für seine Nachfolge. So erschien im Februar 1977 auch in der Gewerkschaftszeitung „HFF" der Rundfunk-, Fernseh- und Filmunion RFFU eine Stellenausschreibung für den künftigen Intendanten des Saarländischen Rundfunks. Spaßvogel „Willem" nahm das zum Anlass, sich auf diese Stelle zu bewerben: „Mit großer Überraschung habe ich ... gelesen, daß Sie in Gewerkschaftskreisen einen Intendanten suchen", schrieb er an den „lieben Rundfunk", und fuhr fort: „Für diesen mutigen Schritt ist Ihnen zu danken. ... Hier bewirbt sich ein Mann in den besten Jahren, der schon heute, ... für die „MACHER UNTERWEGS" das „RADIO VON MORGEN" macht." Als Anlage fügte er seine Hit-Schallplatte bei: „Tarzan ist wieder da!"

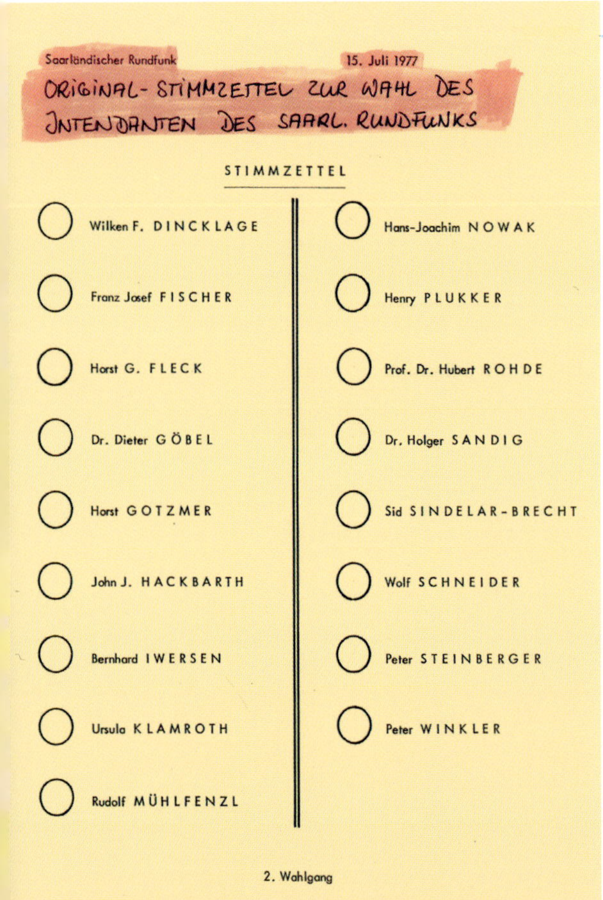
Saarländischer Rundfunk 15. Juli 1977

ORIGINAL-STIMMZETTEL ZUR WAHL DES INTENDANTEN DES SAARL. RUNDFUNKS

STIMMZETTEL

Wilken F. DINCKLAGE
Franz Josef FISCHER
Horst G. FLECK
Dr. Dieter GÖBEL
Horst GOTZMER
John J. HACKBARTH
Bernhard IWERSEN
Ursula KLAMROTH
Rudolf MÜHLFENZL
Hans-Joachim NOWAK
Henry PLUKKER
Prof. Dr. Hubert ROHDE
Dr. Holger SANDIG
Sid SINDELAR-BRECHT
Wolf SCHNEIDER
Peter STEINBERGER
Peter WINKLER

2. Wahlgang

Stimmzettel für die Intendantenwahl aus der Sitzung des SR-Rundfunkrates.

Abb.: E. Dincklage/SR

Seine Bewerbung wurde ganz offensichtlich ernst genommen, denn auf dem Stimmzettel zum zweiten Wahlgang des Rundfunkrates führt Wilken F. Dincklage die Liste der insgesamt 17 Bewerber an – wenigstens dem Alphabet nach. Sehr gerne hätte ich die Protokolle zu diesem Besetzungsverfahren eingesehen, aber leider sind die Akten des Rundfunkrates aus dieser Zeit nicht mehr erhalten. Immerhin hat Wilkens Frau Elke Dincklage eine Kopie des Bewerbungsschreibens ihres Mannes aufgehoben und konnte mir auch noch einen originalen Stimmzettel aus dieser Wahlsitzung des Rundfunkrates zur Verfügung stellen.

Wie wir wissen, wurde an diesem 15. Juli 1977 Prof. Dr. Hubert Rohde mit Zweidrittelmehrheit zum neuen SR-Intendanten gewählt. An diesem „schicksalsschweren" Tag, als über seine weitere Zukunft entschieden wurde, befand sich „Willem" allerdings längst auf seiner Spaßtour durch die Bäder an der Nord- und Ostsee: Am Timmendorfer Strand machte er an diesem Tag zusammen mit der Schlagersängerin Su Kramer für die Europawelle eine Live-Sendung seiner „Europa-Elf".

Der Einfallsreichtum von Hermann Stümpert hatte nämlich mal wieder zugeschlagen und ihn die Sendung „Willem's großer Radiospaß" zusammen mit der Programmzeitschrift „HörZu" erfinden lassen. Zwei Monate lang kamen freitags und samstags die Sendungen „Pop non stop", „Europa-Elf" und „Drugstore 1421" aus Bade- und Kurorten entlang der deutschen Nord- und Ostseeküste. Schlager-Stars traten live auf, die Zuschauer konnten sich bei Spielen amüsieren und überdies viel gewinnen. Eine Sendung ganz nach dem Geschmack des großen Schwarzen aus dem Norden, der sein kleines rotes Mofa inzwischen längst eingemottet hatte und stattdessen im nächsten Jahr auf einer ähnlichen Spaßtour mit einem 8-Zylinder Chevrolet Blazer das „Drugstore"-Team über die Insel Mallorca kutschierte.

Nach dieser erneuten Bädertour im Sommer 1978 kam für Wilken alias „Willem" so langsam der Abschied von der Europawelle. Hermann Stümpert war Unterhaltungschef der Europawelle geworden, Norbert Klein hatte die Redaktion des „Drugstore"

„Willem's großer Radiospaß" mit Su Kramer am Timmendorfer Strand.

Abb.: Picasa/SR

„Willem's großer Radiospaß" am Timmendorfer Strand; v.l.n.r.: Norbert Klein, Hermann Stümpert, Schlagersängerin Esther Daniels, n.n., Schlagersängerin Gilly Mason, „Willem" und SR 1-Moderator Volkmar Lodholz (liegend).

Abb.: Picasa/SR

übernommen, neue Sprecherinnen und Sprecher prägten die Sendung: Brigitte Weyrich und Petra Müller, Rainer Cabanis und Torsten Pietkiewicz.

Am 5. Oktober 1978 war Wilken zum letzten Mal im „Drugstore" zu hören. Er moderierte dann noch bis zum Jahresende donnerstags „Pop non stop" und freitags die „Europa-Elf", aber am 29. Dezember 1978 verabschiedete er sich für immer von den Mikrofonen der Europawelle Saar.

In Norddeutschland machte er weiter Karriere als Musiker und Moderator für den NDR, wo er z. B. für die Welle Nord „Die Norddeutschen Top Fofftein" moderierte. Nach der Wende arbeitete er noch wenige Jahre für die „Antenne MV", den ersten Privatsender in Mecklenburg-Vorpommern. Am 18. Oktober 1994 starb Wilken F. Dincklage im Alter von 52 Jahren an einer Lungenembolie.

Die Europawelle Saar hatte im Laufe der Jahre viele markante, prominente und beliebte Sprecher. Wilken F. Dincklage alias „Willem" aber war im besten Sinne des Wortes ein „Original".

Liebte Elvis, Comedy und das Radio: SR 1-Moderator Wolfgang Hellmann

Von Christian Job

Das Radio lebt vor allem von den „Machern am Mikrofon". Wenn die dann auch noch die Lieblingsmusik ihrer Hörer präsentieren, werden sie oft selbst zu „Stars". Die Europawelle des Saarländischen Rundfunks hatte einige solcher „Radio-Stars". Zuerst waren es Dieter Thomas Heck und Manfred Sexauer, später folgte neben vielen anderen auch Wolfgang Hellmann. Eine Fanseite im Internet trägt dazu bei, dass er nach wie vor unvergessen ist. Die Radio-DJs faszinieren besonders ihre jungen Hörer. Einen begeisterten sie so sehr, dass er heute selbst Musik-Moderator von SR 3 Saarlandwelle ist: Christian Job.

Cool und sehr konzentriert am Mikrofon: Europawellen-Moderator Wolfgang Hellmann. Abb.: SR

Wer sich Anfang der 80er Jahre für die Pop-Musik begeisterte, der war gleichzeitig auch ein Radio-Fan. TV-Sendungen mit Pop-Musik gab's noch kaum und richtig aktuelle Musik lief eh nur auf UKW. Da kamen abends brandneue Songs, die wirklich erst nachmittags ausgepackt wurden und „noch warm" waren. Ich saß – wie viele andere auch – mit dem Kassettenrekorder pünktlich am Radio. Zwei Chinch-Kabel zum Empfänger und immer genügend Leerkassetten im Vorrat, den DIN-A-4-Block zum Mitschreiben parat. So wurde mir nie langweilig.

Die Sendung auf der Europawelle Saar hieß „Kraftpaket". Sie lief vom 28. Januar 1984 (zum Start an einem Samstag) bis zum 31. Dezember 1991 immer von Montag bis Frei-

Moderierten öfter mal zusammen: Volkmar Lodholz (l.) und Wolfgang Hellmann. Abb.: SR

tag ab 18.10 Uhr. Das „Kraftpaket" bestand aus meist zwei Teilen, z. B. dem „Hit-Container" oder den „Top 75". Moderiert wurde die Sendung außer von Wolfgang Hellmann auch von Wilfried Eckel, Volkmar Lodholz und anderen. Die „Top 75" kamen in den 80ern immer mittwochs ab 19.05 Uhr im Europawellen-Programm.

Vor allem die „Top 75" im „Kraftpaket" waren die Welt von Wolfgang Hellmann: einem Hessen und ehemaligem Postmitarbeiter, der seine Liebe zur Musik zu seinem Beruf gemacht hatte - erst beim HR und bei Radio Luxemburg, ab 1976 als freier Mitarbeiter dann beim SR in Saarbrücken. Das „Kraftpaket" war kein Dampfradio, hatte aber reichlich Feuer.

Hellmann war ein cooler Typ mit betont sachlicher Sprechhaltung. Und wenn er seine Späße machte, dann nicht überdreht und radio-formatiert wie in späteren Jahrzehnten, wo man plötzlich meinte, der Radio-Mann hätte dauerhaft zwei Finger in der Steckdose. Der furztrockene Herr mit seinen wohlakzentuierten Sätzen machte allerdings mehr Laune, als alle hektischen Comediens der Neuzeit zusammen.

Unzählige Kassetten mit Neueinsteigern habe ich zwischen meinem 13. und 17. Lebensjahr von seiner „Top 75" aufgenommen, dieser ersten „amtlichen" Hitparade im Radio. Hellmann hatte nämlich einen Exklusivvertrag mit „media control" in Baden-Baden, die zum ersten Mal eine errechnete Hitparade anhand von Verkaufszahlen erstellte. Deren wöchentliches Ranking präsentierte er im Radio.

Neue Musik zu hören war das eine, was mich begeisterte. Meine zweite Leidenschaft hatte Hellmann mit seiner Sammlung an Instrumental-Titeln geweckt. Die

Musiken, über die er moderierte (Musik-Betten), waren alle erlesen und handverlesen, so nur bei ihm zu hören und oftmals allein in den USA erhältlich.

Da gab es die „Incredible Bongo Band", deren Musiker mit treibenden Grooves auf Naturfelle hämmerten. „Bongo-Rock" oder „Bongolia" hat nie eine Hitparade erreicht. Aber als Unterlegmusik für eine Chartsendung brachten sie „drive" und Schwung, so dass alleine das Hören dieser Titel schon ein Highlight sein konnte. Ich sammelte per „Recordtaste" Takt für Takt und hoffte immer, dass am Ende der Sendung noch Zeit übrig sein würde, um einmal eine ganze Minute davon hören und aufzeichnen zu können. Heute finden sich im Internet zahlreiche Hörproben von Hellmann-Jingles und Moderationen.

Wenn ein Song gut gesungen war, wurde er nicht selten von Wolfgang Hellmann „verinstrumentalt". Aus „Our Song" von „Yes" hat er die wohl beste Erkennungsmelodie aller Zeiten geschnitten. „Mr. Jingle" spielte perfekt mit seinen Musiken, nutzte an genau der richtigen Stelle eine Pause für seine Moderation. In Hellmann-Sendungen waren Worte und Musik taktgenau abgestimmt. So wollte ich später auch einmal Radio machen.

Eine Autogrammkarte von sich selbst? Wolfgang Hellmann war das eher peinlich. *Abb.: SR*

Zurückgenommen und meist kurz angebunden, wie er sich im Radio anhörte, war Hellmann auch im wahren Leben. Mit 16 lief ich ihm bei einem Studiobesuch als nervender Fan zum ersten Mal über den Weg. Seine von mir mitgebrachte und noch unbeschriebene Autogrammkarte signierte er ohne große Worte und blieb so cool wie ich ihn aus den Lautsprechern kannte. „Whow", das war Wolfgang Hellmann!

Jahre später arbeitete ich als Reporter und redaktionelle Hilfskraft im Zentrum meiner frühen Radio-Erinnerungen – beim Saarländischen Rundfunk. Hellmann war inzwischen 1986 als 1. Programmgestalter fest angestellt worden und avancierte im Januar 1992 zum Musikchef der Europawelle. Gleichzeitig war er das Hit-Lexikon, das unerschöpfliche Archiv und der stille Arbeiter am Sound seiner Radio-Welle. Doch die Zeiten hatten sich unversehens geändert. Handgemachte Musikprogramme waren immer weniger gefragt. Der „richtige Mix" musste gefunden werden. Die Rotation der besten Hits sollte den Sendern ein unverwechselbares Profil geben. Also nur die bei den Hörern erfolgreichsten Titel sollten im Programm laufen. Auch die Europawelle reduzierte ihr musikalisches Angebot, wenngleich immer noch knapp unter 1 000 Hits gespielt wurden.

Welche Titel sich in dieser „Rotation" abwechselten, entschied die Musikredaktion. Sie legte auch fest, wie häufig die einzelnen Titel gespielt werden sollten. Nach diesen redaktionellen Vorgaben übernahm dann ab Januar 1992 eine Musiksoftware automatisch die Zusammenstellung der Titel für die einzelnen Sendestunden. Anfangs war dieses „Computerintegrierte Musikplanungssystem" (CIM) eine Eigenentwicklung des SR. Für ihre Weiterentwicklung bekam Wolfgang Hellmann dann im Oktober desselben Jahres mit Jürgen Bohr einen weiteren gleichberechtigten Musikchef dazu. Von einigen Spezialsendungen abgesehen, war dadurch die große Zeit der DJs vorbei, in der sie für ihre Sendungen auch selbst die Musik auswählen konnten. Hellmanns Musikwissen und seine umfangreichen Repertoirekenntnisse waren damit nur noch zu 10 Prozent gefragt. Er nahm es gelassen, wie es seine Art war.

Elvis-Fan Peter Maffay (Foto) verband mit Wolfgang Hellmann eine enge Freundschaft und die Elvis-Begeisterung. *Abb.: P. D'Angiolillo/SR*

Wolfgang, so cool und zurückhaltend wie er war, legte auf Hierarchie und Titel nur Wert, wenn es um Musiktitel ging. Es machte mich unglaublich stolz, meinen Radio-Helden von einst duzen zu dürfen. Gern besuchte ich ihn in seinem Büro auf ein Fachgespräch.

Hellmann hatte genau genommen zwei ganz große Leidenschaften: Rock'n'Roll (speziell Elvis Presley) und Komödianten. Seine Sammlung an Laurel-und-Hardy-Filmen erschien mir komplett. Jerry Lewis kannte er in- und auswendig, und er war in nahezu allen Loriot-Sketchen äußerst textsicher.

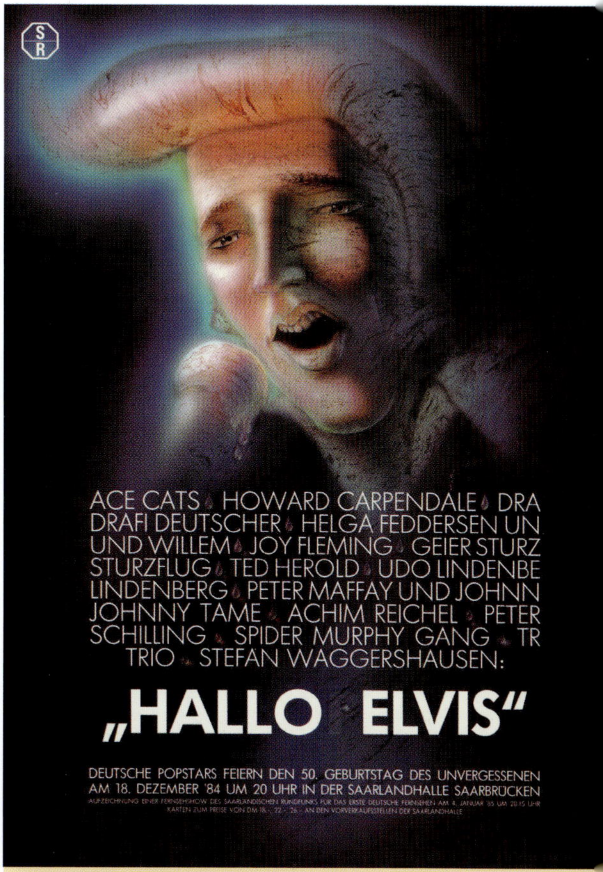

Spezialsendungen über Elvis waren Hellmanns Markenzeichen. Highlight war 1984 die TV-Show „Hallo Elvis“.
Abb.: SR

Letzteres rettete ihn auf extrem lustige und gleichzeitig bierernste Weise in einem von der Redaktion verpatzten Interview. Es ging um eine Sprengung an der Mosel. Ein Felsvorsprung sollte kontrolliert per Dynamit zum Absturz gebracht werden. Ein Sprengmeister sollte im Telefoninterview über die Schwierigkeiten einer solchen Aktion informieren. Keiner wusste hinterher wieso, aber es stellte sich erst live im Radio heraus, dass der vermeintliche Sprengmeister ein einfacher Feuerwehrmann ohne Sachkenntnis war. Hellmann aber brillierte als Moderator wie einst Vico von Bülow im Gespräch mit dem Astronauten, der nur ein einfacher Büroangestellter war.

Hellmann: „Sie sind der Sprengmeister vor Ort ...“
Feuerwehrmann: „Nein.“
Hellmann: „Nicht!“
„Nein, ich bin von der Feuerwehr.“
„Ah ja! Dann haben Sie mit der Sprengung des Felsvorsprungs nichts zu tun?“
„Nein.“
„Nicht, ah ja! Und welches Dynamit da verwendet wird ...“
„... kann ich nicht sagen.“
„nein, gut! ...“

Der Einfluß von Elvis Presley auf die Entwicklung der Popmusik hält bis heute an. „Ohne Elvis", so John Lennon, „hätte es die Beatles nie gegeben." Und es ist nur folgerichtig, daß die deutschen Popstars von heute aus Anlaß von Presleys 50. Geburtstag am 8. Januar 1985 dem „King" ihren Tribut zollen. Elvis hat sie musikalisch mitgeprägt, ihren Stil beeinflußt, bei einigen sogar ihr Leben geprägt. Howard Carpendale z.B. kann ein Lied davon singen – und tut es auch auf dieser Platte.
Wir freuen uns, daß die deutschen Popstars mit ihren Interpretationen das Elvis-Repertoire den jugendlichen Musikhörern von heute zugänglich machen. Wir sind aber auch sicher, daß langjährige Elvis-Verehrer an dieser Platte zu Ehren ihres Idols ebenso ihre Freude haben werden.

Helmut Radermacher
Vorsitzender und Pressesprecher der
Elvis-Presley-Gesellschaft e.V.
Postfach 429, 4770 Soest

~~Wolfgang~~ Elvis Hellmann
Elvis-Experte von
SR1 Europawelle Saar

SR1 Europawelle Saar

Die LP zur Fernseh-Show – Hätte ihn sicher gefreut: Auf dem Plattencover im SR-Archiv machte ein Spaßvogel aus Wolfgang einen „Elvis". Abb.: k-tel

So ging es weiter und wurde zu einer Sternstunde des Radios. Leider ist sie als Tondokument nicht erhalten.

Von Wolfgang Hellmanns Kochkünsten konnte man nur schwärmen. Wie seine Instrumentals selbst geschnitten waren, so war sein Sauerbraten selbst eingelegt. Eine Esseneinladung bei ihm zu Hause nahm ich mit Stolz an. So genoss ich eines Abends nicht nur, was er auf den Tisch gebracht hatte, sondern erlebte auch Hellmanns Sammlerglück in Sachen King of Rock'n'Roll. Überfüllte Musikregale hatte ich schon einige gesehen, aber noch nie ganze Meter, die nur mit Elvis Presley-Platten gefüllt waren.

Irgendwann kramte Hellmann in einer besonderen Schatzkiste: Ein Polaroid kam zum Vorschein, unscharf und verwackelt. Mit etwas Fantasie konnte man einen Menschenkopf erkennen, mit viel Doppelkinn, die Augen geschlossen.

„Wer oder was ist das, Wolfgang?"
„Das ist der tote Elvis!"
„Komm Quatsch, Polaroids kann man nicht nachmachen. Wie soll das sein?"
„Das auf dem Bild ist Elvis Presley!"

Die Geschichte dazu folgte: Ein Mitarbeiter des Elvis-Museums Graceland, der den „King of Rock 'n' Roll" an diesem unvergessenen 16. August 1977 leblos im Bad gefunden habe, habe umgehend und bevor jemand anderes vor Ort gewesen sei, eine Kassette Sofortbilder von seinem toten Chef geschossen. Nicht alle hätten brauchbare Fotos ergeben und keines davon sei je an die Öffentlichkeit gelangt. Jahre später hatte Hellmann Graceland besucht, wie viele andere Touristen auch. Er sei mit dem Fotografen von damals ins Gespräch gekommen, und dieser habe ihm irgendwann eines der Polaroids überlassen.

Diese Geschichte war aberwitzig und hanebüchen. Andererseits gab es keinen besseren Elvis-Experten als Wolfgang Hellmann in Deutschland, wenn nicht in Europa. Und der beschrieb die Herkunft dieses unscharfen Fotos ebenso glaubwürdig wie nüchtern. Hellmanns Schilderungen jedenfalls waren für mich einer dieser unvergesslichen Momente als Musikfan.

Durch Elvis war Wolfgang Hellmann zum Radio gekommen. Beim HR gewann der Postbeamte Hellmann ein Elvis-Quiz, wurde zu Musik-Moderator Achim Graul, der später zu Radio Luxemburg wechselte, ins Studio eingeladen - und fürs Mikrofon „entdeckt".

> SR-Kollege und Radio-Legende Manfred Sexauer über Wolfgang Hellmann:
> *„Alle Verleihungen der „Goldenen Europa", die ich moderierte, entstanden in Zusammenarbeit mit Wolfgang Hellmann. Die Geburtstagsparty „Happy Birthday Europawelle" zum 25-jährigen Jubiläum, war unser „Baby". Am schönsten aber waren die Abende vor Wolfgangs überdimensionalem Fernseher, besonders die, an denen es vorher seine „eingelegten Heringe" gab. Nie mehr habe ich bessere gegessen."*

Ich war dann über viele Jahre Wolfgang Hellmanns Ko-Moderator eines Comedy-Formats. Unsere „Wenn schon Radio, dann diese Show" wurde am Samstagnachmittag auf der Europawelle gesendet. Wolfgangs Pointen waren exakt vorüberlegt, seine Zuspieler und Töne aufwendig produziert. Und am Mikrofon, da war sie wieder, diese unglaubliche Coolness. Bierernst machte er seine Späße. Wie Loriot ohne eine Miene zu verziehen das Wohnzimmer verwüstete oder wie Laurel und Hardy sich den Finger ins Auge piksten oder „Kniechen Näschen Öhrchen" turnten, so agierte auch der Radio-Mann Hellmann.

Hellmann (17. Februar 1949 - 27. April2001) war bekennender Nicht-Sportler, rauchte viel und trank Unmengen Cola. Um seine Blutgefäße stand es nicht zum Besten. Er starb mit nur 52 Jahren und mit ihm ein Stück handgemachtes und spannendes Radio. Er wurde schlagartig, im doppelten Wortsinn, aus dem Leben gerissen. Freitags hatte er noch die Wochenend-Comedy-Show gewohnt akribisch vorbereitet. Tags darauf wurde es eine improvisierte Nachruf-Sendung für ihn, für ein Radio-Idol vieler Hörer.

Beim 1. Schülerferienfest auf dem Halberg 1983: v.l. Jan Hofer, Hermann Stümpert (Unterhaltungschef Europawelle), Gerd Arend, (dahinter) Wolfgang Hellmann, Sabine Neu und Bernd Duszynski. *Abb.: SR*

Durch den bekannten HR-Musik-Moderator Werner Reinke ist einer der Hellmann-Radio-Sprüche überliefert: *„Die Zeit: Ein mal vier. Nee, Entschuldigung, das war die Filtertüte!"*

Die Internet-Seite www.wolfgang-hellmann.de erinnert an ihn, von einem Hellmann-Begeisterten ins Netz gestellt. Immer mal wieder finden ehemalige Fans und alte Freunde dorthin. Auch diese Fan-Seite zeigt, wie weit verbreitet Hellmanns „Kraftpaket" in den 80ern gehört wurde. In der damaligen DDR sowieso, aber auch im Ruhrgebiet, zu einer Zeit, wo man schon längst auf satten UKW-Sound setzte. Doch das schien vielen egal gewesen zu sein. Sie wollten Hellmann hören, auch verrauscht oder via Mittelwelle.

18.10 Kraftpaket 117
mit Wolfgang Hellmann
18.10 Hits aktuell
19.05 Top 75
Die deutsche Verkaufshitparade

14.04 Wenn schon Radio, dann diese Show 156
mit Wolfgang Hellmann und Christian Job

Ausschnitte aus SR 1-Programmfahnen.

Vom Waldfest zum Halberg Open Air

Von Frank Rainer Huck

Fast vier Jahrzehnte lang hat der SR am letzten Schultag alle Schülerinnen und Schüler zu einem großen Open Air eingeladen. Premiere war am 16. Juni 1981. Was als „Schülerferienfest" auf dem St. Johanner Markt in Saarbrücken begann, fand später seine Fortsetzung als „Halberg Open Air (HOA)" auf der Radiowiese auf dem Halberg. Aus finanziellen Gründen musste der SR sich leider vom „Halberg Open Air" in der jetzigen Form verabschieden. 2017 fand es zum letzten Mal auf dem Halberg statt, für 2018 sucht man nach anderen Lösungen.

Auch 1982 wurde noch auf dem St. Johanner Markt lautstark der Ferienbeginn eingeläutet. Massive Beschwerden der Anwohner veranlassten die Stadtverwaltung jedoch, den „Antrag auf Genehmigung von Musikdarbietungen" der SR 1-Jugendredaktion künftig abzulehnen. So kam das Ferienfest 1983 erstmals auf den Halberg, und dann gleich für zwei Tage, vom 15. bis 16. Juli.

Allerdings hatte SR 3 Saarlandwelle bereits zwei Jahre früher die Wiese vor dem Funkhaus erfolgreich für die Veranstaltungsreihe „Pfingsttreff auf dem Halberg" erprobt, und zwar erstmals am Pfingstmontag, 8. Juni 1981. Aber auch dies war nicht das erste Open Air Festival auf dem Halberg. Am 14. Mai 1977 nämlich veranstaltete das FS-Jugendprogramm unter Beteiligung von „Drugstore 1421" das „1. Nachklapp Waldfest" auf dem Rondell vor der großen Wiese, die damals noch nicht dem heutigen Parkplatz unterhalb des Pförtnerhauses zum Opfer gefallen war.

„Nachklapp" hieß die Sendung, die die Jugendredaktion der Abteilung Familienprogramm Fernsehen Anfang 1976 gestartet hatte. Dr. Peter Werner war

Frank Rainer Huck im Interview mit Jugendfunk-Redakteur Norbert Klein. *Abb.: F. R. Huck/SR*

Frank Rainer Huck: Moderator, Redakteur, Archivleiter.
Abb.: G. Heisler/SR

der Abteilungsleiter, federführende Redakteurin Brigitte Schroedter. Die Redaktion hatte einmal im Monat donnerstags ab 19 Uhr im 3. FS-Programm S3 einen Sendeplatz von 45 Minuten zur Verfügung. Anfangs bestanden die ersten 30 Minuten aus Übernahmen der mit dem SR kooperierenden Sender SDR und SWF (heute SWR). In aller Regel waren dies Musiksendungen aus dem Pop- und Rockbereich. Die letzten 15 Minuten, der „Nachklapp" eben, wurden vom SR produziert. Diese Sendung war als Service-Sendung für Jugendliche gedacht und stellte Folk- und Jazzgruppen aus dem Sendegebiet von S3 vor, verbunden mit Veranstaltungstipps und Informationen aus dem Umfeld der Folkszene. Auf Grund meiner Erfahrungen und Kontakte aus meinen früheren Hörfunk-Sendungen „Pop Corner" und „Folk und Folks im Saarland" auf SR 2 Studiowelle Saar holte Brigitte Schroedter mich als Berater und Moderator in das Nachklapp-Team.

In den 70er Jahren schwappte eine regelrechte Folk-„Welle" über Deutschland, als bundesweite Fortsetzung der legendären Liedermacher-Treffen auf der Hunsrücker

Roger Siffer mit seiner Band 1977 beim SR-Waldfest. *Abb.: F. R. Huck/SR*

Burg Waldeck und auch als Gegenbewegung zu der vorherrschenden Schlager-, Pop- und Rockszene. Diese Musik also wurde im „Nachklapp" schwerpunktmäßig vorgestellt. Zahlreiche Folkclubs entstanden, in denen wir für den SR Live-Auftritte der Künstler filmten. Gegen Ende des Jahrzehnts nahm auch die Zahl der Folkfestivals ständig zu. Während des Sommers 1977 gab es rund 20 mehrtägige Festivals in ganz Deutschland, und die Nachklapp-Redaktion wollte da nicht abseits stehen.

Am zweiten Wochenende im Mai 1977 war es soweit. Neben dem Parkplatz-Rondell auf dem Halberg wurden zwei Bühnen aufgebaut, Hörfunk- und Fernseh-Übertragungswagen gingen auf Station. In der Mitte des Rondells entstand ein großer Holzstoß für das Lagerfeuer, denn auch 1977 waren die Maiabende nicht gerade warm. Schon tags zuvor liefen Studenten mit großen Tafeln durch die Saarbrücker Innenstadt, und auch Norbert Klein machte im „Drugstore1421" mächtig Reklame für das Ereignis.

Am Samstagabend, dem 14. Mai, strömten dann gegen 19 Uhr Hunderte meist jugendlicher Folkfans auf den Halberg. Norbert Klein, der als zuständiger Jugendfunk-Redakteur das Konzert für den „Drugstore" mitschneiden ließ, machte zu Beginn mit mir ein Interview. Danach begann das Konzert, das fürs Fernsehen aufgezeichnet wurde. Die Regie lag in den bewährten Händen von Regisseur und Kameramann Georg Bense. Als Erster trat Alfred Gulden mit Gedichten in Saarlouis-Rodener Mundart auf, die er um diese Zeit gerade zu vertonen begann.

Danach konnte ich Jürgen Albers vorstellen, ebenfalls mit eigenen Liedern auf Saarbrücker Platt. Besonders seine Textversion des bekannten Liedes „Mir sinn Saarbrigger" erntete erste Beifallsstürme und ist, mit einigen kleinen Textvariationen, noch heute brandaktuell: „Mir sinn Saarbrigger, mir schbiele Kligger, mir schmeiße Geld naus, wo gar keens iss!"

Als überregional bekannte deutsche Folkgruppe sang und spielte anschließend das Duo „Zupfgeigenhansel", das mit seiner zweiten LP „Volkslieder" gerade für den Deutschen Schallplattenpreis nominiert worden war. Vielen der Festivalgäste bereits bestens bekannt, wur-

Jürgen Albers, Liedermacher und auch Kabarettist. Von 1981 bis 2017 Redakteur und Moderator von „Fragen an den Autor".

Abb.: E. Röder/SR

Das Duo „Zupfgeigenhansel" auf dem Cover einer späteren LP (1982). Abb.: pläne records

den die beiden mit viel Beifall begrüßt und sangen aus ihrem Repertoire Volkslieder aus dem 15. und 16. Jahrhundert, sowie politische Lieder aus dem Vormärz und aus der Arbeiterbewegung.

Höhepunkt des Abends war dann der Auftritt von Roger Siffer, der sicherlich bekannteste elsässische Poet und Liedermacher. Mit seiner Mischung aus politischen Liedern und elsässischen Tanzliedern brachten er und seine Gruppe das Publikum richtig in Schwung. Der „Hans im Schnokeloch" durfte dabei nicht fehlen. Bis kurz vor Mitternacht wurde getanzt und gefeiert, und die rund 800 bis 1 000 Festivalbesucher machten sich, wie man allseits hören konnte, sehr zufrieden auf den nächtlichen Heimweg.

Sicherlich hatte diese erste Open-Air-Veranstaltung auf dem Halberg noch nicht die Ausmaße der späteren Ferienfeste, aber die Stimmung war eine ausgelassene, fröhliche und friedliche. Sicherheits- und Alkoholkontrollen waren noch überflüssig, Müllberge noch nicht wegzuräumen. Und vor allem: Den Zuhörern wurde echte Live-Musik geboten, keiner der auftretenden Künstler sang oder spielte zu Halb- oder Vollplaybacks, wie es später üblich wurde. Ein zweites Nachklapp-Waldfest hat es dann aber leider nicht mehr gegeben.

Bliebe noch zu ergänzen, dass rund einen Monat später, am 12. Juni 1977, das SR-Festival „Musik im 20. Jahrhundert" ebenfalls eine „Musik im Freien" veranstaltete. Besucher des Halbergs an diesem sonnigen Sommersonntag werden sich vielleicht noch erinnern, wie ein indisches Ensemble Mittags-Ragas auf der großen Wiese spielte, wie Musiker des RSO entlang des Weges zur Mithras-Grotte im Gebüsch kauerten und das Stück „Sticks and Stones" realisierten, und wie abschließend in der Mithras-Grotte Alphornbläser aus dem Donautal zusammen mit RSO-Musikern eine „Waldmusik" des Komponisten Lorenzo Ferrero uraufführten. Halberg Open Air Konzerte haben also schon eine lange Tradition, nur sind sie in den letzten mehr als drei Jahrzehnten sicherlich sehr viel lauter geworden. Allerdings auch viel größer.

„Und in der Technik: Conny Plank!" – ein Produzenten-Genie beim SR

Von Katja Preißner

In seinem eigenen Studio produzierte er in den 70ern und 80ern „Kraftwerk", „Ultravox", die „Eurythmics", „DAF", „Neu!", Devo und viele andere Künstler. Conny Plank, der 1987 mit nur 47 Jahren starb, gilt immer noch als der wichtigste deutsche Pop-Musikproduzent. Mitte der 60er Jahre war er Sendetechniker bei der Europawelle Saar des Saarländischen Rundfunks und ging auch dort unkonventionell und mit viel Leidenschaft ans Werk.

Im Europawellen-Studio: Sendungstechniker Conny Plank am Mischpult und Tontechnikerin Uschi Müller-Baltz (Mitte der 1960er Jahre).
Abb.: U. Müller-Baltz/SR

„Dass die Musiktitel im Radio ineinander übergingen und die Moderatoren nach Rhythmus drübersprachen, hat Conny eingeführt", erinnert sich die frühere Tontechnikerin Uschi Müller-Baltz. Sie kam 1964 als Sechzehnjährige zum SR und freundete sich direkt mit dem acht Jahre älteren Plank an.

„Die anderen Kollegen kamen in Hemd und Schlips zum Dienst. Conny nie! Der hatte schon Jeans an, als wir so was noch gar nicht kannten. Aber er kam ja aus der Gegend von Kaiserslautern und war sehr amerikanisiert."

Konrad „Conny" Plank stammte aus einer streng katholischen Familie, erinnert sich der frühere SR 3-Redakteur Friedrich Hatzenbühler – ebenfalls aus Kaiserslautern:

„Sein Vater war Schullehrer, und es gab mindestens vier oder fünf Geschwister. Ich war mit ihm in dieser katholischen Jugendgruppe ‚Neudeutschland'. Wir sind durch die Pfalz gelaufen und haben Wildwest gespielt. Er war so'n richtiger Bär. Wenn er gesagt hat: ‚Das machen wir!', dann haben wir das gemacht."

Conny Plank – kein typisches Passfoto!
Abb.: U. Müller-Baltz/SR

1963 oder Anfang 1964 muss Plank zum Saarländischen Rundfunk gekommen sein (und nicht zum WDR, wie es oft heißt). Leider finden sich die Personalakten nicht mehr. Auch was er vor seiner SR-Zeit gemacht hat, ist nicht klar. Taucht man allerdings ins SR-Schallarchiv ab, kann man Plank selbst über seine Ausbildung sagen hören: „Dann entschied ich mich für irgendeinen technischen Beruf, wurde erst mal Starkstrom-Ingenieur und wollte dann überwechseln in das Computerfach, traf aber dort nur Leute mit grauem Anzug und weißem Schlips und bekam den Horror." Der ebenfalls verstorbene Erich Werwie, legendärer Europawellen-Nachtmoderator, führte in den 70ern ein ausführliches Interview mit seinem Kumpel Conny. Ein wahrer Schatz im SR-Bestand! Dass Plank wirklich einen Ingenieurs-Titel führte, glauben seine Ex-Kollegen allerdings nicht.

Der Musik-, Technik- und Radio-Fan Conny Plank dockte also auf der jungen Europawelle an und wurde dort vermutlich auch für den Studio- und Sendebetrieb angelernt. Mit den Schlagern, die damals auf SR 1 zu hören waren, konnte er wenig anfangen. „Conny stand auf alles Amerikanische, vor allem auf schwarze Musik. Aretha Franklin und James Brown", erinnert sich Uschi Müller-Baltz. Das hinderte Plank aber nicht, auch Europawellen-Moderator Dieter Thomas Heck unter die Arme zu greifen. „Er hat immer ein bisschen mehr gemacht als er machen musste. Er hat dann irgendwann gesagt: ‚Soll ich dir an der Stelle ein bisschen Hall drauf geben?' Ich sag: ‚Du, mach das doch mal.'" Und so hörte sich Heck in einer „Schlagerparade" plötzlich sagen: „‚Und hier ist die Nummer eins-eins-eins-eins...'. Auf solche Ideen kamen ja andere gar nicht."

Natürlich erinnerte sich auch der frühere Europawellen-Star Manfred Sexauer an Conny Plank: „Ich hab meine erste Sendung mit Conny gemacht. Als Vertretung für Klaus Groth bei den ‚Bunten Funkminuten'. Ich hab mich enorm vorbereitet, und der Conny hat mir damals sehr geholfen. Er sagte: ‚Zu diesem Titel, musst Du jetzt nix sagen, da kommt Werbung.'" Sexauer musste später darüber lachen: „Er hat mein ganzes Konzept verhagelt!" Egal, wen man fragt: An Conny Plank erinnern sich alle gern. „Conny war ein sehr guter Kollege, dem es auch nicht zu viel war, mal zwei Schichten hintereinander zu fahren", so der frühere Tontechniker Karl-Heinz „Kalle" Wagner. „Aber er war auch ein bisschen aufmüpfig den älteren Kollegen gegenüber, die schon beim Reichsrundfunk waren. Denen war er ein Dorn im Auge."

„Er war ein offener Mensch", charakterisiert Jürgen Schlichting seinen früheren Kollegen. Auch der spätere Ü(bertragungs)-Dienstleiter arbeitete mit Plank auf der Europawelle zusammen: „Ein lieber, hilfsbereiter Mensch. Aber auch einer, der sich nicht alles gefallen ließ." Still und ruhig – so war Ernst Beckers Eindruck von Conny Plank, als dieser einmal zu Becker ins Hörspiel-Studio kam: „Er wollte Gitarre spielen und das dann mit anderen Stimmen synchronisieren. Das haben wir ihm beigebracht. Er war für jeden Hinweis dankbar."

Plank verstand sich offenbar auch gut mit dem früheren SR-Jazzredakteur Richard H. Krueger und mit dem US-amerikanischen Europawellen-Moderator Clay Sherman. „Der war dann auch öfters im ‚Hades' zu finden, wenn er einmal in der Woche aus Frankfurt hier rüberkam, um eine Spätabendsendung zu machen", weiß Karl-Heinz Wagner. „Der ‚Hades' war die Jazzkneipe in der Paul Marien-Straße in Saarbrücken", so Uschi Müller-Baltz, „und da waren lauter so ‚bekloppte' Typen. Conny war auch sehr viel mit Fritz Maldener zusammen", der verstorbenen saarländischen Jazz-Größe am Piano. Möglicherweise jammten die beiden auch zusammen, denn Karl-Heinz Wagner erinnert sich, dass Plank

Uschi Müller-Baltz beim Einstellen einer Platte in der Senderegie der Europawelle Saar (1966).

Abb.: U. Müller-Baltz/SR

selbst Musik machte: „Er spielte ein Instrument. Ich glaube, es war Trompete. Und er hat auch in einer Jazz-Band mitgespielt."

Außerdem erinnern sich die Kolleginnen und Kollegen an ein weiteres Faible von Conny Plank: „Er fuhr einen Mini-Cooper und war damit in Saarbrücken bekannt", so Wagner. „Der Conny hat damals auch schon Musikgruppen aufgenommen", berichtet Jürgen Schlichting. „Ich hatte ein selbstgebautes Mischpult, das er sich dann auslieh. Da konnte man sechs oder acht Mikrophone anschließen, und damit hat er in der Pfalz oder auch hier im Saarland Musik aufgenommen."

1966 endete Planks Zeit beim Saarländischen Rundfunk abrupt. Eine (feucht-fröhliche) sogenannte ARD-Nacht, in der der SR das Nachtprogramm in die komplette Sendergemeinschaft ausstrahlte, wurde ihm zum Verhängnis. Manfred Sexauer moderierte damals, so Uschi Müller-Baltz, und „er hat irgendwann ins Mikro gesagt, wie das so üblich war, ‚Conny und Uschi sind in der Technik'. Das hat eine Kollegin, die kurz zuvor gekündigt hatte, gehört und hat uns besucht." Auch Sexauer erinnert sich daran: „Im Laufe dieser Nacht musste Conny mal kurz aus dem Studio und sagte zu der Kollegin: ‚Fahr du einen Moment die Sendung, du hast das ja oft genug gemacht'." Karl-Heinz Wagner war ebenfalls damals dabei: „Die Frühschicht vom Schaltraum kam gerade, sah das und hat sich aufgeregt, dass eine ‚Betriebsfremde' am Pult saß."

Dieter Thomas Heck und Uschi Müller-Baltz.
Abb.: U. Müller-Baltz/SR

Wurde Plank zur Strafe dazu verdonnert, im Umspielraum Bänder umzuschneiden statt Sendungen zu fahren? Schmiss er darum selber hin oder flog er direkt raus? Es ist nicht genau zu klären. „Er bekam sofort kein Geld mehr, deshalb hat meine Mama Lunchpakete für ihn gemacht, die ich ihm nach Hau-

Wohl die Abschiedsparty von SR-Kollegen für Conny Plank im Dezember 1966: Von l. n. r.: Klaus Greinke, Sprecher; Hildegard Wachter, Tontechnikerin; Conny Plank, Sendungstechniker; Magdalena „Leni" Wagner, ihr Mann Karl-Heinz „Kalle" Wagner, Sendungstechniker Europawelle Saar; Gerlind Maurer, Tontechnikerin. Abb.: U. Müller-Baltz/SR

se brachte", berichtet Uschi Müller-Baltz. „Er wohnte damals am Kieselhumes und blieb höchstens noch vier oder fünf Wochen in Saarbrücken." Eine Party bei Jürgen Schlichting könnte die Abschiedsfeier für Conny Plank gewesen sein, meint Müller-Baltz. Als Datum hat sie den 9. Dezember 1966 im Fotoalbum notiert.

Und dann? Plank scheint nahtlos nach Köln gewechselt zu sein. Aber nicht zum WDR, wo sich übrigens ebenfalls keine Hinweise auf Plank in den Personalakten und im Archiv finden. Dafür erinnert sich der renommierte Produzent Wolfgang Hirschmann, ab 1967 im Kölner Rhenus-Studio mit Plank zusammengearbeitet zu haben. Möglicherweise hatte Dieter Thomas Heck hier Vermittler gespielt, tippt Uschi Müller-Baltz. Sie half im Rhenus-Studio öfter an der Seite von Plank aus, bevor sie 1971 nach Hamburg ging und auch dort wieder mehrfach mit Plank zusammenarbeitete.

Das bedeutete aber nicht, dass Conny Plank sich nicht mehr beim SR sehen ließ. „Da hatte er keine Scheu", so Uschi Müller-Baltz, „obwohl ich glaube, dass er so-

Ein guter Freund von Conny Plank: SR-Musik-Moderator Erich Werwie.
Abb.: E. Röder/SR

gar Hausverbot hatte." Aber beim SR arbeitete eben noch sein Freund Erich Werwie, den er immer wieder besuchte, erinnert sich Frank Laudenklos, der später für die Technik auf der Europawelle zuständig wurde. „Da war Conny meistens enorm gestresst, machte in einer Produktion eine kurze Pause und kam für ein, zwei Tage zu uns runter. Als wir uns über Technik unterhielten, sagte er mal: ‚Du, vieles andere ist mir zu sehr aus Büchern. Ich mach einfach'. Er war auch etwas versponnen und schweifte manchmal ab", so Laudenklos. „Da ist man mitten in der Unterhaltung und merkt richtig: Plötzlich kommt ihm irgendeine Idee. Da war der auf einer anderen Wolke und hörte gar nicht mehr zu. Das war aber normal."

Conny Plank hatte seine Berufung gefunden: der Popmusik zu aufregenden neuen Klängen zu verhelfen, die heute noch so frisch wirken, als wären sie gerade erst produziert. „Ich denke, er war beim SR nicht ausgelastet", resümiert Uschi Müller-Baltz. „Er wäre nicht da geblieben. Wir mussten beide in die ‚große weite Welt' hinaus."

> „In meinem Elternhaus bin ich eigentlich sehr von der klassischen Musik geprägt worden. Mein Vater war Organist in einer Kirche, und in einem Streichquartett hat er Bratsche gespielt. Ich lernte mit sechs schon an Knöppen drehen, am Radio-Apparat. Und fand heraus, dass die Militärsender zu der Zeit immer scharfe Musik spielten." Es setzte die erste Ohrfeige des Vaters, aber der kleine Conny Plank war an die „Teufelsmusik" verloren.

So erinnerte sich Conny Plank in einem Interview mit seinem Freund Erich Werwie an seine frühe Musikbegeisterung. Die Sendung „Pop non stop" (Ausgabe vom 29. Dezember 1979) der Europawelle Saar hat den Untertitel: „Der Musiker hinter der Scheibe. Der fünfte Mann in der Band." Knapp 90 Minuten lang dreht sich alles um die Gedankenwelt des einflussreichsten deutschen Musikproduzenten.

Udo Jürgens und der SR – eine ganz besondere Beziehung

Von Rolf-Dieter Ganz

Mehr als fünfzig Musikalben hat Udo Jürgens veröffentlicht, mehr als 1 000 Lieder geschrieben, er war ein gefeierter Sänger, Komponist und Pianist. Den SR empfand er als „Ein ehrenwertes Haus", über viele Jahre „Ein bisschen Heimat" für ihn.

Seine Fans (und wohl auch sich) hat der Frauenschwarm Udo Jürgens mit vielen Hits durch ein langes (Liebes-) Leben philosophiert. Warnte: „Du lebst nur einmal". Riet: „Vergiss die Liebe nicht". „Sag mir wie", beantwortete er auch. Und zwar so: „Schreib mir keinen Brief". Stattdessen: „Kiss me quick". „Merci Chérie", gehört sich dann für den wohlerzogenen Mann. Aber ansonsten bitte: „Frag nie" und schon gar nicht „Warum nur, warum". Denn „Siebzehn Jahr, blondes Haar" ist ohnehin eine Garantie: „Immer wieder geht die Sonne auf". Selbst mit „66 Jahren": „Es ist nie zu spät". „Mitten im Leben" hieß denn auch Udos Tournee zum 80. Geburtstag. In Saarbrücken sollte sie 2015 vom SR präsentiert werden. Udo starb am 21. Dezember 2014.

„Der Saarländische Rundfunk in Saarbrücken war mehr als alle anderen Radio-Anstalten für meine Karriere von entscheidender Bedeutung. In den ersten Jahren habe ich in unendlich vielen Sendungen für Fernsehen und Radio auf dem Halberg mitgewirkt, zusammen mit bedeutenden Künstlern von den Bee Gees bis Gilbert Bécaud. Truck Branss war ein Regisseur der ersten Stunde und hat mich besonders geprägt."

Udo Jürgens zu Gast bei Europawellen-Moderator Werner Zimmer. *Abb.: G. Heisler/SR*

Das schrieb Udo Jürgens dem SR ins Geschichtsbuch. Auf SR 3 Saarlandwelle ging er noch einen Schritt weiter: „Saarbrücken und ich – das ist eine Liebesbeziehung". Schon 1981 hatte er im „Porträt in Musik" (Regie Truck Branss) gestanden: „Beim SR bin ich schon fast zu Hause." Was Wunder, dass das Fernseh-Archiv auf dem Halberg eine echte Udo-Fundgrube ist. Da gibt es Beiträge, Dokus, Interviews in Hülle und Fülle beginnend mit der Sendung „Musik-Auktion" im Frühjahr 1965. Insgesamt 124 Treffer finden sich, wenn man den Namen „Udo Jürgens" eingibt: Auftritte, Interviews, Gespräche vom „Saarbrücker Bilderbogen" bis zum „aktuellen bericht"; von „Träume unterm Hammer" bis „Mag'S".

Meine persönliche Erinnerung an den Sänger und Komponisten geht jedoch noch weiter zurück: Auf meinen ersten Schüler-Partys Anfang der 60er Jahre in Saarbrücken drehte sich schon Jürgens' Single „Jenny" auf dem Plattenteller. Damals konnte ich ja noch nicht ahnen, dass ich später als Mitarbeiter der SR-Pressestelle bei der Aufzeichnung der Unterhaltungs-Show „Meine Melodie" aus dem Studio verwiesen werden sollte. Und schon gar nicht, dass ich mal mit Udo Jürgens nach Paris fliegen würde...

Udo Jürgens, Marianne Koch und Thomas Fritsch in der Sendung „Meine Melodie".

Abb.: H. Garthe/SR

Auch wenn das Radio – die Europawelle Saar – die Nase bei Udo Jürgens leicht vorn hatte, seine bundesweite Karriere nahm mit seinen Fernseh-Auftritten beim Saarländischen Rundfunk so richtig Fahrt auf. Erst in der Sendung „Musik-Auktion" im März 1965, dann vor allem als Interpret und Moderator der SR-Reihe „Meine Melodie" (ARD 1966 – 1970). Da war Udo Teil des Erfolgsquartetts mit Truck Branss, Marianne Koch und Thomas Fritsch – so die „SR-info" im Februar 1991.

Der frühere Unterhaltungschef Albert C. Weiland erinnert sich an die erfolgreiche Zusammenarbeit, aber auch an das Ende. „Udo Jürgens war schon in dieser Zeit ein Künstler, kein Typ „von der Stange". Ich habe ihn als einen Individualisten geschätzt

– und ihn infolgedessen auch machen lassen. Da gab es nichts zu meckern." Bei aller Individualität sei er jedoch stets offen für Anregungen gewesen. Zwei Momentaufnahmen kommen ihm und mir dabei in den Sinn. Weiland: „Udo und Gilbert Bécaud. Der SR produzierte in der zweiten Hälfte der 60er Jahre die ‚Gilbert-Bécaud-Shows' (live!) mit vielen internationalen Künstlern. Als Bécaud einmal mit der Hand auf den Flügel geklatscht hat, um seiner folgenden Moderation mehr Nachdruck zu verleihen, hat Udo das bei seinem Liedvortrag übernommen und nachgemacht. Sicher kein Zufall."

Udo Jürgens als Moderator – hier in der SR-Fernseh-Show „Meine Melodie" vom 27. Juni 1966. Regisseur war Truck Branss. *Abb.: SR*

Dass Bécaud für Jürgens Kollege und Vorbild war, belegt meine Erinnerung an eine andere Pose. Bécaud hatte die Angewohnheit, seine linke Hand ans linke Ohr zu halten – auch das hat Udo als Gast einer der Shows von dem französischen Star übernommen. Später sprach Jürgens von Bécaud als „einem prägenden Freund". Eine weiße Floride, mit der der Gast aus Paris bei seinen Produktionen vor Schloss Halberg parkte, hat Udo jedoch nie besessen ...

Im Fernseh-Studio I auf dem Saarbrücker Halberg gaben sich damals nationale und internationale Stars die Klinke in die Hand. Als ich als frischgebackener Redakteur der Pressestelle 1966 oder 1967 bei den Dreharbeiten zu „Meine Melodie" zuschauen wollte, hörte ich eine keinen Widerspruch duldende Stimme: „Ik kann nich arbeeten, wenn da een Fremda im Studio steht." Branss musste mich am Studioeingang entdeckt haben. Also ging ich und kam erst wieder, nachdem ich eine Genehmigung des großen Meisters hatte.

Rasche Klärung hier, baldige Trennung da: Eine längere Zusammenarbeit mit Jürgens als Moderator des Fernseh-Wunschkonzerts „Meine Melodie" scheiterte schon bald am schnöden Mammon. A. C. Weiland: „Der damalige Manager von Udo Jürgens, Hans R. Beierlein (1963 – 1977; Nachfolger wurde Freddy Burger), wollte eine höhere Gage. Die gab mein Etat jedoch nicht her. Als auch der Vermittlungs-

Udo Jürgens, Regisseur Truck Branss und die Schauspielerin Pirko. Abb.: SR

versuch unseres Intendanten Dr. Franz Mai scheiterte, mussten wir – so Mai – „leider auf Herrn Jürgens verzichten". Nachfolgerin bei „Meine Melodie" wurde Marianne Koch.

Kein Grund jedoch, die Verdienste des Sängers Udo Jürgens fürderhin zu übersehen. Im Gegenteil: Er gehörte zu den ersten Preisträgern der „Europa", wie der Preis 1969 bei der Verleihung im Rahmen des Filmballs in Wiesbaden noch hieß. Nach zwei Gastspielen sozusagen in Untermiete beim Deutschen Filmball wurde die „Goldene Europa" schließlich zum jährlichen Stelldichein der deutschen Unterhaltungsbranche in Saarbrücken. Den Sprung ins Abendprogramm der ARD schaffte die „Goldene Europa" 1981. Auch hier war Jürgens Premierengast und Preisträger – inzwischen zum fünften Mal nach 1968, 1976, 1977 und 1978. Einmal sogar reiste ein SR-Team nach London, um ihm die „Goldene Europa" zu übergeben. Noch bevor der SR Show und Verleihung der „Goldenen Europa" aufgab, erhielt Udo 1998 seine sechste Trophäe – für sein Lebenswerk! Da war er mit 64 noch nicht einmal im Pensionsalter.

Für Jürgens wie für alle anderen Teilnehmer wird die zehnte Verleihung der „Goldenen Europa" im Mai 1977 in besonderer Erinnerung geblieben sein. Fand doch die Verleihung an einem Tag in zwei verschiedenen Städten feierlich statt: Vormittags wurden wie gewohnt im Großen Saal des Konferenzgebäudes die Spitzenreiter der von Dieter Thomas Heck moderierten Deutschen Schlagerparade – darunter Udo Jürgens – ausgezeichnet. Und nachmittags erhielt Leonard Bernstein einen Sonderpreis – in Paris im legendären Hotel de Crillon an der Place de la Concorde. Der imposante ehemalige Adelspalast aus dem 18. Jahrhundert, der während des Zweiten Weltkriegs Hauptquartier der deutschen Truppen war, beherbergte den Komponisten, Dirigenten und Pianisten Leonard Bernstein so häufig, dass später eine Suite nach ihm benannt wurde. Ein überaus würdiger Rahmen für Teil zwei der Verleihung an einen Weltstar, der zu Aufnahmen von Richard-Strauss-Liedern in Paris war.

Leonard Bernstein und Udo Jürgens greifen gemeinsam in die Tasten. *Abb.: dpa/SR*

Noch ohne TGV und ICE starteten die geladenen Gäste mit Programmdirektor Dr. Heinz Garber an der Spitze vom Flughafen Saarbrücken-Ensheim aus mit einem Charterflugzeug, einer Boeing 737. An Bord auch die Preisträger Boney M., die schon auf dem Flughafen von Fotografen und Kamerateams umlagert wurden. Mit Bussen ging's zum Hotel. Ein Konzertflügel stand bereit. Rasch war eine Wand mit dem früheren SR 1-Logo dahinter aufgebaut. Journalisten, Preisträger und die SR-Delegation warteten geduldig, bis der Meister kam – freundlich lächelnd. Dr. Garber übergab unter dem Beifall der 200 Ehrengäste den Sonderpreis der „Goldenen Europa". Und dann der Höhepunkt: Weltpremiere des Duos Bernstein und Jürgens am Klavier; sie spielten und sangen „Maria" aus Bernsteins Musical „West-Side-Story". So ganz zwanglos war das, als würden sie schon ewig zusammen auftreten. Bernstein kommentierte das lachend mit den Worten: „Jetzt bin ich ein Popstar."

Nachher im Bus zum Flughafen schlug Udo Jürgens seinem Manager Beierlein auf die Schenkel und sagte ob dieser Welturaufführung strahlend: „Hans, wie Du das wieder hingekriegt hast." Auch wenn Beierlein in dieser Zeit ein hilfreicher Partner des SR bei der „Goldenen Europa" war, diese Verleihung hatte Udo nun wirklich nicht ihm allein zu verdanken.

Udo Jürgens 1981 bei Aufnahmen zu einem Jürgens-Porträt von Truck Branss.

Abb.: SR

Im „aktuellen bericht" des Saarländischen Fernsehens beantwortete Udo Jürgens am 5. Dezember 1996 Zuschauerfragen. Der Moderator war Otto Deppe.

Abb.: SR

Udo Jürgens 1998 in der Saarbrücker Saarlandhalle.

Abb.: R. Ruppenthal/SR

Und wer hat den ganzen Spaß bezahlt? Etwa die Gebührenzahler? Weit gefehlt. Emil Lehnen, Chef vom Werbefunk Saar, hatte die Aktion eingefädelt und einen Reiseveranstalter mit ins Boot bzw. in den Flieger geholt. Mit diesem Hinweis wurden auch Nachfragen in den Gremien zufriedenstellend beantwortet...

Noch vor der Verleihung der 6. „Goldenen Europa" und der ersten im ARD-Abendprogramm 1981 gab es weitere Highlights in der besonderen Verbindung Jürgens/SR. So 1973, als der SR beim Fernseh-Wettbewerb um „Die Goldene Seeschwalbe" vom belgischen Seebad Knokke als Gewinner zurückkam. Eine besondere Anerkennung errang die Live-Show mit Marsha Hunt und Udo Jürgens. Wieder ein Erfolg des inzwischen bewährten Trios mit Jürgens, Branss (Regie) und Weiland (Redaktion). Ebenfalls 1981, und zwar wenige Wochen vor der TV-Show aus der Saarlandhalle, sendete der SR das „Porträt in Musik: Udo Jürgens". Auch hier führte Branss Regie. Sicher erinnern sich noch viele SRler an das große weiße Dekorations-U auf der Halberg-Wiese, auf der bis 2017 das Halberg-Open-Air präsentiert wurde. Und an den weißen Flügel, auf dem Udo Jürgens Playbacks eingespielt hatte.

„Monsieur Chanson" Gerd Heger am „Udo-Flügel" in Eschringen.

Abb.: R. Schmitt/SR

Dass dieser sog. „Udo-Flügel" noch existiert, das ist SR-Bibliothekar Roland Schmitt zu verdanken. Seit 2009 steht der ausrangierte und inzwischen neu gestimmte Konzertflügel in der ehemaligen Grundschule des Saarbrücker Stadtteils Eschringen, die u. a. vom Musikverein „Lyra Eschringen" für die musikalische Früherziehung genutzt wird.

Manfred Krug und seine Zeit beim SR

Von Rolf-Dieter Ganz

Der Schauspieler und Sänger Manfred Krug und der Saarländische Rundfunk – was für eine Geschichte. Aus Anlass seines 75. Geburtstages am 8. Februar 2012 erinnerte Krug selbst daran.

Manfred Krug. *Abb.: SFB*

Es war 1979. Zwei Jahre nach Manfred Krugs Ausreise aus dem anderen Teil Deutschlands, wo Krug keine Zukunft mehr hatte. Mit Sack und Pack, seiner Oldtimer-Sammlung und einem brisanten Tonband war er gekommen. In der DDR hatte der Künstler zuerst Starkult genossen und dann im Westen seine zweite Karriere begonnen. Da kam ihm die SR-Auszeichnung mit der „Goldenen Europa", die erste in der neuen Heimat, gerade recht. Und im Gefolge das Fernseh-Porträt. Als Redakteur in der SR-Pressestelle habe ich Manfred Krug damals betreut. Da kannte ich den Jazz-Sänger allerdings schon einige Jahre.

Es muss 1973 gewesen sein, als ich Manfred Krug „entdeckte". In einer ARD-Übernahme der Show des DDR-Fernsehens „Ein Kessel Buntes". Die gab es drüben ab 1972 und sie war die einzige Sendung, in der auch West-Künstler (wie Gitte, Abba, später auch Katja Ebstein, Udo Jürgens und Cindy & Bert) auftreten durften. Und die es nach der Wende sogar ins öffentlich-rechtliche Fernsehen schaffte. Manfred Krug, ein Jazz-Sänger, wie es bei uns keinen gab. Als ich das nächste Mal im Rahmen der Funkausstellung in West-Berlin war (1973 oder 1975?), wollte ich unbedingt rüber in den Ostteil der Stadt, um mir eine LP zu kaufen. Ein schwieriges

Unterfangen, weil ich ja erst mal einen Einkaufskorb ergattern musste, um den Laden am Alex überhaupt betreten zu dürfen. Aber ich hatte Glück. „Greens" hieß die Scheibe mit blau-lila Cover, die ich stolz nach Hause brachte. Ab dann grassierte das Krug-Fieber in unserer Klicke …

Weil es im Funkhaus-Archiv von Krug nichts aus seiner DDR-Zeit gab, schaffte es meine Platte Jahre später sogar auf einen SR-Plattenteller. Wodurch Manfred Krug unverschuldet zu einem Versicherungsfall wurde. Und das kam so: Manfred Krug geriet als einer der Unterzeichner einer Protestnote gegen die Ausbürgerung von Wolf Biermann 1976 in die Mühlen der DDR-Bürokratie. Ohne (künstlerische) Zukunft in Berlin-Ost erzwang Krug 1977 seine Ausreise in den Westen. Wo er auf der Beliebtheitsskala schnell emporstieg. Und ins Visier des Orga(nisations)-Teams „Goldene Europa" geriet, dem ich für die Presse- und Öffentlichkeitsarbeit angehörte.

Manfred Krug und Regisseur Rolf von Sydow in einer Drehpause. *Abb.: SR*

Wen wundert's, dass Manfred Krug von den Unterhaltungs- und Musik-Journalisten in der SR-Jury als „Entdeckung des Jahres" gefeiert wurde! Worüber sich der inzwischen 42-jährige ehemalige DDR-Star im Großen Sendesaal des SR ein bisschen lustig machte. Das war im Februar 1979 und gehörte zu dem TV-Porträt „Life: Manfred Krug". Auch in der Völklinger Hütte wurde gedreht, eine passende Kulisse für den gelernten Stahlarbeiter Krug. Rolf von Sydow führte Regie.

Der inzwischen 92-jährige von Sydow („Meine drei Ehen haben mich jung gehalten.") arbeitete häufiger als Regisseur für den Saarländischen Rundfunk. Von 1977 bis 1979 war er Hauptabteilungsleiter „Fernseh-Spiel und Unterhaltung" beim SR. Regie führte er u.a. in zwei Saarbrücker „Tatorten" sowie bei verschiedenen Künstler-Porträts.

An die Produktion und die Zusammenarbeit mit „Manne Krug" erinnert sich von Sydow gerne, „obwohl er kein einfacher Mensch war". Trotz einiger Schwierigkeiten in der Kennenlernphase habe er sich aber „im Laufe des Drehs mit ihm ein bisschen angefreundet".

Manfred Krug sei ein Star gewesen, der sich auch stark in die Produktion einbrachte. So habe er im Porträt „Wert darauf gelegt, seinen Wechsel in die Freiheit zu dokumentieren". Von Sydow hat ihn deshalb in der Anfangssequenz „seine Geschichte erzählend in Berlin (= Osten) eine Treppe zur U-Bahn hinabsteigen und den Satz vollendend in London am Picadilly-Circus (= Westen) wieder emporsteigen lassen." Das habe Krug sehr gut gefallen.

Manfred Krug, Spitzenklasse auch als Jazzsänger. *Abb.: SR*

„Sehr spannend" sei es auch gewesen, mit Krugs langjährigem Partner, dem Komponisten Günther Fischer, und mit dem Jazz-Musiker und Bandleader Peter Herbolzheimer zusammenzuarbeiten.

Von Sydows Original-Drehbuch und der Dreh-Ablaufplan lagern, mit seinen handschriftlichen Anmerkungen versehen, im Archiv der Akademie der Künste in Berlin. Dort können sie eingesehen werden.

Manfred Krug erhielt dann im Mai 1979 die Goldene Europa (u.a. mit Adamo, Frank Farian, Mireille Mathieu, Vader Abraham). Als Redakteurin Rosemarie Jungk den Preisträger den SR 1-Hörern vorstellen wollte, gab es zwar schon eine neue LP („Da bist Du ja"), aber kein Tondokument seiner DDR-Jahre. Da kam meine LP „Greens" wie gerufen.

Doch wie ich meine Großzügigkeit Wochen später bereut habe! Denn nach

Manfred Krug – Gewinner der Sonder-Europa als „Entdeckung des Jahres"; links Orchesterleiter Peter Herbolzheimer. *Abb.: SR*

der Sendung blieb die Scheibe verschwunden! Noch ein Liebhaber im Funkhaus? Jedenfalls meldete ich den Verlust der Versicherung. 20 D-Mark Entschädigung gewährte mir das Haus damals. Kein Ersatz für die Original-DDR-LP. Denn beim nächsten Ost-Berlin-Besuch gab es sie schon nicht mehr. Immerhin konnte ich eine Musikkassette aus der legendären Reihe „Jazz - Lyrik - Prosa ..." ergattern.

Peter Herbolzheimer mit seiner Big Band in Knokke (1975). Abb.: G. Lehnert/SR

Getröstet hatte ich mich mit Krugs erster West-LP „Da bist Du ja", die er u.a. mit dem Jazz-Musiker und Bandleader Peter Herbolzheimer eingespielt und im Großen Sendesaal des SR mit Big Band präsentiert hatte. Und die Krug mir signierte: „Viel gehört, viel gelernt, vielen Dank" steht da über seiner Unterschrift und dem Datum 14. Februar 1979.

Fortan „begegnete" ich dem Schauspieler und Sänger noch öfter und meist eher zufällig - ob am Abend einer Sitzung der ARD-Pressechefs Anfang der 90er in Potsdam oder später bei der Buchmesse in Leipzig. Dort fand auch unsere letzte echte Begegnung statt, als er auf Einladung des DLF Brecht-Texte sprach. Danach hatte ich Gelegenheit, ihn an seine SR-Auftritte 1979 (u.a. auch als Gastgeber der „Späten Gäste" bei Jazz-Redakteur Richard Krueger auf SR 1) zu erinnern. „Ja, ja, das war eine schöne Zeit." Manfred Krug hat sie auf mehreren Seiten in dem Bildband „MK-Bilderbuch" wieder auferstehen lassen. Sein 75. Geburtstag 2012 war zudem dem MDR und dem NDR, für den er als Tatort-Kommissar Quotenerfolge erzielte, einige Sondersendungen wert. In denen jede Menge Filmzitate aus seinen „SR-Tagen" wieder zu sehen waren. Manfred Krug starb am 21. Oktober 2016 im Alter von 79 Jahren in Berlin.

Die lange SR-Tradition bei der „Großen Schleife“: Tour-Sender seit 1948

Von Axel Buchholz

Der Saarländische Rundfunk ist der „Tour-Sender“. Die regelmäßige Information über die Tour de France gehört zu den Markenzeichen des Senders an der Saar. Genauer gesagt: Der SR ist der „Federführer“ für die ARD-Berichterstattung von der „Tour de France“. Das war er, egal ob mit oder ohne Live-Übertragungen, von Anfang an. Zuerst nur im Radio, dann auch im Fernsehen. Diese lange Tradition begann bereits bei Radio Saarbrücken. Aber wann genau?

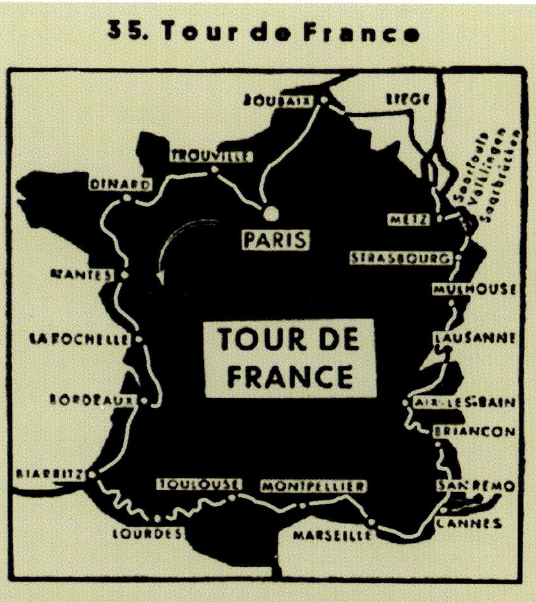

Mit dieser Grafik (Ausschnitt) informierte 1948 die Saarbrücker Zeitung ihre Leser über den Tour-Verlauf. Abb.: SZ

Durch Recherchen von SR-Dokumentar und Bibliothekar Roland Schmitt wissen wir: Radio Saarbrücken (der Vorgänger-Sender des Saarländischen Rundfunks) übertrug die Tour schon seit 1948. Das war die zweite Nachkriegstour, denn 1947 wurde die „grande boucle“ („große Schleife“) erstmals nach 1945 wieder gefahren. Seit dem ersten Kriegsjahr 1939 hatte es keine Tour mehr gegeben.

Die 18. Etappe der 35. Tour dürfte im Saarland ein großes Ereignis gewesen sein – und natürlich auch fürs Radio. Fernsehen gab es noch nicht. Am 22. Juli 1948 führte

Ringsendung während der „Tour"

Laufende Reportagen von Radio Saarbrücken

Wenn die Fahrer der „Tour" am morgigen Donnerstag auf der Etappe Strasbourg—Metz die Saarlandgrenze passieren, wird sich Radio Saarbrücken mit seinen Rundfunk - Uebertragungsstationen einblenden. Reportagen werden von der Grenze, der Saargemünder-Brücke, dem Keglerheim, aus Saarlouis und vom Felsberg gesendet. In Saarbrücken, Wadgassen, Völklingen und Saarlouis werden weiterhin Lautsprecheranlagen aufgestellt, während auf dem Felsberg ein Lautsprecherwagen der „Saarbrücker Zeitung" die Uebertragung vornimmt. Für die Bevölkerung des Saarlandes empfiehlt sich folgendes, nachahmenswertes Beispiel aus Frankreich: Familien, die einen Rundfunkempfänger besitzen, stellen denselben an die Fenster ihres Häuserblocks, damit allen Straßenpassanten und Zuschauern Gelegenheit geboten ist, die Ringsendung von Radio Saarbrücken zu verfolgen und sich so über den Verlauf des Rennens zu unterrichten.

Die SZ vom 21. Juli 1948 über die Ringsendung von Radio Saarbrücken.

Die SR-Sportreporter Wilhelm Diederich (l.) und Charly Scholz (r.). *Abb.: SR*

die „Große Schleife" zwischen Straßburg und Metz auch durchs Saarland: von der Grenze bei Sarreguemines (Saargemünd) nach Saarbrücken und von dort weiter nach Saarlouis.

Radio Saarbrücken brachte darüber in einer „Ringsendung" sogar laufend Reportagen, berichtete die Saarbrücker Zeitung, die da schon wieder regelmäßig erschien. Übertragungsorte waren die Saargemünder Brücke, das Keglerheim Saarbrücken, Saarlouis und der Felsberg.

Lautsprecheranlagen wurden in Saarbrücken, Wadgassen, Völklingen und Saarlouis aufgestellt. Am Felsberg sorgte ein Lautsprecherwagen der Saarbrücker Zeitung für die Beschallung.

Den Saarländern empfahl die SZ ein „nachahmenswertes Beispiel aus Frankreich": „Familien, die einen Rundfunkempfänger besitzen" (so kurz nach dem Krieg beileibe keine Selbstverständlichkeit!) sollten „denselben an die Fenster ihres Häuserblocks (stellen), damit allen Straßenpassanten und Zuschauern Gelegenheit geboten ist, die Ringsendung von Radio Saarbrücken zu verfolgen und sich so über den Verlauf des Rennens zu unterrichten."

Dass die Tour 1948 überhaupt durch das Saarland führte, passte zur politischen Situation und der von Frankreich angestrebten „pénétration culturelle" (Durch-

Rolf „Bobs" Wernicke vom Südwestfunk war schon vor 1945 beim Reichsrundfunk eine Reporterlegende. Er berichtete 1950 zusammen mit SR-Sportreporter Charly Scholz von der Tour.
Abb.: W. Pragher/ Landesarchiv Baden-Württemberg

dringung mit französischer Kultur). Seit Dezember 1947 war das Saarland ein französisch dominierter teilautonomer Staat mit einer eigenen Verfassung. Da setzte ein halbes Jahr später die Präsenz des größten französischen Sportereignisses im Saarland ein deutliches Zeichen für die Zukunft der Saar. Und sicher nicht ungelegen berichteten Radio Saarbrücken und Saarbrücker Zeitung darüber sehr umfangreich. Der Sender hatte mit Gérard Losson einen französischen Generaldirektor und die Zeitung, unter deren „Protektorat" die Tour durchs Saarland führte, war in französischem Staatsbesitz.

Zwei Jahre später, von der 37. Tour, kündigte 1950 die Saarländische Radio-Zeitung „Funkwoche" als Beginn einer fortlaufenden Berichterstattung von Radio Saarbrücken eine zeitversetzte Reportage von der ersten Tour-Etappe von Paris nach Metz am 3. Juli 1950 an. Gesendet wurde sie ab 20.05 Uhr nach der Politik-Sendung „Stimme des Tages".

Als Berichterstatter nannte die „Funkwoche" den damaligen Sportreporter-Star von Radio Saarbrücken Charly Scholz und seinen Kollegen Rolf Wernicke. Der war freier Mitarbeiter beim Südwestfunk und ab 1952 dann Leiter „Aktuelles Wort" beim Hessischen Rundfunk. Vor allem aber war Rolf Wernicke (1903 - 1953) eine Sportreporter-Legende noch aus den Zeiten des Reichsrundfunks vor dem Krieg. Bei den Olympischen Spielen 1936 in Berlin hatte er u. a. den 100m-Endlauf mit Jesse Owens reportiert, wurde Sportchef beim „Großdeutschen Rundfunk" in Berlin und war Reporter auch bei vielen nationalsozialistischen Großveranstaltungen.

An der Tour 1950 nahm als Tontechniker Karl Fischer für Radio Saarbrücken teil. Ihm verdankt der SR eine Reihe interessanter, aber leider undatierter privater Bilder aus den ersten Tour-Jahren. Eines zeigt deutlich die Jahreszahl 50 an einem Auto im Begleittross, das vor dem SR-Reportagewagen herfuhr. Reportagen von 1950 und auch von

Tour de France 1950

Radio Saarbrücken wird die erste Etappe der Tour de France am 13. Juli ab 20.05 Uhr übertragen und vom 4. bis 7. August fortlaufend berichten; diese Reportagen werden an die deutschen Sender weitergegeben. Für die laufende Programmwoche wurden von der Radio-Diffusion Française bis jetzt folgende Sendezeiten bekannt:

Donnerstag, 13. Juli, Etappe Paris — Metz: 12.30 (Chalons-sur-Marne) — 16.30 (Ankunft Metz) — 19.40 und 22.00 Uhr. — **Freitag, 14 Juli, Etappe Metz — Lüttich:** 12.30 (Diekirch — Luxembourg) — 16.00 (Ankunft Lüttich) — 19.40 und 22.00 Uhr. — **Samstag, 15. Juli, Etappe Lüttich — Lille:** 6.40 — 12.30 (Binche) — 16.00 (Ankunft Lille) 19.40 und 22.00 Uhr.

Radio Luxembourg gibt folgenden Uebertragungsplan bekannt: **Donnerstag:** 7.30 — 11.30 — 12.30 — 16.35 (Ankunft am Etappenziel) 19.26 — 22.30 Uhr. — **Freitag:** 7.30 — 12.30 — 16.30 (Ankunft am Etappenziel) — 19.26 — 21.55 Uhr. — **Samstag:** 7.30 — 12.30 — 16.45 (Ankunft am Etappenziel) — 19.26 — 21.55 Uhr.

Radio Saarbrücken berichtete 1950 ab der ersten Tour-Etappe (Ausschnitt aus der Funkwoche).

1951 haben sich bislang freilich weder beim SR noch beim SWR gefunden.

Der Ankündigung der Funkwoche ist aber zu entnehmen, dass Radio Saarbrücken 1950 die Tour-Reportagen „an die deutschen Sender" weitergab. Den Beweis für 1951 liefert ein Dankschreiben aus Baden-Baden von der Abteilung „Zeitfunk-Sport" des damaligen Südwestfunks (heute SWR), der die Reportagen gekürzt übernahm. Verfasst hat es der Sportreporter (und spätere Tour-Reporter und SWF-Sportchef) Rudi Michel am 30. Juli 1951.

„Die Tour ist beendet – es lebe die Tour", schreibt Michel voller Begeisterung im ersten Satz und gratuliert dann SR-Sport-Reporter Charly Scholz sowie dem Zeitfunk- und Sportfunkleiter Wilhelm Diederich zu den „ausgezeichneten Reportagen", die „wirklich große Klasse" gewesen seien. Als „schade und wirklich bedauerlich" empfand der SWF-Kollege nur, „dass entweder schlechte Leitungen oder eine schlechte technische Ausrüstung sich negativ auswirkte".

Aus dem SR-Reportagewagen aufgenommen: Bild von der Tour 1950.

Abb.: A. Fischer/SR

Zu vermuten ist freilich, dass die Tour-Reportagen von Radio Saarbrücken auch schon vor 1950 von anderen Sendern übernommen wurden. Naheliegend ist, dass diese Tradition jenseits der saarländischen Grenze in der damaligen französischen Besatzungszone beim Südwestfunk in Baden-Baden begann.

Werner Zimmer (r.) mit seinem Chef Jupp Hoppen (M.) und SR-Sportreporter Hans Berwanger, der oft im Saarbrücker Studio die TV-Tourberichte anmoderierte.
Abb.: R. Oettinger/SR

Das älteste deutsche Tondokument von der Tour lagert in den Archiven des SR: eine Aufnahme von 1952. Es sind Reportagen von Radio Saarbrücken von der drittletzten und der vorletzten Etappe der 39. Tour de France (Limoges – Puy de Dôme und Clermont-Ferrand – Vichy). In Puy de Dôme hatte der Italiener Fausto Coppi die Etappe gewonnen – der spätere Toursieger, der schon seit zwölf Tagen das Gelbe Trikot trug.

Einer der Reporter war Jupp Hoppen. Charly Scholz und Wilhelm Diederich gehörten ebenfalls dem SR-Reporterteam an, sind auf den erhaltenen Bändern aber nicht zu identifizieren. Dass der SR auch über die Schlussetappe von Vichy nach Paris berichtete (von 20.00 bis 20.15 Uhr nach der Sendung „Stimme des Tages"), ist nur durch die erhaltene und inzwischen digitalisierte Programmfahne vom 19. Juli belegt.

Sportreporter Jupp Hoppen hatte jedenfalls 1951 noch für die saarländische Radio-Zeitung „Funkwoche" gearbeitet. Zu Beginn der 50er wurde er dann Leiter des Sportfunks von Radio Saarbrücken. Zuvor war es Wilhelm Diederich gewesen, unter dessen Leitung noch Zeitfunk und Sport zusammengefasst waren. Er wurde dann Chefredakteur von Radio Saarbrücken.

Werner Zimmer mit dem Kölner Tour-Fahrer Rolf Wolfshohl, 1968 für zwei Etappen Träger des Gelben Trikots.
Abb.: F. Hartung/SR

Diederich nutzte die Gunst der (politischen) Stunde und machte Radio Saarbrücken zum „Tour-Sender". Er begann auch die Kooperation bei den Übertragungen mit dem SWF. Sein Nachfolger Jupp Hoppen setzte diese fort und bezog auch das neue Medium Fernsehen ein.

Von Jupp Hoppen gefördert, begann ab 1957 (also schon beim öffentlich-rechtlichen SR) Werner Zimmer seine Karriere als Sportreporter. Die erste im SR-Archiv erhaltene FS-Sendung zur Tour mit seiner Stimme stammt aus dem Jahr 1963. Sie wurde am Vorabend des Tour-Starts unter dem Titel „Zum fünfzigsten Mal Tour de France" in der ARD ausgestrahlt. Jupp Hoppen war der Autor und Werner Zimmer der Sprecher (Kamera: Horst „Ohm" Wegener und Richard Theobald, Schnitt: Marianne Kuhn). Es ist die älteste deutsche Fernseh-Reportage von der Tour.

Als Tour-Reporter war Zimmer seit 1964 dabei. Im Buch „100 Jahre Tour de France" (Leitung der deutschen Buchredaktion: Rolf-Dieter Ganz, SR) schrieb er: „In Liseux machte ich meine erste Hörfunk-Reportage vor dem Start der 51. „Großen Schleife". Im Archiv findet sie sich nicht mehr. Die ersten erhaltenen Einsätze von ihm als TV-Tour-Reporter stammen aus dem Jahr 1969.

Von 1964 bis 2005 war Zimmer dann durchgehend bei der Tour im Einsatz. Der TV-Sportreporter und Tour-Spezialist Herbert Watterott vom WDR sah Zimmer schon 1965 als einen „berühmten ARD-Kollegen", wie er in seinem Buch „Tour de France Live!" schrieb. Als SR-Sportchef (Nachfolger von Jupp Hoppen seit 1970) sowie ausgezeichneter Sport-Reporter und bundesweit populärer Fernseh-Sportmoderator baute Zimmer über all die Jahre den guten Ruf des SR als „Tour-Sender" der ARD erfolgreich aus.

Mit seiner beruflichen Karriere beim SR als Fernseh-Direktor und stellvertretender Intendant übernahm Werner Zimmer auch bei der Tour-Berichterstattung viel Verantwortung. Von 1998 bis 2005 war er ARD-Team-Chef, von 2000 bis 2004 auch Leiter des gemeinsamen Teams von ARD und ZDF.

„Den Ruf als Tour-Sender verdankt der SR Jupp Hoppen", so Zimmers Meinung. Werner Zimmers Nachfolger Roman Bonnaire (SR-Sportchef von 2001 bis 2010) sieht das etwas anders: „Die ersten beiden Sportfunk-Leiter Diederich und Hoppen haben für eine gute Ausgangslage gesorgt. Werner aber hat die Tour-Berichterstattung für den SR zu einem Erfolgsmodell gemacht."

Geldscheine an der Wäscheleine: Erinnerungen an die SR-Tour-Berichterstattung

Von Annelie Fischer

Der Saarländische Rundfunk ist der deutsche „Tour-Sender" – der Federführer des ARD-Teams bei der „Tour de France". Die Tour-Tradition des SR begann schon 1948 bei Radio Saarbrücken. Viele Tontechniker, Kameraleute, Aufnahmeleiter, Fahrer und Reporter waren seither bei der „Großen Schleife" im Einsatz. Für sie alle bedeutete die Tour jedes Mal einen großen persönlichen Kraftakt, aber immer wieder war sie zugleich ein äußerst intensives Erlebnis. So faszinierend, dass es auch ihre Familien zuhause in den Bann zog. Annelie Fischer, damals noch ein Kind, erinnert sich nur zu gut daran. Ihr Vater, der Tontechniker Karl Fischer, erlebte die „Tour de France" in den fünfziger und sechziger Jahren viele Male. Und erzählte gern darüber.

Annelie Fischer 1978 zusammen mit ihrem Vater, dem Tontechniker Karl Fischer. *Abb.: SR*

Die „Geburt" dieses Artikels fand statt, als ich im Foto- und Dianachlass meines verstorbenen Vaters Karl über 100 Dias aus seiner Zeit beim SR fand. Viele davon stammten aus den 50er und 60er Jahren. Rudi Altig und Jacques Anquetil waren da große Namen im Radsport. Es war eine Zeit, in der wir mit Spannung am Radio verharrten, wenn Werner Zimmer oder Charly Scholz von den Etappen reportierten und wir – noch ohne Fernsehen und

„Tour de France" 1964, 6. Etappe Freiburg im Breisgau – Besançon.

Abb.: A. Fischer/SR

Telefon – der Fantasie und unseren Bildern im Kopf Raum geben konnten von diesem vierwöchigen Großereignis. Allein schon die täglich ankommenden Postkarten meines Vaters und die Vorbereitung und Gestaltung der Dia-Abende nach seiner Rückkehr (auf dem Tisch der Käseigel nebst Salzstangen) bewirkten in mir als Kind eine Anspannung und Vorfreude, wie sie sich heute vergleichsweise bei einigen vor der Premiere eines Harry-Potter-Films einfinden.

Auch privat beim Fasching 1957 ein Tonbandfreak: SR-Tontechniker Karl Fischer.

Abb.: A. Fischer/SR

Und nun saß ich da vor diesen fast 60 Jahre alten Raritäten und fand sie nach einigen wehmütigen, in nostalgischen Gedanken und Gefühlen versunkenen Tagen doch zu schade, um sie bei mir im Schrank verstauben zu lassen. Ich fragte beim SR an, bei dem ich selbst 13 Jahre lang bis 1982 tätig war, ob nicht

Eine kleine Sensation und der Stolz des Fahrers Fritz Maurer (l.): der große Ü-Wagen von Radio Saarbrücken (ca. 1956). *Abb.: A. Fischer/SR*

Interesse daran bestünde. Es bestand. In einem anschließenden Telefonat kamen mir dann so einige „Geschichten" wieder in den Sinn, die mein Vater von den „Tour-Tagen" mit nach Hause brachte: Erinnerungs-Fundstücke mit heute kaum noch vorstellbaren Sende- und Produktionsbedingungen.

Alleine die Fahrten mit dem alten Ü-Wagen müssen kräftezehrend und abenteuerlich gewesen sein. Ich erinnere mich, dass schon die Abfahrt vor unserer Haustüre zu einem Nachbarschaftsauflauf führte – zumal es damals kaum Autos gab. Außerdem ließ sich das Ungetüm nicht gerade leicht lenken. Servolenkung war noch ein

Die Serpentinenstrecken in den französischen Alpen: für den Fahrer des Ü-Wagens eine Herausforderung besonderer Art.

Abb.: A. Fischer/SR

Fremdwort. Das Rangieren in unserer Straße samt Einladen des Gepäcks dauerte meist über eine Stunde.

Schon fast Abenteuercharakter hatten die Fahrten auf den Bergetappen. Ein Foto aus den französischen Alpen von 1956 zeigt, wie viele Serpentinen da überwunden werden mussten. Hinzu kam, dass die Straßen damals nur teilweise oder schlecht asphaltiert waren.

Mehr als zehn, maximal zwanzig Stundenkilometer gab der alte Wagen bei den Steigungen dann nicht her. Vor jeder Serpentine musste bis zu zehnmal vor- und zurückgefahren werden, bis die Kurve bewältigt war. Da musste sehr sorgfältig und vorausschauend geplant werden, damit der Ü-Wagen rechtzeitig dort war, wo er für die Übertragung gebraucht wurde.

Auf dem Col du Lautaret bei Briançon (Passhöhe 2 057 m) kam 1958 das Team mit dem Ü-Wagen an, nachdem eine halbe Stunde zuvor der Berg auf die Straße abgerutscht war. Die Aufräumarbeiten dauerten fünf Stunden, wie auf der Rückseite des Fotos von meinem Vater vermerkt ist.

So manches Mal war Tour-Reporter Werner Zimmer, wie er später einmal sagte, besorgt, wo mein Vater und der Fahrer blieben – doch trafen sie in all den Jah-

Bergrutsch auf dem Col du Lautaret ... *Abb.: A. Fischer/SR*

ren immer wieder rechtzeitig ein. Beim Anblick der Fotos erscheint mir das fast wie ein kleines Wunder.

Wenn der Wagen – vom Team heiß ersehnt – dann nach manchmal stundenlangem Warten eintraf, gab es hin und wieder Beifall. Auch vom Bürgermeister oder von Dorfbewohnern, die geduldig ausgeharrt hatten und den Ü-Wagen und seine Besatzung erleichtert klatschend begrüßten. Gelegentlich hatten sie zum Empfang sogar Gesangsgruppen oder Akkordeonspieler mitgebracht, mit denen mein Vater teilweise auch noch Jahre später in Kontakt stand und mit denen ihn eine manchmal langjährige Freundschaft verband. Die Tour war zwar auch damals schon „ein großer Zirkus" – aber oft eben auch noch sehr persönlich und herzlich.

... Pausen für den Ü-Wagen mussten auch ansonsten öfter sein ... *Abb.: A. Fischer/SR*

... ebenso für die Begleitfahrzeuge (v. l.: Fahrer Hans Thamerus und Ü-Stellen-Leiter Mathias „Matz" Horsch). *Abb.: A. Fischer/SR*

Sechzig Jahre später, in Zeiten der Kreditkarten, ist es heute auch kaum noch vorstellbar, dass in den 50ern die gesamten Spesen für vier Wochen vorweg in bar ausgezahlt wurden. Das Team trug sie, da auch ein abgeschlossener Ü-Wagen nicht diebstahlsicher war, immer irgendwo am Körper versteckt mit sich herum. Und zu Tour-Beginn waren das viele Bündel mit Scheinen französischer Franken.

Unvergessen bleibt mir die Erzählung meines Vaters über das Malheur, das dem als „Original" bekannten Kraftfahrer Fritz Maurer widerfuhr. Mitsamt den Spesen in der Hosentasche musste er einem menschlichen Bedürfnis nachkommen, suchte also

Günther Isenbügel und Werner Zimmer als Tour-Reporter (1964).

Abb.: R. Oettinger/SR

Die Ü-Wagenfahrer – Meister ihres Fachs: Fritz Maurer war einer von ihnen und häufig bei der Tour am Steuer.

Abb.: A. Fischer/SR

eine der alten Toiletten im ländlichen Frankreich auf, die wohl vielen noch in Erinnerung sein dürften: Außer einem in den Boden eingelassenen Loch in einem kleinen Toilettenhäuschen, meist noch ohne Tür, gab es da nichts. Der Maurer Fritz kannte die natürlich. Im speziellen Fall aber, ziemlich stark unter Druck, bedachte er nicht, dass er die gesamten Geldbündel bei sich hatte. Man ahnt es schon, wo sie landeten... in selbigem! Kurz und gut – sie mussten da wieder raus... Was Fritz mit im wortwörtlichen Sinne „hand"-werklichem Geschick auch gelang. Nun waren die Geldscheine in dieser Form allerdings niemandem mehr anzubieten.

Fritz und meinem Vater blieb also nichts anderes übrig, als Schein für Schein sanft unter einem noch sanfteren Wasserstrahl zu säubern und anschließend auf mehreren Wäscheleinen, die im Ü-Wagen aufgespannt wurden, trocknen zu lassen. Die Übertragung der „Tour de France" erfolgte zwei Tage lang unter einem wahrhaft sichtbaren Geldsegen-Himmel. Dessen Anblick versetzte auch so manchen Tour-Zuschauer in Staunen, der durch die Ü-Wagen-Fenster lugte. Dass trotz fast 40 Grad Außentemperatur die Tür verschlossen blieb und Fritz eine Nacht im Ü-Wagen nächtigen musste, war wohl ob der noch geretteten Spesen das kleinere Übel.

Autogrammkarte der 20-jährigen Mireille Mathieu. SR-Toningenieur Karl Fischer bekam sie 1966.
Abb.: A. Fischer/SR

Von einer Tour in den 60ern kam mein Vater in höchsten Tönen von einer jungen Sängerin schwärmend zurück. Er hatte sie in einem kleinen Saal gehört und kennengelernt, in dem sie anlässlich der Tour auftrat. Es war einer ihrer ersten Auftritte. Dabei bekam er eine ihrer ersten Autogrammkarten. Sogar über ihre Familie hatte er sich auch mit ihr unterhalten. In seiner Begeisterung über ihre Liebenswürdigkeit und ihre Gesangsqualitäten war er gar nicht mehr zu beruhigen, so dass meine Mutter schon leicht unruhig wurde. Selbst die Flöhe, die mein Vater wie jedes Jahr „en masse" von der Tour mit nach Hause brachte, hatten keine solche Wirkung auf sie wie diese Autogrammkarte, die er wie einen Schatz verwahrte und die ich heute noch habe ... von Mireille Mathieu. Und mir schwant in diesem Zusammenhang, woher der Ausdruck kommen könnte „jemandem einen Floh ins Ohr setzen" ...

Persönlich war ich zum ersten Mal bei der Tour richtig dabei, als ich schon um die 20 Jahre alt war – und zwar, als sie damals durch Scheidt im Saarland führte.

Aber „fast“ dabei war ich öfter. Vier oder fünf Jahre war ich alt, als ich das erste Mal mit meiner Mutter mit dem Zug nach Paris fuhr, wo uns mein Vater in Empfang nahm. Das war 1956. Ich weiß noch, dass ich immer ungeheuer Heimweh nach meinem Vater hatte und in Paris durch die Absperrung vor dem Bahnsteig in die Arme meines Vaters rannte, obwohl man das ja nicht durfte. Der Bahnhofsbeamte lächelte und ließ mich durch, da ich ja eh nicht mehr aufzuhalten war... Komisch – anhand eines Fotos konnte ich mich noch total erinnern.

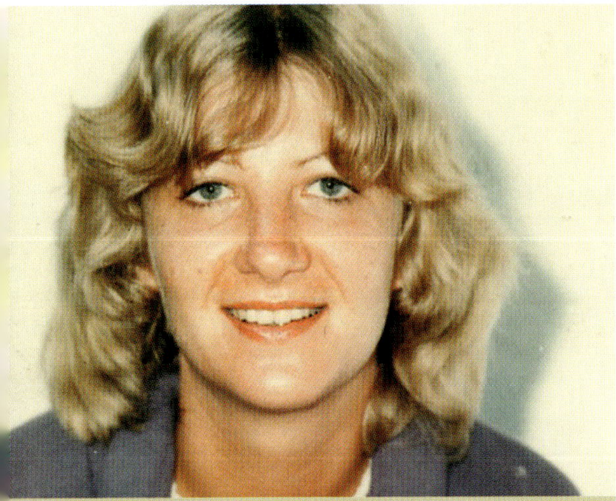

Annelie Fischer 1975. *Abb.: A. Fischer/SR*

Als ich so zehn bis 14 war, übernachteten wir jedes Jahr eine Nacht im Pariser Hotel Terminus und fuhren dann mit dem Ü-Wagen zurück nach Saarbrücken. Ich kann mich sogar noch daran erinnern, dass wir am „Moulin Rouge“ vorbeigingen und meine Eltern mir irgendwie verlegen zu erklären versuchten, was die Bilder im Schaukasten so zeigten. Ich verstand es allerdings trotzdem nicht... Die Radrennfahrer in Paris je gesehen zu haben, kann ich mich nicht erinnern. Wenn wir am letzten Tag der Tour dort ankamen, war die Tour, so viel ich noch weiß, praktisch vorbei.

Die „Große Schleife“ 2016, die 103. „Tour de France“, habe ich im Fernsehen in HD-Format verfolgt – statt wie damals am Radio in Mittelwellenqualität. Und habe wieder darüber gestaunt, dass ich bereits bei der 43. Tour als kleines Kind (fast) mit dabei war – das hatte ich doch inzwischen echt vergessen! Was für ein Erinnerungs-Fundstück!

SR Fernsehen: Vorreiter als Vorturner

Von Axel Buchholz

Gymnastik im Radio – das gab's schon in den zwanziger Jahren. Mitte der sechziger zog das Fernsehen nach. Vorreiter war in der Bundesrepublik der Saarländische Rundfunk. „Üb mit – bleib fit" hieß die Sendereihe. Werner Zimmer, der spätere „Mister Sportschau", und „Miss sechs Meter" Helga Bühler-Hoffmann waren die Präsentatoren.

Werner Zimmer mit „Vorturnerin" Helga Bühler-Hoffmann. Abb.: R. Oettinger/SR

Als auch die Saarländer massenhaft begannen, es sich vor dem Bildschirm bequem statt sich mit Ausgleichssport müde zu machen, da hielt der SR dagegen. Vier Jahre lang sendete das SR Fernsehen insgesamt 128 Folgen dieser „Gymnastik für den Hausgebrauch". Redakteur und Moderator der Sendung war Werner Zimmer (19. Oktober 1936 – 20. April 2015).

Sportlich dynamisch im Trainingsanzug tritt der Sportreporter in der Auftakt-Sendung am 12. Januar 1966 vor sein Fernseh-Publikum. Eine Sprossenwand im Hintergrund ist die Studio-Dekoration. Bescheiden geht der damals 29-Jährige es an: Eine Minute, sagt er, solle doch der geneigte Zuschauer die gymnastischen Übungen ebenfalls machen. Und legt in einem Atemzug gleich nach: vielleicht ja auch zwei, drei oder besser noch fünf Minuten. Das aber bitte möglichst täglich ... Wie viele das tatsächlich gemacht haben, ist nie erforscht worden. Aber gewiss waren es nicht wenige.

Obwohl Werner Zimmer da seine überregionale Karriere als Moderator der ARD-Sportschau noch vor sich hat, agiert er vor der Kamera völlig locker. Offenbar so sehr, dass er glatt vergisst, seine „Vorturnerin" Helga Hoffmann vorzustellen. Ebenfalls ganz locker holt Zimmer das dann zu Beginn der zweiten Sendung nach. Die zweifache deutsche „Sportlerin des Jahres" und Top-Leichtathletin mit allein 14 deutschen Meistertiteln zählt schließlich zu den Sportstars im Saarland. Sie erklärt die Übungen und turnt sie zusammen mit vier jungen Damen auch vor.

Werner Zimmer: vom SR-Sportreporter zum stellvertretenden Intendanten. Abb.: R. Oettinger/SR

Wer die Idee zu diesem Tele-Trimm hatte, wusste Werner Zimmer nach fast fünfzig Jahren nicht mehr. „Sie wird wohl im Gespräch mit Kollegen entstanden sein", vermutete er. Auf jeden Fall sei sie ein originär saarländisches Programm-Produkt gewesen. Dass es schon seit Anfang der sechziger Jahre im Fernsehen der DDR mit „Medizin nach Noten" eine ganz ähnliche und sogar werktägliche Sendung gegeben hat, überraschte ihn. „Die haben wir mit Sicherheit nicht gekannt. Das Fernsehen aus dem anderen Teil Deutschlands konnte hier ja nicht empfangen werden."

Jedenfalls passte „Üb mit – bleib fit" perfekt in die damalige Sportplanung. Der Deutsche Sportbund (DSB) und die Deutsche Olympische Gesellschaft (DOG) hatten seit 1959 gemeinsam die Bundesbürger auf den „zweiten Weg" geschickt: also auch außerhalb der Vereine mehr Bewegung statt Bäuchlein, mehr Sport statt Speckröllchen. Zu einem wichtigen Wegbereiter dieser Breitensport-Initiative entwickelt sich der junge Diplom-Sportlehrer und DSB-Angestellte Jürgen Palm. Er wird Beauftragter für den Gesundheitssport und später DSB-Geschäftsführer.

Für die ersten Sendungen „Üb mit – bleib fit" schrieb Jürgen Palm die Manuskripte mit dem jeweiligen Übungsprogramm. Im allerersten sind „Die armen Füße" das Thema. „Möglicherweise geht auch der Name der Sendung auf Jürgen Palm zurück", sagte Werner Zimmer. Denn wahrscheinlich schon 1964 hatte Palm ein Praxis-Buch für den Übungsleiter mit dem Titel „Üb mit – bleib fit" geschrieben.

Zu den Vorarbeiten für die Sendereihe gehörte etwas, worum so einige Kollegen Werner Zimmer beneidet haben dürften: Er musste die vier jungen Damen suchen, die alle Übungen im Studio unter Leitung von Helga Hoffmann korrekt und anschaulich vorturnen konnten. Zimmer fand sie mit Hilfe der Dozenten am Sportwissenschaftlichen Institut der Universität des Saarlandes, wo er selber noch wenige Jahre zuvor studiert hatte. Noch rund ein halbes Jahrhundert später ist er mit seinem Casting-Ergebnis sichtlich zufrieden: „Sie machten alle wirklich bella figura!" Einige von ihnen überdies auch Karriere.

Die Diplom-Sportlehrerin Anne-Karin wurde Sängerin (saarländischer Mundart-Hit „Mir han gespielt am liebschte nur im Dreck") und Journalistin. Von 1974 bis 1985 moderierte sie mit einer längeren Unterbrechung beim SR-Hörfunk, zuerst auf der Europawelle Saar und dann bei SR 3 Saarlandwelle. Von 1988 bis 2013 arbeitete sie beim NDR-Fernsehen in Kiel als Moderatorin und Nachrichtenredakteurin. „Damals hatte Anne meist ihre Gitarre dabei und spielte oft in den Drehpausen", erinnert sich Helga Bühler-Hoffmann. Anne-Karin denkt gern an ihre Zeit als studentische „TV-Turnschwester" (O-Ton Werner Zimmer) zurück: „Wir hatten unheimlich viel Spaß zusammen." Und außerdem bekam sie durch diese Arbeit auch Kontakt zu SR-Tontechniker Winfried Götzinger, der die ersten professionellen Tonaufnahmen mit ihr machte.

Anne-Karin live – Sängerin und Sportlehrerin.
Abb.: H. W. Grittner/SR

Marianne Granz sollte die SR-Fernseh-Studios nach ihrer Zeit bei „Üb mit – bleib fit" später noch häufig wiedersehen – als gefragte Interview-Partnerin. Sie war zuerst Oberstudienrätin, wurde SPD-Landtagsabgeordnete (1975 - 1994) und dann Ministerin (1990 - 1996), erst für Bildung und Sport und danach für Frauen und Soziales. Trotz allem hat sie „Üb mit – bleib fit" sehr gut in Erinnerung: „Das war damals bahnbrechend, eine großartige Aufforderung zum Mitmachen."

„Die Zusammenarbeit im Team war prima", so die übereinstimmende Meinung von Helga Bühler-Hoffmann und Werner Zimmer. „Wir hatten bei aller Arbeit immer unseren Spaß." Zu viel Spaß konnte aber leicht mehr Arbeit bedeuten. Wurde eine Passage „verlacht", was gelegentlich vorgekommen sein soll, musste die gesamte Sendung wiederholt werden. Aufgezeichnet wurde auf Zwei-Zoll-Magnetband – und zwar jede Folge in einem Stück. Zwischendurch abbrechen und schneiden ging aus technischen Gründen so gut wie nicht. „Alles noch mal von vorn" hieß das Kommando von Regisseur Günther Bruns oder Aufnahmeleiter Siegfried Giese auch, wenn jemand beim Vorturnen zu sehr den Faden verlor. Das geschah hin und wieder, obwohl zur Sicherheit die Übungen entweder mit Kreide auf dem Studioboden oder auf großen Tafeln hinter den Kameras notiert waren.

Als eine der ersten SR-Farbproduktionen schrieb „Üb mit – bleib fit" zudem ein wenig technische Sendergeschichte. „Von Anfang an wurden die Folgen in Farbe aufgezeichnet, auch wenn sie nur in Schwarz-Weiß gezeigt werden konnten", ist sich

Werner Zimmer im „Gymnastik-Studio". *Abb.: R. Oettinger/SR*

Fernseh-Archivar Hans-Ulrich Wagner sicher. In Farbe ausgestrahlt wurde „Üb mit – bleib fit" erst vom 12. September 1968 an.

An einem Drehtag wurden bis zu sieben Folgen mit je zwischen zehn und fünfzehn Minuten aufgezeichnet, also an die 100 Programm-Minuten. „Unglaublich viel", staunte Werner Zimmer im Nachhinein und glaubte es erst, nachdem er es auf den alten Produktionsplänen noch einmal nachgelesen hatte.

Nach Drehschluss entlud sich die Anspannung des Tages dann gelegentlich in einem Feierabend-Spaß. Einen hat Helga Bühler-Hoffmann noch gut im Gedächtnis. Da hatten die Vorturnerinnen die Musiker des „Fritz Maldener Trios" dazu überredet, mit ihnen „verkehrte Welt" zu spielen. Sie wollten für die Musik sorgen, die Musiker sollten Turnübungen machen.

Den davon überlieferten Fotos zufolge blieben die sportlichen Leistungen der Musiker im Bereich zart angedeuteter Bewegungen. Wie sich die Musik der Turnerinnen anhörte, wurde nicht dokumentiert. Immerhin: Helga Bühler-Hoffmann machte sich am Schlagzeug zumindest optisch sehr gut. Umgekehrt dagegen klappte es stets: Fritz Maldener gab am Klavier zwar den Takt vor, vergewisserte sich aber immer wieder mit einem Blick, ob die Damen bei ihren Übungen mithalten konnten.

Jede Sendung stand unter einem anderen Thema, das gelegentlich auch von einem Arzt medizinisch untermauert wurde. „Wir wollten für möglichst viele Alltagssituationen oder Trimm-Wünsche etwas anbieten", erklärt Helga Bühler-Hoffmann das Konzept und zieht mit einem Griff aus ihrer penibel geführten Dokumentation auch sofort die entsprechende Liste. Da liest man dann Titel wie „Wenn der Wecker rasselt", „Schlank und schlau", „Gymnastik für den Hausputz", „Der Hüftspeck muss weg" oder „Training mit der Kuchenrolle".

Ein Teigroller als Gymnastik-Gerät – das hört sich heute eher lustig an. Damals aber war es Prinzip, nur solche Hilfsgeräte zu empfehlen, die jeder ohnehin zuhause hatte. Also wurden Bälle geworfen, mit Sand gefüllte Flaschen geschwungen, Persileimer geschwenkt, Kissen, Stühle, Sessel benutzt, der häusliche Partner eingespannt oder die Beine wurden über Besenstiele geschwungen.

Das übrigens sah bei Co-Vorturner und Moderator Werner Zimmer dann so aus, dass man ahnte: Seine wahre Stärke liegt im Moderieren. Er muss es selbst gespürt

„Vorturnerin" Helge Bühler-Hoffmann macht auch am Schlagzeug „bella figura".

Abb.: H. Bühler-Hoffmann/SR

haben. Schnell erklärte er sich beim anschließenden Beine-Wettschwingen zum Schiedsrichter. Helga Bühler-Hoffmann schaffte die meisten Schwünge in der vorgegebenen Zeit.

Beim Saarländischen Rundfunk liefen die „Üb mit – bleib fit"-Sendungen schon lange nicht mehr, da fuhr Helga Bühler-Hoffmann noch den Renault R8, den sie sich mit den Honoraren von anfänglich 100 D-Mark pro Folge zusammenverdient hatte. Und da wurden die Sendungen in anderen Dritten Programmen lange noch vereinzelt wiederholt. Die letzte strahlte, so weit zu ermitteln, „NDR Nord" am 1. September 1983 aus. Schließlich machte der Sendungs-Vater seinem eigenen Fernseh-Kind den Garaus und lehnte fortan Wiederholungen ab. „Es sah von der technischen Gestaltung her inzwischen einfach zu schlicht aus", begründete Zimmer die Entscheidung ohne erkennbares Bedauern. „Die Programm-Entwicklung war mit vielen moderner aufgepeppten Nachfolge-Sendungen darüber hinweggegangen." Nicht allerdings über die Idee dahinter: Mehr Bewegung tut heute gewiss nicht weniger not.

Ohne den Saarländischen Rundfunk wäre ich wahrscheinlich kein Dissident geworden

Von Lutz Rathenow

„Meine Lebensgeschichte verband sich immer wieder einmal mit dieser Stadt oder mit dem, was ich mir unter dieser Stadt vorstellte. (...) Saarbrücken wäre sehr weit weg gewesen, wenn nicht die Europawelle Saar es nah an mich herangespielt hätte. Saarbrücken besuchte täglich unsere Wohnung, es kam aus der großen hölzernen Radiotruhe im Wohnzimmer. (...)

Der Schriftsteller Lutz Rathenow 2015 in Jena.
Abb.: H. Wenzel Orf

Am Morgen gab es kein Saarbrücken mit Europawelle Saar im Radio, gegen Mittag auch nicht. Die Mittelwelle schien wie leergefegt, kaum ein Sender war noch vorhanden. Als schliefen sie alle bis zum späten Nachmittag, bis sie dann erwachten und ihre Stimmen und vor allem ihre Musik im Äther wieder hörbar machten. (...) mitten in der späten Nacht, wenn die Welt sich mit ihrem Hellwerden beschäftigte, zu dieser Zeit konnte die Europawelle Saar gut empfangen werden. Aber es kam zu dieser Zeit nicht jene Beat-Musik, die ich suchte.

Der Westen hieß seit der Kindheit Radio Luxemburg und Europawelle Saar, später RIAS und Deutschlandfunk. Die DDR wollte diesen tönenden Westen nicht. Des-

Ein „Radio-Star" auf der Europawelle Saar: Schlager-Freund Dieter Thomas Heck. Abb.: H. J. Hoffmann/SR

halb gab es die Mauer und Verbote, ich durfte das Radio bei geöffnetem Fenster nicht zu laut hören. Besonders nicht um achtzehn Uhr „Hallo Twen", die Sendung für Teens und Twens. Und vor allem nicht die englischen Titel, die bei den einheimischen Sendern nie kamen.

Radio Luxemburg sendete auf Kurzwelle und brachte dämliche Werbung zwischen den viel zu wenigen englischen Titeln – es nervte frühzeitig. Saarbrücken diktierte mein Leben. Um achtzehn Uhr kam die wichtigste Sendung, und einmal in der Woche hieß diese Sendung „Hitparade". Und die Stimme eines netten Menschen namens Dieter Thomas Heck war nicht nur für mich lange die Stimme aus Saarbrücken, die unser Leben in Jena aufmöbelte und auf Schwung brachte. Keine blöde Werbung, kaum idiotische deutsche Schlager.

Ich brauchte später eine Weile, um zu begreifen, dass dieser tolle Heck aus Saarbrücken mit jenem komischen Menschen identisch war, der den DDS (Deutschen Dämlichen Schlager) penetrant per Hitparade ins Fernsehen puschte.

Ein anderer „Radio-Star" auf der Europawelle Saar: Pop-Freund Manfred Sexauer. Abb.: J. Schulz/SR

(...) Ich mochte den Heiligabend nie, an dem durfte ich Saarbrücken nicht einschalten. Und als ich es heimlich auf dem Klo oder später in meinem Zimmer doch tat, da hatte auch dieser Sender vor der allgemeinen Weihnachtsblödigkeit kapituliert. Und ich ahnte, dass ich doch in einem einheitlichen Gefühlsdeutschland lebte, auch wenn es die Politik in zwei Staaten trennte.

Jena zu Zeiten der DDR. *Abb.: R. Rössing*

Aber Weihnachten war nur einmal im Jahr, die Europawelle Saar fast täglich. Und da galten im Haus eindeutige Machtverhältnisse. Bis neunzehn Uhr diktierte mein Radio-Sound den Ton, ab da bestimmten das Fernsehen und die Eltern das Programm. Auch da gaben das Saarland und Saarbrücken ihren Beitrag zum Programm. Und ich begriff, dass dies ein kleiner Sender war, der seltener ins Programm kam als die großen. Doch die kleinen waren mutiger und pfiffiger. Der „Beat Club" kam nicht umsonst aus Bremen, das war als Bundesland noch kleiner und besonders frech.

Saarbrücken und Bremen mutierten zum ungroßen, selbstbewussten, sympathischen Westen. München und Hamburg standen für das machtvolle, reiche und deutlich zu selbstsichere Wessiland. Im Rundfunk war alles anders, da überstrahlte die Europawelle Saar auf der Mittelwelle einiges, auf der es nicht pfiff und knarrte wie auf der Kurzwelle. Sondern die Sender verschwanden und kamen wieder. Auch um achtzehn Uhr zur besten Sendezeit schwollen die Titel in der Lautstärke plötzlich an. Ich war glücklich, ein Gitarrensolo von Jimi Hendrix im vollen Sound zu vernehmen und drehte das Radio auf. Die Eltern schwiegen in der Küche oder auf dem Balkon. Und die Schwester musste sich während der Hitparade vorsichtig und leise bewegen, damit kein falscher Ton aus dem Haus die richtigen aus dem Radio störte. Jimi Hendrix und die Monkeys diktierten den Ton. Es könnte sein, dass der Rest der Familie nicht nur angenehme Gedanken an Saarbrücken hatte und deshalb bis heute nie in diese Gegend in den Urlaub fährt. Lieber nach Bayern, dessen Volksmusik und Dialekt ich immer verspottete.

Manchmal geschah es, dass nach zwei bis drei Minuten guten Empfangs der Ton schrumpfte und an manchen Tagen für Sekunden gänzlich verschwand. Diese konnten sich schrecklich dehnen. Eric Burdon kam nicht mehr oder kaum noch. Wie gern hätte ich da Saarbrücken herbeigezaubert. Und wäre die gute Märchenfee mit ihren drei Wünschen gekommen, einer wäre schon sicher gewesen. Dieser periodische Entzug schädigte mich sicher für das gesamte Leben. Er förderte die Geltungskrankheit: sich nie und unter keinen Umständen zum Verstummen bringen zu lassen, immer da und immer präsent zu sein. Das Schwanken im Programm der Europawelle Saar inspirierte sicher jene Öffentlichkeitssucht, die mich in alle Welt Briefe schreiben und in fast aller Welt Veröffentlichungsversuche unternehmen ließ. Dort sein, wo man nicht hinkommt.

Europawellen-Moderatorin Elke Herrmann präsentierte „Urlaubsgrüße mit Musik". *Abb.: K. Fischer/SR*

Wahrscheinlich wäre ich ohne die Europawelle Saar später kein Dissident geworden. Dafür waren also der Westen an sich und Saarbrücken im Besonderen verantwortlich. Der selbstbewusst fröhliche Ton des Moderators steckte an: die Stimme Saarbrückens als Stimme des Westens, der zuallererst einmal der Nicht-Osten war. Ich hatte ja nichts gegen die DDR. Ich hatte aber etwas gegen ein Land, das mir solche Rundfunksendungen vorenthielt. Und dann die Reiserufe. Menschen, die von Spanien oder Italien aus einmal zu Hause anklingeln sollten. Saarbrücken als Tor zur Welt, das für mich nur per Funk, als Hörer durchschreitbar war. Die von Saarbrücken aus gesendeten Platten konnte ich nicht kaufen, die Fotos von den Gruppen durfte ich nicht besitzen, an der Abstimmung über die Hitparade sollten wir uns als Thüringer Schüler nicht beteiligen. Ich schrieb mehrmals nach Saarbrücken und erhielt nie eine Antwort. Der Weg war lang und ich dachte bei den ersten Briefen noch nicht, dass es die Staatssicherheit sein könnte, die den Postaussortierer spielte. Und die Lehrer warnten uns, an den RIAS oder die Europawelle Saar zu schreiben, die diese Musik nur sendeten, um uns abzuhalten, ein guter Staatsbürger und überzeugter Sozialist zu werden. Saarbrücken klang plötzlich nach Klassenfeind, wenn auch nicht ganz so gefährlich wie der in Westberlin, der sich RIAS nannte und in den fünfziger Jahren zum Vernichten des Volkseigentums aufgerufen haben sollte. Auch der Arbeiteraufstand vom 17. Juni, uns als Konterrevolution nahegebracht, ging auf das Konto des RIAS. Meinte der Lehrer.

Ganz so schlimm konnte Saarbrücken für die DDR nie werden, allein deshalb, weil es am Tag nicht zu hören war. Seine Feindtätigkeit beschränkte sich auf den späten Nachmittag bis zum frühen Abend, sehr ungeeignet für genaue Anweisungen bei der Konterrevolution. Saarbrücken bedeutete die harmlosere Variante, sich von der DDR zu entfernen. Ich stellte mir die Stadt wieder als kleinen, liebenswürdigen Ort vor, den ich niemals sehen würde. Darüber wollte ich nicht nachdenken. Das würde zu nichts führen. Eine anheimelnde, aber nicht zu kitschige mittelgroße Stadt musste es sein, über deren Fluss zahlreiche Brücken führten und die sich Frankreich und Luxemburg nahe fühlte. (...) Saarbrücken vergoldete sich in meinem Vorstellungsvermögen. (...)

Saarbrücken: für Lutz Rathenow nur über die Europawelle Saar als „Radio-Brücke" erreichbar. *Abb.: SR*

Lutz Rathenow – links, ein Buch lesend – 1970 in der DDR auf Klassenfahrt bei Jena.
Abb.: L. Rathenow/SR

Unsere Lehrer und die Zeitung und das mir in Jena eher fremde DDR-Fernsehen meinten zwar, der Westen wolle uns erobern, zerstören oder mindestens besetzen, doch davon merkte ich bei der Europawelle Saar nichts. (...) Saarbrücken (...) schien an Jena gar nicht interessiert. Jedenfalls nicht über den gelegentlichen Gruß in den Osten hinaus. Saarbrücken wollte nichts von mir, außer Musik und gute Laune verbreiten. Das könnte natürlich die raffinierteste Form der konterrevolutionären Arbeit sein. Ablenken, um einmarschieren zu können. Und zwar gegen achtzehn Uhr, während die wirklich aktiven, hellen und widerstandsbereiten DDR-Bürger Europawelle Saar hören. Hatte einer die Rockmusik nur erfunden, um den nächsten Krieg überraschender zu gestalten? Solche Gedanken blanker Ideologie wirbelten auch durch meinen Kopf – in den letzten Monaten damals, in denen ich täglich diesen Sender gehört hatte. Bedrängt aber von anderen Erwägungen, die harmloser und dadurch noch beunruhigender waren: die interessieren sich ja gar nicht wirklich für dich. Die denken da in Saarbrücken an sich und Europa und den Nachbarn und an die Bundesrepublik, die sie Deutschland und wir BRD nennen. (...) Die im West-Saarbrücken brauchen den Osten nicht – diese Überlegung drohte zur Gewissheit zu werden und kratzte am eigenen Selbstwertgefühl. Lieber ein Feind sein, statt sich selbst für „unwichtig" halten zu müssen.

Es gelang mir nicht, Saarbrücken als Feind anzusehen. Obwohl ich mir die Stadt zunehmend als Burg vorzustellen begann. Eine Art Festung, um die sich Industrie versammelt hatte. Der Fluss würde schmutzig sein und die Brücken hochgeklappt, damit nicht jeder jederzeit darübereilen konnte.

In der Industrie kriselte es, hörte ich in den Nachrichten, und Saarbrücken gehörte offenbar nicht zu den reichen Gegenden der Bundesrepublik. Andere mussten hineinzahlen. Als diese Informationen mein Bewusstsein erreichten, rückte der Ort wieder ein Stück näher. Eine Brücke der Armut schwang sich über Bayern hinweg. Thüringen und Saarbrücken, das war vergleichbarer als Thüringen und München. Immerhin lebte ich in Jena, Carl Zeiss Jena, und lernte schon während der Schulzeit den Betrieb von innen kennen. Eine Mischung aus Industriemuseum und High-Tech, das wir damals anders nannten. So stellte ich mir Saarbrücken auch vor. Zeiss Jena gehörte zum Modernsten, was die DDR zu bieten hatte. Vielleicht würde das, hoffte ich, mit den problematischeren Zonen der Bundesrepublik vergleichbar sein.

Zu der Zeit war Saarbrücken schon in mein Kofferradio geschlüpft. Es hatte sich verkleinert und war dafür mobiler geworden. Es war überall in Thüringen. Das Gerät: klein und rechteckig und in einer Hülle aus vorgetäuschtem Leder. Mit Löchern, damit die Töne nicht hängenbleiben. Deshalb bin ich vierzehn Jahre geworden, weil es dann ein Fest gab, das Geldgeschenke brachte. Die reichten für mein erstes, damals noch sehr teures Radio. Es kostete mehr als die Jahresmiete meiner ersten eigenen Wohnung im Berlin der siebziger Jahre - in Ostberlin. Doch wir sind beim „Kofferheule" genannten Behälter, der sich nie leerte. Die Batterien mussten häufig ausgewechselt werden und ich trug Saarbrücken mit mir herum. Es tönte durch die Straßen und auf den Plätzen, auf denen ich mich mit anderen Kofferradioträgern traf, um herumzugammeln. Denn die Gammler mit den langen Haaren waren der neuste

Mit einem Kofferradio Stern R 110 Typ „rot" empfing Lutz Rathenow die „Europawelle Saar" aus dem „kapitalistischen" Westen.

Abb.: www.rft-hifigeraete.de

Das Tonbandgerät vom Typ Tesla B4, mit dem Lutz Rathenow in der DDR Europawellen-Titel aufzeichnete.
Abb.: Klaus Meyer

Feind der DDR. Und wir wollten schon ein bisschen sein wie sie, ohne zu sehr Feind zu werden, weil das dann doch viel Ärger brachte. Ein bisschen „Feind" zu sein, galt als chic und die Europawelle Saar gehörte dazu. Ich trug sie über die Schulter gehängt, vorsichtig und lässig. Ich trug sie wie ein Baby im Arm hin und her und suchte schon in der Wohnung die besten Empfangsmöglichkeiten. Meine Schwester bewunderte mich und durfte mein Radio anfassen und mich einen Berg hoch und wieder herunter begleiten. Ich schritt die Stadt ab und erarbeitete eine Karte im Kopf, wo welche Sender gut oder gar nicht zu empfangen waren. (...)

Wer sang „Kill your mother, kill your father, kill, kill, kill." Schrieb man „kill" nun mit einem oder mit zwei ‚l'? Es gab Gründe, Englisch zu lernen. Und die Texte zu verstehen. Jedenfalls erstreckte sich Saarbrücken über das ganze Stadtgebiet in Jena, anders als bei den UKW-Sendern. Nur auf dem Berg gestaltete sich der Empfang noch besser. Zweimal stieg ich mit einem Freund hinauf, um zwei Titel aufnehmen zu können. Per Mikrofon vom batteriebetriebenen Radio zu einem batteriebetriebenen Tonband. Wer uns beobachtet hätte, wäre den Verdacht nicht losgeworden, hier zeichneten Agenten ihre Anweisungen auf. Oder Angehörige einer (in der DDR natürlich verbotenen) Sekte betrieben okkulte Anbetungsspiele. Zum Glück wanderten die Jenaer in der Woche nicht so zahlreich auf ihre Berge, und die beiden Titel kamen fast hörbar auf das Band. Auf dem Berg rückte Saarbrücken näher (...)

Ich war ständig mit den Knöpfen meines Kofferradios beschäftigt und schmuggelte es in die Schule, um am Nachmittag eine Hitparade zu hören. Ich schrieb alle mit und einige aus der Klasse schrieben ab. Europawelle Saar verfügte bis zum Abbruch meiner Notizen über einen festen Platz im Hitparadenheft (...)

Jena blieb das Senderparadies und brachte den Tönekoffer zum Dröhnen. Er hätte energischer vibrieren dürfen. Um die Spannungen zu übertönen, die mich bewegten.

Fotograf Harald Hauswald und Autor Lutz Rathenow (r.) des Ost-Berlin-Buches 1986/87 in Ost-Berlin.

Abb.: L. Rathenow/SR

Cover des Buches „Ost-Berlin" von Harald Hauswald und Lutz Rathenow (Jaron Verlag). *Abb.: Jaron Verlag*

Entscheidungen standen an. Ich musste überlegen, ob ich auf den Sommerurlaub mit den Eltern verzichtete. Denn Saarbrücken konnte ich nicht an die Ostseeküste mitnehmen. Meine Eltern wollten jedes Jahr ans Meer fahren. Weil sie am Rande eines Gebirges lebten, hielten sie Berge für nichts Urlaubswürdiges. An der Ostsee war Radioempfangswüste, besonders an der östlichen Ostsee. Auf Langwelle kam noch der Deutschlandfunk, der brachte aber zu wenig Rockmusik, um es einen ganzen Tag auszuhalten, oder gar vierzehn Tage. Die letzten Urlaube mit den Eltern waren in dieser Beziehung Folter. Wie gierig schaltete ich nach der Rückkehr Saarbrücken ein. Und saugte die Töne auf. Sie spülten den Alltag aus dem Kopf. Saarbrücken vibrierte durch das Hirn – eine billige Droge. Eine ungefährliche? Die Schule setzte einen jeden Tag neu auf Entzug.

Es dauerte noch ein paar Jahre, bis ich selbst Texte an den Rundfunk in Saarbrücken schickte. Es begann mit dem Aufnehmen einer Besprechung zu dem Roman „PLN" des Romanisten Werner Krauss. Ich hatte in der nicht genehmigten Ostberliner Samisdat-Zeitschrift „Ariadnefabrik" Gedanken zu diesem Buch veröffentlicht, die dem Saarbrücker Redak-

Cover des Kinderbuchs von Lutz Rathenow und Egbert Herfurth (Illustrationen).

Abb.: Leipziger Kinderbuchverlag

Öfter auch als Referent unterwegs: der Schriftsteller und sächsische Landesbeauftragte zur Aufarbeitung der SED-Diktatur Lutz Rathenow. *Abb.: L. Rathenow*

teur offenbar gefielen. Er schrieb den Herausgeber Rainer Schedlinski und mich an. Ich las den Text ein (im Ostberliner ARD-Studio, die DDR hatte doch glatt vergessen, in ihrem Genehmigungsdschungel an literarische Einlesungen zu denken). Ich ließ das Honorar zum Westverlag transferieren, um mir mehr von meinen im Westen verlegten Büchern kaufen und in die DDR schmuggeln zu können. Zum Beispiel von den Mitarbeitern dieses ARD-Studios.

Rainer Schedlinski mochte meine Texte nicht, auch nicht jenen in der „Ariadnefabrik". Da er aber mit der Staatssicherheit zusammenarbeitete, verpflichteten ihn die Genossen, den Kontakt zu Rathenow zu halten und ab und zu etwas in seiner Zeitschrift zu bringen. Desto eher würde ich ihm interessante Dinge sagen, die Schedlinski dann übermitteln sollte. Gerade diese Veröffentlichung, die also eher eine taktische gewesen war, entdeckte der Redakteur in Saarbrücken. Und eine Gelegenheitszusammenarbeit begann, die mein Bild von Saarbrücken wieder erweiterte. (...) Ich verwies schon auf den Gedanken, ohne die Europawelle Saar nie Dissident geworden zu sein. Ohne den öffentlich-rechtlichen Rundfunk mit seinen experimentier- und honorierfreudigen Literaturredaktionen hätte ich sicher keiner bleiben können."

Wie die SR-Literaturredaktion den DDR-Schriftsteller Lutz Rathenow entdeckte – und er den SR

Von Ralph Schock

Im Frühjahr 1989 zeichnete die SR-Literaturredaktion im Ost-Berliner ARD-Studio mehrfach Texte von sogenannten Prenzlauer Berg-Autoren auf. Das war ein Kreis systemkritischer DDR-Schriftsteller. Nicht vergessen habe ich bis heute das mulmige Gefühl, als ich das Honorar für die Autoren, insgesamt 2000 DM, im Stiefel durch die Grenzkontrollen schmuggelte. Der Transport der Sendebänder vom Ost-Berliner ARD-Studio erfolgte durch bundesdeutsche Diplomatenpost. Als ich abends nach Westberlin zurückkehrte, lagen sie bereits im Hotel.

Der Schriftsteller Lutz Rathenow: schon zu DDR-Zeiten ein Mitarbeiter der SR-Literatur-Redaktion.
Abb.: L. Rathenow/SR

Der 1952 in Jena geborene Schriftsteller Lutz Rathenow war ein häufiger Gast in den Literatursendungen des Saarländischen Rundfunks, zunächst von Arnfrid Astel, später von Ralph Schock. Er war der Redaktion aufgefallen wegen seiner in der BRD erschienenen regimekritischen Texte, die nicht in der DDR veröffentlicht werden durften. Dort konnten Beiträge von ihm nur in Untergrundzeitschriften publiziert werden.

Leiter der SR-Literaturabteilung: seit 1967 Arnfrid Astel (o.) und ab 1998 Ralph Schock (u.)
Abb.: SR + P. D'Angiolillo/SR

Ab den frühen 80er Jahren wurden diese künstlerisch ambitionierten Publikationen in kleiner Auflage verbreitet, als Kunstbücher fielen sie nicht unter die Zensurbestimmungen der DDR. Einer dieser Texte von Rathenow ist ein Essay über den Roman „PLN" des Romanisten und Widerstandskämpfers Werner Krauss (1900 - 1976). Er wurde in der Samisdat-Zeitschrift „Ariadnefabrik" abgedruckt (also in einer nicht systemkonformen Untergrundpublikation). Werner Krauss war wegen seiner Mitgliedschaft in der Roten Kapelle (Widerstands- und Spionagegruppen gegen die Nationalsozialisten) und des Abhörens ausländischer Radio-Sender von den Nazis verhaftet und vom Reichskriegsgericht wegen Beihilfe zum Hochverrat zum Tode verurteilt worden. Er schrieb in der Todeszelle des Zuchthauses Berlin-Plötzensee mit gefesselten Händen einen skurrilen Roman mit dem Titel „PLN - Die Passionen der halkyonischen Seele". Rathenow verfasste seinen Essay über diesen Roman und die ungewöhnlichen Umstände seiner Entstehung mit dem Blick auf und vor der Folie der Zustände in der DDR. Seinen Essay las er im ARD-Studio in Ost-Berlin im Frühjahr 1989 ein. Gesendet wurde er beim SR am 22. April 1989.

Lutz Rathenow studierte Germanistik und Geschichte an der Universität Jena. Nach der Ausbürgerung von Wolf Biermann wurde er 1976 zwangsexmatrikuliert, weil er sich mit dem DDR-kritischen Liedersänger solidarisiert hatte. Danach arbeitete er als Transporthilfsarbeiter und Beifahrer im volkseigenen (staatlichen) Betrieb „VEB

Lutz Rathenow mit Freunden 1983 in Grünheide bei Berlin. Dort lebte der DDR-Kritiker Robert Havemann, den sie besuchen wollten. *Abb.: L. Rathenow/SR*

Carl Zeiss Jena". 1977 übersiedelte er nach Ostberlin, wo er bald mit der konspirativen politischen Arbeit gegen die DDR begann.

Im November 1980 wurde er wegen seines im Westen erschienenen Debüts „Mit dem Schlimmsten wurde schon gerechnet" verhaftet. Gegen ihn wurde ein Ermittlungsverfahren wegen Zoll- und Devisenvergehens eingeleitet. Es folgten zahlreiche weitere Veröffentlichungen in der BRD sowie Übersetzungen ins Schwedische, Französische, Englische, Kroatische, Dänische und Niederländische. Nach der Wende war Rathenow weiterhin als Lyriker tätig, als Kinderbuchautor, Satiriker, Prosaist, Gelegenheitsdramatiker, Essayist, Rundfunkkolumnist sowie als Redakteur einer Zeitschrift. In den 90er Jahren sichtete er seine etwa 15 000 Seiten umfassende Stasi-Akte und schrieb darüber. Ab 2011 war Rathenow sächsischer Landesbeauftragter für die Stasi-Unterlagen. Seit 2017 ist er sächsischer Landesbeauftragter zur Aufarbeitung der SED-Diktatur.

Der Liedermacher Wolf Biermann (l.) zu Gast bei Hanns Dieter Hüsch im SR-„Gesellschaftsabend“. *Abb.: J. Schmidt/SR*

Die SR-Literatur-Abteilung hat über die Jahre hinweg immer wieder Texte von Lutz Rathenow gesendet. Am 13. Mai 1999 wurde auf SR 2 KulturRadio in der Reihe „Literatur im Gespräch“ zum ersten Mal sein Essay „Ohne den Saarländischen Rundfunk wäre ich wahrscheinlich kein Dissident geworden“ ausgestrahlt. Darin hat der Schriftsteller seine lange Beziehung zum Saarländischen Rundfunk beschrieben. Sie hat in Zeiten ihren Ursprung, als er noch in der DDR lebte und er sich vor allem von der Europawelle Saar über Mauer und Stacheldraht nach Saarbrücken tragen ließ.

Einmal Stasi und zurück – SR-Hörerpost auf Abwegen

Von Axel Buchholz

Am 2. Januar 1964 ging die „Europawelle Saar" zum ersten Mal auf Sendung – und veränderte die deutsche Radio-Landschaft. „Immer mehr hören immer lieber Europawelle Saar" verkündete der Sender damals bald stolz. Und teils von weither schickten die Hörer „ihrer Europawelle" reichlich Post – was zu Zeiten des „Kalten Krieges" zwischen Ost und West durchaus nicht überall geschätzt wurde.

Die Anschrift war richtig und sauber geschrieben. Die Briefmarke stimmte. Auch die Post machte keinen Fehler. Und trotzdem brauchte eine Postkarte fast ein halbes Jahrhundert, bis sie bei der Europawelle Saar des Saarländischen Rundfunks ankam. In Waren an der Müritz war sie 1969 abgeschickt worden. Gegen Ende 2013 erreichte sie schließlich doch noch ihren Bestimmungsort in Saarbrücken. Ihren Zweck allerdings verfehlte sie: Die darauf vermerkte Lösung für das „Hallo Twen"-Preisrätsel kam zu spät. Die Preise waren längst verlost.

„Hallo Twen"-Hörer Günter Zettl in jungen Jahren. *Abb.: G. Zettl/SR*

Und selbst die Kult-Sendung gab es schon seit vierzig Jahren nicht mehr. Dafür wurde die Postkarte zu einem kleinen Dokument der deutsch-deutschen Geschichte.

Alles fing 1969 ganz harmlos an. Der Schüler Günter Zettl, 18 Jahre alt und kurz vor dem Abitur, hörte gern die Sendung „Hallo Twen" mit Manfred Sexauer. Da wurde öfter mal die englische Beat-Band „The Creation" gespielt, eine seiner Lieblingsgruppen. Für ihn war's deshalb ein Kinderspiel, im Musikrätsel den Titel „Painter Man" zu erkennen. Also schrieb er die Lösung auf, warf die Postkarte in Waren an der Müritz im DDR-Bezirk Neubrandenburg in den Briefkasten. Seinen Namen hört er bei „Hallo Twen" aber nicht, als Sexauer später die Gewinner verkündete. „Pech gehabt", dachte er und vergaß die Sache. Dass seine Postkarte es gar nicht bis zur Europawelle geschafft haben könnte, das kam Günter Zettl nicht in den Sinn: „Im Traum hätte ich nicht daran gedacht, dass sogar das Ministerium für Staatssicherheit sich mit so banalen Sachen wie mit meiner Postkarte befassen könnte." Inzwischen weiß er es besser. Aber bis dahin sollten 44 Jahre vergehen.

Wurde zum Kult: Manfred Sexauer mit seiner Pop-Sendung „Hallo Twen" (1965 - 1973, montags - freitags, 18.05 - 19 Uhr auf der Europawelle Saar).
Abb.: Fotoatelier Reichmann/SR

Die „Europawelle Saar" war beliebt damals bei Günter Zettl und so manchem seiner Mitschüler in der Abiturklasse der „Erweiterten Oberschule Richard Wossidlo". „Ich hatte ein eigenes 60er-Jahre-DDR-Röhrenradio von RFT mit ‚Magischem Auge'. Der Empfang über Mittelwelle war damit gut", erzählt er. „Vor allem ist es uns Schülern um die Pop-Musik in ‚Hallo Twen' gegangen." Aber auch die Nachrichten hörte er. Dass die ‚Westmedien' offiziell verpönt waren, kümmerte die Jugendlichen kaum. „Auch mein Vater hat das nicht gern gesehen und mich deshalb öfter zur Rede gestellt", erinnert sich Zettl genau. Seit dessen Jugend im Arbeitersportverein sei der „ein treuer Sozialist alten Schlages" und nach dem Krieg dann Mitglied in der SED gewesen. Darum gefiel es ihm auch gar nicht, dass sein Sohn Günter das Blauhemd der FDJ nur recht selten trug – die Haare dafür aber lang. „Wie die Beatles halt." Ein Regimegegner sei er damals trotzdem nicht gewesen, meint Zettl. Allerdings ein bisschen aufmüpfig und „kein so'n Schisser".

Zettls zweiter Eintrag in seiner Stasi-Akte stammte ebenfalls aus dem Abiturjahr. „Und hatte auch mit Politik nichts zu tun", erzählt er. Mit einem Kumpel war er da abends in Waren unterwegs gewesen. Eigentlich nur „auf ein Bier". Ein paar mehr sind es dann aber doch geworden bis zum Heimweg. Und die seien auch schuld gewesen an einem übermütigen Wettspringen nach einer DDR-Fahne. Ein Volkspolizist witterte dahinter jedoch oppositionelles Treiben. Nach einigen Stunden Verhör machte die Stasi den beiden Schülern schließlich ein Angebot. Sie sollten ihre Loyalität zur DDR beweisen und zukünftig darüber berichten, was ihre Mitschüler und Freunde so denken, treiben und im Radio hören. Das lag möglicherweise auch daran, dass einige von denen – auch Zettl selbst – unter dem Hemdkragen manchmal Spritzenkanülen trugen. „Wir lassen uns den Sozialismus nicht einimpfen", sollte das besagen.

Zum vorgeschlagenen Stasi-Treff ging Günter Zettl einfach nicht. Sogar sein Vater als überzeugter Genosse hatte ihn darin bestärkt: „Junge, das machst Du nicht." Die

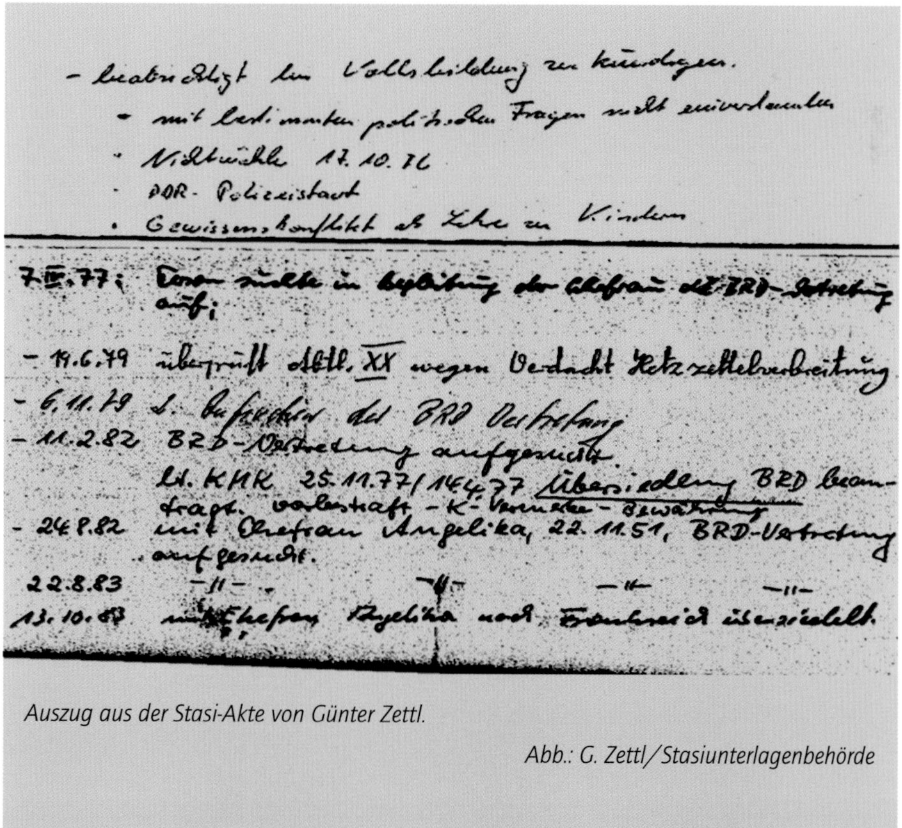
- beabsichtigt den Volksbildung zu kündigen.
- mit bestimmten politischen Fragen nicht einverstanden
- Nichtwähler 17.10.76
- DDR-Polizeistaat
- Gewissenskonflikt als Lehrer zu Kindern

7.III.77: [illegible] meldete in Begleitung der Ehefrau die BRD-Vertretung auf;
- 19.6.79 überprüft Abtl. XX wegen Verdacht Hetzzettelverbreitung
- 6.11.79 [illegible] der BRD Vertretung
- 11.2.82 BRD-Vertretung aufgesucht.
lt. KMK 25.11.77/14.4.77 Übersiedlung BRD beantragt. [illegible] - K - [illegible] - Bewährung
- 24.8.82 mit Ehefrau Angelika, 22.11.51, BRD-Vertretung aufgesucht.
22.8.83 —"— —"— —"— —"—
13.10.83 mit Ehefrau Angelika nach Frankreich übergesiedelt.

Auszug aus der Stasi-Akte von Günter Zettl.

Abb.: G. Zettl/Stasiunterlagenbehörde

Stasi meldete sich nicht wieder. Aber „Horch und Guck" behielt ihn dennoch im Visier. Auf rund 60 Seiten kann Zettl nun nachlesen, was Informelle Mitarbeiter (IMs) akribisch über seinen weiteren DDR-Werdegang zusammengetragen haben: Ausbildung zum KFZ-Handwerker, Schwimmmeister-Prüfung, schließlich Lehramtsstudium und Schuldienst als Deutsch- und Französisch-Lehrer in Halle an der Saale. Da war nach und nach aus dem aufmüpfigen Jugendlichen erst ein renitenter Student und dann ein überzeugter Regimegegner geworden: „Der Unterricht sollte so parteipolitisch geprägt sein, dass ich es fast nicht mehr ertragen habe."

Bei der Volkskammerwahl 1976 ging Günter Zettl „einfach nicht wählen". Alles andere als „einfach" sollte es danach allerdings für ihn werden. Nach dem Wahlsonntag ging es Schlag auf Schlag: Am Montag nach der zweiten Unterrichtsstunde vorläufige Beurlaubung. Am Dienstag Einbestellung zur Rechtfertigung: er auf einem Stuhl in der Mitte, in U-Form an Tischen um ihn herum die Schulleitung, Schulrat, Schul-Parteisekretär und Stasi-Leute. Kein Wort von seiner Wahlverweigerung. Stattdessen der Vorwurf: Verstoß gegen §1 der Sozialistischen Bildungsordnung, die vorschrieb, die Jugend im Sinne des Sozialismus zu erziehen. Seine Erwiderung: „Ich kann den Schülern doch nicht erzählen, dass der Himmel grün ist, wenn alle sehen, dass er blau ist." Ergebnis: die sofortige Entlassung aus dem Schuldienst.

Von der Stasi abgefangen: die Postkarte von Hörer Günter Zettl.

Abb.: SR

Anschließend folgte monatelange Arbeitslosigkeit ohne jede finanzielle Unterstützung. „Wer aus politischen Gründen aus dem Schuldienst entlassen worden war, der wurde nirgendwo eingestellt", musste er immer wieder erfahren. Dafür sorgte die teilweise geheime „Kaderakte", die jeden DDR-Arbeitnehmer von Arbeitgeber zu Arbeitgeber durch das Berufsleben begleitete. Schließlich wurde die Diakonissenanstalt der Evangelischen Kirche zu Günter Zettls Rettung. In dem Krankenhaus bekam der Lehrer eine Hausmeisterstelle. Aus seiner politischen Überzeugung machte Zettl da längst kein Hehl mehr. Und sich selbst nicht mehr vor, dass er in der DDR etwas ändern und dort noch eine Zukunft haben könnte. Seine Ausreise in die „BRD" wurde 1983 genehmigt. Sechs Jahre nach dem ersten Antrag.

Cover der Gewinner-Single. Abb.: Hit-ton Schallplatten

„Ich will nach vorn schauen und nicht zurück", nahm er sich damals vor für sein neues Leben in Frankreich, in der Bundesrepublik und in Spanien. Erst nach 27 Jahren entschloss er sich, bei der Stasiunterlagenbehörde in Halle an der Saale Einsicht in seine Akten zu beantragen. Und obwohl Günter Zettl nichts Gutes erwartet hatte, war er doch von vielem überrascht. Der lockere Kellner Klaus in seiner Studenten-Stammkneipe hatte ihn bespitzelt – als einer von mehreren IMs.

Jedes seiner „heimlichen" Treffen mit Verwandten oder Freunden später auf der Transit-Autobahn zwischen der Bundesrepublik und Westberlin war genau beobachtet worden und selbst alle seine Wohnsitzwechsel später in der Bundesrepublik wurden bis 1989 sorgfältig registriert.

Europawellen-Hörer Günter Zettl: war nach seiner DDR-Zeit viel unterwegs.

Abb.: G. Zettl/SR

Günter Zettl und Manfred Sexauer gemeinsam 2014 bei der Jubiläumsfeier „50 Jahre Europawelle".
Abb.: R. Schmitt/SR

Am meisten verblüfft allerdings war Günter Zettl über seine kleine Postkarte an die Europawelle Saar von 1969: von ihm längst vergessen – von der Stasi war sie sogar im Original archiviert worden. Er schickte sie der Europawelle Saar mit einem kleinen Kommentar: „Was für ein Land, diese heute oftmals verklärte DDR."

In einem Interview auf SR 1 Europawelle erzählte Günter Zettl 2013 die Geschichte seiner Postkarte. Auch die Deutsche Presseagentur berichtete darüber. Zeitungen in ganz Deutschland und in aller Welt druckten daraufhin die Geschichte der Postkarte auf Abwegen in Zeiten des Kalten Krieges. Radio, Fernsehen und Internet brachten sie ebenfalls.

Manfred Sexauer suchte in seinem Privatarchiv nach dem Titel „Painter Man", der längst nur noch als Sammlerstück zu haben ist. Und Günter Zettl erhielt eine Einladung vom Saarländischen Rundfunk zum 50. Geburtstag der Europawelle Saar. Als Gast bei der Feier in der Gebläsehalle des Weltkulturerbes Alte Völklinger Hütte bekam er dann die Schallplatte mit einer Widmung von Manfred geschenkt – als „Trostpreis" dafür, dass seine Postkarte 1969 nicht an Sexauers Verlosung teilnehmen konnte, weil sie bei der Staatssicherheit der DDR landete – statt bei der Europawelle Saar.

Das Schönste für Günter Zettl war allerdings, „den Manfred" nach so vielen Jahren endlich sogar persönlich kennen zu lernen. Die Tränen in den Augen verrieten es, als sich beide am 14. Januar 2014 auf der Bühne in den Armen lagen. Nur wenige wussten, wie schwer Manfred da schon krank war. Es wurde sein letzter öffentlicher Auftritt. Manfred Sexauer starb am 20. Juli desselben Jahres.

SR-Hören verbindet: eine deutsch-deutsche Radio-Geschichte

Von Axel Buchholz

Mein Land. Mein Sender – das ist der Slogan des Saarländischen Rundfunks. Und wie „hörernah" der SR tatsächlich ist, das bestätigt nicht nur die Meinungsforschung. Gespräche zeigen immer wieder die engen Bindungen der Saarländerinnen und Saarländer zu „ihrem Sender an der Saar". Geschichten darüber gibt es viele. Und für so manch einen hätte in den Zeiten des „Kalten Krieges" seine Liebe zum SR sogar nicht so ganz ungefährlich sein können.

Anneliese von Dossow beim Mittagessen mit dem Autor. Abb.: A. Buchholz/SR

Es begann mit einem Hörerbrief zum Abendmagazin „Zwischen heute und morgen" auf der „Europawelle Saar". Die war über Mittelwelle besonders abends noch weit entfernt gut zu hören. Anfang der siebziger Jahre wird es gewesen sein. Anneliese von Dossow (1916–2014) schrieb von der Schönheit der Ostsee, von „ihrer" Insel, dem Wetter und ihrem Reetdachhaus keine 100 Meter hinter den Dünen. Hörerpost aus der DDR bekam der SR damals häufig, meist allerdings aus Sachsen und Thüringen. In der „Hörerpost-Ecke" lasen wir auch daraus vor. Was dazu beitragen konnte, DDR-Absender zu identifizieren, ließen wir weg. Schließlich waren Westmedien (und speziell auch die Europawelle) im Osten Deutschlands damals offiziell als „Propaganda-Zentralen" gebrandmarkt. Kontakt zu ihnen wurde vor Gericht als strafverschärfend gewertet, war ideologisch verpönt und Grund für Nachforschungen – zumindest wenn die „Sicherheitsorgane" ihren Staat dadurch als geschmäht ansahen oder einfach Belastendes gegen jemanden suchten.

Annelie (wie sie genannt wurde) von Dossow scherte sich darum nicht, schrieb immer wieder mal, berichtete von ihren allmorgendlichen Bädern in der Ostsee bis weit in den Herbst hinein, moserte auch mal über die Beschwernisse des DDR-Alltags. Und sie schickte als kleine Geschenke für die Moderatoren begehrte DDR-Briefmarken, die aber aus unserer Redaktion leider keiner sammelte. Also gab ich sie an meinen Vater weiter. Der war begeistert, bedankte sich bei der Absenderin – und übernahm fortan die Korrespondenz. Was seine Briefmarken-Sammlung nach und nach komplettierte und Annelie von Dossow von Zeit zu Zeit ein „Westpäckchen" mit „gutem Bohnenkaffee" und auch mal „echten" West-Jeans einbrachte.

Jahrzehnte waren seither vergangen. Auf der Fahrt mit der „Hansestadt Stralsund" durch die flachen Boddengewässer von Rügen auf die kleine westlich vorgelagerte Insel Hiddensee tippte mir plötzlich Kapitän Jens Wehling auf die Schulter. Er hatte sich für mich nach Annelie von Dossow erkundigt. Mit 97 Jahren war sie die Älteste auf Hiddensee. In der Hand hielt der Kapitän einen Zettel mit der Telefonnummer: „Wenn man mal davon absieht, dass sie ja nicht mehr die Jüngste ist, geht es ihr ganz gut."

Das bekam ich dann gleich am Telefon zu spüren. Als ich ihr erst einmal erklären

Schiffsankunft in Vitte auf Hiddensee.

Abb.: B. Frank/Hiddensee Inselnachrichten

wollte, mit wem sie denn da spricht, unterbrach sie mich sofort: „Natürlich weiß ich, wer Du bist!" Wann ich denn mal wieder auf die Insel käme? „In einer Stunde? Na, dann bleibst Du zum Mittagessen." Widerspruch zwecklos.

Weniger forsch hatte ich Annelie von Dossow nur einmal erlebt. Das war bei unserem ersten Zusammentreffen wohl Mitte der siebziger Jahre. Da stand sie plötzlich bei uns in der Abendmagazin-Redaktion. Als Frührentnerin durfte sie damals schon vor dem offiziellen Rentenalter in den „Westen" reisen. Zu ihrer Mutter in Friedrichsthal und zu Onkel Heini vom inzwischen längst geschlossenen Café Bohrmann. Und zum SR, ihrem „Heimatsender": „Ich wollte euch mal persönlich kennenlernen." Hörer, die einfach mal so vorbeikommen, das ist beim SR nicht selten. Aber Besuch aus der DDR, das gab es nicht so häufig.

„Tante Annelie", wie sie inzwischen im Redaktionsjargon hieß, wurde also verwöhnt. Sie wollte allen die Hand schütteln, die sie vom Hören her kannte – und das waren nicht wenige. Auch die Studios interessierten sie, ja einfach alles. Jeder nahm sich natürlich Zeit.

Für den Abend fand sich dann eine Runde von Abendmagazin-Moderatoren zusammen, die mit ihr nach Frankreich zum Essen fahren wollte. Elke Herrmann saß am Steuer, Hans-Harro Schmidt war bestimmt auch dabei. Kurz vor dem alten Grenzübergang an

Fähre nach Hiddensee 1990. *Abb.: K. Baumbach/SR*

der Goldenen Bremm in Saarbrücken wurde Tante Annelie plötzlich sehr kleinlaut. Sie war ja gerade an der innerdeutschen Grenze von den DDR-Polizisten barsch und übergenau kontrolliert worden. Und nun wollten wir mit ihr nach Frankreich, so ganz einfach ohne ein Visum, das sie dafür gebraucht hätte. „Grenze ist nicht gleich Grenze", beruhigten wir sie. „Und mehr als zurückschicken können sie uns ja nicht." Nichts dergleichen. Die deutschen Beamten kontrollierten gar nicht, der französische schaute nur kurz in den Wagen: „Bonsoir, ach, Frau Herrmann vom SR! ... Zum Essen wollen Sie? Alors, bon appétit." Ein Grenzerlebnis der sehr besonderen Art war das für Tante Annelie.

Bei meinem zweiten persönlichen Zusammentreffen mit Annelie von Dossow war ich der Kleinlaute. Nach Terminen auf der Berliner „Grünen Woche" hatte ich 1980 zusammen mit Freund Norbert Oster Verwandte in der DDR besucht, der letzte war ein Arzt in Neuruppin in Brandenburg. Auch er ein Abendmagazin-Hörer. Wer uns denn sage, welche Minister wir da „zwischen heute und morgen" interviewen sollen, wollte er wissen. Dass wir das in der Redaktion selbst entscheiden, glaubte er nicht. Es war für ihn zu unvorstellbar anders als die DDR-Medienwirklichkeit.

Nach Stralsund schien es von Neurupppin selbst bei Schnee auf den Straßen nur ein Katzensprung zu sein. Warum also nicht noch schnell bei Tante Annelie vorbei? Unser DDR-Visum galt schließlich noch drei Tage. Die Ostsee war allerdings teilweise zugefroren, deshalb fuhr nur von Schaprode auf Rügen eine Fähre nach Hiddensee.

Gästerunde 1990 bei Annelie von Dossow (2. v. r.) mit Axel Buchholz (l.), daneben Marianne Osterberg. *Abb.: K. Baumbach/SR*

Ein Eisbrecher vorweg. Draußen dunkelte es schon, drinnen erschien es uns ziemlich trist und leer. Als sicher einzige Wessis blieben wir nicht unbemerkt. Zweifel kamen auf: Tante Annelie wusste von nichts und das Visum galt eigentlich nur für bestimmte Besuche. Wenigstens polizeilich melden sollten wir uns in Vitte, dem Hauptort der Insel. Eigentlich mussten das die DDR-Gastgeber oder die Hotels tun. Ein älterer Mann saß nicht weit von uns rauchend beim Bier. Wieso wir denn zur Polizei wollten? Als er's gehört hatte, blickte er nur kurz auf: „Dat is gaud so. Ick bin de Polizei." Ende des Gesprächs. Und eine ganz andere Volkspolizei- und DDR-Erfahrung.

Kaum hatten sich die wenigen Fährpassagiere verlaufen, war Vitte wie ausgestorben, die Ferienheime dunkel, die Fenster mit Holzläden gegen Winterstürme und Schnee verrammelt. Schließlich fand sich doch noch jemand, der uns den Weg durch den Schnee zum „Heidehaus Palette" erklären konnte. Einsam vor dem Ort gelegen, versteckte es sich in der Dünenheide unter verschneiten Krüppelkiefern und Birken. Tante Annelie saß mit ihrem Mann Richard nichtsahnend in einer kleinen, hell erleuchteten Glasveranda. Die Freude war groß, als sie schon an der Stimme erkannte, wer sie da mitten im Winter so überraschend besuchte.

Es wurde viel „vertellt" in einer langen Nacht, die eindrücklich bewies: An der Versorgung mit „Klarem" war trotz DDR-Mangelwirtschaft nicht zu mäkeln. Tante Annelies Erinnerungen ans Saarland litten darunter nicht, im Gegenteil. Obwohl das genaugenommen noch gar nicht existierte, als sie - lange bevor es den ersten Radio-Sender gab - am 26. März 1916 in der Heinitzer Str.1 im preußischen Friedrichsthal auf die Welt kam, mitten im Ersten Weltkrieg.

Ihre ersten Schuljahre erlebte sie auch noch dort, da war aus der preußischen Rheinprovinz aber bereits das „Saargebiet" geworden. Schon 1924 wurde ihr Vater, der Pfarrer Otto Bechthold, nach Morbach in den Hunsrück versetzt. Die Familie zog also um. Von da an alle drei Jahre. „Für länger reichen wohl deine Predigten nicht", spottete Tochter Annelie, die dann Säuglingsschwester lernte. Dadurch kam sie im Rahmen der „erweiterten Kinderlandverschickung" im nati-

Zu Hause bei Ernst Busch, dem „Sänger der Arbeiterklasse". *Abb.: B. Meffert*

onalsozialistischen Deutschland nach Göhren auf Rügen. Während einer Zugfahrt lernte sie dort den Marinemaler Richard von Dossow kennen, heiratete ihn und blieb – zuerst auf Rügen, ab 1961 im gemeinsamen Haus auf Hiddensee. Ihre Mutter, eine geborene Bohrmann, zog es nach dem Tod des Vaters wieder zurück ins Saarland.

Die Dossows lebten von Richards Landschafts- und Schiffsbildern, vor allem aber von einer Pension, die Annelie führte. Die Gäste wohnten teils im Reetdachhaus, vor allem aber in einfachen Holzhäuschen, die sich im Garten unter die Bäume duckten. Hiddensee blieb auch während der DDR-Zeit eine äußerst begehrte Ferieninsel. Urlauberbetten gab es aber fast nur mit „Quartierschein" über das Ferienwerk der Gewerkschaften oder über Betriebe. Tante Annelie hatte einen Vertrag mit dem Berliner „Metropol", dem führenden Operetten- und Musical-Theater der DDR. Ihre Gäste waren also Theater-Angestellte, oft Schauspieler und Sänger, darunter Intendant Hans Pitra. Und oft auch der Schauspieler und Sänger Ernst Busch. Als Interpret internationaler Arbeiter- und Kampflieder hatte er in der DDR einen großen Namen, den seit 1981 auch die Berliner Hochschule für Schauspielkunst trägt. In Annelies Garten erklang also so manches Lied. Nach ihrer Erinnerung aber mehr in Richtung „Ostseewellen". Er war eine kleine begehrte „Künstlerkolonie" mit romantischem Plumsklo-Komfort. Was perfekt zur Künstlerinsel Hiddensee passte, die u. a. stolz darauf ist, dass der Nobelpreisträger und Dramatiker Gerhart Hauptmann dort sein Ferienhaus „Seedorn" hatte.

Heidehaus Palette. *Abb.: A. von Dossow/SR*

Früh morgens, noch im Dunkeln, ging schon die Fähre zurück. Als nach der Wiedervereinigung bekannt wurde, welch lückenloses Spitzelnetz die DDR im eigenen Land gesponnen hatte, lag die Frage nahe, was wohl die „Stasi" von diesem „Abstecher" mitbekommen hatte. Offenbar nichts. Jedenfalls findet sich in den uns bislang bekannten Stasiakten kein Hinweis darauf, im Gegensatz zu einer anderen DDR-Reise. Allerdings ist nicht alles erhalten.

Noch vor der Wiedervereinigung besuchte ich Tante Annelie zum zweiten Mal auf „ihrer" Insel. Die Mauer war schon gefallen, Deutschland aber noch zweigeteilt. Es war eine Fahrradtour in den deutschen Frühling 1990. Wo wir auch anhielten in der DDR, mit wem wir auch sprachen, alle waren voller Euphorie und Erwartung. Und wir erfuhren uns mit jedem Kilometer mehr Erkenntnisse über eine DDR-Wirklichkeit, von der wir viel weniger wussten, als wir vorher dachten.

Auch Tante Annelie war positiv gestimmt. Die beliebte Ferieninsel Hiddensee würde von der nun offenen Grenze zur Bundesrepublik gewiss nur profitieren. Schließlich seien wir ja schon die ersten Vorboten des erhofften Urlauberstroms. Und außerdem hatte sie sich eine gewisse Gelassenheit angewöhnt. Gegenüber einer Reporterin der Wochenzeitung „Die Zeit" formulierte sie das 2003 so: „Hier muss alles übers Wasser, auch die Politik. Die hat sich dann schon abgekühlt." Und außerdem: „Es ist nicht alles Pech, was schwarz ist."

In der DDR 1990: Ortsschilder auch in Russisch. *Abb.: K. Baumbach/SR*

DDR-Schaufenster 1990 mit dem Angebot „Strumpfwaren aus der BRD".

Abb.: K. Baumbach/SR

Der erhoffte Urlauberstrom kam tatsächlich. Auf die Insel und auch zu ihr, in die einfachen Holzhäuschen in ihrem Garten. Im Sommer 2012 sah ich, dass sie alle belegt waren, meist mit jungen Familien. Annelie von Dossow mühte sich teilweise noch immer selber drum, auch wenn sie Hilfe brauchte. Manches andere war ebenfalls mühsam geworden. Aber wenn's ums Saarland und den SR ging, wurde sie munter. Früher war die Europawelle ihre Brücke von der Ostsee an die Saar gewesen. Jetzt war's das Saarländische Fernsehen mit dem „aktuellen bericht" geworden. Und ob ich auch den Palu (Jochen Senf) kenne, wollte sie wissen. Denn den saarländischen Tatortkommissar hatte sie immer gern gesehen.

Ihr Besuch im Saarland fast vierzig Jahre zuvor war ihr gut in Erinnerung geblieben. Für die ersten Froschschenkel ihres Lebens, damals in Frankreich, habe sie sich zuerst doch ganz schön überwinden müssen. Aber dann hätten sie prima geschmeckt. Wie mir ihr Blumenkohl mit Spiegelei und Salzkartoffeln. „Nein, kein großer Dank bitte, das war doch eine freudige Überraschung", sagte sie. Grüße soll ich bitte mitnehmen von einer SR-Hörerin und -Zuschauerin, die ihre Kinderjahre an der Saar nicht vergessen hatte – auch wenn sie inzwischen längst ein „Fischkopp" war.

AutorInnen, Redaktion, Herausgeber

Dr. jur. Erika Ahlbrecht-Meditz – 1933 in Österreich geboren, Jurastudium in Wien und Politische Wissenschaften an der Johns Hopkins University in Bologna. Gerichtspraxis. Zehn Jahre als Redakteurin an einer der ältesten Tageszeitungen Österreichs, dem Linzer Volksblatt; zum Schluss Ressort Außenpolitik und Stellvertretende Chefredakteurin, als Berichterstatterin beim Zweiten Vatikanischen Konzil. Ab 1970 beim SR, zuerst Abteilungsleiterin Kirchenfunk, ab 1978 bis zur Pensionierung 1996 Leiterin der Abteilung Bildung und Familie. Aktuell: „Sprech-Übungen" im Kindergarten mit vierjährigen Förderbedürftigen mit und ohne Migrationshintergrund.

Dr. Michael Beckert – geb. 1944 in Bamberg, 1970 Promotion mit einer Dissertation über Heinrich Böll. 1969–1988 Kulturredakteur und Leiter der Film- und Fernseh-Redaktion bei der „Saarbrücker Zeitung". Mitbegründer des Max Ophüls Preises. Seit 1988 beim Saarländischen Rundfunk, u. a. als Fernseh-Spiel- und Unterhaltungschef („Familie Heinz Becker"), zuletzt Leiter des Programmbereichs Kultur und Unterhaltung. Regelmäßige Zusammenarbeit mit Manfred Sexauer zwischen 1988 und 2002; angefangen von der „Goldenen Europa" über „Clip Klapp" und „Drei in einem Boot" bis hin zu den „Halberg Memories".

Georg Bense – von 1963–2003 vorwiegend für den Saarländischen Rundfunk als Autor, Regisseur und Kameramann tätig. Unter anderem Filmporträts von den Schriftstellern Ludwig Harig aus Sulzbach und Gustav Regler aus Merzig und den in Saarbrücken geborenen Regisseuren Max Ophüls und Frédéric Back. Mehrere Beiträge für die Reihe „Reisewege" des SR, Anregung der Reihe „Fahr mal hin"

zu kulturellen Zielen der Großregion Saar-Lor-Lux-Elsass. Meinen Filmen zu Themen aus dem kulturellen Leben wurde häufig eine originelle Herangehensweise bescheinigt. Eine Beurteilung, die mich sehr freute, da ich immer bemüht war, experimentell und innovativ zu arbeiten.

Burkhard Birke – geb. 7. Januar 1957 in Magdeburg, aufgewachsen und Studium in Saarbrücken; Dipl. Volkswirt, Universität des Saarlandes; 1982 – 1988 Reporter, Redakteur, Moderator SR; 1988 – 1990 Washington-Korrespondent für ARD und RIAS TV, 1990 Deutschlandfunk-Korrespondent in Brüssel; 1994 – 1999 Deutschlandradio-Korrespondent in London, 1999 – 2006 u. a. Leitung Abteilung „Aktuelles" beim Deutschlandfunk Köln, 2006 – 2007 Deutschlandradio-Korrespondent in Paris; seit 2007 beim Deutschlandradio in Berlin, aktuell als Korrespondent im Reporterpool für alle Programme mit Schwerpunkt Westeuropa und Südamerika.

Peter Blattner – geb. 18. Juli 1940 in Prag; saarländischer Vater, österreichische Mutter; Kindheit erst in Österreich, dann in Homburg/Saar, ab September 1954 Lehre als Rundfunkmechaniker im Funkhaus Wartburg bei Radio Saarbrücken; anschließend Hilfstontechniker im Betriebsdienst beim Saarländischen Rundfunk; Techniker; gehobener Tontechniker, ab 1959/60 als erster Tontechniker beim SR-Fernsehen im „Pferdestall-Studio". Danach Tontechniker bei Fernsehspielen und Unterhaltungsshows und Außendienst im Fernseh-Übertragungswagen; Ernennung zum Toningenieur; in Rente seit 2000.

Stefan Braun – geb. 1954 im Saarland, beim Saarländischen Rundfunk zuständig für zentrale Aufgaben (Controlling und Organisation) in der Programmdirektion und im SR-Hörfunk für technische sowie organisatorische Koordinationsfragen mit

der ARD; zuvor Redakteur in der Programmgruppe Information, Chef vom Dienst und Magazin-Moderator auf SR1 Europawelle, Studium in München (Literatur-, Theater- und Sprachwissenschaft), dort freier Autor zu Themen der Filmgeschichte und Medienästhetik. Seit 1985 beim SR, zunächst freier Mitarbeiter im Hörfunk (Zeitgeschehen) und Betreuer von Praktikanten und Volontären im SR-Nachwuchsstudio.

Axel Buchholz – siehe unter Herausgeber.

Norbert Carius – 1979 nach Politikstudium als Pfälzer beim Saarländischen Rundfunk gelandet, nach dem Volontariat zunächst freier Mitarbeiter und als Reporter, Moderator (Radio-Report, Abendmagazin) und Nachrichtenredakteur im Einsatz. 1992 SR-Korrespondent in Bonn, 1996 Studioleiter in Paris, 1999 Fernseh-Korrespondent und Chef vom Dienst im neugegründeten ARD-Hauptstadtstudio Berlin. 2007/08 Sonderkorrespondent und Berichterstatter für Medienpolitik beim ARD-Vorsitz des SR, danach bis Ende 2016 wieder ARD-Hauptstadtstudio. Jetzt freier Journalist und Medienberater.

Prof. Dr. Klaus Peter Dencker – geb. 1941 in Lübeck; Studium der dt. Literaturwissenschaft, Japanologie und Philosophie in Hamburg u. Erlangen; Assistent und Lehrbeauftragter der Universität Erlangen-Nürnberg,1970 Promotion in dt. Literaturwissenschaft und Japanologie; 1974/1975 freier Autor und Filmemacher; 1975 Erster Redakteur und Filmemacher im Bereich Kultur ARD/SR bis 1985; 1981 Lehrbeauftragter an den Universitäten Saarbrücken und Trier, ab 1985 – 2000 in Trier Professur für „Medientheorie und Medienpraxis"; 1985 – 2002 Leitender Regierungsdirektor Kulturbehörde Hamburg. Seit 1970 internationale Ausstellungen Visueller Poesie und nahezu 100 Experimental- und Dokumentarfilme für ARD und ZDF. Zahlreiche Publikationen vor allem zur Visuellen Poesie; künstlerische Arbeiten in mehreren Sammlungen, diverse

Auszeichnungen. Ausführliche Informationen: https://de.wikipedia.org/wiki/Klaus_Peter_Dencker

Otto Deppe - gelernter Bankkaufmann; Studium der Betriebswirtschaftslehre in Hannover, Iowa/USA und Saarbrücken; Abschluss Diplom-Kaufmann. Bereits als Student Radio-Reporter beim Zeitfunk des Saarländischen Rundfunks. Ab 1965 freier Reporter, Moderator und Redakteur auf der Europawelle Saar. 1973 Festanstellung. Persönliches „Radio Highlight": 1969-1972 Berichterstattung über die US-Mondflüge aus Cape Canaveral und Houston für fast alle deutschen Sender. Ab Anfang der 80er Jahre SR Fernsehen. Letzte Position: Hauptabteilungsleiter Sport und Gesellschaft und Chefreporter TV. Überregionale TV-Einsätze: Moderator der ARD-Tagesthemen 1982/83. Moderator des ARD Wirtschaftsmagazins „Plusminus" 1989-2001. Moderator und Redakteur des ARD Magazins „Ratgeber Reise" von 1988-2002.

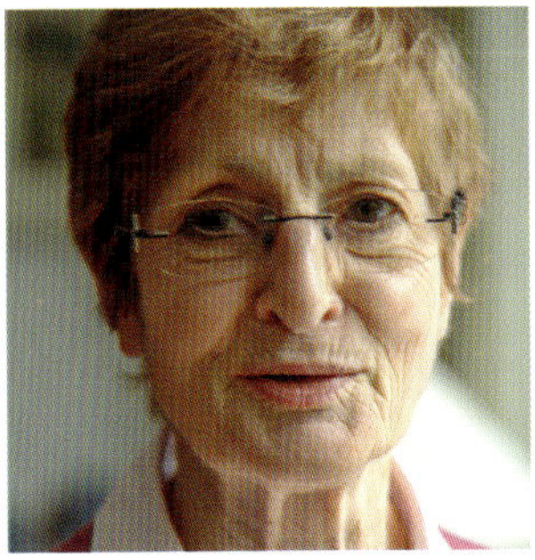

Gertrud Ecker - geb. Dahl, 1940 in Homburg/Saar, lebt in Saarbrücken. Nach dem Abitur ab April 1960 Praktikum beim SR, zuerst beim Hörfunk, dann beim Fernsehen. Im Oktober Anstellung als Bildmischerin; arbeitete dann sieben Jahre beim Fernsehen als Bildmischerin und Cutterin. Danach spielte die Familie mit der Erziehung der beiden Söhne die Hauptrolle; außerdem war sie als Elternsprecherin in der Landeselternvertretung tätig und arbeitete in der Anwaltskanzlei ihres Mannes mit. Zu den Beiträgen ihres Mannes für Weinzeitschriften und für seine Weinbücher machte sie die Fotos. Seit 1997 Engagement im Kinderschutzbund. Seit 20 Jahren ist sie Mitglied eines literarischen Lesekreises.

Annelie Fischer - geb. 1951 in Saarbrücken, wohnt in Lilienthal bei Bremen. Nach dem Abitur 1970 bis 1982 Redaktionsassistentin in der Fernseh-Unterhaltung des Saarländischen Rundfunks, u.a. Realisatorin von Kurzfilmen für den „Saarbrücker Bilderbogen" und Filmtexte für das „FS-Reisebüro". Ende 1982 Umzug nach Bremen, ab 1983 freie Redaktionsassistentin in der Sportredaktion bei Jörg Wontorra, in der Tagesschauredaktion und den FS-Serien; ab 1984 Festanstellung beim Fernse-

hen von Radio Bremen als 1. Redaktionsassistentin mit Zusatzvertrag für Redakteursarbeit; u. a. redaktionelle Betreuung der „Musikladen-Eurotops" mit Mike Leckebusch. Aus gesundheitlichen Gründen Wechsel in den Hörfunk von RB als 1. Sachbearbeiterin; ab 2007 vorzeitig in Rente.

Timo Fuchs – geb. in Bremen; nach dem Studium der Angewandten Kulturwissenschaften in Hildesheim 2004 Beginn bei Radio Bremen; im selben Jahr Wechsel zum SR als Reporter, nach und nach für alle Wellen. Bei SR1 auch Redakteur. 2006 eineinhalb Jahre lang Volontariat mit Trainingseinheiten bei Radio-Legende Axel Buchholz. Ab 2009 zusätzlich Moderation der SR2-Frühsendung und von Podiumsdiskussionen. 2012 und 2013 Juniorkorrespondent in Washington DC im HR-Studio. Danach bis heute beim SWR in Baden-Baden Moderation in der SWR2-Frühschiene und von Diskussionsrunden; zudem Autorentätigkeit für Feature, Kommentare und Analysestücke. Schwerpunkt: USA.

Martin Ganslmeier – 17 Jahre beim Saarländischen Rundfunk, zunächst Reporter, Moderator und redaktioneller Mitarbeiter im Bereich Politik und Zeitgeschehen bei SR 1 Europawelle Saar. 1998/99 Juniorkorrespondent in Washington, danach von 2000 – 2002 Redakteur bei SR 1. Einsatz in mehreren ARD-Pools, u. a. bei der Jahrestagung von IWF und Weltbank sowie als Zeitfunk-Reporter bei Leichtathletik-Weltmeisterschaften; mehrfach Vertretung des SR-Hauptstadtkorrespondenten in Berlin. 2003 – 2007 Leiter der SR-Intendanz, dabei Unterstützung von Intendant Fritz Raff als ARD-Vorsitzender. 2008 – 2012 in Hamburg Leiter der NDR-Intendanz unter Intendant Lutz Marmor. Anschließend NDR-Korrespondent in Washington; ab 2015 der erste Leiter des gemeinsamen ARD-Hörfunk-Studios Washington.

Rolf-Dieter Ganz - geb. 1941 in Trier, 1966 - 2008 SR-Pressestelle, 1991 - 2006 Leiter Presse- und Öffentlichkeitsarbeit. 1997 - 2008 Kommunikation Radsport (u. a. Tour de France), 2006 - 2008 Leiter der Runde der ARD-Kommunikationschefs; Träger der Bundesverdienstmedaille (besonderer Verdienste im Ehrenamt), derzeit u. a. Vorstandsmitglied Stiftung Bürgerengagement und Multiple Sklerose Saar; Vorsitzender Kulturring und Fußballverein Bischmisheim.

Christoph Grabenheinrich - geb. 1970 im ostwestfälischen Gütersloh, Kindheit und Jugend dort bis zum 20. Lebensjahr. Nach Abitur und Zivildienst für ein Jahr mit dem Rucksack in Nordamerika. Danach Studium (Politik und Rhetorik) in Tübingen, unterbrochen durch eine einjährige Weltreise. Ab 1999 bis heute beim Saarländischen Rundfunk, tätig als Reporter und Moderator, mittlerweile mit dem Schwerpunkt auf landespolitischer Berichterstattung.

Prof. Dr. hc. Ludwig Harig - geb. 1927. Harig hat in seinem Erzählband „Die saarländische Freude. Ein Lesebuch über die gute Art zu leben und zu denken" dem Saarländer seine „lummere" Identität erfunden. In den sechziger Jahren hat Ludwig Harig mit seinen Hörspielen entschieden dazu beigetragen, dass der saarländische Rundfunk neben Köln eine Hochburg des „Neuen Hörspiels" war. Iris Radisch urteilt über seine Romane: *„... die großen Erinnerungsbücher der deutschen Nachkriegsliteratur, die Epochenromane von Uwe Johnson, Günter Grass, Walter Kempowski, Ludwig Harig und all den anderen, die versucht haben, ein Zeitalter in Literatur zu fassen, sind kaum zu überbieten."* (Die Zeit)

Friedrich Hatzenbühler - geb. 1942 in Kaiserslautern, Studium der Sportwissenschaft und der Germanistik in Saarbrücken. Schon während des Studiums Mitarbeit im Fernsehen als Leiter vom Dienst, Aufnahmeleiter, Produktionshelfer und Senderegisseur im aktuellen Fernsehen; 1971 Staatsexamen; danach Nachrichtenredak-

teur, ab 1975 Wissenschaftsredakteur und Lektorat „Fragen an den Autor", Redaktion Bunte Funkminuten mit Klaus Groth und Peter Maronde; Abteilungsleiter Unterhaltung SR3, dann Marketing und PR-Beauftragter von SR3 Saarlandwelle, über viele Jahre auch als Reporter und Moderator tätig.

Roland Helm - geb.1951 in Offenbach/Main; aufgewachsen in Saarbrücken; Studium Volkswirtschaftslehre und Politikwissenschaft in West Palm Beach (Florida), Bonn und Saarbrücken; 1980 Examen als Diplom-Volkswirt; ab Ende 1979 beim „Aktuellen Dienst" der Europawelle Saar, ab 1981 Moderation „Journal am Nachmittag", 1983/84 SR-Juniorkorrespondent im HR-Studio in Washington D.C./USA; ab 1984 Moderation „Journal am Nachmittag", „Journal am Morgen" und „Abendmagazin". 1989-2008 Abteilungsleiter Musik und Unterhaltung SR1, 2008-2016 Programmgruppenleiter Produktion und Sounddesign SR1 und „UnserDing", 2008-2016 Redaktion und Moderation der Kultur- und Talksendung „SR1-Abendrot". Seit 2014 Radio-Dozent an der Universität des Saarlandes.

Frank Rainer Huck - geb. 1936 in Kassel, Studium der Musikwissenschaft, Vergleichenden Literaturwissenschaft und Psychologie an den Universitäten Kiel, München und Saarbrücken. Ab 1968 freier Mitarbeiter der E-Musikredaktion des SR als Programmgestalter für Opern- und Konzertsendungen. 1970 Anstellung als Redakteur in der U-Musik, 1975 Leiter des Hörfunk-Archivs (später Abt. Archive, Bibliothek und Dokumentation). Daneben Mitentwicklung und Moderation der Sendungen „Musikkontraste" (erste SR-Sendung mit bunter Mischung von Klassik, Pop und Jazz) und der „Morgenmusik". Seit 1977 auch Mitarbeit fürs Fernsehen als Moderator der Sendung „Nachklapp" und anderer Musiksendungen. Seit 2000 im Ruhestand.

Franz Jansen – Studium der Germanistik, Politikwissenschaft, Kommunikationswissenschaft; Volontärsausbildung an der Deutschen Journalistenschule in München, dort freier Mitarbeiter der Abendzeitung; beim Saarländischen Rundfunk ab 1982 zunächst freier Mitarbeiter im Abendmagazin von SR1 Europawelle.1986 – 1992 SR-Korrespondent in Bonn; von 1992 – 1998 Chef vom Dienst, Reporter und politischer Kommentator im Aktuellen Bericht des SR Fernsehens; ab 1999 erster Korrespondent des SR im neuen Berliner ARD-Hauptstadtstudio; ab 2006 Leitung des neu geschaffenen, trimedialen SR-Newsrooms, daneben Konzeption und Leitung der neuen FS-Sendung „SaarLorLüx"; 2014 Eintritt in den Ruhestand.

Christian Job – stammt aus der Westpfalz; seit über 30 Jahren Radio; sein Sender ist der Saarländische Rundfunk; von den Radio-Legenden hat er gelernt und viele Halberg-Helden privat erlebt; war über viele Jahre bei SR 1 Europawelle am Mikrofon und ist heute bei SR 3 Saarlandwelle zu hören. Der Unterhaltungsjournalist moderiert Musik-, Spiel- und Servicesendungen. Mit großer Leidenschaft interviewt er Prominente: Chris de Burgh, Peter Maffay, Udo Jürgens, Chris Howland oder Alan Parsons. Er lieh Cliff Richard seine Gitarre und war einmal ganz nah an Paul McCartney. Er berichtete über BAP und Brings, die Millowitschs, Peter Kraus, Wencke Myhre und Peter Alexander, Nena und Markus. Publikation: „Ohne Dresscode – Große Stars beim kleinen Sender".

Heinrich Kalbfuss – geb. 1927, Kriegsteilnehmer, Karfreitag 1945 schwere Gesichtsverletzung, zwei Jahre Lazarett; zwangsweise Aufgabe des Berufswunschs Schauspieler. Studium in Bonn und Saarbrücken (kath. Theologie, Philosophie, Psychologie); 1948 erste Manuskripte für „Radio Saarbrücken", 1. Januar 1952 Anstellung; Abteilungsleiter Schul-, Jugend- und Kinderfunk. Kündigung beim SR 1963; danach als Autor von Fernseh-Features für den SR

u. andere ARD-Sender zahlreiche Auslandsreisen, vorwiegend nach Lateinamerika und Russland. Ab 1969 wieder Hörfunk (bis Ende 1998): u. a. erster Moderator von „Fragen an den Autor", 30 Jahre lang. Nach Zusatzausbildung in analytischer Psychotherapie eigene Privatpraxis für psychosomatische Krankheiten.

Norbert Klein – geb. 1954 in Körprich, jobbt schon 1975 als Student (Germanistik, Sozialkunde, Politikwissenschaft) beim SR im Aktuellen Dienst bei Axel Buchholz; 1956 leitet der angehende Lehrer den Jugendfunk. Das Radio ist seine Leidenschaft: Moderator der Musiksendung „Drugstore 1421", Redakteur von „Schule und Beruf", ab 1980 Moderator des Morgenmagazins auf der Europawelle. 1982 Wechsel ins regionale Fernsehen: 1984 Moderator des „aktuellen berichts", 1988 ARD-Saarlandkorrespondent, 1989 Leiter der Fernseh-Nachrichten, 1991 stellvertretender FS-Chefredakteur, seither Kommentator in den ARD-Tagesthemen; seit 2003 trimedialer SR-Chefredakteur. Vorstandsmitglied bei „Miteinander Leben Lernen (MLL)" u. Einsatz für die gleichberechtigte Teilhabe von Menschen mit Behinderung in allen gesellschaftlichen Bereichen.

Simone Mir Haschemi – in Essen geboren und aufgewachsen, hat in Münster und Sheffield (England) Kommunikationswissenschaft, Wirtschaftspolitik und Psychologie studiert und anschließend ein Volontariat beim Saarländischen Rundfunk absolviert. Danach hat sie als feste Freie Mitarbeiterin in erster Linie bei SR 3 Saarlandwelle und auch für SR 2 Kulturradio gearbeitet, außerdem als Juniorkorrespondentin in Washington. Seit 2015 ist sie Redakteurin in der Programmgruppe Information bei SR 3 Saarlandwelle.

Daniel Mollard – geb. 1942 in Lyon (Frankreich). Entdeckte Deutschland und die Deutschen anlässlich eines Jugendaustauschs bei einer bayerischen Bauernfamilie. Später Studium der Germanistik und der Sprachwissenschaft in Lyon, Saarbrücken und

Straßburg mit Examen für ein Lehreramt in Frankreich. Als Student schon beim SR Sprecher von Fernseh-Nachrichten in französischer Sprache. Nach dem französischen Militärdienst beim SR-Hörfunk Sprecher und Redakteur täglicher Kurznachrichten in französischer Sprache, Radio- und Fernseh-Reporter. Festanstellung als Redakteur, Moderator bei SR 1 Europawelle und SR 3 Saarlandwelle. Lebt heute im Ruhestand in Saarbrücken.

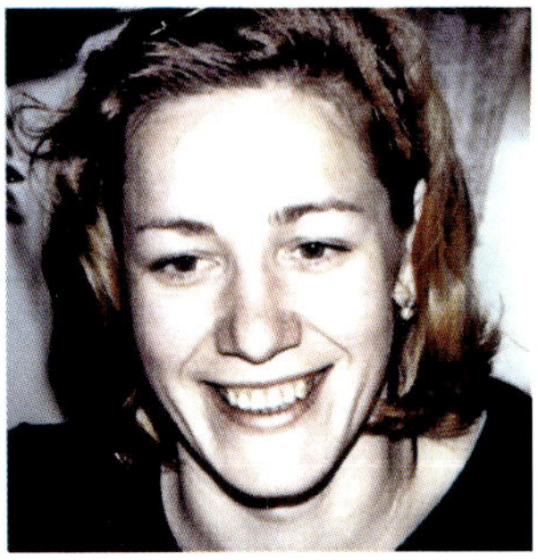

Christl Ohnesorg – geb. 1937 als Christl Becker in Saarbrücken; Fachschulausbildung zur Diplom-Kosmetikerin in Bad Kissingen; 1956 Anstellung in einem Saarbrücker Kosmetiksalon. Über ihren späteren Mann Kontakt zum saarländischen Privatfernseh-Sender TELESAAR; dort Mitarbeit als Maskenbildnerin bis zur Schließung; ab 15. Mai 1960 Anstellung als Maskenbildnerin und angehende Filmcutterin beim im Aufbau befindlichen SR Fernsehen; 1962 Heirat mit SR-Chefkameramann Fred Ohnesorg, Mutter einer gemeinsamenTochter; Ausbildung beim SR nach dem Prinzip learning by doing; nach drei Monaten Cutterin von Peter Scholl-Latours erstem Fernseh-Feature. Später meist als Filmcutterin im kulturellen Bereich tätig; ausgeschieden beim SR 1998.

Rainer Petto – geb. 1950, Studium der Germanistik und Soziologie in Saarbrücken und Freiburg/Br.; 1975 – 1980 Wissenschaftlicher Mitarbeiter am Germanistischen Institut der Universität des Saarlandes; ab Anfang der 1970er Jahre gelegentliche freie Mitarbeit beim SR; ab 1980 freiberuflicher Journalist und Autor; 1987 SR-Redakteur Regionale Kultur Hörfunk; 1992 Redakteur Fernseh-Magazin „Kulturspiegel" (bis 2006). Buchveröffentlichungen: 1980 „Ein saarländisches Lesebuch" (Herausgeber mit Fred Oberhauser), 1985 „Ein Kind der 50er Jahre", 2000 „Dr. Reineggs und Graf Kohary in Georgien", 2013 „Bloß keine Einzelheiten!". Internetportal „Literaturland Saar" mit Dr. Gabriele Oberhauser und Martin Oberhauser (online ab November 2017).

Katja Preißner – geb. 1972, wollte schon als Odenwälder Teenager mehr über diesen spannenden Conny Plank wissen (vgl. den Buch-Beitrag). Als sie im Jahr 2000 mit

anderen Volontären beim Saarländischen Rundfunk im Computerkurs das Googeln lernte, gehörte „Conny Plank" zu ihren ersten Suchbegriffen. Und siehe da: Im Netz fand sich ein Hinweis auf Planks Zeit beim SR. Im Sender gab's sogar Kollegen, die Plank kannten. Aber zu viele unwiderstehliche Aufgaben bei SR 3 Saarlandwelle hielten die Autorin von der weiteren Spurensuche ab – bis der Arbeitskreis SR-Geschichte für den nötigen Stups (und wertvolle Kontakte) sorgte.

Lutz Rathenow – Schriftsteller, seit 2011 Sächsischer Landesbeauftragter für die Stasi-Unterlagen, ab 2017 sächsischer Landesbeauftragter zur Aufarbeitung der SED-Diktatur; geb. 1952 in Jena in der damaligen DDR. Wehrdienst bei den DDR-Grenztruppen, Lehrerstudium Deutsch und Geschichte an der Universität Jena, dort Gründung eines oppositionellen Literatur-Arbeitskreis; Verhaftung 1977 nach der Ausbürgerung von Wolf Biermann und ein Jahr später zwangsweise Exmatrikulation, Arbeit erst als Beifahrer und Transportarbeiter, lebte dann als freier Schriftsteller in Ostberlin; erneute Verhaftung nach Erscheinen seines Buches „Mit dem Schlimmsten wurde schon gerechnet" in der Bundesrepublik; lehnte Ausreiseangebote ab und arbeitete in der DDR-Friedens- und Bürgerrechtsbewegung. Rathenow war als Schüler in der DDR begeisterter SR-Hörer und wurde noch vor der Wende Mitarbeiter der SR-Literaturabteilung.

Prof. Dr. Benno Rech – geb. 1935. Studierte Germanistik, Geschichte und Kath. Theologie in Saarbrücken, Freiburg, Wien und Frankfurt. Studiendirektor am Geschwister-Scholl-Gymnasium in Lebach. Mitherausgeber des Werkes von Ludwig Harig und Johannes Kühn, außerdem der Zeitschrift imprimatur. Funk- und Fernseh-Beiträge, meist für den Saarländischen Rundfunk (viele davon mit seiner Frau Irmgard zusammen).

Irmgard Rech – geb. 1938. Studierte Germanistik und katholische Theologie in Saarbrücken und Innsbruck (bei Prof. Karl Rahner). Oberstudienrätin am Geschwister-Scholl-Gymnasium in Lebach. Seit 1977 tätig in der Rundfunkverkündigung beim SR, 1984 bis 1990 „Wort zum Sonntag"-Sprecherin, Mitherausgeberin der Zeitschrift imprimatur und des Werkes von Johannes Kühn.

Christine Rupp-Kuhl – 1954 bis 1970 Kinderfunkkind und Auszubildende beim SR, Mitarbeiterin beim HR und NDR-Fernsehen. 1970 bis 1973 Mitarbeit in Frankfurter Verlagen. Danach Lehramt-Studium, Referendariat, Lehrerin, Konrektorin und Fortbildnerin. 1998 Gründung eines Kindertheaterstudios, Autorin von Kindertheaterstücken, Zusatzqualifikation als psychoanalytische Pädagogin. 2008–2014 Theaterpädagogin im Staatstheater Wiesbaden und bis heute Redakteurin und Moderatorin bei Radio Rheinwelle 92,5.

Karl-Heinz Schmieding – Ehemaliger SR-Kabarettredakteur und Hauptabteilungsleiter Unterhaltung (später: Hörspiel und Unterhaltung). Initiator und verantwortlicher Redakteur von „Hanns Dieter Hüschs Gesellschaftsabend" (1973–2001). Geb. 1938 in Witten. Studierte Germanistik und Romanistik in Münster und Caen. Seit 1966 beim SR, zunächst in der Wissenschaftsredaktion. Leitete ab 1968 nacheinander die Abteilungen Unterhaltung-Wort, Unterhaltung SR 3 Saarlandwelle und Unterhaltung SR 1 Europawelle; ab 1989 HA-Leiter; mehrere Jahrzehnte Jury-Mitglied des Deutschen Kleinkunstpreises und der Liederbestenliste. Seit 2002 ehrenamtlicher Mitarbeiter der Webseite www.huesch.info, die der Erinnerung an Hanns Dieter Hüsch und sein literarisch-kabarettistisches Werk gewidmet ist.

Roland Schmitt – siehe unter Redaktion.

Dr. Ralph Schock – geb. 1952 in Ottweiler. Ersatzdienst. Germanistik- und Philosophiestudium. 1976 bis 1984 Arbeitsstelle für Gustav-Regler-Forschung an der Universität des Saarlandes. 1987 – 2017 Literaturredakteur beim SR. Literarische, journalistische und wissenschaftliche Veröffentlichungen.

Hendrik Stegner – 1947 in Saarbrücken geboren, auf dem Halberg groß geworden, dort erste Kontakte mit dem Fernsehen, Fotografenlehre in Saarbrücken, anschließend beim SR erst Kamera-Assistent dann Kameramann; ab 1972 als freiberuflicher Kameramann tätig (beim SR als Studiokameramann und im Außeneinsatz als Filmkameramann; beim ZDF als Studiokameramann bei großen Unterhaltungsshows); ab 1984 beim SR fest angestellt, ca. 150 große Produktionen, darunter Showprogramme, Fernsehspiele und Dokumentationen, z. B. „Kein schöner Land", Krimiserie „Peter Strohm" mit Klaus Löwitsch, Kinderserien für die ARD und Dokumentationen wie die „Reisewege".

Klaus Peter Weber – geb. 1941 in Berlin. In den Nachkriegswirren über mehrere Etappen pünktlich zur Einschulung im Saarland gelandet. Seit 1956 wohnhaft in Saarbrücken. Nach abgebrochener Gymnasialzeit Lehre als Fernmeldetechniker. 1960 Umschulung zum Videotechniker in der SR-Fernseh-Technik. 1966 Wechsel zur SR-Progammdirektion als Kamera-Assistent. Ab 1970 dann 15 Jahre Kameramann im Dokumentarbereich, danach mehrheitlich Fernsehspiel und Kinofilm. Mitglied der Deutschen Filmakademie, Mitglied der Luxemburger Filmakademie.

Gisela Zick (Kühn) – geb. 1944 in Saarbrücken; ab dem siebten Lebensjahr Kinderfunkkind bei „Radio Saarbrücken", danach beim SR. Nach der Mittleren Reife ab 1962 Ausbildung beim SR erst zur Toncutterin dann zum Filmschnitt, Bereich

Dokumentation und Spiel. Danach Skripterfahrung und Regieassistenz u.a. bei H.B. Theopold, Hark Bohm, Frank Strecker, Klaus Emmerich, Heidi Genée. 1980 Umzug nach München. Eigene Regiearbeiten: Bildergeschichten für den BR, Studioregie Unterhaltungsprogramme: z.B. „Dingsda", „Herzblatt", „Wahre Wunder", Daily-Soaps. 1996 Begegnung mit dem Regisseur Andreas Kleinert, daraus entsteht eine bis heute dauernde Zusammenarbeit mit Rückverlagerung ausschließlich zum Schnitt. 2004 Umzug nach Berlin.

Redaktion

Axel Buchholz – siehe unter Herausgeber.

Reiner Buhl – geb. 1953 in Seelen/Pfalz, studierte nach Abitur in Kaiserslautern Lehramt an der Erziehungswissenschaftlichen Hochschule Rheinland-Pfalz in Worms. Nach Referendariat und 2. Lehramtsprüfung dann 1985 zum Saarländischen Rundfunk in der Pressestelle, heute Unternehmenskommunikation. Zurzeit stellvertretender Unternehmenssprecher.

Roland Schmitt – geb. 1953 in Mainz, Bibliothekarsstudium an der FH für Bibliothekswesen in Stuttgart (1977 – 1980). Wechsel ins Saarland (zwei Jahre parallel im Kultusministerium und an der Stadtbibliothek Völklingen tätig). Ab 1982 verantwortlich für die SR-Bibliothek, seit 2012 Leiter des Ressorts „Printarchiv" (Standort Saarbrücken) in der HA Information, Dokumentation und Archive des SWR und des SR; seit 2009 Leiter des Arbeitskreises SR-Geschichte. Begründete 1989 als „joint venture" zwischen SR und Munzinger/Ravensburg das „Pop-Archiv International" (PAI). Veröffentlichungen zu Themen der populären Musik und der (Regional-) Geschichte.

Herausgeber

Prof. Axel Buchholz – geb. 1939 in Berlin, bis 2002 Chefredakteur und stellvertretender Hörfunk-Direktor Saarländischer Rundfunk; seit 1960 beim SR in Hörfunk und Fernsehen: u. a. Reporter und Moderator, HA-Leiter „Politik und Zeitgeschehen", Wellenchef SR 1 Europawelle; davor frei beim Sender Freies Berlin u. Zeitungen; Jura-Studium; seit 1982 im In- und Ausland Journalistenausbilder: Redaktionstrainer, Dozent an Journalistenschulen und Universitäten, u. a. Honorarprofessor Universität Mainz in den Master-Studiengängen Journalismus und Medienrecht; Lehrbeauftragter Universität Trier FB Medienwissenschaft; zahlreiche Publikationen: u. a. in 20 Auflagen Lehrbücher Radio- und Fernseh-Journalismus.

Prof. Thomas Kleist – geb. 1955, studierte Rechtswissenschaften an der Universität des Saarlandes. 1985 wurde er Direktor der Saarländischen Landesanstalt für das Rundfunkwesen, danach Staatssekretär im Arbeits- und Sozialministerium bei Oskar Lafontaine und Reinhard Klimmt. Im Anschluss war er in der Privatwirtschaft und als Rechtsanwalt sowie als Direktor des Instituts für Europäisches Medienrecht (EMR) tätig. Er war zehn Jahre Verwaltungsratsvorsitzender des Saarländischen Rundfunks, zuvor vier Jahre Mitglied des Rundfunkrates des Saarländischen Rundfunks. Seit Juli 2011 ist er Intendant des SR. Seit Juni 2012 ist er zudem Honorarprofessor an der Johannes Gutenberg Universität in Mainz. Kleist ist verheiratet, hat zwei Kinder und lebt in St. Wendel.

Danksagung

Die in diesem Buch veröffentlichten „Fundstücke zur SR-Geschichte" sind im Rahmen der Aktivitäten des „Arbeitskreises SR-Geschichte" (Vorsitzender: Roland Schmitt) entstanden. Unter dem Motto „Recherchieren, Dokumentieren und Publizieren" werden sie seit 2011 monatlich im Internet veröffentlicht (Redaktion: Axel Buchholz; www.sr.de/fundstuecke).

Je nach Thema unterschiedlich, sind die Fundstücke insgesamt ein Gemeinschaftswerk zahlreicher Kolleginnen und Kollegen, die als Autorinnen und Autoren Texte schreiben oder mit Erinnerungen, Fotos, Dokumenten, Rechercheergebnissen, der Klärung von Rechtefragen oder bei der Produktion der Texte für das Internet ehrenamtlich mithelfen.

Ganz wesentlich sind dies auch Mitarbeiterinnen und Mitarbeiter der Hauptabteilung Information, Dokumentation und Archive des SWR und des SR, des Bereichs Personal, Honorare und Lizenzen, des Fachbereichs Multimedia und seiner Grafik und der Unternehmenskommunikation.

Unmöglich allen namentlich zu danken, stellvertretend seien aber als besonders häufige Mithelfer genannt: der ehemalige SR-Pressechef und Saar-Historiker Klaus Altmeyer, Ernst Becker, Thomas Braun, Dieter Brennecke, Burkhard Döring, Michael Fürsattel, Bert Lemmich, Sven Müller, Nina Sorgenfrei, Peter Wirtz, Hans-Ulrich Wagner sowie Rainer Freyer („Saar-Nostalgie") und der Heimatgeschichtler Stefan Weszkalnys. Als Producerin sorgt Eva Röder regelmäßig für das Layout der Fundstücke im Internet.

Ihnen allen – sowie den vielen, die hier leider nicht genannt werden können – sei hiermit sehr herzlich gedankt.

Die Herausgeber

Personenregister

C

D

E

F

G

H

I

M

R

S

T

U

V

W

Z

Sendungsregister

(Zusätzlich zu SR-Sendungs-, Programm- und Filmtiteln sind einige wenige im Zusammenhang damit interessante Begriffe aufgenommen worden.)

A

B

C

D

T

U

V